U0901191

珍贵古籍

下

辽宁文化记忆

主　编／周连科
副主编／佟　昭　王筱雯

遗宁文化记忆

辽宁人民出版社

遼寧文化記憶

何氏语林

三十卷

（明）何良俊撰

明嘉靖二十九年（1550）何氏清森阁刻本

十六册

辽宁省图书馆藏

国家珍贵古籍名录01891号

何氏語林卷之一　華亭何良俊元朗撰　并註

德行第一上

夫孔門以四科裁士首列德行之目故曰我欲載之空言不如見之行事也嗚呼夫行胡可以爲儇然事變遝陳雜然泛應士有百行焉能以一槩取哉狂狷殊途均能厲聖剛柔異禀善克則中百慮一致要本於德爾矣

何良俊曰觀郭有道掃除旅舍庾異行跪而授條與阮長之誤着屐自列事豈必皎皎偉絕殊行哉顧人

何良俊（1506—1573），字登之，又字元朗，号柘湖，华亭（今上海松江）人。曾任明南京翰林院孔目。著有《四友斋丛说》、《何翰林集》等。

是书名得之于裴启《语林》，其义例、门目则以《世说新语》为蓝本，只是比其多出“言志”、“博识”二门，共三十八门。辑录自两汉至元代的文人言行，共二千七百余条。《四库全书总目》称其“具有简澹隽雅之致”，“非明人小说所可比也”。

清森阁为何良俊藏书室名。

劝忍百箴考注

四卷

（明）释觉澄撰

明嘉靖二十七年（1548）张谦刻本

四册

辽宁省图书馆藏

国家珍贵古籍名录08555号

觉澄，生平事迹无考。

《劝忍百箴》为元代四明梓碧山人许名奎著。许氏思前哲“德量自隐忍中大”之语，益自勉励，逆来顺受，不与物竞，因作《劝忍百箴》，愿与天下共之。是书每箴皆事为之句，入经出史，以“可不忍欤”终，使人惕然憬然。考注者为上竺前堂芳林释觉澄，不知何时人。每箴皆各有考据。

是书为浙江天一阁旧藏。

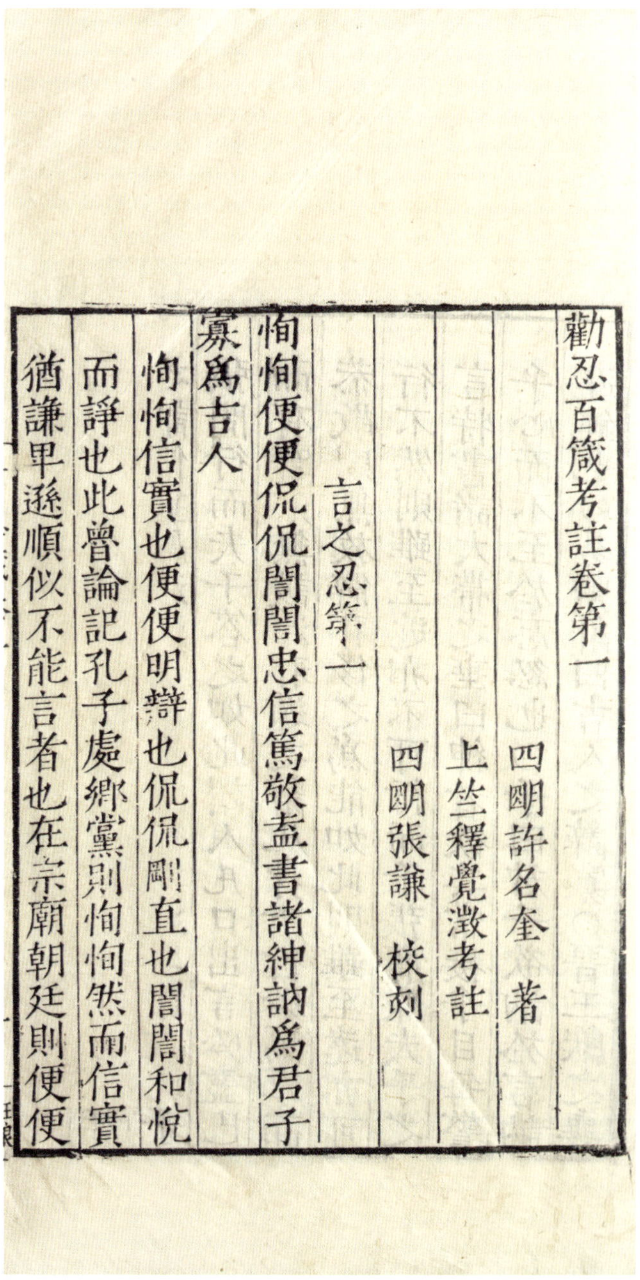
勸忍百箴考註卷第一

四明許名奎 著

上竺釋覺澂考註

四明張謙 校刻

言之忍第一

恂恂便便侃侃誾誾忠信篤敬盍書諸紳訥爲君子寡爲吉人

恂恂信實也便便明辯也侃侃剛直也誾誾和悅而諍也此曾論記孔子處鄉黨則恂恂然而信實循謙卑遜順似不能言者也在宗廟朝廷則便便

大明仁孝皇后劝善书 二十卷

（明）仁孝皇后徐氏撰

明永乐五年（1407）内府刻本

十册

辽宁省图书馆藏

国家珍贵古籍名录04810号

大明仁孝皇后勸善書卷之一

嘉言

積善之家必有餘慶積不善之家必有餘殃○以德遺後者昌以禍遺後者亡謙柔卑退者德之餘强忍姦詐者禍之始○貞良而亡先人餘殃猖蹶而活先人餘烈○貴賤無常唯人所速苟善則庸夫之子可至於三公不善則王公之子反為庶人○樂只君子保艾爾後○聖人有明德者若不當世其後必有達人○九德不愆作事無悔故龢天禄子孫賴之○成天地之大功者其子未嘗不昌○惟德不忘延世承寵○盛德必百世祀○器博者無近用道長者其功遠○修成淑德施及子孫○但能顯立功效自然福及後昆○德在人者死必奉其嗣○興社稷之利除萬人之害則福禄流於無窮功烈著於不滅○毋貪不可冀則福祚流於子孫○賢則茂昌不賢則速亡○良臣使身獲美名君受顯號子孫傳業福禄無疆○樹至德於生前流遺愛於身後○功存于人澤垂于後○仁之所積者厚故澤之所流者深○功既存于社稷慶宜及於子孫○積善存仁必

仁孝徐皇后（1362—1407），明成祖朱棣嫡后，濠州（治今安徽凤阳）人。明开国功臣徐达嫡长女。建文四年（1402）被册立为皇后。谥号“仁孝慈懿诚明庄献配天齐圣文皇后”。

是书辑历代儒释道三教足以劝善惩恶之言行，取其言为“嘉言”，采其事为“感应”，分别编录而成。全书共二十卷，首永乐三年（1405）自序，序文年月及各卷首页钤有“厚载之记”大方印，为内府原刻本。

初学记 三十卷

（唐）徐坚等辑

明嘉靖十年（1531）锡山安国桂坡馆刻本

十四册

辽宁省图书馆藏

国家珍贵古籍名录04848号

徐坚（659—729），字元固，湖州（今浙江湖州）人。历官至太子左庶子、秘书监、左散骑常侍、崇文馆学士、集贤院学士等职。著有《大隐传》等。

此书为唐玄宗时官修的类书，原为唐玄宗诸子作文查检事类所用，故名。书中摘录经、史、历代诗赋等，以类而编，引书广泛。《四库全书总目》谓该书“博不及《艺文类聚》，而精则胜之”。

《初学记》国内所存版本最早者为嘉靖十年（1531）安氏桂坡馆刻本。此本据宋绍兴十七年（1147）余四十三郎宅刻本翻刻。

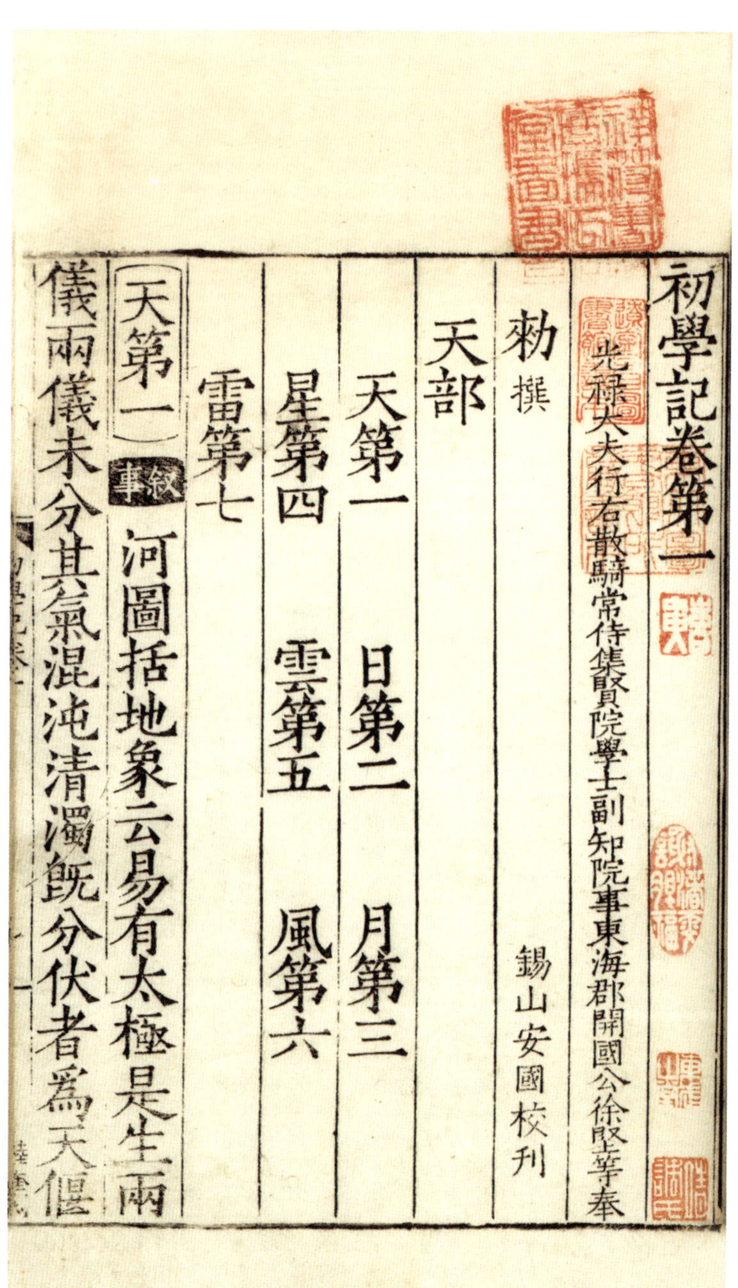
初學記卷第一

光祿大夫行右散騎常侍集賢院學士副知院事東海郡開國公徐堅等奉

敕撰　　錫山安國校刊

天部

天第一　日第二　月第三

星第四　雲第五　風第六

雷第七

天第一 敘事 河圖括地象云易有太極是生兩

儀兩儀未分其氣混沌清濁既分伏者爲天偃

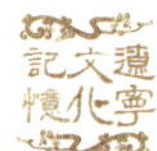

初学记 三十卷

（唐）徐坚等辑

明嘉靖十三年（1534）晋府虚益堂刻本

十六册

辽宁省图书馆藏

国家珍贵古籍名录04863号

明代晋藩始建于洪武三年（1370），至明弘治十六年（1503）朱知烊袭封晋端王。知烊好文雅，曾亲事《初学记》校雠。死后，由其继妃王氏令人取端王未刻之《初学记》再加精校付梓。该本是翻刻锡山安国桂坡馆本。

晋藩刻书，多以佳本翻雕，无明人窜改之恶习，错讹较少。

初學記卷第一

唐集賢學士徐堅等撰

天部

天第一 日第二 月第三

星第四 雲第五 風第六

雷第七

天第一 敘事 河圖括地象云易有太極是生兩儀兩儀未分其氣混沌清濁既分伏者爲天偃者爲地釋名云天坦也坦然高而遠也物理論

太平御览

一千卷

（宋）李昉等辑

明抄本

一百二十八册

存九百九十三卷

辽宁省图书馆藏

国家珍贵古籍名录04879号

李昉（925—996），字明远，深州饶阳（今河北饶阳）人。五代后汉乾祐元年（948）进士。入宋，官参知政事、平章事和中书侍郎等职。

该书是一部大型类书，将群书按类集之，分成五十五部、五百五十门，以天、地、人、事、物为序，编为千卷。全书初编于太平兴国二年（977）三月，成于太平兴国八年（983）十月。初始名为《太平总类》，后因宋太宗通览而更名为《太平御览》。引用古书一千多种，其中有十之七八是已经亡佚的古书，保存了大量宋以前的文献资料。

此本曾为毛晋旧藏。

太平御覽卷第一

翰林學士承旨正奉大夫守工部尚書知制誥上柱國隴西縣開

國伯食邑七百戶賜紫金魚袋臣李昉等奉

敕纂

天部一

元氣 太易 太初 太始

太素 太極 天部上

元氣

三五紀曰未有天地之時混沌狀如鷄溟涬始牙濛（莫孔切）鴻（胡孔切）滋萌歲

在攝提元氣肇始又曰輕清者上為天濁重者下為地沖和氣者為

人故天地含精萬物化生

河圖曰元氣闓陽為天

群书考索前集六十六卷后集六十五卷续集五十六卷别集二十五卷

（宋）章如愚辑

明正德三至十三年（1508—1518）刘洪慎独书斋刻十六年（1521）重修本

八十册

大连图书馆藏

国家珍贵古籍名录01919号

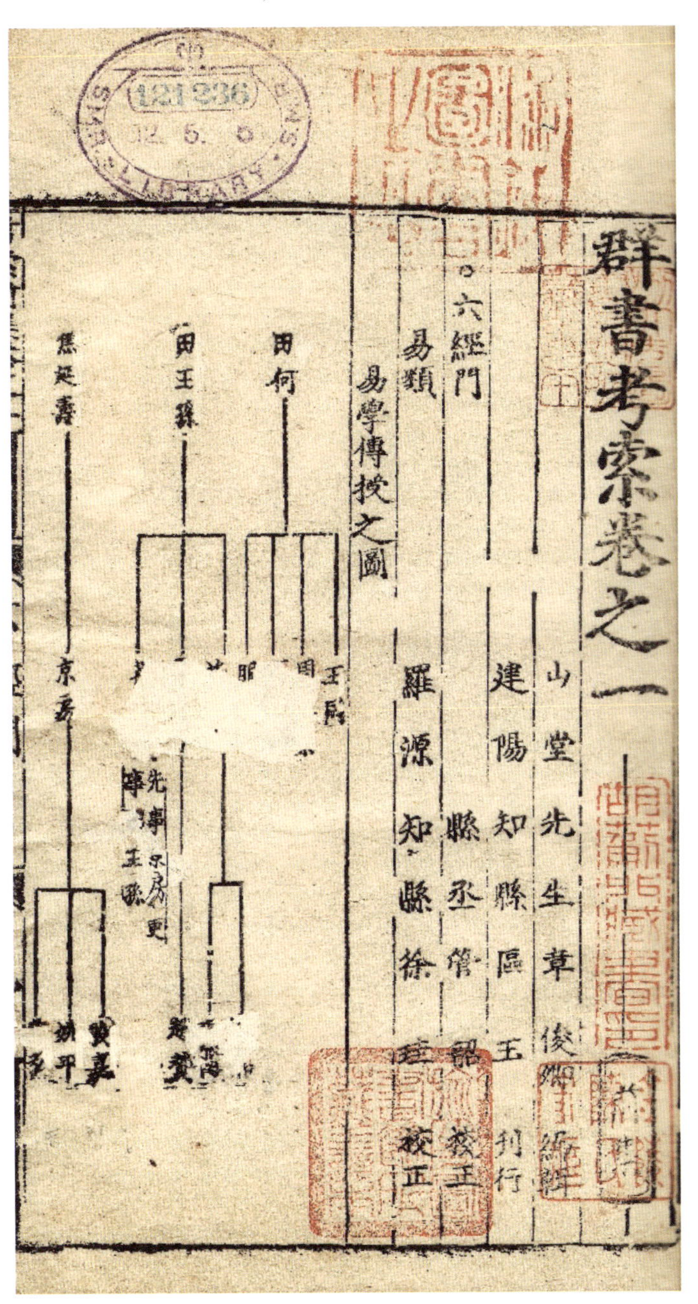

章如愚（生卒年不详），字俊卿，号山堂。婺州金华（今浙江金华）人。南宋庆元二年（1196）进士。官史馆编校。

《群书考索》全称为《山堂先生群书考索》，又名《山堂考索》，是南宋诸多类书中颇为出色的一部。其搜采繁复，考据精辟，指引辨证，博洽详实，历来为人所重，对后世影响甚大。

古今合璧事类备要 前集六十九卷后集八十一卷续集五十六卷 别集九十四卷外集六十六卷

（宋）谢维新辑

（宋）虞载辑

明嘉靖三十一至三十五年（1552—1556）夏相刻本

六十册

辽宁省图书馆藏

国家珍贵古籍名录04907号

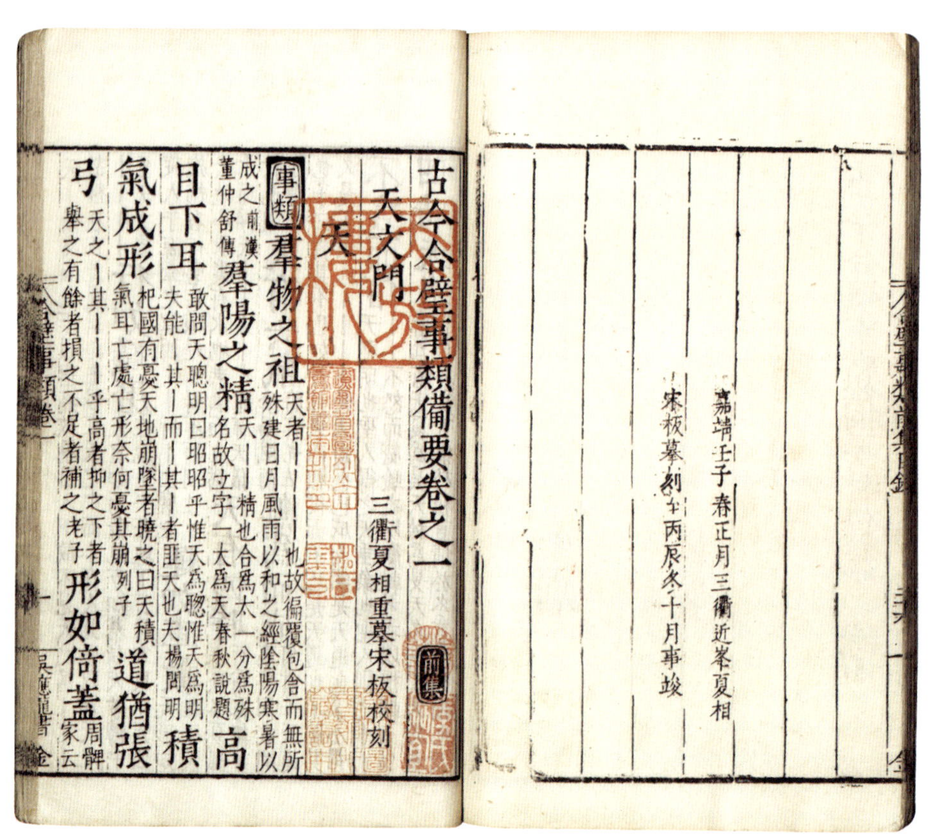
古今合璧事類備要卷之一

三衢夏相重摹宋板校刻

天文門

天

嘉靖壬子春正月三衢近峯夏相

宋板摹刻于丙辰冬十月事竣

谢维新（生卒年不详），字去咎，建安（今福建建瓯）人。

虞载（生卒年不详），字子厚，建安（今福建建瓯）人。

是书前集分为天文、地理、岁时等四十门，后集分君道、臣道、三公等四十八门，续集分为姓氏、名称、名字等六门，别集分为都邑、城守、桥道等六门，外集十六门。采摭资料，自上古至宋代。《四库全书总目》云“所采皆宋以前书，多今日所未见”，因此许多可资考证。

是书成于宋宝祐五年（1257）。此本为明嘉靖夏相刻本。夏相，字近峰，浙江衢州人，寓苏州，业书坊。夏相始刻此书，为仇家诬告入狱，获释，已困窘，并以田舍抵押告贷，续刊刻，始成。

新编事文类聚翰墨大全

甲集十二卷乙集十八卷丙集十四卷丁集十一卷戊集十三卷己集十二卷庚集十五卷辛集十六卷壬集十七卷癸集十七卷后甲集十五卷后乙集十三卷后丙集十二卷后丁集十四卷后戊集九卷

（元）刘应李辑

明初刻本

四十二册

存一百二十三卷

辽宁省图书馆藏

国家珍贵古籍名录08609号

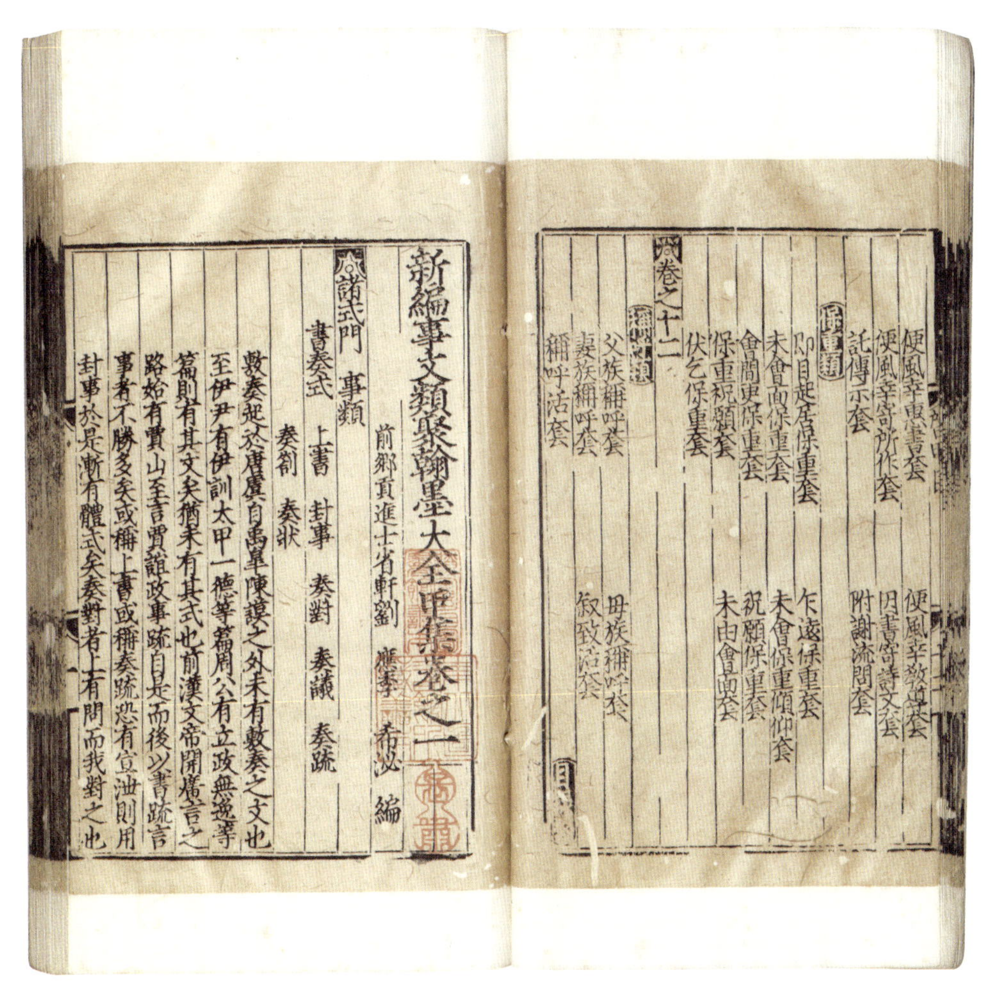

刘应李（生卒年不详），初名桀，后改应李，字希泌，号省轩，福建建阳崇泰里（今福建莒口）人。

《翰墨大全》一书是一部民间交际应用类书，分类辑录应酬交际类的词语典故、活套及诗词文章。该书元大德十一年（1307）首次刊行。泰定元年（1324），建安詹友谅进行改编后，书坊刊行。元末明初，建阳书坊对改编本再次改编印行。明初刻本流传较为稀少。此本为朱筠旧藏。

群书集事渊海

四十七卷

明弘治十八年（1505）贾性刻本

二十六册

大连图书馆藏

国家珍贵古籍名录01929号

是书辑群书中史事，以类编排。凡四十七卷，分君门等诸类，类下再分小类。

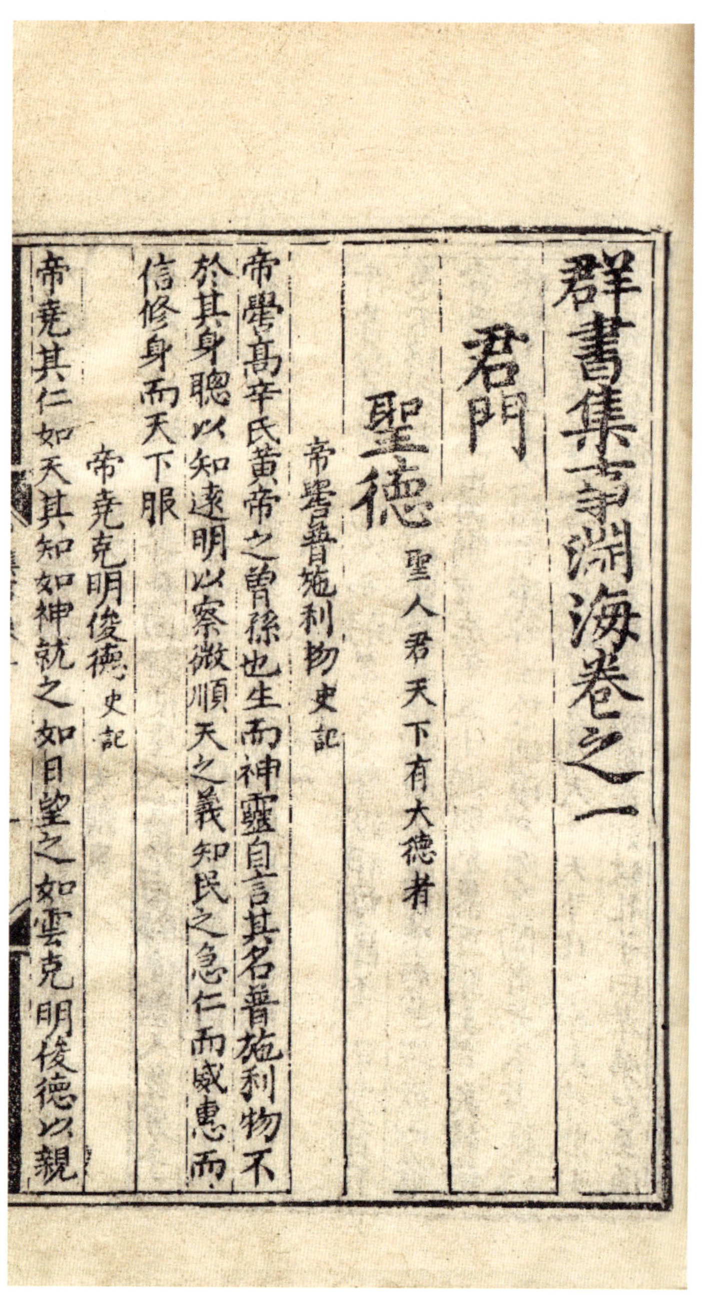

群書集事淵海卷之一

君門

聖德 聖人君天下有大德者

帝嚳普施利物 史記

帝嚳高辛氏黃帝之曾孫也生而神靈自言其名普施利物不於其身聰以知遠明以察微順天之義知民之急仁而威惠而信修身而天下服

帝堯克明俊德 史記

帝堯其仁如天其知如神就之如日望之如雲克明俊德以親

蒙求续编 二卷

（明）孙绪撰
（明）李际可注
明嘉靖十六年（1537）孙悟刻本
一册
辽宁省图书馆藏
国家珍贵古籍名录08616号

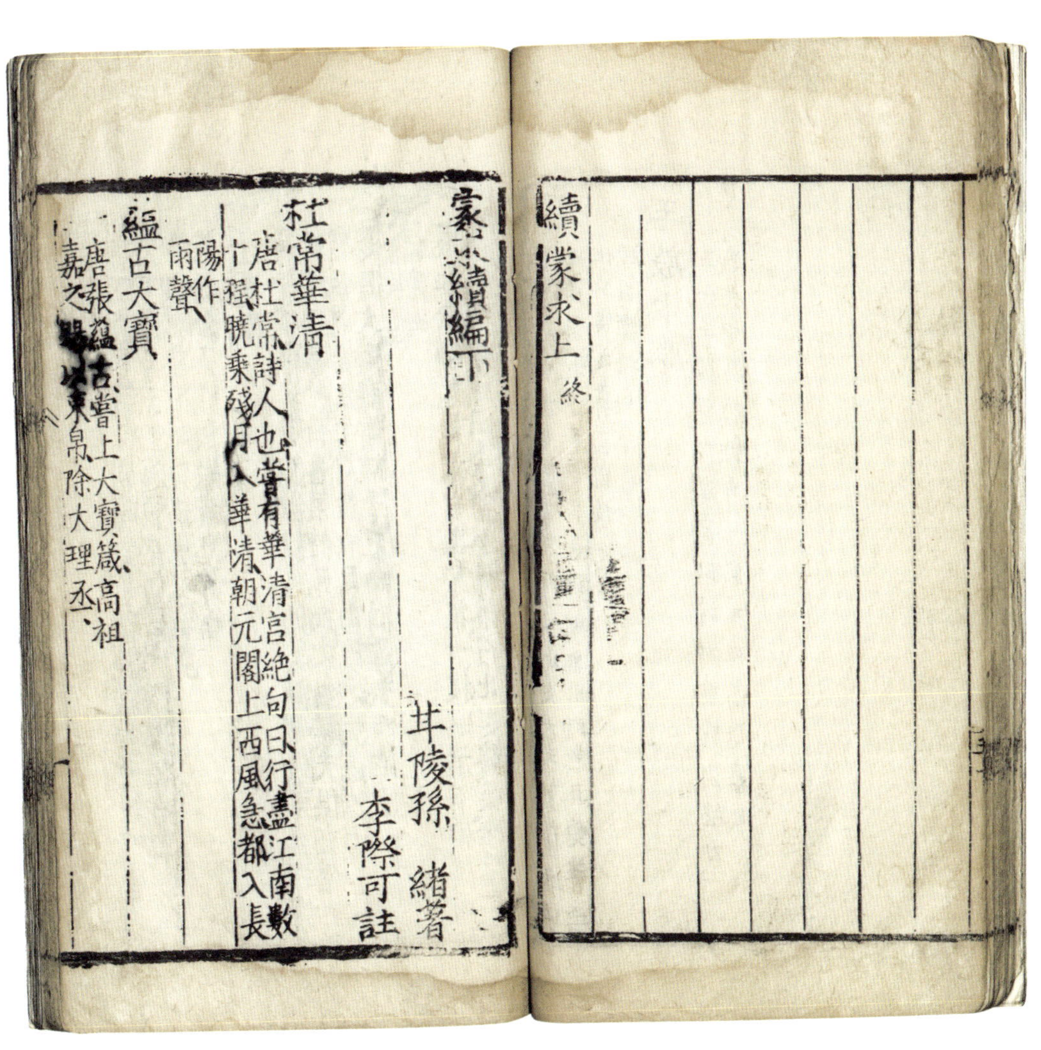

孙绪（1474—1547），字诚甫，号沙溪，河间府故城（今河北故城）人。明弘治十二年（1499）进士。著有《易经奇语》、《大学中庸放言》、《无用闲谈》等。

唐代李翰《蒙求》成篇后，历代注释、增辑、改编的很多。《蒙求续编》即是其一。孙悟，明嘉靖间清河人，任齐东县令。

楮记室 十五卷

（明）潘埙辑

明嘉靖潘蔓刻本

二册

辽宁省图书馆藏

国家珍贵古籍名录08617号

潘埙（1476—1562），字伯和，号熙台，自称平田野老，淮安（今江苏淮安）人。明正德三年（1508）进士。累官至河南巡抚。著有《淮郡文献志》。

《楮记室》是一部笔记小说，其中收录了不少遗闻逸事和神鬼异事。每则故事多于末尾注明出处。

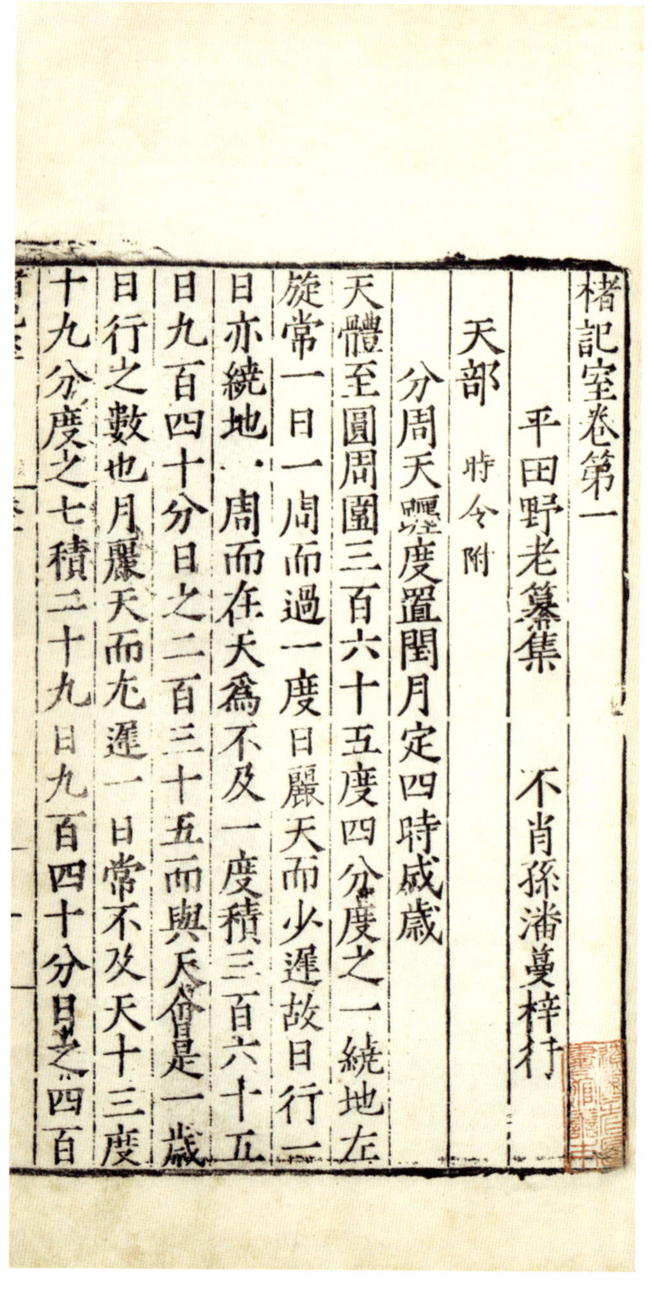
楮記室卷第一
平田野老纂集　不肖孫潘蔓梓行
天部　時令附
分周天躔度置閏月定四時成歲
天體至圓周圍三百六十五度四分度之一繞地左
旋常一日一周而過一度日麗天而少遲故日行一
日亦繞地一周而在天爲不及一度積三百六十五
日九百四十分日之二百三十五而與天會是一歲
日行之數也月麗天而尤遲一日常不及天十三度
十九分度之七積二十九日九百四十分日之四百

天中记 五十卷

（明）陈耀文辑

明隆庆三年（1569）刻本

五十册

辽宁省图书馆藏

国家珍贵古籍名录01936号

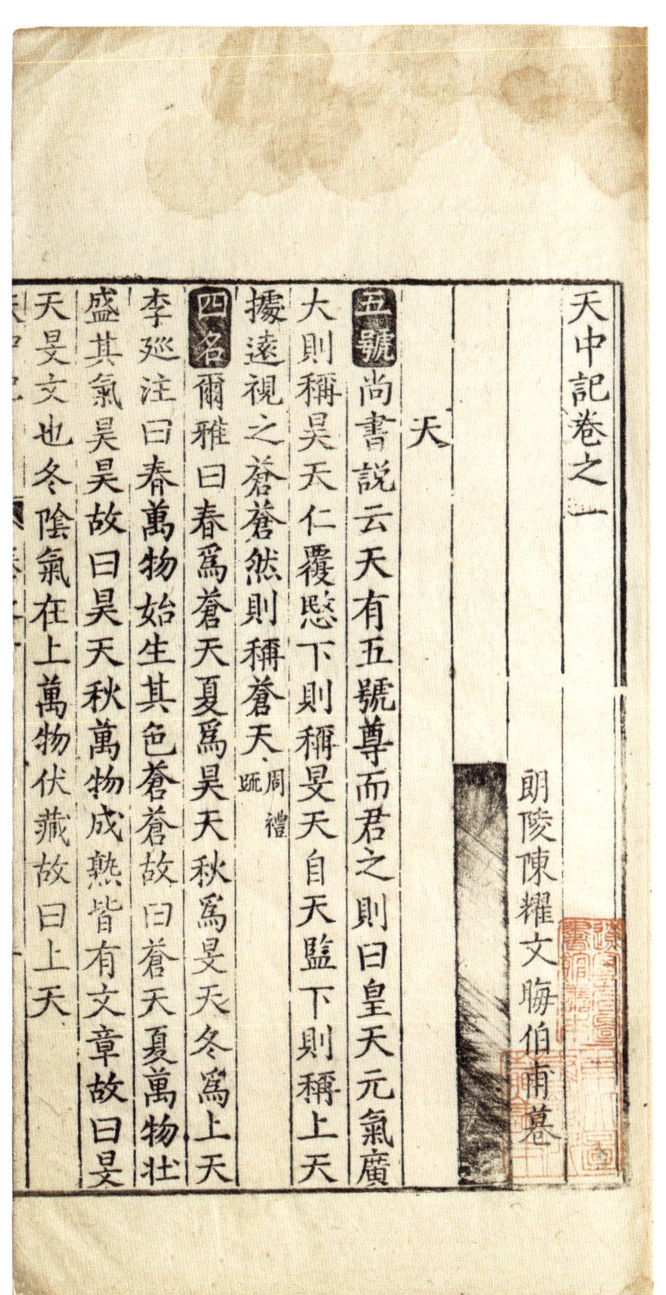

天中記卷之一

朗陵陳耀文晦伯甫纂

天

五號 尚書說云天有五號尊而君之則曰皇天元氣廣大則稱昊天仁覆愍下則稱旻天自天監下則稱上天據遠視之蒼蒼然則稱蒼天周禮疏

四名 爾雅曰春爲蒼天夏爲昊天秋爲旻天冬爲上天李巡注曰春萬物始生其色蒼蒼故曰蒼天夏萬物壯盛其氣昊昊故曰昊天秋萬物成熟皆有文章故曰旻天旻文也冬陰氣在上萬物伏藏故曰上天

陈耀文（1524—1605），字晦伯，号笔山，朗陵（今河南确山）人。明嘉靖二十九年（1550）进士。历官中书舍人、刑科给事中、太仆寺卿。著有《经典稽疑》、《学林就正》等。

《天中记》，亦名《寰海类编》。天中者，即指汝南天中山而言，以此为书名，含有纪念故乡之意。又以为其书可藏之名山，永垂不朽，故以天中名书。该书分五百余类，每类俱有类目。该书取材广泛，采辑丰富，征引完备。四库馆臣评“明人类书，所列旧籍，大都没其出处”，此书虽吟咏繁复，但能一一著其所由来，所引古书，有些今已亡佚，赖此书留存。

明隆庆三年（1569）刻本，为该书的最早版本。

三子合刊

十三卷

明闵齐伋刻套印本

八册

辽宁省图书馆藏

国家珍贵古籍名录04979号

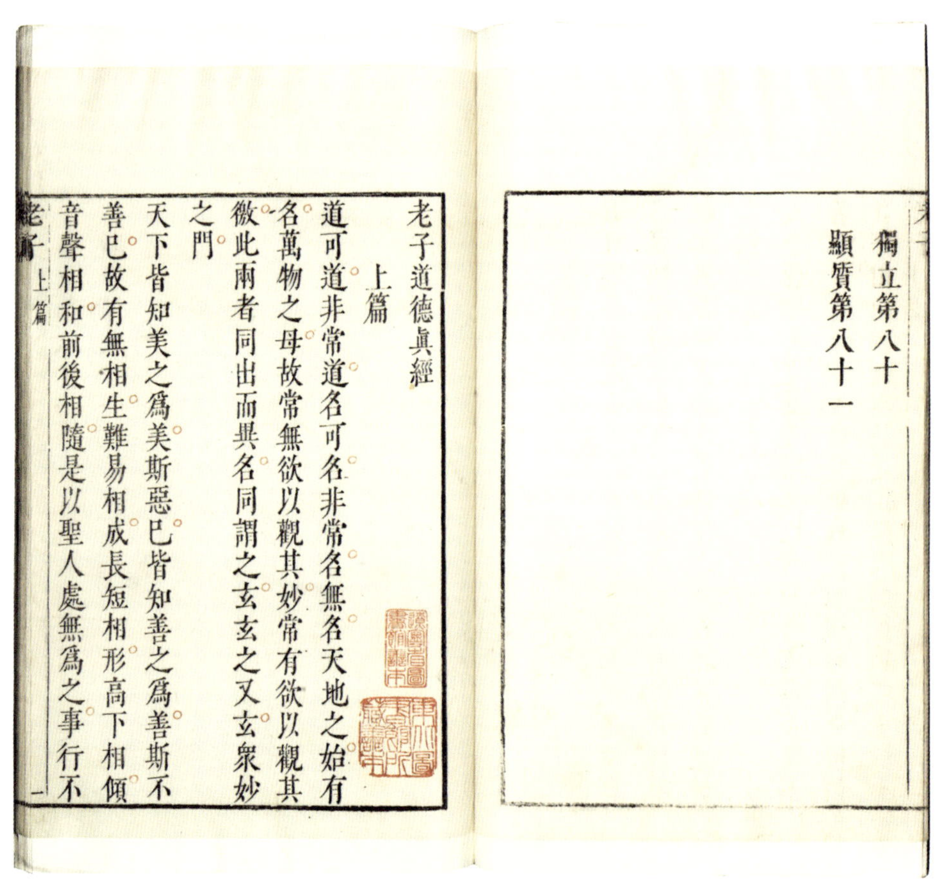

此书包括《老子道德真经》二卷《音义》一卷、《庄子南华真经》四卷《音义》四卷、《列子冲虚至德真经》一卷《音义》一卷，由浙江吴兴闵齐伋（字寓五，闵氏套印代表人物）套版印刷。吴兴从事印刷事业的另一著名人物是凌濛初。闵、凌刻书包括群经、诸子、史抄、文集乃至词曲、杂艺，雕印精良。

老子道德经

二卷

（魏）王弼注

音义一卷

（唐）陆德明撰

清光绪元年（1875）浙江书局刻二十二子本

王仁俊校并跋

一册

辽宁省图书馆藏

国家珍贵古籍名录 10541号

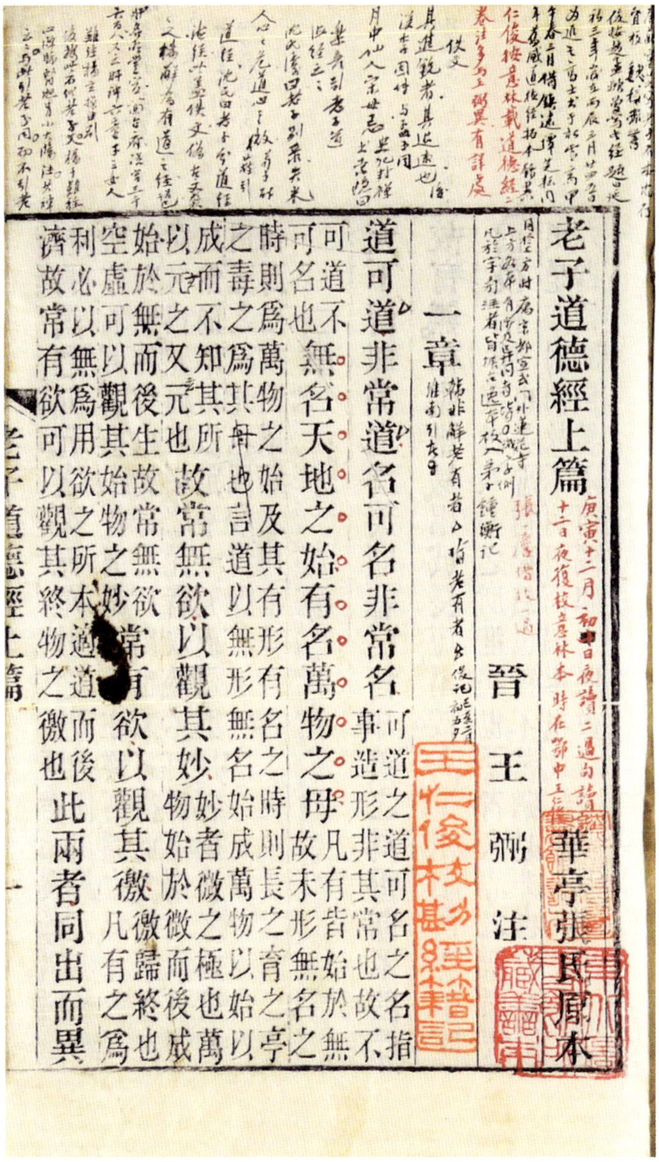

王仁俊（1866—1913），字捍郑，亦字干臣，一名人俊，江苏吴县（今属江苏苏州）人。清光绪十八年（1892）进士。曾任宜昌知府。

《老子道德经》是王仁俊校勘经籍之一。

纂图互注南华真经 十卷

（晋）郭象注
（唐）陆德明音义
明初刻本
十册
辽宁省图书馆藏
国家珍贵古籍名录04986号

郭象（约252—312），字子玄，河南（今河南洛阳）人。官至黄门侍郎、太傅主簿。好老庄，善清谈。

陆德明（约550—630），名元朗，字德明，吴县（今属江苏苏州）人。隋唐年间儒家学者，经学家。

《南华真经》即《庄子》，战国时庄周撰。唐玄宗于天宝元年（742）诏封庄子为“南华真人”，尊其书为《南华真经》。魏晋之际向秀曾为其作注，没注完即过世，郭象则承其《庄子》余绪，由向秀注“述而广之”，成《庄子注》三十三篇。后向秀注本佚失，仅存郭注，流传至今。

此书为清宫旧藏。

纂圖互註南華眞經卷第一

晉郭　象　子玄　註　唐陸　德明　音義

莊子內篇逍遥遊第一

夫小大雖殊而放於自得之場則物任其性事稱其能各當其分逍遥一也豈容勝負於其間哉○音義曰內篇者對外立名說文云篇書也字從竹從扁者草名耳非也逍音消亦作消遥如字亦作摇遊如字亦作游逍遥遊者篇名義取閒放不拘怡適自得夫音符場直良切稱尺證切當丁浪切分符問切

北冥有魚其名爲鯤鯤之大不知其幾千里也化而爲鳥其名爲鵬

鵬鯤之實吾所未詳也夫莊子之大意在乎逍遥遊放无爲而自得故極小大之致以明性分之適達觀之士宜要其會歸而遺其所寄不足事事曲與生說自不害其弘旨皆可略之○北冥本亦作溟覓經切北海也嵇康云取其溟漠无涯也梁簡文帝云窅冥无極故謂之冥東方朔十洲記云水黑色謂之冥海无風洪波百丈鯤徐音昆李侯溫反大魚名也崔譔云鯤當爲鯨簡文同幾居豈反下同鵬步登反徐音朋郭甫登反崔音鳳云鵬即古鳳字非來儀之鳳也說文云朋及鵬皆古文鳳字也朋鳥象形鳳飛羣鳥從以萬數故以鵬爲朋黨字字林云鵬朋黨也古以爲鳳字夫音符發句之端皆同分符問反下皆

金声玉振集

六十三卷

（明）袁褧编

明嘉靖二十九至三十年（1550—1551）袁氏嘉趣堂刻本

二十六册

存五十六卷

大连图书馆藏

国家珍贵古籍名录01996号

袁褧（1495—1573），字尚之，吴县（今属江苏苏州）人。晚耕谢湖之上，自号谢湖居士。著有《田舍集》、《奉天刑赏录》、《游都三稿》等。其刻书室名嘉趣堂，刻书众多。

《金声玉振集》分皇览、征讨、纪乱、组绣、起变、考文、丛聚、水衡、边防、撰述等十类，是明代政治、经济、军事以及学术研究方面的重要资料。

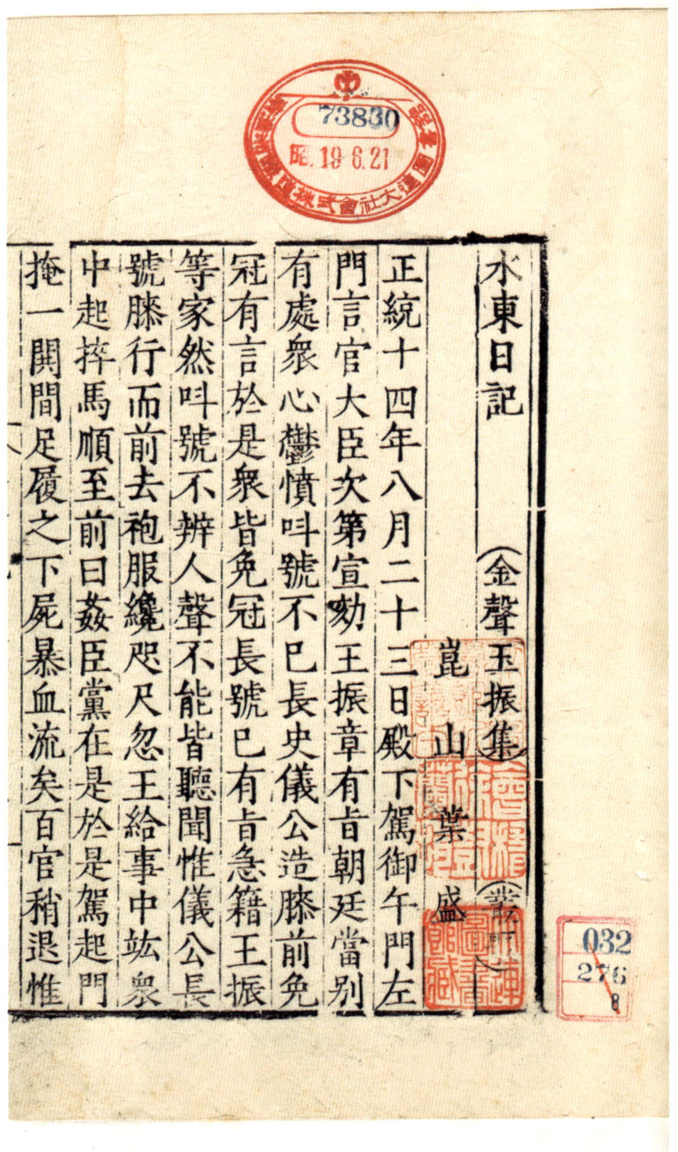
水東日記 （金聲玉振集） 崑山葉盛

正統十四年八月二十三日殿下駕御午門左門言官大臣次第宣劾王振章有旨朝廷當別有處衆心鬱憤呌號不已長史儀公造膝前免冠有言於是衆皆免冠長號已有旨急籍王振等家然呌號不辨人聲不能皆聽聞惟儀公長號膝行而前去袍服纔咫尺忽王給事中竑衆中起捽馬順至前曰姦臣黨在是於是駕起門掩一閧間足履之下屍暴血流矣百官稍退惟

楚骚 五卷

（楚）屈原撰

附录一卷

（汉）司马迁撰

明正德十五年（1520）熊宇刻篆字本

八册

辽宁省图书馆藏

国家珍贵古籍名录05024号

屈原（约前340—约前278），名平，字原，以字行，战国末期楚国丹阳（今湖北秭归）人。著有《离骚》、《九歌》等。

此书为篆文《楚骚》，上篆下楷，字体精妙，规范高雅。版心镌刻工姓名，龚受之、陆天定等均为明代正德、嘉靖间苏州地区著名刻工。此本刻印精良，为明代家刻本上乘之作。熊宇（生卒年不详），字元惟。明正德十二年（1517）进士。曾任镇江知府。事迹见于《明史·何孟春传》。

楚骚卷第一 離騷 帝高陽之苗裔兮朕皇考曰伯庸攝提

楚辞 二卷

（楚）屈原 宋玉（汉）贾谊等撰
明万历四十八年（1620）闵齐伋刻
三色套印本
六册
辽宁省图书馆藏
国家珍贵古籍名录08650号

《楚辞》是一部收录战国时期以屈原为代表的楚地诗人作品的诗集。西汉末年，刘向将屈原、宋玉的作品以及汉代东方朔、王褒、刘向等人承袭模仿屈原、宋玉的作品共十六篇辑录成集，定名为《楚辞》。楚辞遂又成为诗歌总集的名称。

文中录苏辙、贾岛、张之象、唐顺之、王慎中等诸家语，皆分墨、朱、蓝三色套印。

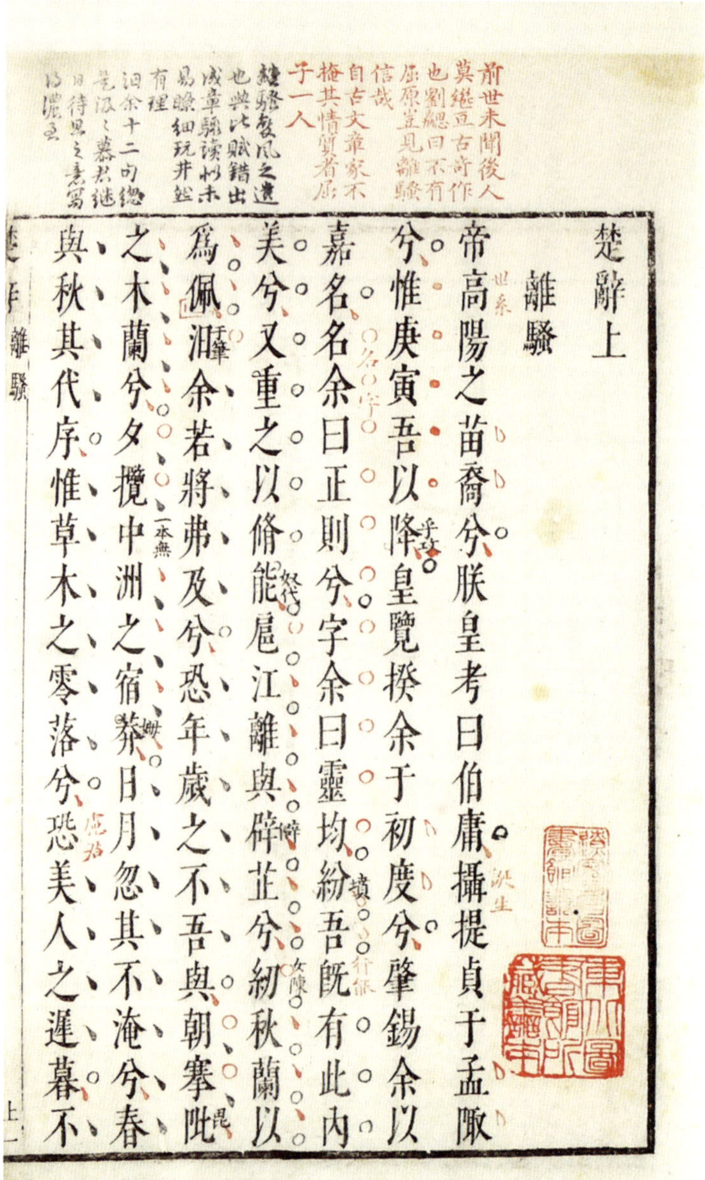
楚辭上
離騷
帝高陽之苗裔兮朕皇考曰伯庸攝提貞于孟陬
兮惟庚寅吾以降皇覽揆余于初度兮肇錫余以
嘉名名余曰正則兮字余曰靈均紛吾既有此內
美兮又重之以脩能扈江離與辟芷兮紉秋蘭以
爲佩汩余若將弗及兮恐年歲之不吾與朝搴阰
之木蘭兮夕攬中洲之宿莽日月忽其不淹兮春
與秋其代序惟草木之零落兮恐美人之遲暮不

楚辞 十七卷

(宋)洪兴祖
(明)刘凤等注
(明)陈深批点

附录一卷

明万历二十八年(1600)凌毓枏刻
朱墨套印本
三册
辽宁省图书馆藏
国家珍贵古籍名录05047号

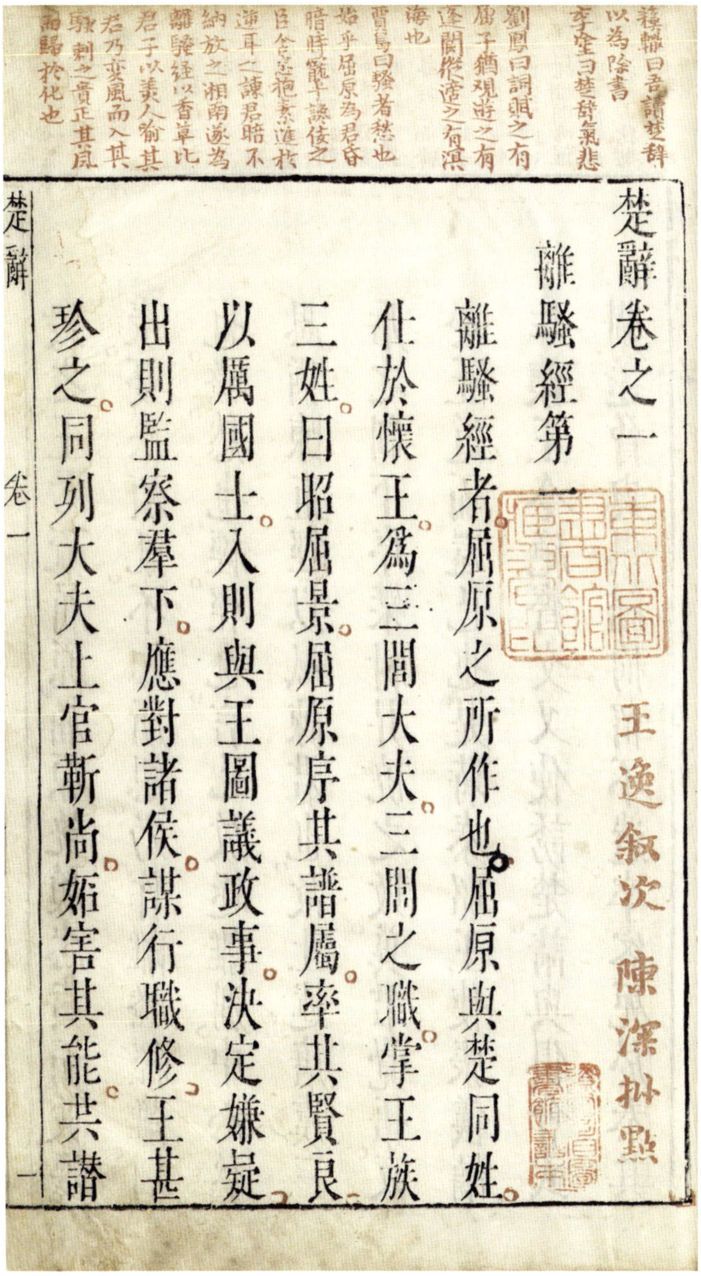

劉鳳曰詞賦之有屈子猶觀遊之有逢閬從遊之有濱海也

賈島曰發者愁也始乎屈原為君昏暗時寵乎讒佞之臣含忠抱素進於逆耳之諫君暗不納放之湘南遂為離騷經以香草比君子以美人喻其君乃變風而入其騷刺之貴正其風而歸於化也

楚辭卷之一

離騷經第一

王逸敘次　陳深批點

離騷經者屈原之所作也屈原與楚同姓仕於懷王為三閭大夫三閭之職掌王族三姓曰昭屈景屈原序其譜屬率其賢良以厲國士入則與王圖議政事決定嫌疑出則監察羣下應對諸侯謀行職修王甚珍之同列大夫上官靳尚妬害其能共譖

楚辭　卷一　一

洪兴祖(1090—1155),字庆善,号练塘,丹阳(今江苏丹阳)人。宋政和中,登上舍第一。历官太常博士等职。著有《老庄本旨》、《周易通义》等。

有明一代是《楚辞》评点发展的重要阶段。《楚辞》评点于此时兴起而繁盛。陈深是明代早期著名的《楚辞》评点家。此本虽题陈深批点,实则杂取诸家品评之语入其内。品评者有贾岛、宋祁、苏轼、王世贞等四十家。

是书用墨色印《楚辞》原文,而明代诸位学者之评注皆用朱色印之。

陶靖节集 八卷

（晋）陶潜撰

（宋）汤汉等笺注

总论一卷

明凌濛初刻朱墨套印本

四册

辽宁大学图书馆藏

国家珍贵古籍名录05108号

陶潜（约365—427），字元亮，号五柳先生，初名渊明，浔阳柴桑（今江西九江）人。卒谥靖节。

《陶靖节集》历代传刻甚多，有六卷、八卷、十卷等众多版本。此八卷本收录陶潜四言诗九首，五言诗一百一十七首，赋辞三篇，记传赞述十三篇，传赞五篇，疏祭文四篇。搜罗面广，编排有序，为后世研究者提供了完备的史料。

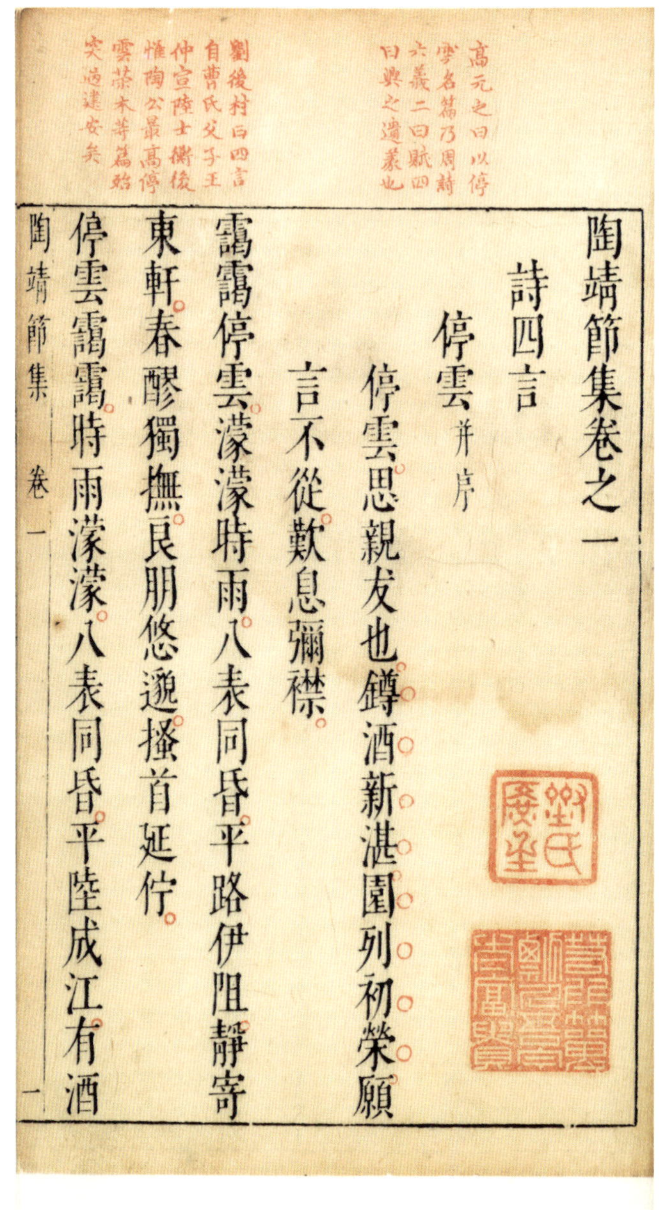
高元之曰以停雲名篇乃周詩六義二曰賦四曰興之遺意也

劉後村曰四言自曹氏父子王仲宣陸士衡後惟陶公最高停雲榮木等篇殆突過建安矣

陶靖節集卷之一

詩四言

停雲并序

停雲思親友也罇酒新湛園列初榮願言不從歎息彌襟

靄靄停雲濛濛時雨八表同昏平路伊阻靜寄東軒春醪獨撫良朋悠邈搔首延佇

停雲靄靄時雨濛濛八表同昏平陸成江有酒

陶靖節集 卷一 一

杨盈川集 十卷

附录一卷

（唐）杨炯撰

明刻本

二册

辽宁省图书馆藏

国家珍贵古籍名录02008号

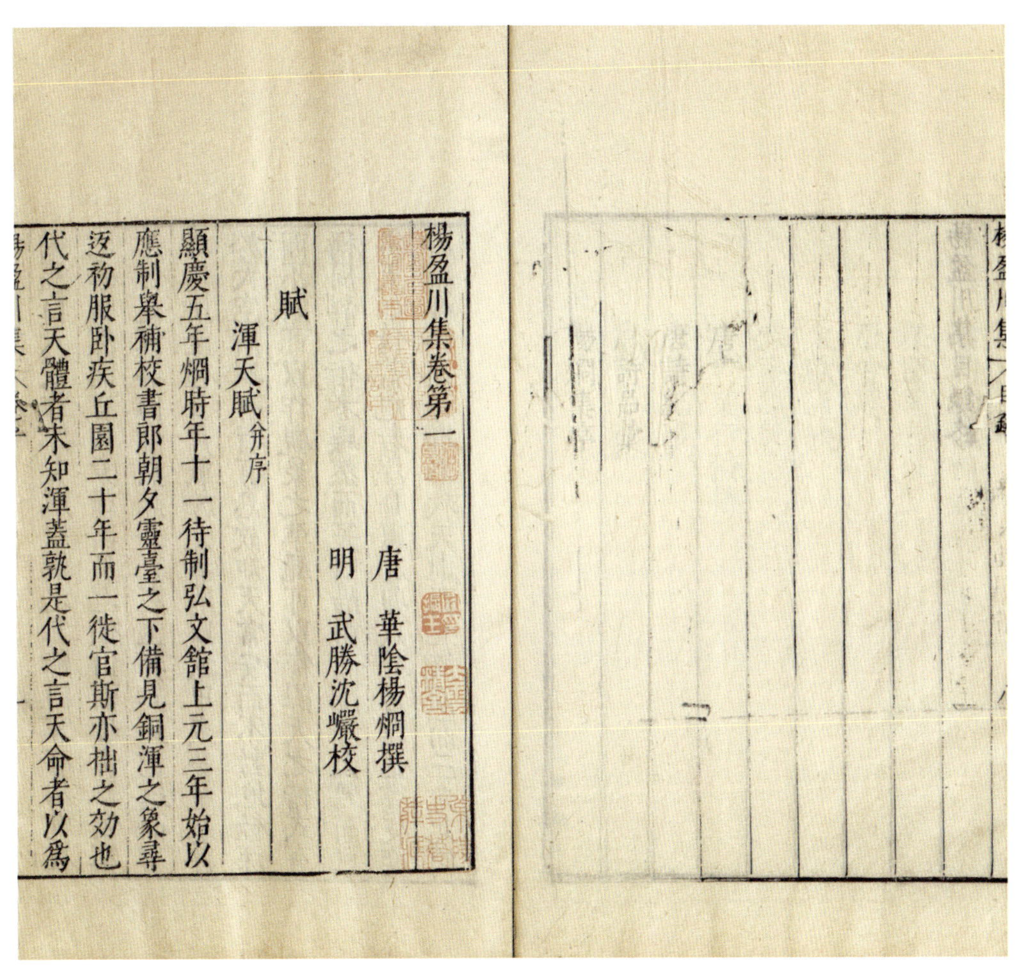
楊盈川集卷第一

唐 華陰楊烱撰

明 武勝沈巑校

賦

渾天賦并序

顯慶五年烱時年十一待制弘文館上元三年始以應制舉補校書郎朝夕靈臺之下備見銅渾之象尋返初服卧疾丘園二十年而一徒官斯亦拙之效也代之言天體者未知渾蓋孰是代之言天命者以爲

杨炯（650—？），华阴县（今陕西华阴）人。唐朝诗人，“初唐四杰”之一。

是集中收其所作诗、碑铭、表、议及墓志、行状、祭文等，后附《唐书·本传》、《杨炯集叙》等。凡赋八篇，诗三十四首，杂文三十九篇。作品题材广泛，是研究杨炯生平思想和初唐诗坛的重要文献。

《旧唐书》谓其有文集三十卷，今多亡佚。是书所附《杨炯集叙》亦云“三十卷者，惜未之见也”。《崇文总目》、《郡斋读书志》著录《盈川集》二十卷。今三十卷、二十卷本已不传。

唐骆先生集

八卷

（唐）骆宾王撰

（明）王衡等评释

附录一卷

明凌毓枏刻朱墨套印本

三册

辽宁省图书馆藏

国家珍贵古籍名录05131号

骆宾王（约638—?），字观光，婺州义乌（今浙江义乌）人。唐初诗人，与王勃、杨炯、卢照邻合称“初唐四杰”。

《唐骆先生集》八卷，前四卷为颂赋诗，后四卷为文。共一百五十二篇，其中诗一百一十七首，文赋、序、檄等三十五篇。附录一卷，收录有关骆宾王的记载与评介。

是书中评价骆宾王诗文精妙，发前人之未发，言简意赅，除了王衡的批释语，还征引诸多诗论家对骆宾王诗文的精彩评点。

王摩诘诗集

七卷

（唐）王维撰

（宋）刘辰翁评

孟浩然诗集二卷

（唐）孟浩然撰

（宋）刘辰翁评

明凌濛初刻朱墨套印本

六册

辽宁省图书馆藏

国家珍贵古籍名录05144号

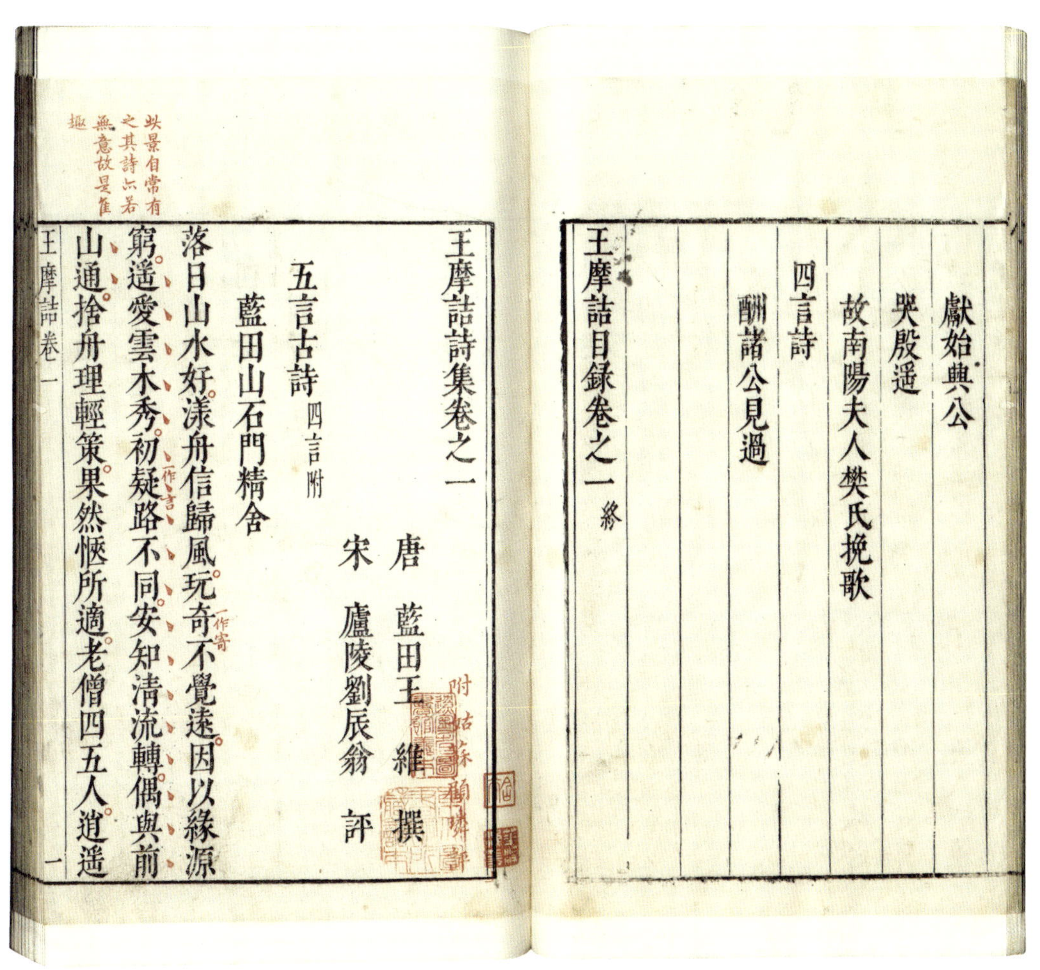
獻始興公

哭殷遥

故南陽夫人樊氏挽歌

四言詩

酬諸公見過

王摩詰目録卷之一 終

王摩詰詩集卷之一

唐 藍田王 維 撰

宋 廬陵劉辰翁 評

五言古詩 四言附

藍田山石門精舍

落日山水好漾舟信歸風玩奇不覺遠因以緣源窮遥愛雲木秀初疑路不同安知清流轉偶與前山通捨舟理輕策果然愜所適老僧四五人逍遥

王摩詰卷一 一

王维（701？—761），字摩诘，河东蒲州（治今山西运城西）人，祖籍山西祁县。唐开元九年（721）进士。官至尚书右丞。王维是盛唐诗人的代表。

王维的集子有二卷、六卷、七卷、十卷等不同的版本。此书为七卷本，分五古、七古、五律、七律、五排、五绝、七绝各一卷。此本为明吴兴凌氏所刻，是我国套版印刷技术发展成熟时期产生的。

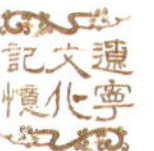

类笺唐王右丞诗集 十卷

(唐)王维撰 (明)顾起经注

文集四卷集外编一卷

(唐)王维撰 (明)顾起经辑

年谱一卷

(明)顾起经撰

唐诸家同咏集一卷赠题集一卷历朝诸家评王右丞诗画抄一卷

(明)顾起经辑

明嘉靖三十五年(1556)顾氏奇字斋刻本

辽宁省图书馆藏

十二册

国家珍贵古籍名录05145号

十四册

国家珍贵古籍名录05155号

顾起经(1515—1569),字长济,号九霞,别号罗浮外史,无锡(今江苏无锡)人。明代由诸生补国学上舍,选授广东盐课副提举,兼署市舶司。著有《易呓语》、《诗解颐》、《大学衍义补要》等。

王维诗集对后人影响巨大。历代编注其集有三:一是明代嘉靖年间顾起经的《类笺唐王右丞诗集》;二是顾可久的《王右丞诗集注说》,稍晚于顾起经本;三是清代乾隆年间赵殿成的《王右丞集笺注》。《类笺唐王右丞诗集》为现存最早的王维诗歌注本。是集以王维诗分类重编。五言古诗分十一门,七言古诗分六门,五言律诗分十一门,五言排律分八门,五言绝句分七门,七言绝句分五门。各为笺注,而以刘辰翁评散附句下。其文集四卷则无笺注。

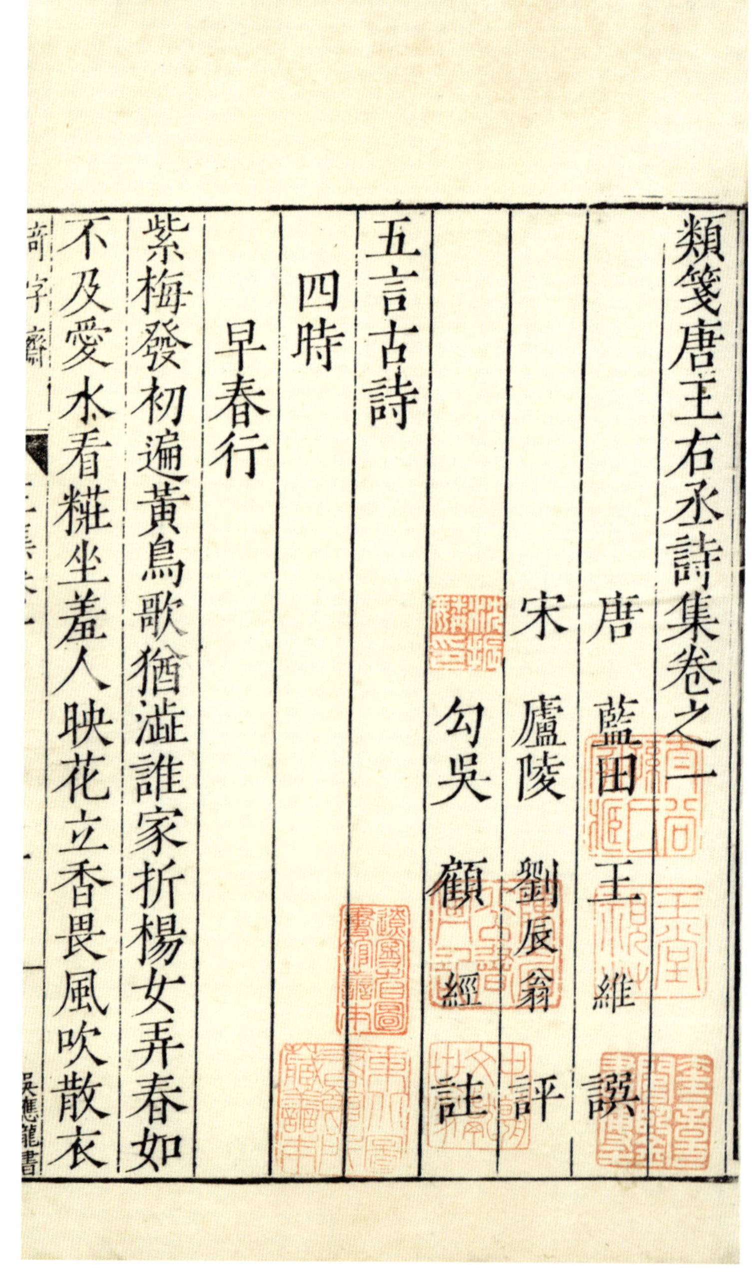
類箋唐王右丞詩集卷之一

唐　藍田王　維　譔

宋　廬陵　劉辰翁　評

勾吳　顧　起經　註

五言古詩

四時

早春行

紫梅發初遍黃鳥歌猶澁誰家折楊女弄春如

不及愛水看糚坐羞人映花立香畏風吹散衣

分类补注李太白诗 二十五卷

（唐）李白撰
（宋）杨齐贤集注
（元）萧士赟补注

分类编次李太白文 五卷

（唐）李白撰

明嘉靖二十二年（1543）郭云鹏宝善堂刻本
十八册
辽宁省图书馆藏
国家珍贵古籍名录05187号

分類補註李太白詩卷之一
春陵楊 齊賢 子見 集註
章貢蕭 士贇 粹可 補註
吴會後學郭 雲鵬 校刻
古賦 八首
大鵬賦 并序
余昔於江陵見天台司馬子微（士贇曰司馬承禎字子微）洛州人辟穀導引術無不通續仙傳以爲尸解天台赤城山名上清玉平之天上應台宿

戊戌八月初二日阅始

李白（701—762），字太白，号青莲居士，祖籍陇西成纪（今甘肃天水附近），出生于西域碎叶城。唐朝浪漫主义诗人，被后人誉为“诗仙”。

《分类补注李太白诗》是李白诗注解最重要的本子之一。初诞于元，盛行明代，至清康熙、乾隆间始被王琦《李太白集辑注》取代。明代，是书的刻印达于极盛，坊肆、私家纷纷刊梓。嘉靖郭云鹏刊本，是这个版本系统中最著名的本子之一，在明代影响至巨，嘉靖二十五年（1546）玉几山人刻本，其后霏玉斋校刻本、万历十六年（1588）瑞桃堂刊本，祖本皆为郭云鹏本。

集千家注杜工部诗集 二十卷 文集二卷 附录一卷

（唐）杜甫撰
（宋）黄鹤补注

明嘉靖十五年（1536）玉几山人刻明易山人印本
二十四册
大连图书馆藏
国家珍贵古籍名录05244号

杜甫（712—770），字子美，自号少陵野老，世称“杜工部”、“杜少陵”等，河南巩县（今河南巩义）人。唐代现实主义诗人，被后人誉为“诗圣”。

《集千家注杜工部诗集》因校正精审、编次得当而成为历代刻书家争相翻刻的杜甫诗集，亦为历代研究杜诗的常备之书。

是书内容、版本与明嘉靖十五年（1536）玉几山人刻本同。但卷端“明易山人”四字与其他字体不合，系重印剜改。

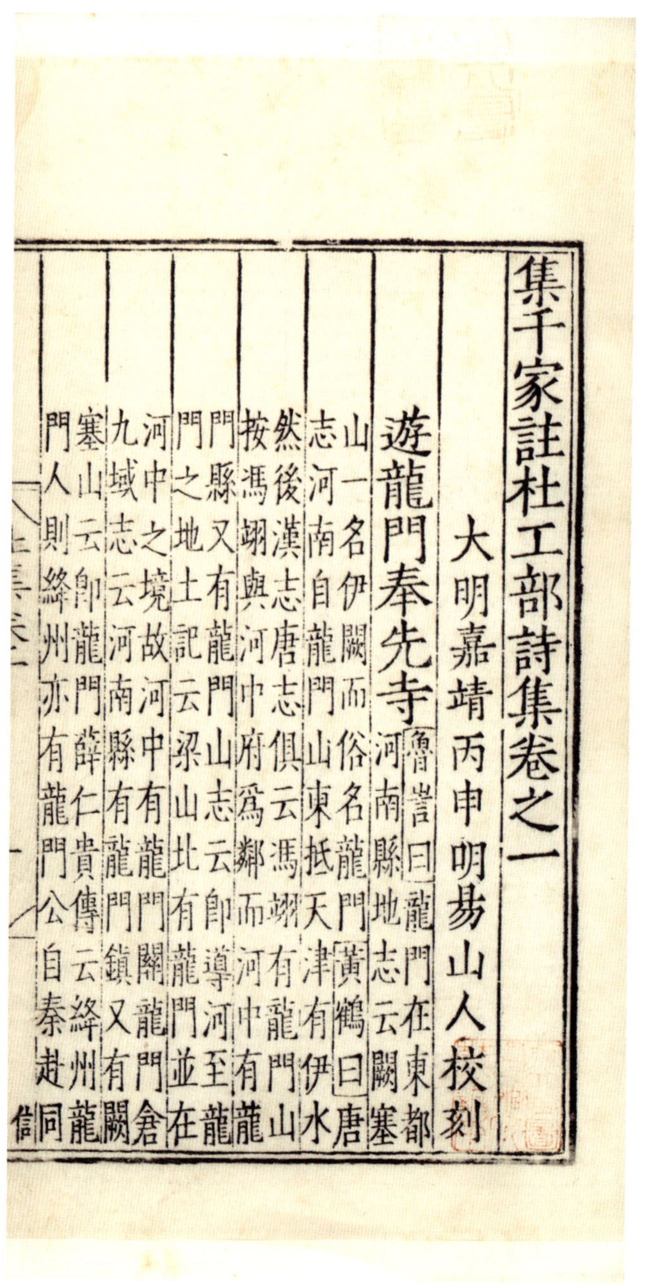

集千家註杜工部詩集卷之一
大明嘉靖丙申明易山人校刻
遊龍門奉先寺 魯訔曰龍門在東都河南縣地志云闕塞山一名伊闕西俗名龍門 黄鶴曰唐志河南自龍門山東抵天津有伊水然後漢志唐志俱云馮翊有龍門山按馮翊與河中府爲鄰而導河至龍門門縣又有龍門山志云即龍門並在門之地土記云梁山北有龍門倉河中之境故河中有龍門闕龍門九域志云河南縣有龍門鎮又有闕塞山云即龍門薛仁貴傳云絳州龍門人則絳州亦有龍門公自秦赴同信

杜工部诗通

十六卷

（唐）杜甫撰

（明）张綖注

明隆庆六年（1572）高邮张守中刻本

四册

沈阳市图书馆藏

国家珍贵古籍名录02025号

杜工部詩通卷之一

高郵張綖

男守中校刊

開元天寶年間所作

觀杜詩固必先考編年據事求情而後其意可見然編年非公自訂不過後人因詩意而附之耳夫史傳編年已有失其真而不可盡信者又況數百年之後徒因詩意以求合史傳之年耶若北征發秦州同谷等篇及公自註年月卓有明據固無可疑其餘諸篇時之

张綖（生卒年不详），字世文，号南湖，高邮（今属江苏）人。明正德八年（1513）举人。累官至光州知州。著有《诗馀图谱》、《杜律本义》等。

本书旨在阐释杜诗，作者以元人范梈批点杜诗三百一十一篇为基础，为之“证事释文，悉加考究，以会杜子之本意”。每卷首先训诂名物，后诠作意，颇能去诗家钩棘穿凿之说，而其失又在于浅近。对旧注中的编年、名物等皆进行了详细的考证和注释。

李长吉歌诗

四卷外诗集一卷

（唐）李贺撰
（宋）刘辰翁评
明凌濛初刻朱墨套印本
七册
辽宁省图书馆藏
国家珍贵古籍名录05282号

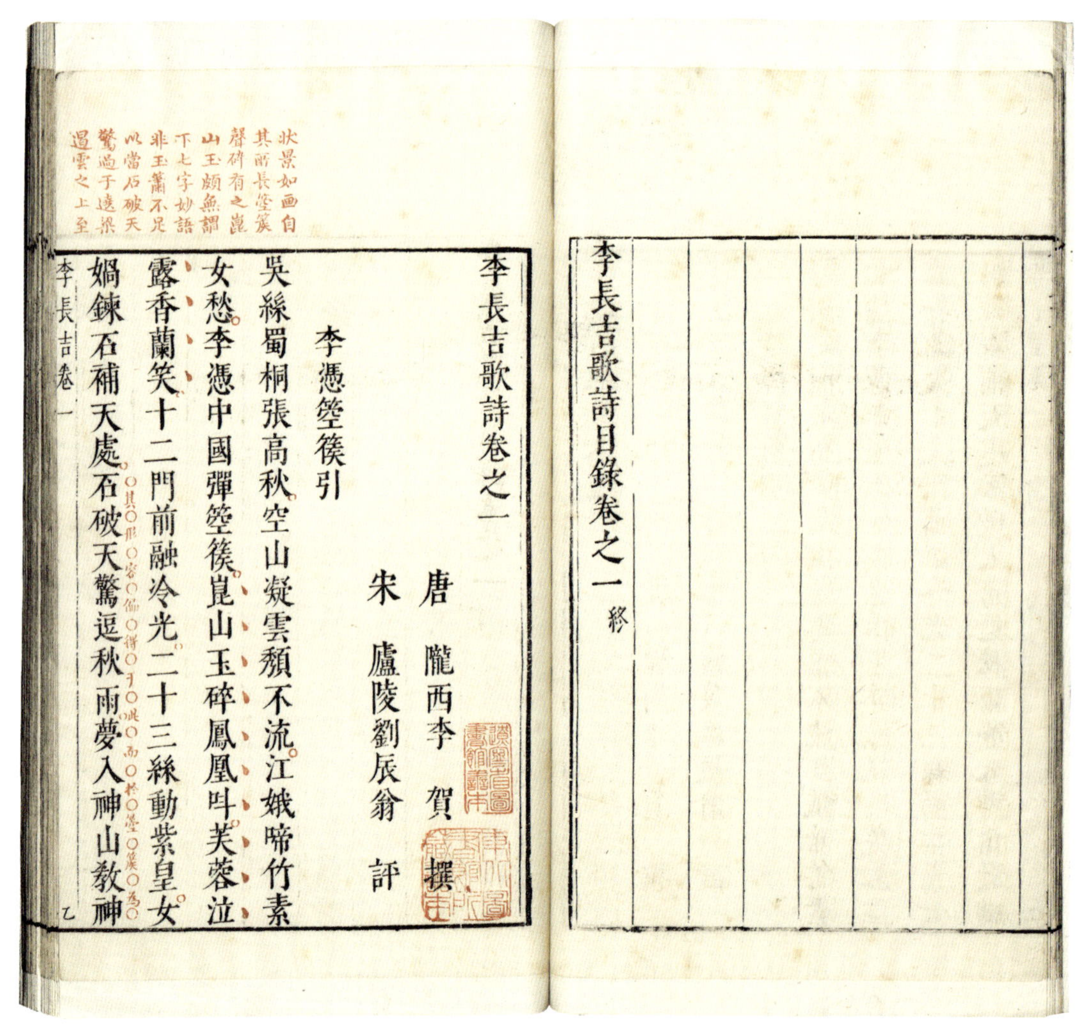

李長吉歌詩目錄卷之一　終

李長吉歌詩卷之一
唐　隴西李　賀　撰
宋　廬陵劉辰翁　評
李憑箜篌引
吳絲蜀桐張高秋空山凝雲頹不流江娥啼竹素女愁李憑中國彈箜篌崑山玉碎鳳凰叫芙蓉泣露香蘭笑十二門前融冷光二十三絲動紫皇女媧鍊石補天處石破天驚逗秋雨夢入神山教神
李長吉卷一　乙

李贺（790—816），字长吉，福昌（今河南宜阳西）人。与李白、李商隐三人并称唐代“三李”。《李长吉歌诗》又名《昌谷集》，正集四卷，外集一卷，收录诗歌二百四十余首。

是书为初刻初印，开本阔朗，朱墨二色，粲然明朗。是书曾为陶湘旧藏。

韩文四十卷外集十卷遗集一卷集传一卷

（唐）韩愈撰

明嘉靖十六年（1537）游居敬刻
韩柳文本
十四册
辽宁省图书馆藏
国家珍贵古籍名录05291号

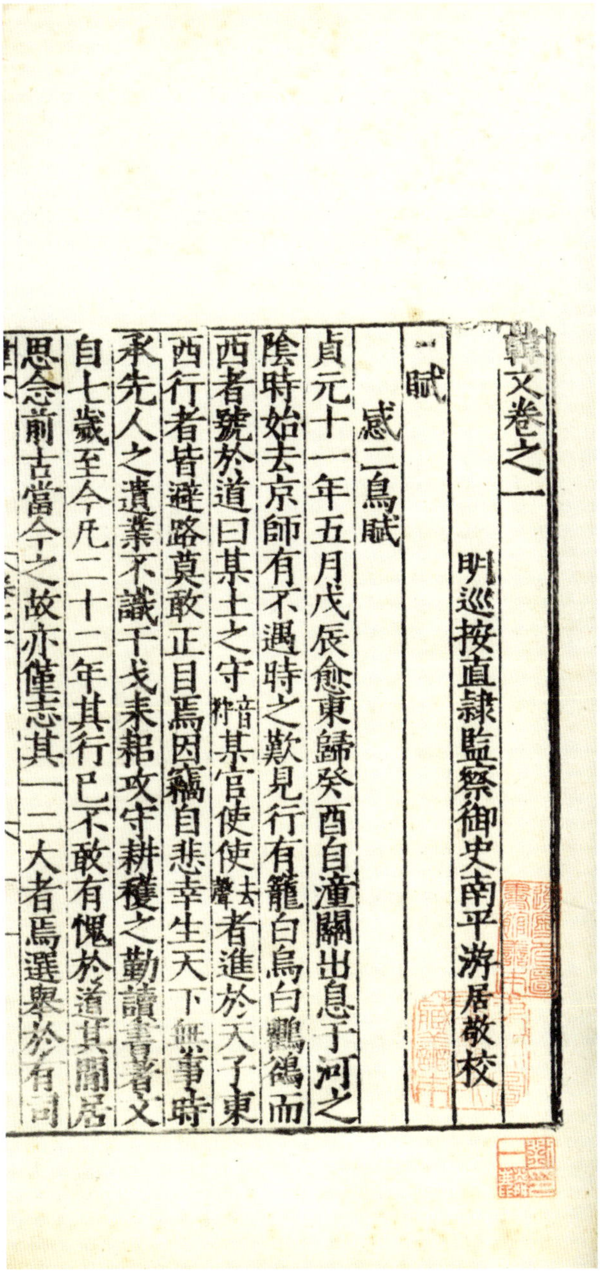
韓文卷之一
明巡按直隸監察御史南平游居敬校
賦
感二鳥賦
貞元十一年五月戊辰愈東歸癸酉自潼關出息于河之
陰時始去京師有不遇時之歎見行有籠白烏白鸜鵒而
西者號於道曰某土之守猶言某官使使去聲者進於天子東
西行者皆避路莫敢正目焉因竊自悲幸生天下無事時
承先人之遺業不識干戈耒耜攻守耕穫之勤讀書著文
自七歲至今凡二十二年其行已不敢有愧於道其閒居
思念前古當今之故亦僅志其一二大者焉選舉於有司

韩愈（768—824），字退之，唐代文学家，与柳宗元合称“韩柳”。苏轼称赞他“文起八代之衰”。

韩、柳二人一直作为唐代文坛领袖而并称于世，对后世影响极为深远，二人之文集在南宋之前一直都是各自行世的，直到南宋时廖莹中首次以一家之力分别出版了韩、柳文集，成为后来所有韩、柳文集的祖本。至明嘉靖十六年（1537），监察御史游居敬利用宁国府衙的经费重新刊刻韩、柳文。游氏此次刊刻对廖本卷数分合做了一些改进，并校订了一些误字，对后世各家韩、柳文集的刊刻产生了巨大影响。

昌黎先生集四十卷外集十卷遗文一卷

（唐）韩愈撰

（宋）廖莹中校正

朱子校昌黎先生集传一卷

明徐氏东雅堂刻本

十六册

辽宁省图书馆藏

国家珍贵古籍名录05340号

徐氏东雅堂刻《昌黎先生集》，为翻刻宋咸淳廖莹中世綵堂刻本。行款、版式悉依世綵堂本之旧，牌记亦仿镌“世綵廖氏刻梓家塾”，或篆或隶，或为正书，仿其形状矣。故《天禄琳琅书目后编》称“每叶世綵堂字改题东雅堂，世遂称为东雅堂韩文，以为书林甲观，凡重雕者以脱胎宋本为重”。加之翻刻较原本“毫发不差”，“世称善本”。

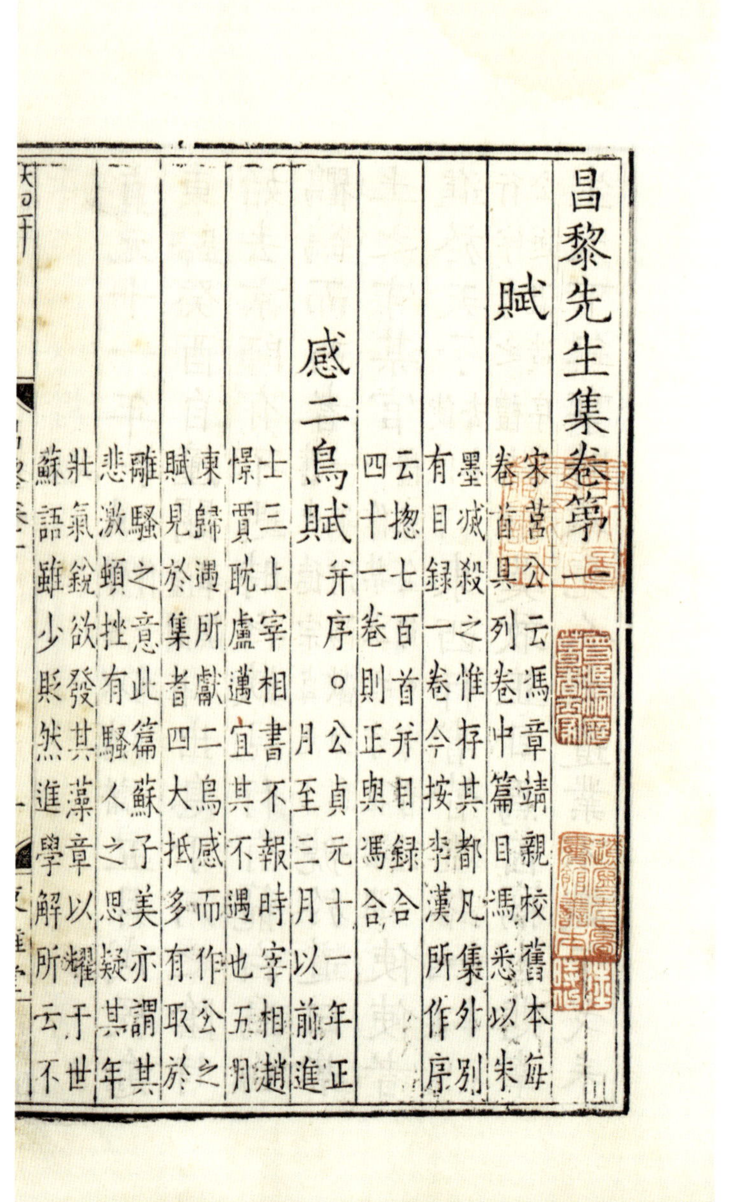

昌黎先生集卷第一

賦

宋莒公云馮章靖親校舊本每卷首具列卷中篇目馮悉以朱墨滅殺之惟存其都凡集外別有目録一卷今按李漢所作序云捴七百首并目録合四十一卷則正與馮合

感二鳥賦并序

○公貞元十一年正月至三月以前進士三上宰相書不報時宰相趙憬賈耽盧邁宜其不遇也五月東歸遇所獻二鳥感而作公之賦見於集者四大抵多有取於離騷之意此篇蘇子美亦謂其悲激頓挫有騷人之思疑其年壯氣鋭欲發其藻章以耀于世蘇語雖少貶然進學解所云不

河东先生集

四十五卷外集二卷 龙城录二卷

（唐）柳宗元撰

（宋）廖莹中校正

附录二卷传一卷

明郭云鹏济美堂刻本

二十二册

辽宁省图书馆藏

国家珍贵古籍名录08778号

十四册

辽宁省图书馆藏

国家珍贵古籍名录08779号

二十册

辽宁省图书馆藏

国家珍贵古籍名录08780号

明中期郭云鹏济美堂翻刻宋廖莹中世綵堂本，字画、行款皆遵宋本（唯改白口为细黑口），影刻极精，与万历年间徐时泰东雅堂翻刻廖莹中《昌黎先生集》合称明版双璧。此本版心下有“济美堂”三字，每卷末镌有“东吴郭云鹏校寿梓”木记，篆楷不一。因校刻精审，后世评价颇高。郭云鹏，字万程，“济美堂”是其室名。

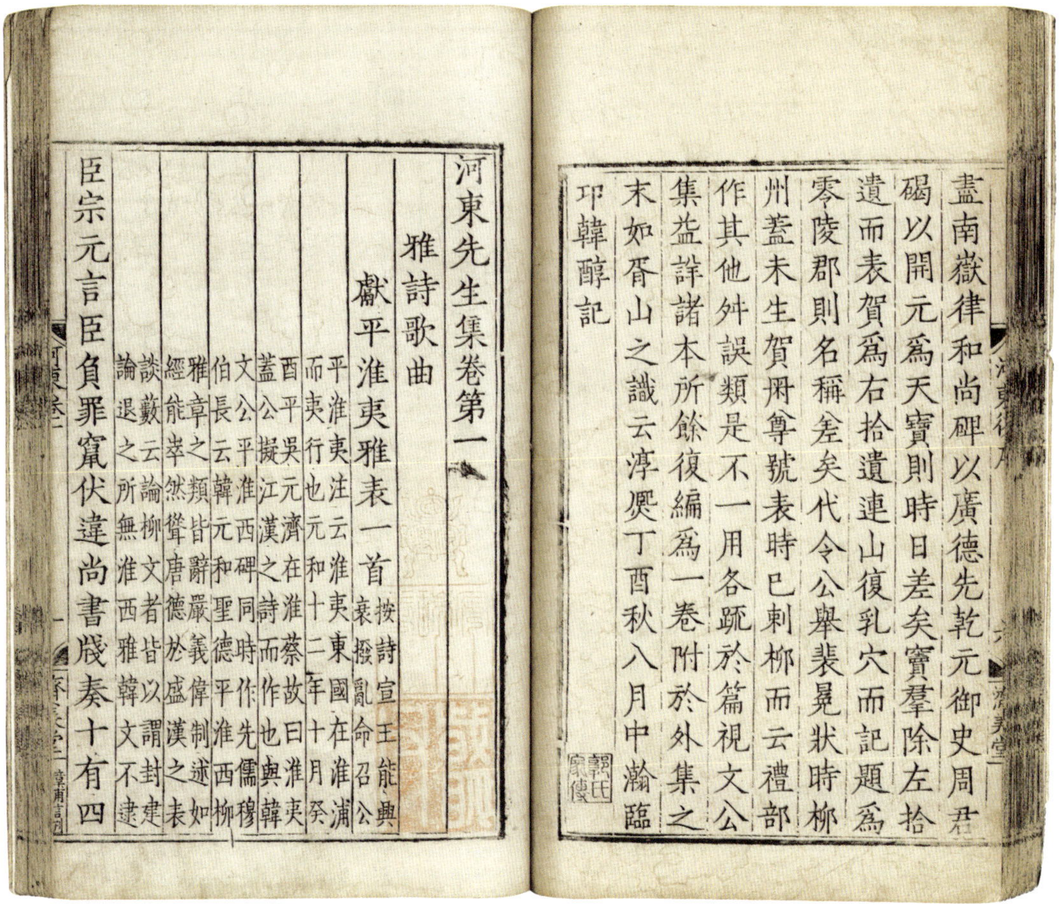
盡南嶽律和尚碑以廣德先乾元御史周君
碣以開元爲天寶則時日差矣寶羣除左拾
遺而表賀爲右拾遺連山復乳穴而記題爲
零陵郡則名稱差矣代令公舉裴冕狀時柳
州蓋未生賀冊尊號表時已刺柳而云禮部
作其他外誤類是不一用各疏於篇視文公
集並詳諸本所餘復編爲一卷附於外集之
末如胥山之識云淳熙丁酉秋八月中澣臨
卭韓醇記

河東先生集卷第一
雅詩歌曲
獻平淮夷雅表一首 按詩宣王能興衰撥亂命召公平淮夷注云淮夷東國在淮浦而夷行也元和十二年十月癸酉平吳元濟在淮蔡故曰淮夷蓋公擬江漢之詩而作也與韓文公平淮西碑同時作先儒穆伯長云韓元和聖德平淮西柳雅章之類皆辭嚴義偉制述如經能崒然聳唐德於盛漢之表談藪云論柳文者皆以謂封建論退之所無淮西雅韓文不逮
臣宗元言臣負罪竄伏違尚書牋奏十有四

孟东野诗集

十卷

（唐）孟郊撰
（宋）国材 刘辰翁评
明凌濛初刻朱墨套印本
四册
辽宁省图书馆藏
国家珍贵古籍名录05422号

孟郊（751—814），字东野，湖州武康（今浙江德清）人。唐代诗人。

是书正文凡分十四类，收录孟郊诗五百一十一首。

此本版式规整，朱墨二色对比鲜明，为初刻初印本。凌刻套印以濛初为最佳。

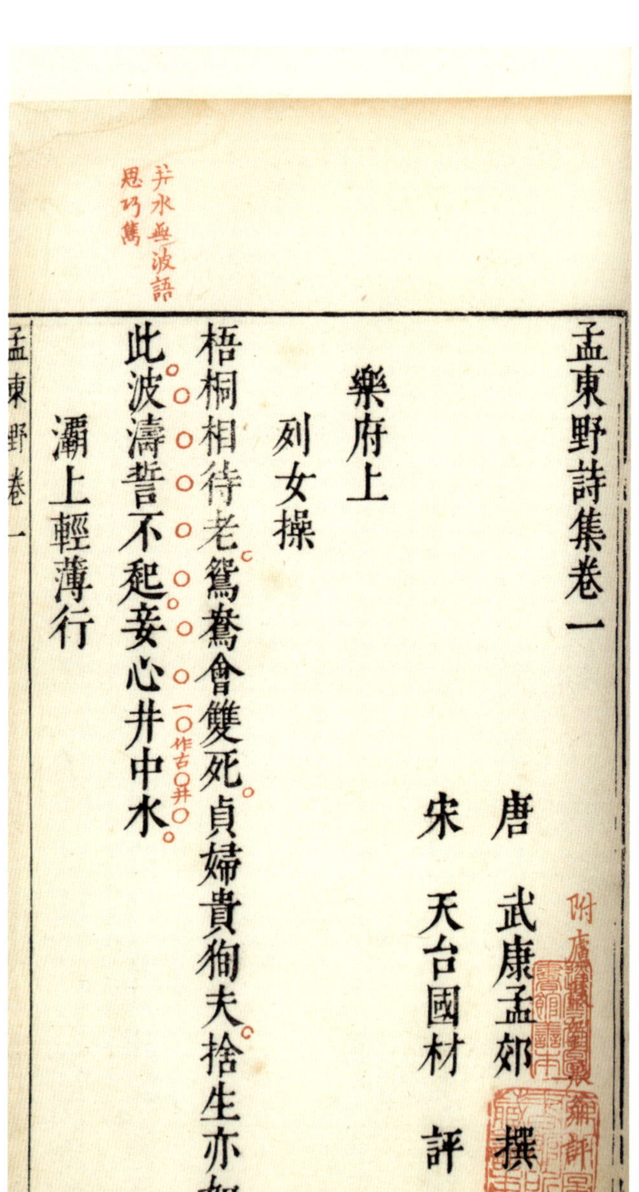
孟東野詩集卷一
唐 武康孟郊 撰
宋 天台國材 評
樂府上
列女操
梧桐相待老鴛鴦會雙死貞婦貴徇夫捨生亦如此波濤誓不起妾心井中水
灞上輕薄行
孟東野卷一

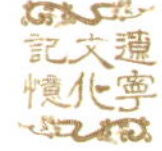

白氏文集

七十一卷

（唐）白居易撰

明嘉靖十七年（1538）伍忠光龙池草堂刻本

十册

大连图书馆藏

国家珍贵古籍名录08802号

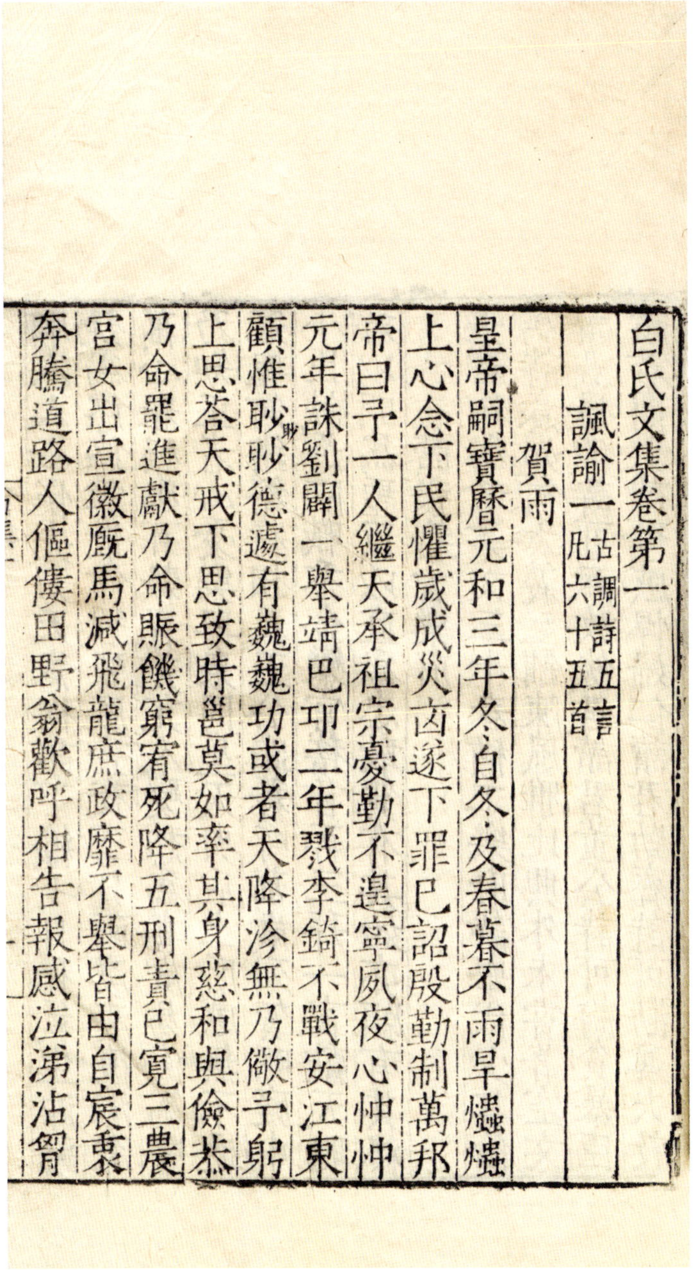

白氏文集卷第一

諷諭一 古調詩五言 凡六十五首

賀雨

皇帝嗣寶曆元和三年冬自冬及春暮不雨旱爞爞

上心念下民懼歲成災凶遂下罪己詔殷勤制萬邦

帝曰予一人繼天承祖宗憂勤不遑寧夙夜心忡忡

元年誅劉闢一舉靖巴邛二年戮李錡不戰安江東

顧惟眇眇德遽有巍巍功或者天降沴無乃儆予躬

上思荅天戒下思致時邕莫如率其身慈和與儉恭

乃命罷進獻乃命賑饑窮宥死降五刑責己寬三農

宮女出宣徽廄馬減飛龍庶政靡不舉皆由自宸衷

奔騰道路人傴僂田野翁歡呼相告報感泣涕沾胷

白居易（772—846），字乐天，晚年号香山居士，祖籍太原，出生于河南新郑。曾任苏州刺史、秘书监、太子少傅等职，累官至刑部尚书。

白居易生前曾多次编纂诗文集，《新唐书·艺文志》著录了《白氏长庆集》七十五卷。但经过兵乱，北宋初白居易的集子已有部分散佚。南宋绍兴初刊《白氏文集》为七十一卷。

此明刻本亦是《白氏文集》较早的版本，但与白居易自编的诗文集编次已不同，前三十七卷为诗，后三十四卷为文（卷三十八有少量诗），诗又分讽喻、闲适、感伤、律诗、格诗、歌行、杂体等类。

范文正公集二十卷别集四卷政府奏议二卷尺牍三卷

（宋）范仲淹撰

明嘉靖范惟元刻本

二十册

辽宁省图书馆藏

国家珍贵古籍名录02055号

范仲淹（989—1052），字希文，苏州吴县（今属江苏苏州）人。宋大中祥符八年（1015）进士。累官至参知政事。

宋以后，范仲淹的诗文集即有多种传本，但诸家著录书名、卷数多有不同。是书为明嘉靖范惟元等翻刻元天历岁寒堂刻本。天历本与《范忠宣公文集》合刊。是书虽为明刻，但为元椠之后刊刻最佳者。

钤有“大兴朱氏竹君藏书之印”等印。

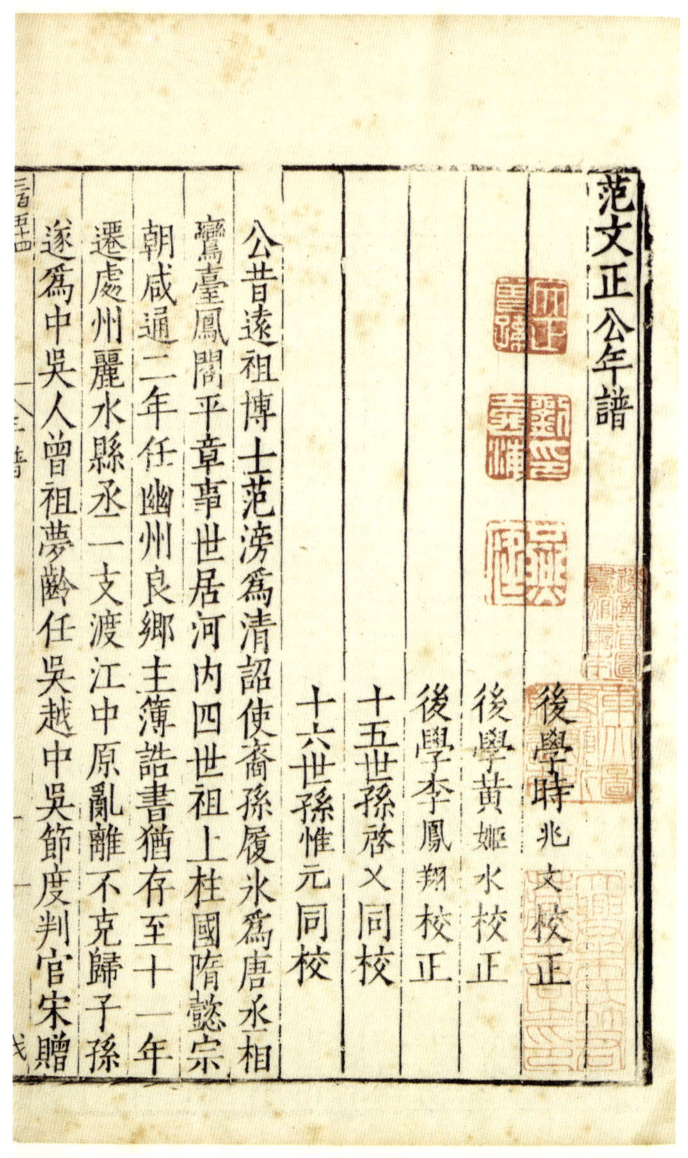
范文正公年譜
後學時兆文校正
後學黃姬水校正
後學李鳳翔校正
十五世孫啓乂同校
十六世孫惟元同校
公昔遠祖博士范滂爲清詔使裔孫履冰爲唐丞相鸞臺鳳閣平章事世居河内四世祖上柱國隋懿宗朝咸通二年任幽州良鄉主簿誥書猶存至十一年遷處州麗水縣丞一支渡江中原亂離不克歸子孫遂爲中吳人曾祖夢齡任吳越中吳節度判官宋贈

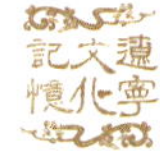

南丰曾先生文粹 十卷

（宋）曾巩撰

明嘉靖二十八年（1549）安如石刻本

四册

辽宁大学图书馆藏

国家珍贵古籍名录08839号

南豐曾先生文粹卷之一

盱江 張光啓 校

無錫後學安如石 刊

論

唐論 峻潔 此等議論自曾王以前無人道來

起句中即伏後意

成康沒而民生不見先王之治日入於亂以至於秦盡除前聖數千載之法天下既攻秦而亡之以歸於漢漢之爲漢更二十四君東西再有天下垂四百年然大抵多用秦法其改更秦事亦多附己意非放先王之法而有天下之志也有天下之志者文帝而已然而天下之

文帝有一賈生而不能用然則

曾巩（1019—1083），字子固，世称“南丰先生”，建昌南丰（今属江西）人。宋嘉祐二年（1057）进士。“唐宋八大家”之一。

《南丰曾先生文粹》是曾巩的诗文选集。曾巩的文学成就主要在散文方面。他的散文继承发扬了“文以载道”的传统，文风以“古雅”、“平正”著称，其诗作努力追求诗意和哲理的结合，形式古朴典雅，格调超逸，为后人称道。

明嘉靖二十八年（1549）安如石刻《南丰曾先生文粹》是现存最早的较为完整的刻本。此本为胡凤丹、缪荃孙旧藏。

范忠宣公文集

二十卷

（宋）范纯仁撰

明嘉靖范惟元刻本

二十册

辽宁省图书馆藏

国家珍贵古籍名录02060号

范纯仁（1027—1101），字尧夫，吴县（今属江苏苏州）人。范仲淹次子。宋皇祐元年（1049）进士。累官至尚书仆射、中书侍郎、观文殿大学士。卒谥忠宣。

是书收录范纯仁诗文。《范忠宣公文集》于南宋间由沈圻刊印，历代递有刊修。此本为明嘉靖刻本，范惟元编。惟元为范仲淹十六世孙。

苏文嗜 六卷

（宋）苏洵撰
（明）茅坤集评
明凌云刻三色套印本
四册
辽宁省图书馆藏
国家珍贵古籍名录02061号

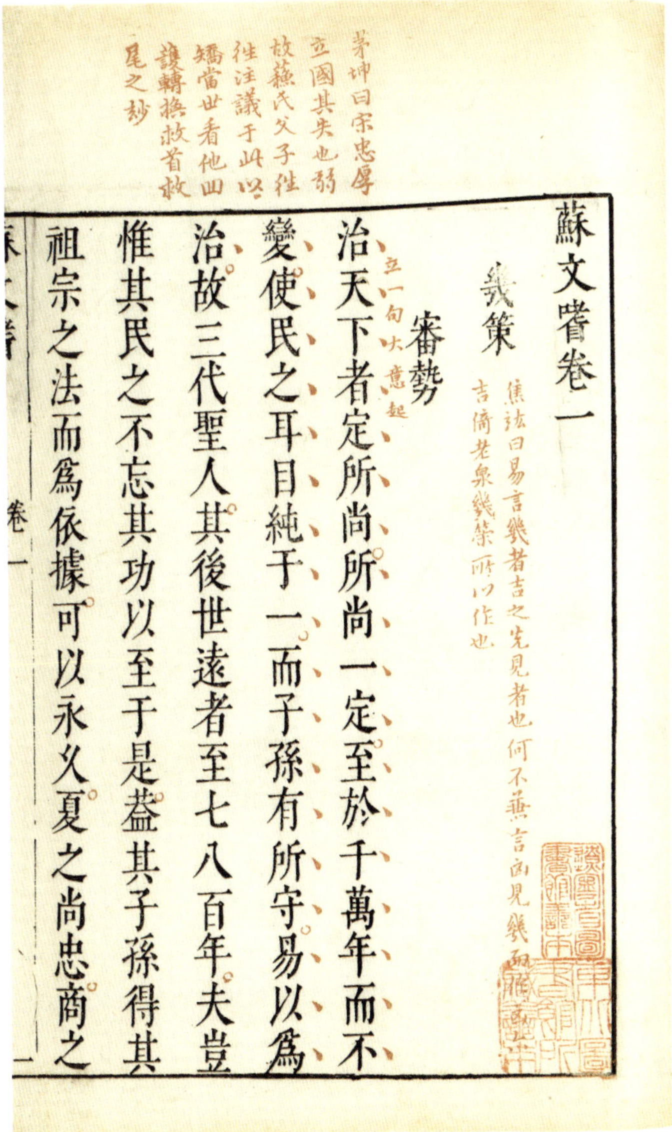

苏洵（1009—1066），字明允，北宋眉州眉山（今属四川）人。有《嘉祐集》传世。

此为苏洵文选本，明代茅坤集评。茅坤，字顺甫，号鹿门，明代散文家、藏书家。他评选的苏洵文对后世有很大影响。

该书刊刻精美，字体方正，墨色清晰。曾为民国陶湘旧藏。

苏文忠公全集一百一十一卷

（宋）苏轼撰

年谱一卷

（宋）王宗稷撰

明嘉靖十三年（1534）江西布政司刻本

四十八册

辽宁省图书馆藏

国家珍贵古籍名录05565号

《苏文忠公全集》包括《东坡集》四十卷、《东坡后集》二十卷、《续集》十二卷、《奏议集》十五卷、《外制集》三卷、《内制集》十卷、《应诏集》十卷、《乐语》一卷及王宗稷《东坡先生年谱》、苏辙《东坡先生墓志铭》。

是书在成化本基础上，详加校正，重新刊刻并增加了苏辙《东坡先生墓志铭》。每集后均有“嘉靖十三年江西布政司重刊，南丰县学教谕缪宗道校正”木记。

此书为杨守敬旧藏。

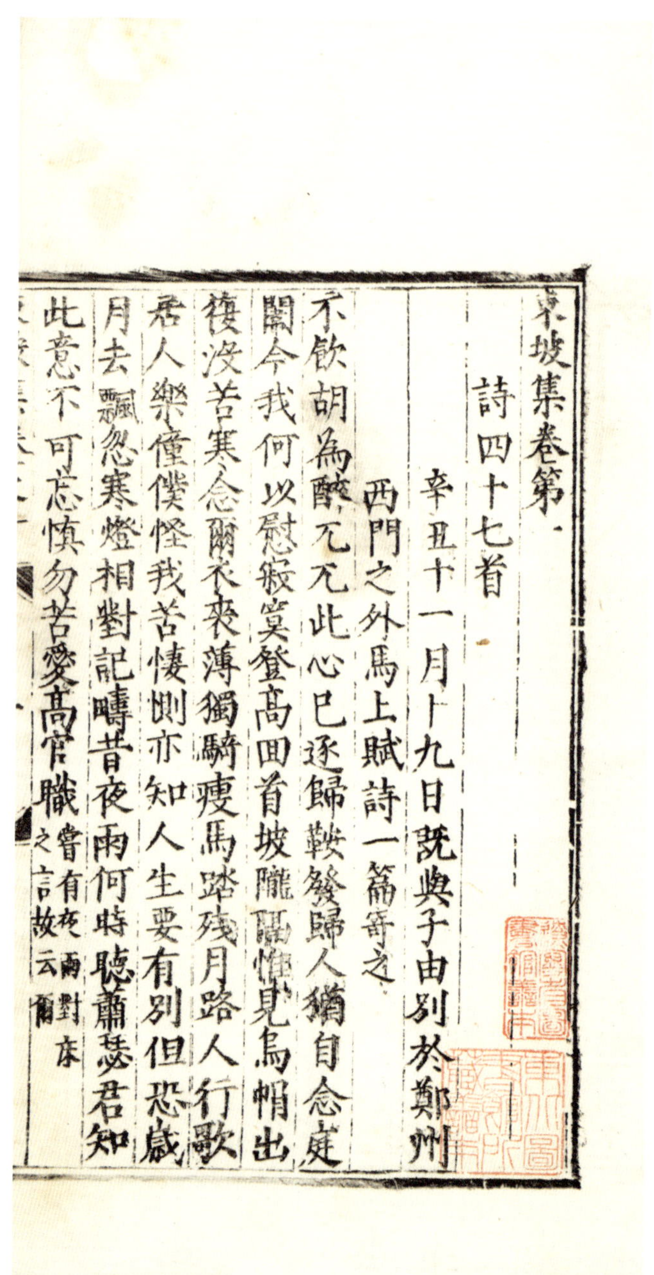
東坡集卷第一

詩四十七首

辛丑十一月十九日既與子由別於鄭州西門之外馬上賦詩一篇寄之

不飲胡為醉兀兀此心已逐歸鞍發歸人猶自念庭闈今我何以慰寂寞登高回首坡隴隔惟見烏帽出復沒苦寒念爾衣裘薄獨騎瘦馬踏殘月路人行歌居人樂僮僕怪我苦悽惻亦知人生要有別但恐歲月去飄忽寒燈相對記疇昔夜雨何時聽蕭瑟君知此意不可忘慎勿苦愛高官職嘗有夜雨對床之言故云爾

苏长公表启

五卷

（宋）苏轼撰
（明）李贽等评
（明）钱椟辑

明凌濛初刻朱墨套印本
五册
辽宁大学图书馆藏
国家珍贵古籍名录05568号

錢櫝屏曰出著實語而情倍至

李卓吾曰時已改詩賦之科故云爾

蘇長公表卷一

密州謝上表

臣軾言昨奉勑差知密州軍州事已於今月三日到任上訖草芥賤微敢干洪造乾坤廣大曲遂私誠受命撫躬已自知其不稱入境問俗又復過於所期臣軾中謝伏念臣家世至寒性資甚下學雖篤志本先朝進士篆刻之文論不適時皆老生常談陳腐之説分於聖世處以散材

蘇長公表卷一　一

《苏长公表启》包括《表》三卷、《启》二卷。表启内容反映出苏轼政治思想受道家、佛家思想的影响甚深，一生遵循以仁政治国的理念。

东坡禅喜集

十四卷

（宋）苏轼撰

（明）冯梦祯辑

（明）凌濛初辑

明天启元年（1621）凌濛初刻朱墨套印本

四册

辽宁省图书馆藏

国家珍贵古籍名录05577号

明人徐长孺将苏轼有关佛教方面的著述辑成《东坡禅喜集》。分颂、赞、偈、铭、书后、记、序、传、文、疏、杂文、书、杂志和纪事十四目，前十三目皆自东坡文集中辑出，最后一目则是从《冷斋夜话》、《诗话总龟》、《西湖游览志馀》等诗话笔记及他人文集中辑出东坡与佛教有关的记载，汇为一编。

此凌氏刻朱墨套印本，墨色为正文，朱色是茅鹿门、李卓吾、陈眉公、王圣俞、钱麓屏、陶石篑等人的评语。

东坡文选

二十卷

（宋）苏轼撰

（明）钟惺辑并评

明闵氏刻朱墨套印本

八册

辽宁省图书馆藏

国家珍贵古籍名录08874号

東坡文選第一卷

賦

天慶觀乳泉賦

陰陽之相化天一爲水六者其壯而一者其稺也夫物老死於坤而萌芽於復故水者物之終始也意水之在人寰也如山川之蓄雲草木之含滋漠然無形而爲往來之氣也爲氣者水之生而有形者其死也死者鹹而生者甘甘者能往能來而鹹者一出而不復返此陰陽之理也吾何以知之盖嘗求之於身而

此明末钟惺选东坡文中雄博高逸、纡回峭拔而又关于仁义道德礼乐刑政者二百余篇，汇为一编。

钟惺加以评批圈点，其评语及圈点皆以朱色套印，以与墨印原文有别，开卷即有疏朗醒目之感。

苏长公密语

十六卷

首一卷

（宋）苏轼撰

（明）李一公辑

明天启元年（1621）刻朱墨套印本

八册

辽宁省图书馆藏

国家珍贵古籍名录05621号

是书于东坡文“姑略其论、策、奏疏诸文之显而易窥者，而独取颂、偈、铭、赞、记、传诸文之最沉密者”，并辑李贽、王纳谏、陶望龄、钟惺等评语，为编辑者家中“密谛”，故称“密语”。

豫章黄先生文集三十卷外集十四卷别集二十卷简尺二卷词一卷

（宋）黄庭坚撰

伐檀集二卷

（宋）黄庶撰

山谷先生年谱三十卷

（宋）黄罃撰

明弘治叶天爵刻嘉靖六年（1527）乔迁、余载仕重修本

二十册

辽宁省图书馆藏

国家珍贵古籍名录05627号

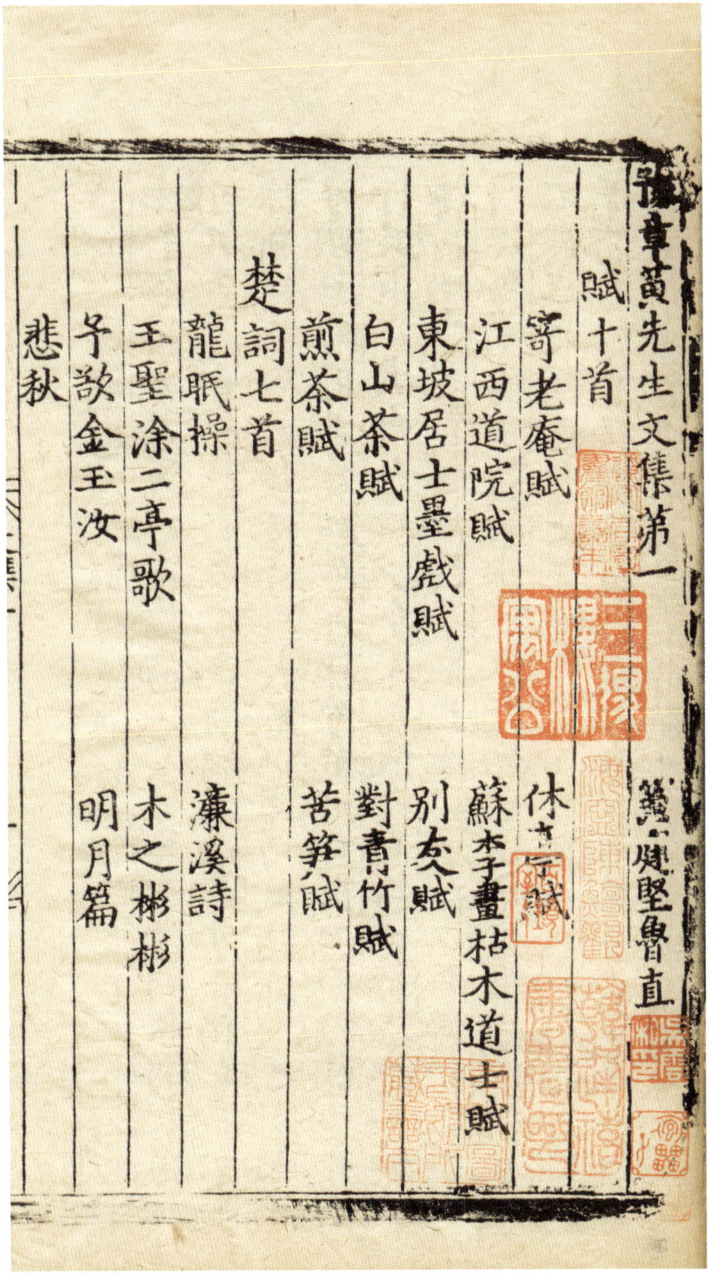

黄庭坚（1045—1105），字鲁直，号山谷道人，晚号涪翁，洪州分宁（今江西九江修水）人。宋治平四年（1067）进士。历官校书郎、著作佐郎、秘书丞、黔州安置等职。

黄庭坚文集至今宋刻本仅有三部残本传世，全本则以明弘治本为最古。其最初由婺源地方官叶天爵出资刊刻，惜未竟功叶氏便去官离职，其未刊刻完成的书版也一并闲置。一直到嘉靖年间，才由乔迁等人利用明内府所藏宋本续刻，并用宋本对已刻成的书版重校而成，故此本俱存宋版之貌。《四库全书总目》评该本："尚为不失宋本之遗，非外间他刻所及。"

朱子大全一百卷目录二卷续集十卷别集十卷

（宋）朱熹撰

明天顺四年（1460）贺沈、胡缉刻本

十一册

存十九卷

辽宁省图书馆藏

国家珍贵古籍名录05670号

朱熹的文集，最初由朱熹的儿子朱在编定，收入了朱熹包括专著、注疏和语录在内的诗文，初成一百卷，名之为《晦庵先生文集》。后人在此基础上不断有所增补，明本《朱熹文集》增有《续集》十卷、《别集》十卷。

此本《朱子大全》为明天顺四年（1460）刻本，是研究朱熹理学思想的重要资料。

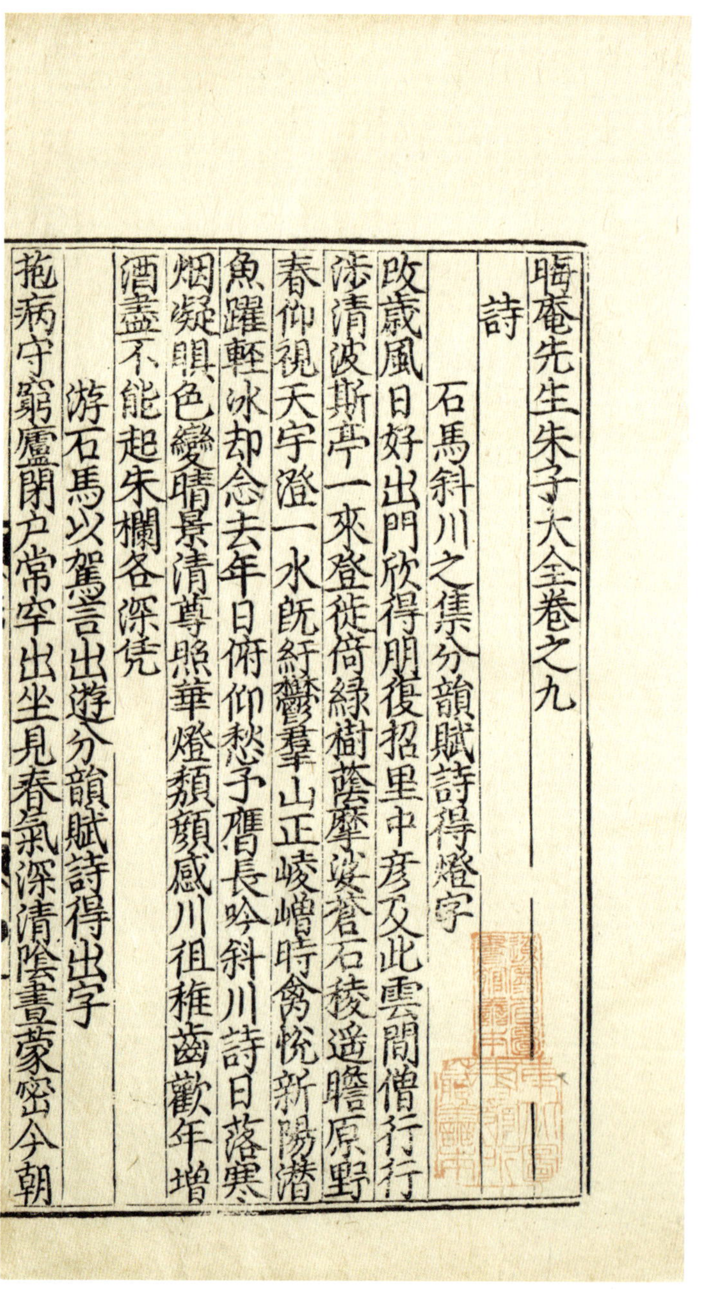
晦庵先生朱子大全卷之九

詩

石馬斜川之集分韻賦詩得燈字

改歲風日好出門欣得朋復招里中彥及此雲間僧行行涉清波斯亭一來登徙倚緑樹蔭摩挲蒼石稜遥瞻原野春仰視天宇澄一水既紆鬱羣山正崚嶒時禽悅新陽潛魚躍輕冰却念去年日俯仰愁予膺長吟斜川詩日落寒烟凝瞑色變晴景清尊照華燈頹顏慼川徂稚齒歡年增酒盡不能起朱欄各深凭

游石馬以駕言出遊分韻賦詩得出字

抱病守窮廬閉户常罕出坐見春氣深清陰晝蒙密今朝

南轩先生文集

四十四卷

（宋）张栻撰

明刻本

十一册

辽宁省图书馆藏

国家珍贵古籍名录05710号

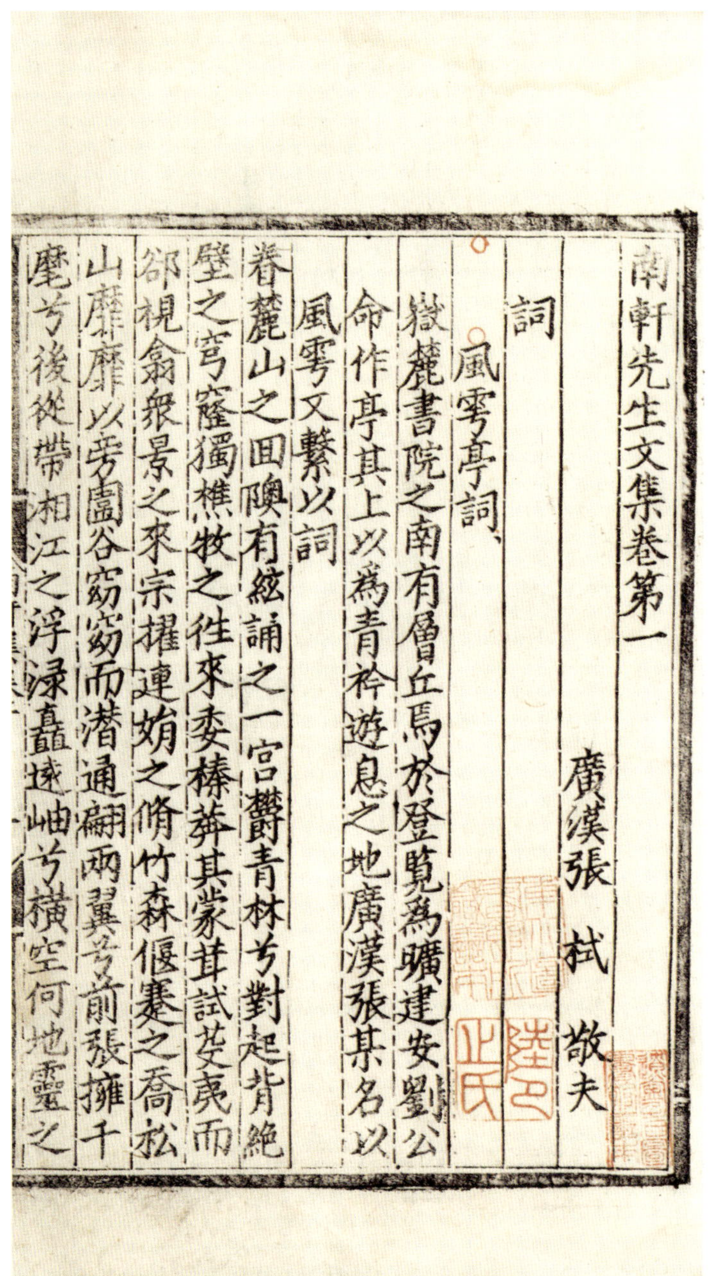

南軒先生文集卷第一　廣漢張　栻　敬夫

詞

風雩亭詞

嶽麓書院之南有層丘焉於登覽為曠建安劉公命作亭其上以為青衿遊息之地廣漢張某名以風雩又繫以詞

眷麓山之回隩有絃誦之一宫鬱青林兮對起背絕壁之穹窿獨樵牧之往來委榛莽其蒙茸試芟夷而卻視翕衆景之來宗擢連娟之脩竹森偃蹇之喬松山靡靡以旁圍谷窈窈而潜通翩兩翼兮前張擁千麾兮後從帶湘江之浮淥矗遠岫兮横空何地靈之

张栻（1133—1180），字敬夫，又字乐斋，号南轩，汉州绵竹（今属四川）人。累官至右文殿修撰。著有《南轩易说》、《癸巳论语解》、《伊川粹言》等。

《南轩先生文集》为张栻殁后，其弟搜集其故稿，由朱熹编定。朱熹复益以四方学者所传数十篇及平日往还书疏。而张栻晚年谈经论事、发明道要之语及碍于时事之奏疏，未列其中。

是书尚有三十卷本，今传世诸明本皆为四十四卷。

南轩文集节要

八卷

（宋）张栻撰

（明）聂豹辑

明嘉靖十年（1531）聂豹刻本

四册

大连图书馆藏

国家珍贵古籍名录05712号

聂豹（1487—1563），字文蔚，号双江，江西永丰人。明正德十二年（1517）进士。累官至兵部尚书。

张栻著述颇丰，朱熹曾将其诗文编为《南轩先生文集》四十四卷，宋淳熙间刊刻。聂豹辑《南轩文集节要》八卷，即节录于四十四卷本。

南軒文集節要卷之一

廬陵後學聶　豹編輯

四明　楊　言

豫章　李　淅

姚江　史立模

北郡　張鵬翰校正

書

垂諭太極之說某妄意以爲太極所以形性之

妙也性不能不動太極所以明動靜之蘊也極

乃樞極之義聖人於易特名太極二字蓋示人

漫塘刘先生文集 二十二卷

（宋）刘宰撰

明木活字印本

十册

辽宁省图书馆藏

国家珍贵古籍名录05714号

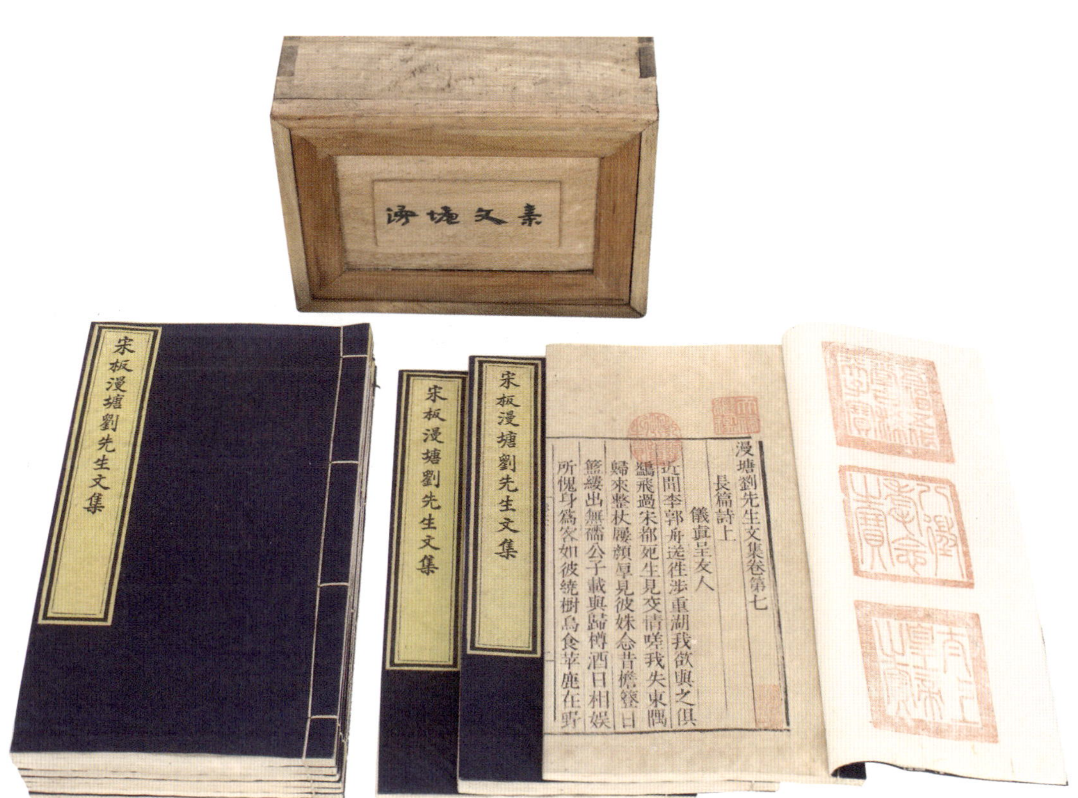

刘宰（1167—1240），字平国，号漫塘病叟，镇江金坛（今江苏金坛）人。宋绍熙元年（1190）进士。历任州县官。

刘宰诗文集是其身后由同里王遂搜集遗文整理而成，编为三十六卷，名为前集。王遂整理的刘宰诗文稿未及刻印，就被宋理宗征入内府，深藏秘阁。直至明正德间，大学士靳贵始从内府藏书中抄出。正德十五年（1520）前后，王遂后人王皋初刻诗四卷，嘉靖八年（1529）又续刻文三十二卷。

此书二十二卷，为明嘉靖以后书贾射利，据初刻本删节，利用木活字刷印以充宋本。后入藏清宫。

龙川先生文集

三十卷

（宋）陈亮撰

明史朝富刻本

十二册

辽宁省图书馆藏

国家珍贵古籍名录05715号

陈亮（1143—1194），字同甫，号龙川，世称龙川先生，永康（今浙江永康）人。

《龙川文集》由陈亮子陈沆编文成书，共四十卷，由叶适于宋嘉泰四年（1204）为之作序刊刻。历代屡有重刻，今各本均为三十卷，其中以明成化龙川书院刻本为最早。此为史朝富刻本。史朝富，字节元，福建晋江人。明嘉靖三十二年（1553）进士。

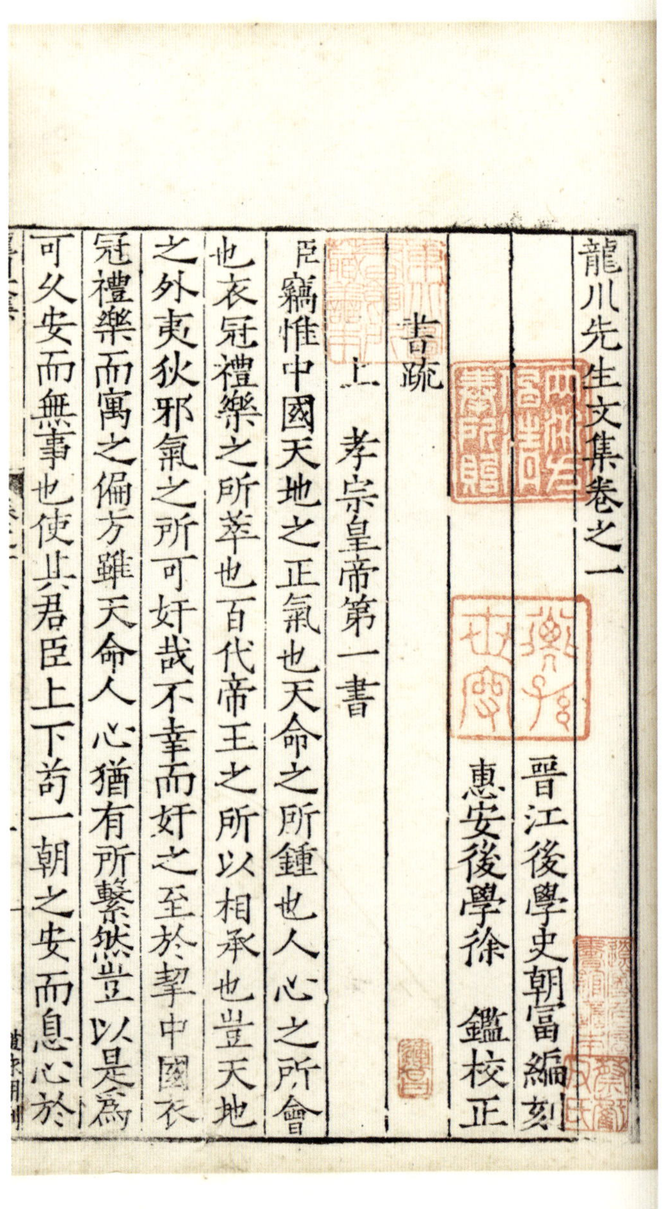
龍川先生文集卷之一

晉江後學史朝富編刻

惠安後學孫　鑑校正

書疏

上孝宗皇帝第一書

臣竊惟中國天地之正氣也天命之所鍾也人心之所會也衣冠禮樂之所萃也百代帝王之所以相承也豈天地之外夷狄邪氣之所可奸哉不幸而奸之至於挈中國衣冠禮樂而寓之偏方雖天命人心猶有所繫然豈以是為可久安而無事也使其君臣上下苟一朝之安而息心於

诚意伯刘先生文集 七卷

（明）刘基撰

明成化六年（1470）刻本

八册

大连图书馆藏

国家珍贵古籍名录09021号

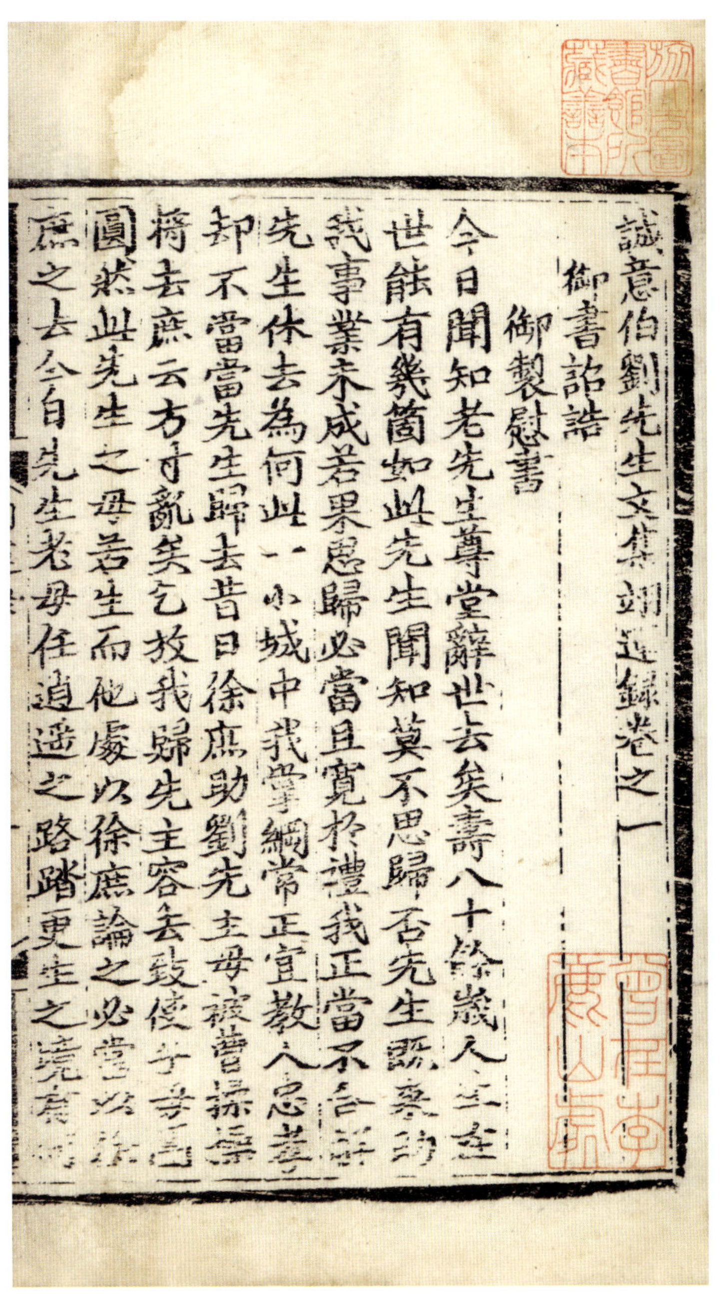
誠意伯劉先生文集翊運錄卷之一

御書詔誥

御製慰書

今日聞知老先生尊堂辭世去矣壽八十餘歲人之在世能有幾箇如此先生聞知莫不思歸否先生跡寡助我事業未成若果思歸必當且寬於禮我正當不合許先生休去為何此一小城中我掌綱常正宜教人忠孝却不當當先生歸去昔日徐庶助劉先主母被曹操虜將去庶云方寸亂矣乞放我歸先主容去致使子母[illegible]圓然此先生之母若生而他處以徐庶論之必當以[illegible]庶之去今自先生老母任逍遥之路踏更生之境[illegible]

刘基（1311—1375），字伯温，浙江青田人。元元统元年（1333）进士。辅佐明太祖朱元璋开创明朝，封诚意伯。卒谥文成。

刘基著有《郁离子》、《覆瓿集》、《写情集》、《春秋明经》、《犁眉公集》等，本各自为书，明成化六年（1470）始合为一帙，名《诚意伯刘先生文集》。成化本对于了解已经失传的早期刊刻的刘基著作单行本的原貌有重要价值，对以后的刻本影响也很大。

太师诚意伯刘文成公集

二十卷

（明）刘基撰

明隆庆六年（1572）谢廷杰、陈烈刻本

十六册

辽宁省图书馆藏

国家珍贵古籍名录02100号

明嘉靖三十五年（1556）樊献科、于德昌刻《太师诚意伯刘文成公集》十八卷，是第一个刘基诗文总集类编本。隆庆六年（1572）谢廷杰、陈烈据此本翻刻，并据合集本补入《春秋明经》二卷。

太師誠意伯劉文成公集卷之一

後學麗水何鏜編校

御書

御製慰書

今日聞知老先生尊堂辭世去矣壽八十餘歲人生在世能有幾箇知此先生聞知莫不思歸否先生既來助我事業未成若果思歸必當且寬於禮我正當不合解先生休去為何此一小城中我掌綱常正宜教人忠孝却不當當先生歸去昔日徐庶助劉先主母被曹操操將去庶云方寸亂矣乞放我歸先主容去致使子母團圓然此先生之母若生而他處

逊志斋集

二十四卷

（明）方孝孺撰

附录一卷

明正德十五年（1520）顾璘刻本

十六册

辽宁省图书馆藏

国家珍贵古籍名录05849号

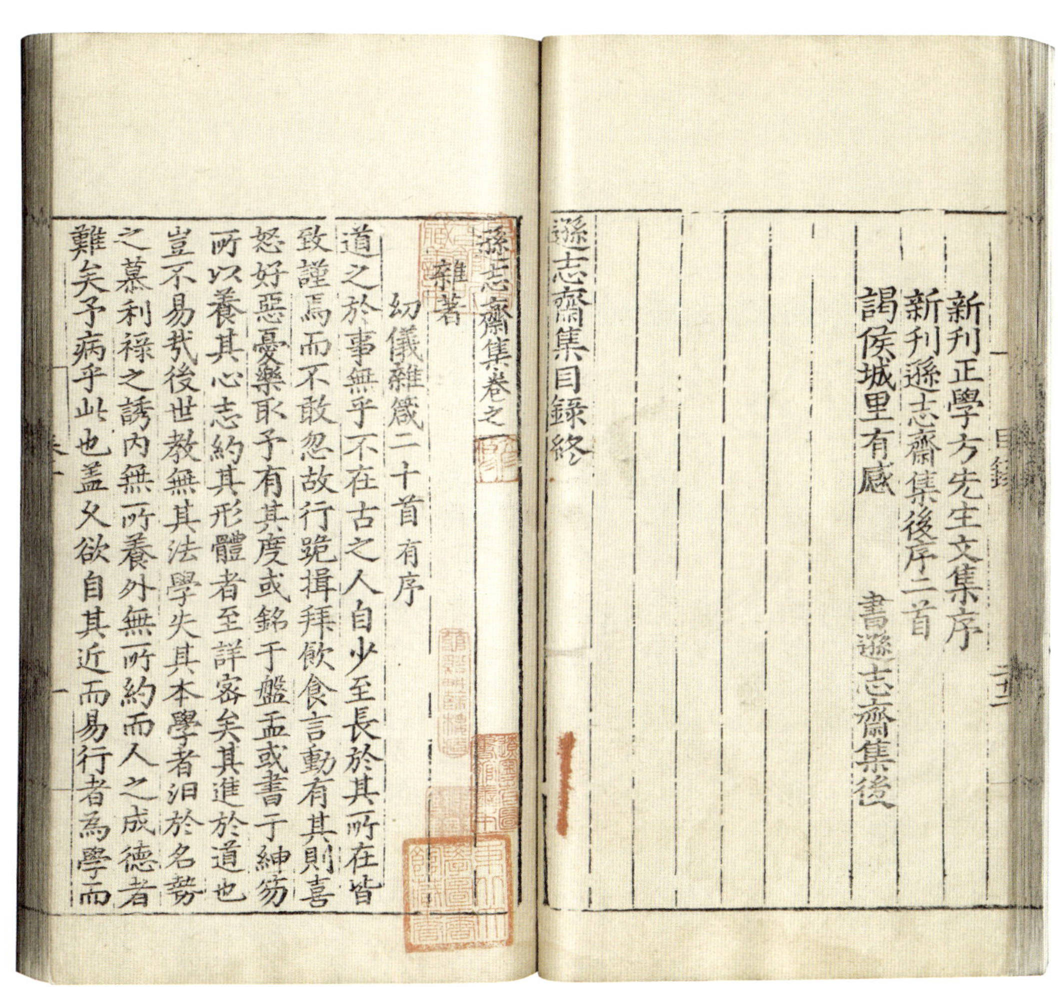

方孝孺（1357—1402），字希直，一字希古，人称正学先生，浙江宁海人。以荐召授汉中府学教授。建文中，官至翰林侍讲学士，改文学博士。

明建文四年（1402），燕王篡位，方孝孺抗节死，禁甚严，门人王稌藏其遗文，后由黄孔昭、谢铎编定为三十卷，拾遗三十卷。明正德十五年（1520）顾麟守台州，删并为二十四卷，为后世之通行本。

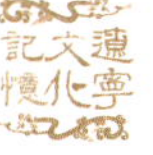

勤有诗集一卷 文集一卷

（明）朱孟烷撰

明正统六年（1441）楚藩朱季埱刻本

二册

辽宁省图书馆藏

国家珍贵古籍名录05862号

朱孟烷（1395—1439），明太祖孙，楚昭王桢子。永乐二十二年（1424）袭封楚王。敬慎好学。正统四年（1439）薨，谥号庄。

此为朱孟烷之子季埱在其身后为其辑刻之诗文集。以“勤有”名集，盖取韩愈“诗书勤乃有，不勤腹空虚”之句。

勤有詩集

五言古

遊仙詩

峩峩閬風臺蒼蒼蓬萊岑飈馭自可即弱水誰
云深羽節空外駐芝蓋雲中臨赤松相招邀洪
崖亦相尋浩歌白雲謡共和丹霞吟蟠桃適初
熟玉醴還再斟劃然發長嘯但聞鸞鶴音

君馬黄

君馬産冀北我馬来渥洼渥洼乃龍種冀北亦

类博稿 十卷

（明）岳正撰
明嘉靖十八年（1539）吴逵刻本
四册
大连图书馆藏
国家珍贵古籍名录09058号

類博稿卷之一
古詩歌辭五七言四十六首　　漷縣岳正
擬獻幸太學頌
惟正統九年甲子春正月考國子之學越三月
一日
皇帝親釋奠于先師立師生館下命儒臣講經
以倡導臣以作新民臣某伏念生太平盛時又
得服章縫從諸生後親被　寵光無任感激輒

岳正（1418—1472），字季方，号蒙泉，漷县（今属北京通州）人。明正统十三年（1448）进士。历官翰林院修撰、兴化知府，曾入阁，故称阁老。卒谥文肃。

《类博稿》是岳正门人李东阳搜辑其遗稿，汇编成集。

是书经清藏书家富察昌龄、永璥收藏，钤有“长白敷槎氏堇斋昌龄图书印”、“钦训堂书画记”、“番禺何氏如舟阁所藏”印。

篁墩程先生文集 九十三卷 拾遗一卷

（明）程敏政撰

明正德二年（1507）何歆刻本

十六册

辽宁省图书馆藏

国家珍贵古籍名录05898号

程敏政（1446—1499），字克勤，自号篁墩，徽州休宁（今安徽休宁）人。明成化二年（1466）进士。累官至礼部右侍郎兼侍读学士。卒谥襄毅。

程氏编诗文为《篁墩稿》、《篁墩三稿》、《行素稿》，俱未刊印。后其子侄辈总名之曰《篁墩程先生文集》。因卷帙繁复，难于传录，明弘治十六年（1503）由张天衢出资，择其精华，于正德元年（1506）成书为《篁墩文集》。正德二年（1507），何歆等复编次全集为九十三卷，别梓行世。

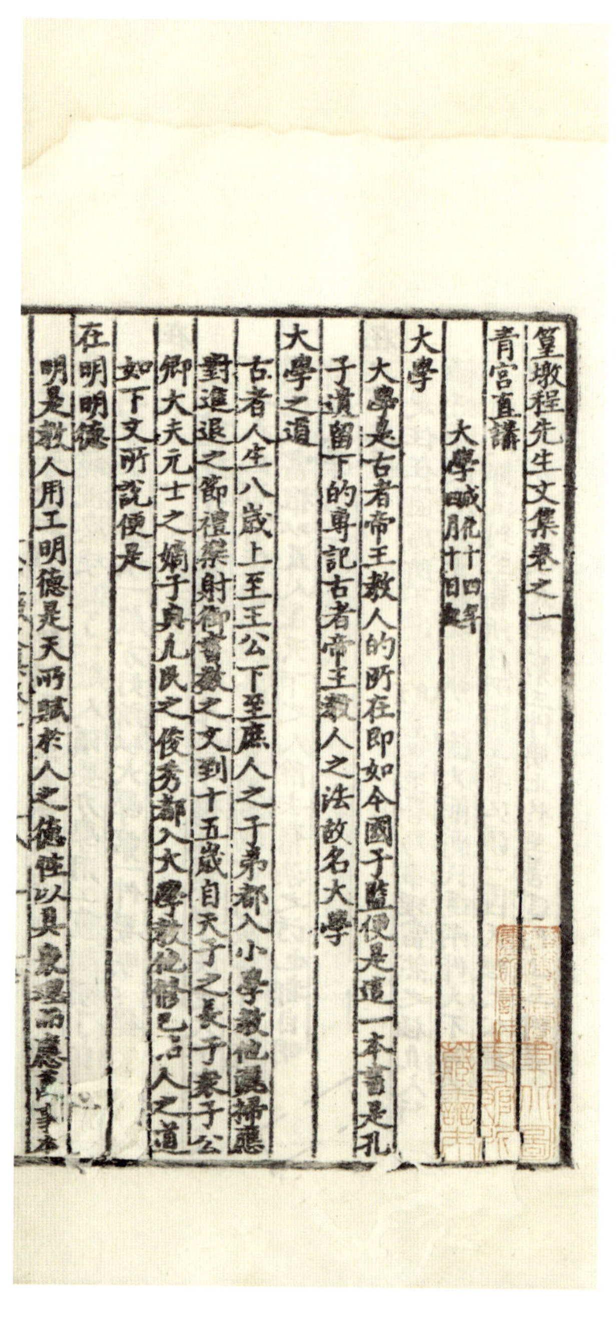
篁墩程先生文集卷之一

青宫直講

大學成化十四年十月日進

大學

大學是古者帝王教人的所在即如今國子監便是這一本書是孔子遺留下的專記古者帝王教人之法故名大學

大學之道

古者人生八歲上至王公下至庶人之子弟都入小學教他灑掃應對進退之節禮樂射御書數之文到十五歲自天子之長子衆子公卿大夫元士之嫡子與凡民之俊秀都入大學教他脩己治人之道如下文所說便是

在明明德

明是教人用工明德是天所賦於人之德性以具衆理而應萬事本

医闾先生集

九卷

（明）贺钦撰

明嘉靖二十三年（1544）齐宗道刻本

四册

辽宁省图书馆藏

国家珍贵古籍名录02111号

醫閭先生集卷之一

賜同進士出身四川道監察御史奉

勅督理兩淮鹽法兼管河道後學齊宗道重校刊

言行錄

先生平生奉親極孝母黨姻戚雖甚寠賤待之盡其愛敬極其賙卹親有疾則極其憂瘁湯藥必自嘗迎醫必拜之

先生於朔望祠堂行禮後必詣別宅拜從叔母率以爲常

贺钦（1437—1510），字克恭，别号医闾山人，世称医闾先生。祖籍浙江定海，其父从军戍守辽东，定居辽西义州卫（今辽宁义县）。明成化二年（1466）进士，授户科给事中。

明嘉靖九年（1530）李承勋、成文刊《医闾先生集》行于世。然时人病其字多错讹，嘉靖二十三年（1544）齐宗道据嘉靖九年刻本校正重刊。

是书虽非初刻，然以其校勘精审为世人称道。《中国古籍善本书目》著录此本全国仅存两部，而全本仅此一部。

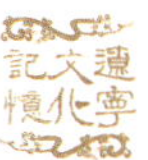

半江赵先生文集 十五卷

附录一卷

（明）赵宽撰

明嘉靖四十年（1561）赵褕刻本

十二册

辽宁省图书馆藏

国家珍贵古籍名录05927号

赵宽（1457—1505），字栗夫，号半江，吴江（今属江苏）人。明成化十七年（1481）进士。累官至广东按察使。

赵宽诗文集曾经太学生王思诚刊刻，赵宽子赵褕又收其遗文百余篇而重刻之。

是书分为赋、诗、文、词四部分，附录为墓志铭等。

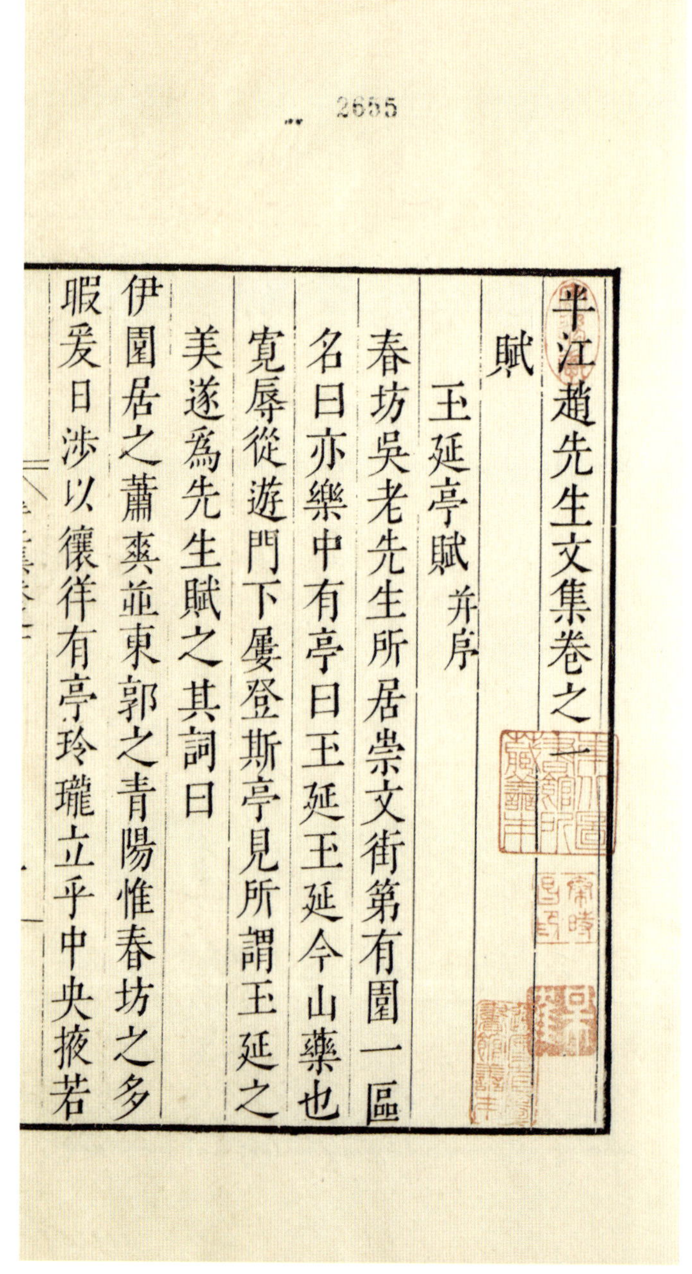
2655

半江趙先生文集卷之一

賦

玉延亭賦并序

春坊吴老先生所居祟文街第有圃一區名曰亦樂中有亭曰玉延玉延今山藥也寬辱從遊門下屢登斯亭見所謂玉延之美遂爲先生賦之其詞曰

伊園居之蕭爽並東郭之青陽惟春坊之多暇爰日涉以徜徉有亭玲瓏立乎中央掖若

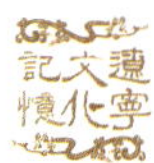

西轩效唐集录

十二卷

（明）丁养浩撰

明嘉靖刻本

六册

辽宁省图书馆藏

国家珍贵古籍名录05937号

丁养浩（1451—1528），字师孟，号西轩，仁和县（今浙江杭州余杭）人。明成化二十三年（1487）进士，累官至云南布政使。

丁养浩十分喜爱唐人诗文，将自己的诗文集取名《效唐集》。是书集诗八卷、文四卷。《四库全书总目》云“其名‘效唐’者，盖取法唐人之意，然殊不类唐音也”。

渼陂集 正集十六卷续集三卷

（明）王九思撰

明嘉靖十二年（1533）刻二十四年（1545）续刻崇祯十三年（1640）重修本

十一册

辽宁省图书馆藏

国家珍贵古籍名录02124号

王九思（1468—1551），字敬夫，号渼陂，陕西鄠县（今陕西户县）人。明弘治九年（1496）进士。累官至吏部郎中。

是书正集收录王九思诗文、杂著、序、志铭、表、传等，续集收录词曲等。正集为山西所刊，续集乃陕西所刊，补版为张宗孟汇集。

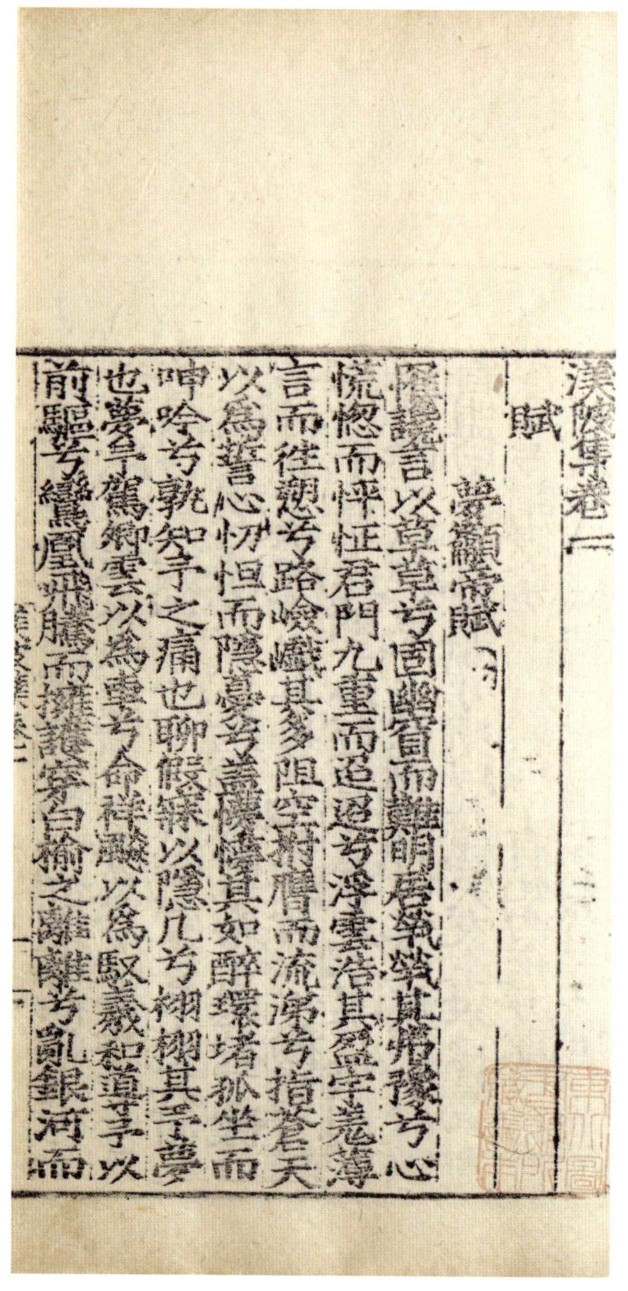

可泉拟涯翁拟古乐府 二卷

（明）胡缵宗撰
（明）胡统宗注
（明）张光孝评
明嘉靖三十六年（1557）汪瀚刻本
二册
辽宁省图书馆藏
国家珍贵古籍名录09169号

文章爾雅事業崢嶸固
聖代之韓歐也吾師虎谷先生曾携纘宗晋謁及
持舊所作就正焉得家典教乃纘宗竊有志於張
文昌梅聖俞而力不逮徒切欣慕焉耳山中頗暇
顧不量讀公擬古樂府而有感焉篇擬之亦百首
外又八首然才思庸劣不能彷彿其萬一聊以稽
古寄興云爾噫安得起公於上台終教之使知尋
源大雅探本黃鐘也邪
嘉靖癸丑立春天水胡纘宗引
辭義稍異者因易其題以就之非敢求異也

可泉擬涯翁擬古樂府卷之一
太康張光孝評
清渭胡続宗注

申生 擬申生怨

晋生世子申生寵姬生奚齊姬欲易世子假夢姜妃令生致祭胙留宮中七日毒而獻之及犬斃地墳則曰賊由太子生欲辭恐傷驪姬欲去恐被此人弗納况獻侯已老遂自經

叉叉驪姬情眩惑獻侯心一夕夢忽祭七日胙已
陳不問犬何斃不問酒何墳乳下有奚齊眼前有
申生請勿攻若姧請勿洩若殘但願阿翁飽但願
阿翁安清霜被中野不見伯奇寒墮淚去未能傷

涯翁即李东阳，字西涯，曾作《拟古乐府》二卷。是书即 “以次属和，立题指事，率由东阳之旧，亦间有所厘正”。收乐府诗凡一百零八首。

此书曾为龚维疆旧藏。

西村诗集 二卷

补遗一卷

（明）朱朴撰

明嘉靖三十一年（1552）自刻万历二十九年（1601）朱彩续刻本

二册

辽宁省博物馆藏

国家珍贵古籍名录09192号

朱朴（生卒年不详），字元素，号西村，浙江海盐人。

《西村诗集》成书于明嘉靖、万历年间，书分上、下二卷，补遗一卷。其近体诗格调清越，超然出群。古诗差逊，然亦不坠俗氛。朱彩，朱朴之孙。

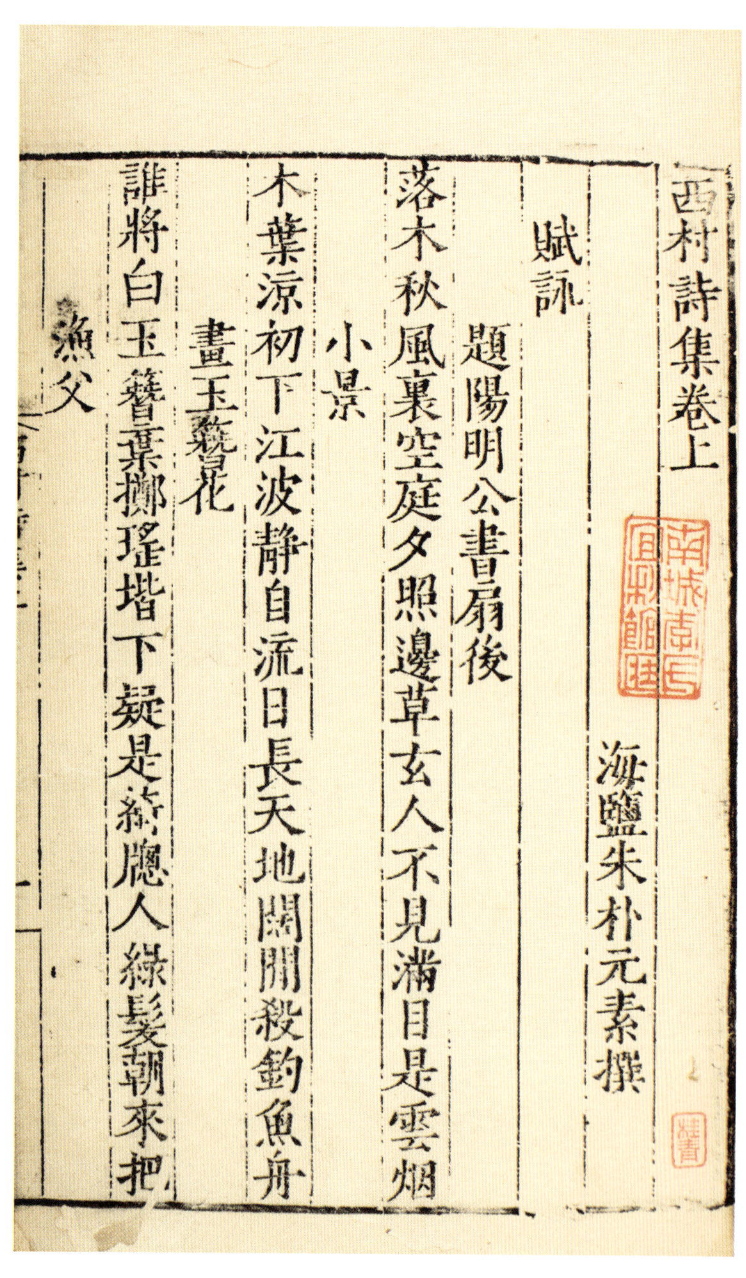
西村詩集卷上
海鹽朱朴元素撰
賦詠
題陽明公書扇後
落木秋風裏空庭夕照邊草玄人不見滿目是雲烟
小景
木葉涼初下江波靜自流日長天地闊閒殺釣魚舟
畫玉簪花
誰將白玉簪棄擲瑤堦下疑是綺牕人綠髮朝來把
漁父

雅宜山人集

十卷

（明）王宠撰

明嘉靖刻本

四册

旅顺博物馆藏

国家珍贵古籍名录09196号

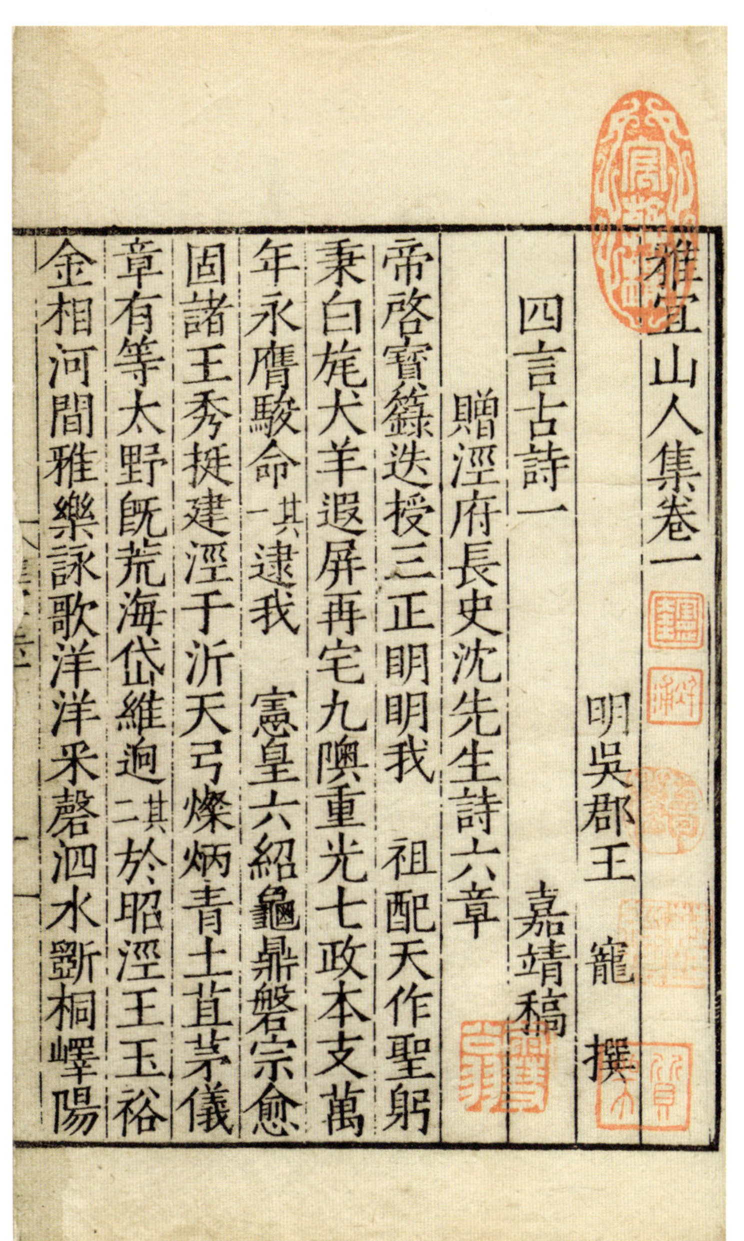

雅宜山人集卷一

明吳郡王寵撰

四言古詩一　嘉靖稿

贈涇府長史沈先生詩六章

帝啓寶籙迭授三正明明我　祖配天作聖躬
秉白旄犬羊退屏再宅九隩重光七政本支萬
年永膺駿命其一逮我　憲皇六紹龜鼎磐宗愈
固諸王秀挺建涇于沂天弓爍炳青土苴茅儀
章有等太野既荒海岱維迴其二於昭涇王玉裕
金相河間雅樂詠歌洋洋采磬泗水斵桐嶧陽

王宠（1494—1533），字履仁，后字履吉，号雅宜山人，吴县（今属江苏苏州）人。

是书分诗八卷，文二卷。《四库全书总目》云是书“分体编列，而各以‘正德稿’‘嘉靖稿’字系标题之下”。

此本曾经汪士钟、罗振玉递藏。

稽古绪论 不分卷
洗心亭诗馀一卷

（明）赵时春撰

明隆庆四年（1570）赵守岩刻本

六册

大连图书馆藏

国家珍贵古籍名录06065号

赵时春（1508—1567），字景仁，号浚谷，平凉（今甘肃平凉）人。明嘉靖五年（1526）进士。历官刑部主事、山东民兵佥事、都察院右佥都御史、山西巡抚等职。

《稽古绪论》是赵时春企图垂言后世的史评类著作，充分反映其史学思想。“洗心亭”是赵时春在平凉乐休园的私家亭阁。是书于明隆庆四年（1570），由赵时春子赵守岩刊刻，传布稀罕。

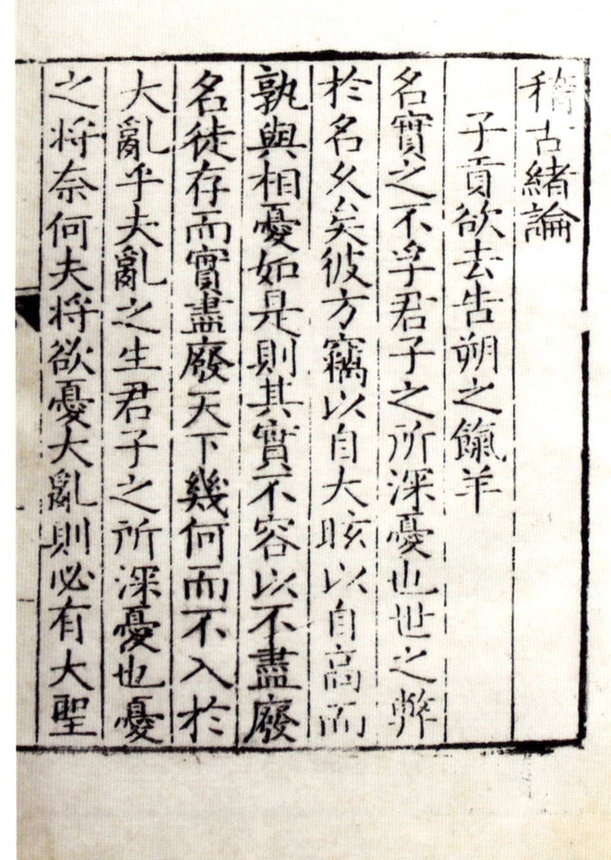
稽古緒論
子貢欲去告朔之餼羊
名實之不孚君子之所深憂也世之弊
於名久矣彼方竊以自大賍以自高而
孰與相憂如是則其實不容以不盡廢
名徒存而實盡廢天下幾何而不入於
大亂乎夫亂之生君子之所深憂也憂
之將奈何夫將欲憂大亂則必有大聖

程松溪先生文集 十卷

（明）程文德撰
明隆庆元年（1567）刻本
四册
大连图书馆藏
国家珍贵古籍名录06087号

程松谿先生文集卷之一
廷試策一道
御批 採本之論
臣程文德
臣對臣聞有敬天之心然後可以語天德有勤民之政然後可以語王道天者君之父也不知敬天則心之所存或不能抑畏而無以達乎天德民者邦之本也不知勤民則政之所推或乖於輯寧而無以體乎王道然惟天惠民惟辟奉天知所以敬天則必求所以勤民之道求所以勤民則又不外於用舍之宜是

程文德（1497—1559），字舜敷，号松溪，浙江永康人。明嘉靖八年（1529）进士，授翰林编修。卒后追赠礼部尚书，谥文恭。

是书卷一为对策、讲章，卷二为颂及古体诗，卷三为分体诗，卷四为奏疏、表，卷五为书，卷六为序，卷七为记、跋，卷八为祭文，卷九为传、志铭，卷十为杂著。其诗文质朴浑厚，保存了明代政治、经济、文化方面的一些珍贵史料。

梧冈诗集 六卷

（明）陈尧撰

明刻本

二册

辽宁省图书馆藏

国家珍贵古籍名录06100号

嘉靖丁巳十月望日
賜進士出身中順大夫江西按察司副使奉
勑提督學校臨海門人王宗沐拜書

梧岡詩集卷一
維揚陳堯著　陳完校
少年行　五言古詩
長安白面郎意氣大輕任聯姻皆衛霍結客是金張羊車
開道路龍劍動風霜執戟明光殿朝朝侍玉皇
燕謌行
主人愛敬客開讌坐高樓金樽汎蘭醑玉盤行桂羞明月
出東方酣歌樂未侬客前為致詞願主千萬秋主起謝不
敏感子意綢繆容顔易衰歇富貴亦浮漚何如採靈藥服

是书共收诗四百余首。卷一五言绝句，卷二五言律诗，卷三七言古诗、七言排律、七言绝句，卷四至卷六七言律诗。王宗沐谓其诗“词藻雄悍而意趣温平，而铿然金石之音”。

还峰宋先生集

十卷首一卷

（明）宋淳撰

附录一卷

明万历刻本

六册

辽宁省图书馆藏

国家珍贵古籍名录06102号

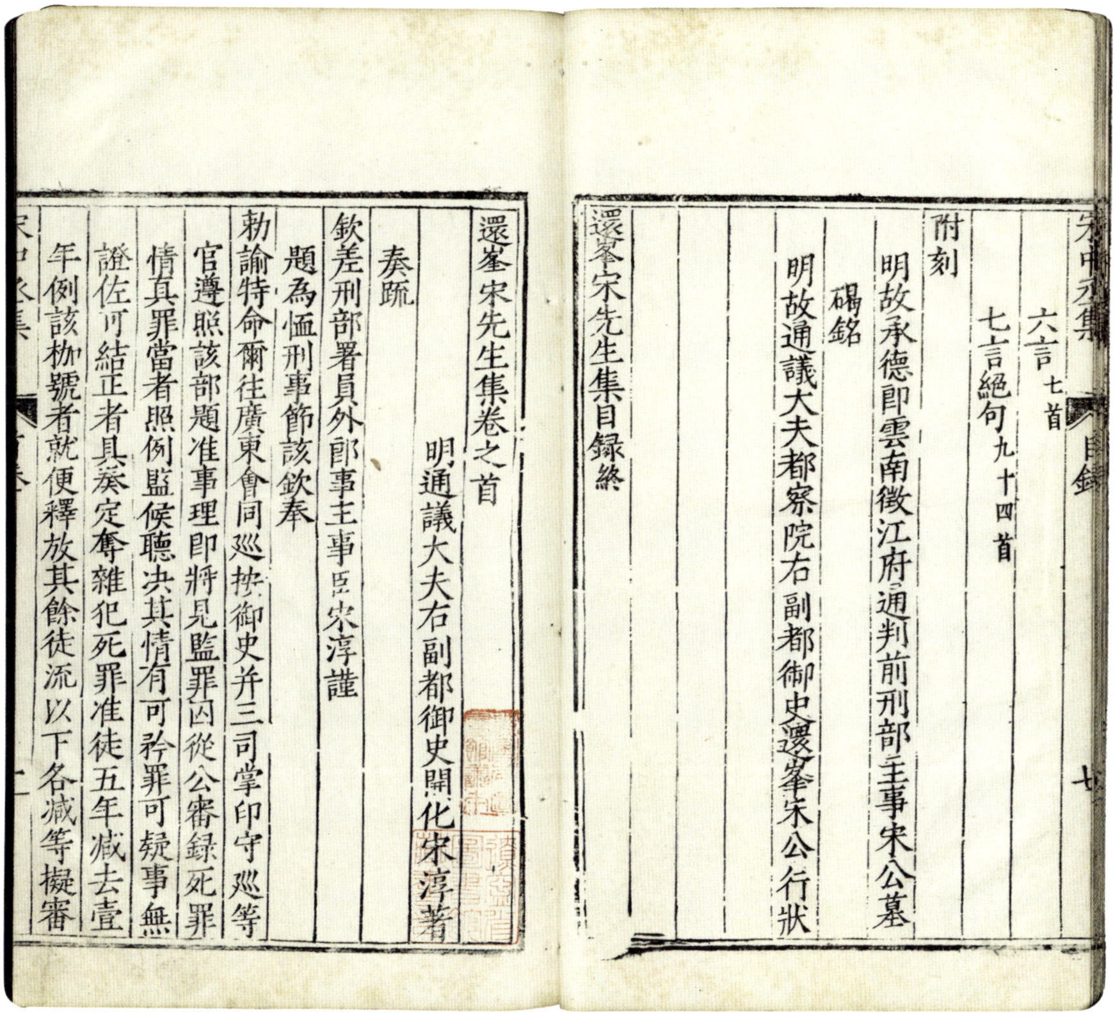

宋淳（1507—1569），明嘉靖十四年（1535）进士。

此书为宋淳长子宋治卿所辑其父诗文遗稿，分奏疏、记类、序类、传类、书类、墓志、祭文、杂著、赞类、诗类等。

张月泉诗集

不分卷

（明）张元谕撰

明抄本

一册

辽宁省图书馆藏

国家珍贵古籍名录09228号

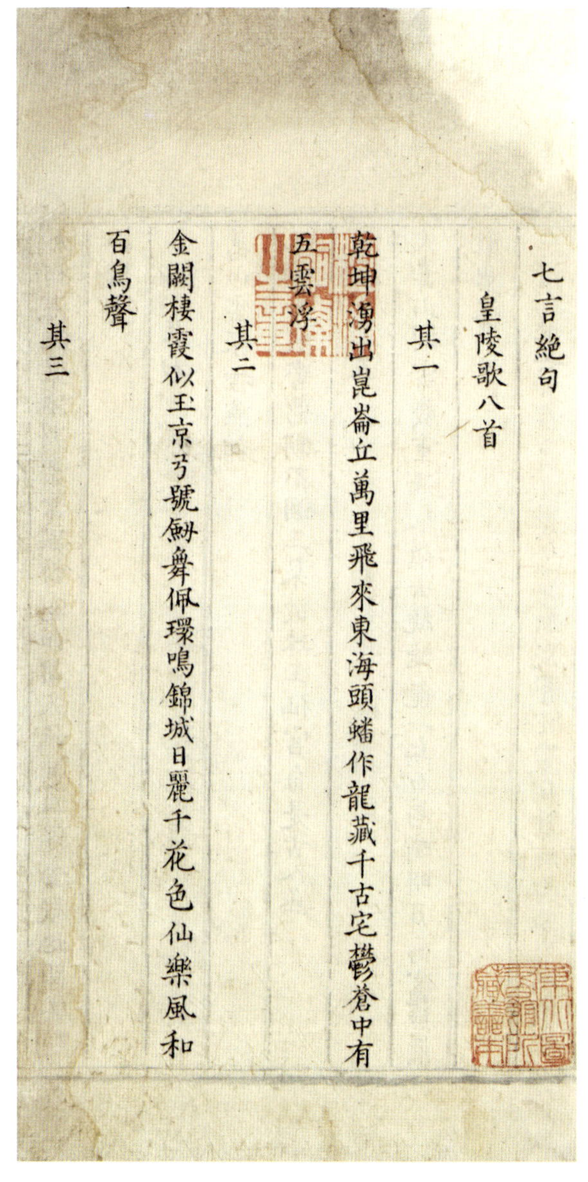
七言絶句

皇陵歌八首

其一

乾坤湧出崑崙立萬里飛來東海頭蟠作龍藏千古宅鬱蒼中有

五雲浮

其二

金闕棲霞似玉京弓號觚彝佩環鳴錦城日麗千花色仙樂風和

百鳥聲

其三

张元谕（生卒年不详），字伯启，自号月泉生，浦江（今属浙江金华）人。明嘉靖二十六年（1547）进士。累官至云南按察副使。

是书共录其诗一百五十余首，分别有七言绝句、五言律诗、五言排律、五言古诗。

是书钤“楂浦嗣瑮之章”等印，曾为查嗣瑮旧藏。

赓扬集

不分卷

（清）英和撰

稿本 六册

大连图书馆藏

国家珍贵古籍名录10874号

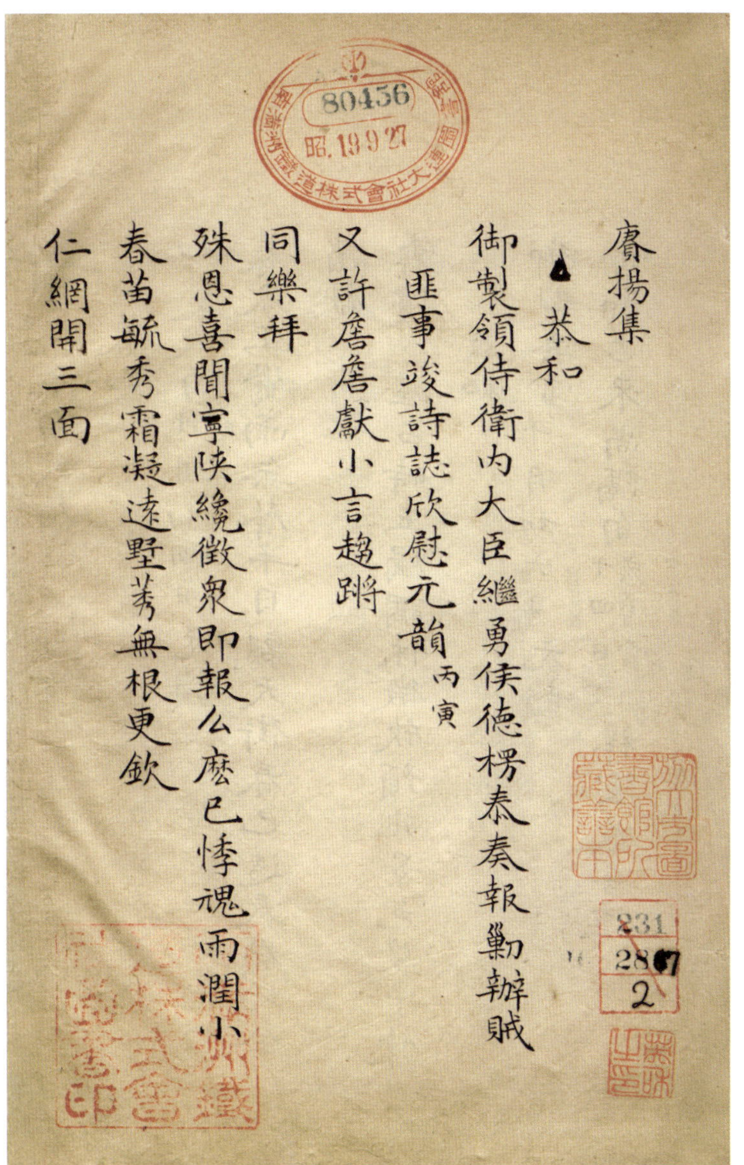

英和（1771—1840），姓索绰洛氏，字树琴，号煦斋，满洲正白旗人。历任清乾隆、嘉庆、道光三朝太子太保、协办大学士。

《赓扬集》是英和自清嘉庆元年（1796）至清道光六年（1826）的诗文集，有咏景抒怀、贺同僚平乱得胜还朝、与朝臣联句唱和之作等，是研究英和生平及思想的第一手史料。

书稿中既有删改涂抹之处，又夹有大小宽窄不等的浮签。除第一册外，其余五册卷端右下皆钤“英和之印”阳文方印。

六家文选

六十卷

（梁）萧统辑

（唐）李善 吕延济 刘良 张铣 吕向 李周翰注

明嘉靖十三至二十八年（1534—1549）袁褧嘉趣堂刻本

三十二册

辽宁省图书馆藏

国家珍贵古籍名录06232号

萧统（501—531），字德施，南兰陵（今江苏常州）人，梁武帝萧衍长子。南朝梁天监元年（502）被立为太子，未及即位即故去，谥号“昭明”，故又称“昭明太子”。

《文选》收录上起春秋战国时期，下至南朝。按文体分为赋、诗、骚等三十七类。各类中以诗、赋两类所收作品为最多。原分为三十卷，唐代李善作注，析为六十卷。开元六年（718）吕延祚复集吕延济、刘良、张铣、吕向、李周翰五人注，称为五臣注本。南宋以后，合李善注与五臣注本而为六臣注本。“六臣注”是众多《文选》版本中最有代表性且流传最广的注本。

此书为明嘉靖袁褧嘉趣堂所刻。袁褧刻书向以雕刻精美著称，书贾常以之充宋刻。是书曾为清宫旧藏，钤有天禄琳琅藏书印全套。

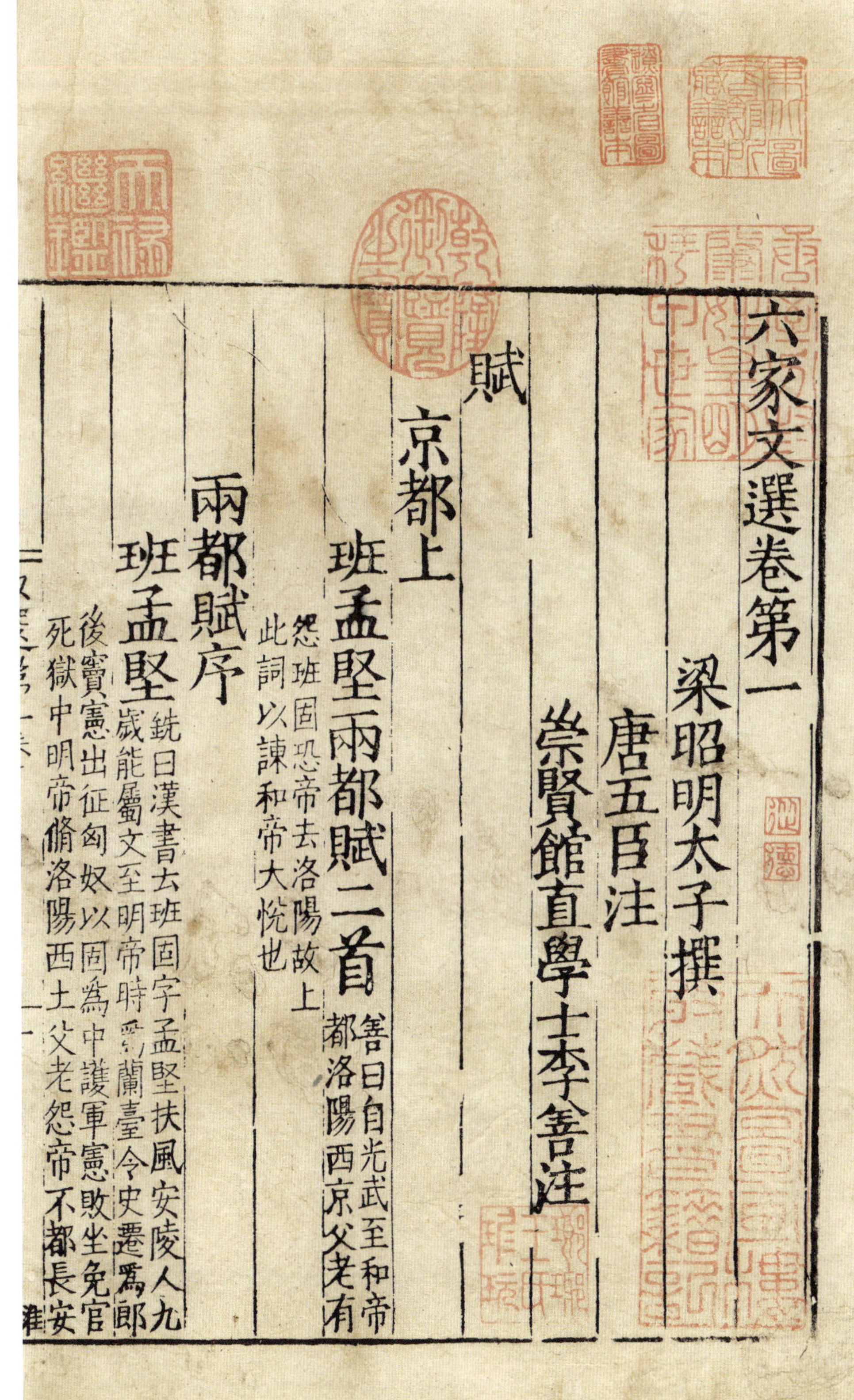

六家文選卷第一

梁昭明太子撰

唐五臣注

崇賢館直學士李善注

賦

京都上

班孟堅兩都賦二首 善曰自光武至和帝都洛陽西京父老有怨班固恐帝去洛陽故上此詞以諫和帝大恱也

兩都賦序

班孟堅 銑曰漢書云班固字孟堅扶風安陵人九歲能屬文至明帝時爲蘭臺令史遷爲郎後竇憲出征匈奴以固爲中護軍憲敗坐免官死獄中明帝脩洛陽西土父老怨帝不都長安

文选 六十卷

（梁）萧统辑
（唐）李善注

明嘉靖四年（1525）晋藩养德书院刻本
二十四册
辽宁省图书馆藏
国家珍贵古籍名录06226号
三十册
大连图书馆藏
国家珍贵古籍名录09370号

此书为李善单注本，世不多见。

文选尤 十四卷

（梁）萧统辑
（明）邹思明删订
明天启二年（1622）刻三色套印本
十四册
辽宁省图书馆藏
国家珍贵古籍名录06244号

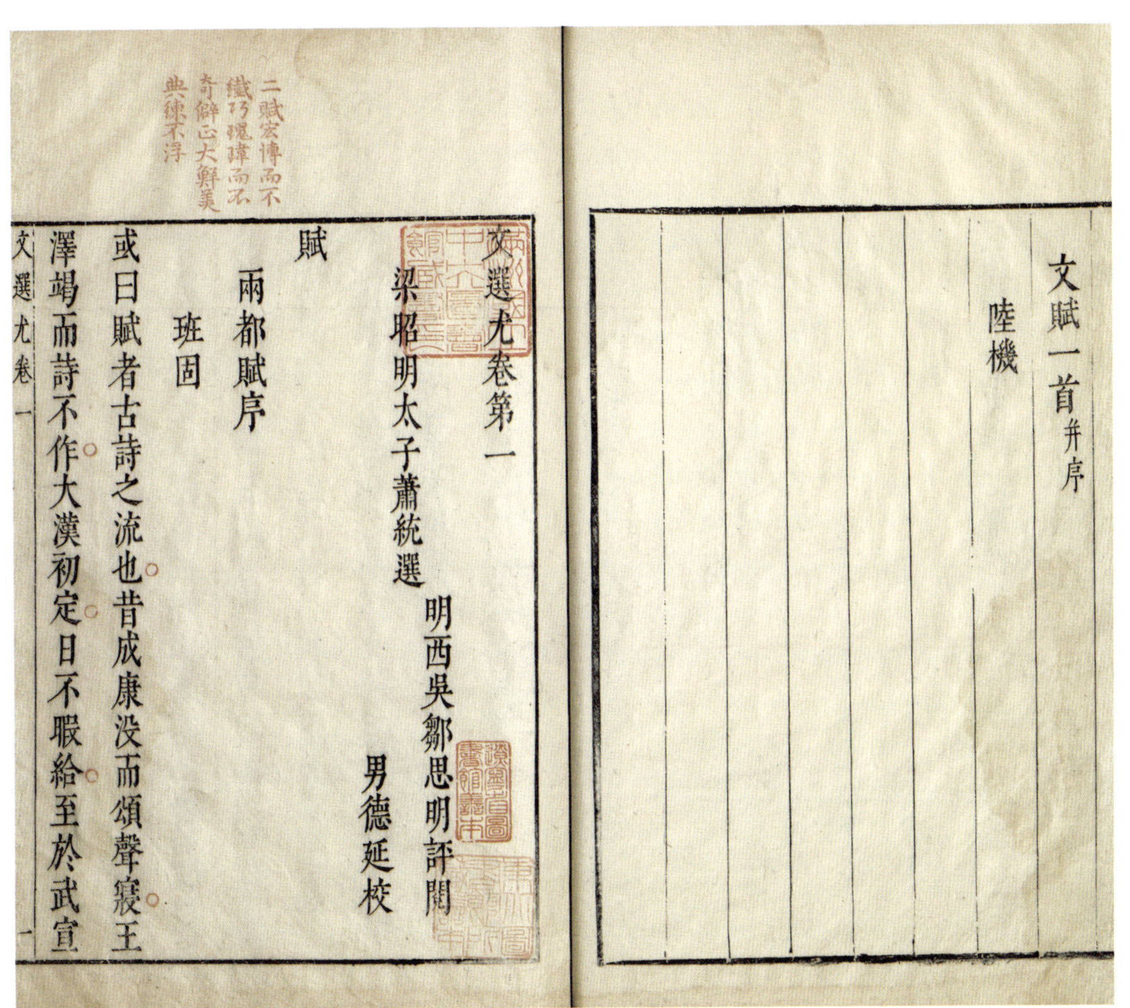

邹思明（生卒年不详），字汝诚，号见吾，乌程（今属浙江湖州）人。明嘉靖四十三年（1564）举人。曾任霍山、彭泽两县县令。

《文选尤》是明人邹思明的《文选》评点著作。该书以八股法对原《文选》类目、篇目进行了大规模的调整、删节。

是书眉上有评，行间圈点，墨、朱、绿三色套印而成，正文用楷书上板，批注则用行楷书镌刻上板，版面清新爽雅，字体笔画清晰。

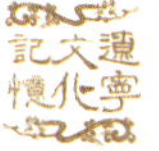

选诗 七卷

（梁）萧统辑

（明）郭正域评点

（明）凌濛初辑评

诗人世次爵里一卷

明凌濛初刻朱墨套印本

四册

辽宁大学图书馆藏

国家珍贵古籍名录06261号

八册

辽宁省图书馆藏

国家珍贵古籍名录06266号

郭正域（1554—1612），字美命，江夏（今湖北武昌）人。明万历十一年（1583）进士。累官至礼部侍郎。卒谥文毅。

凌濛初（1580—1644），字稚成，一字玄房，号初成，别署即空观主人，乌程（今属浙江湖州）人。明崇祯四年（1631）以副贡选授上海县丞、擢徐州判。

是书为六十卷《文选》的诗歌部分，即卷十九《诗甲》至卷三十一《诗庚·杂拟下》共十三卷的内容，并辑入南朝梁至明代四十余人之评。《文选》之李善、吕延济等六臣之注，取其简明者，一并附入。

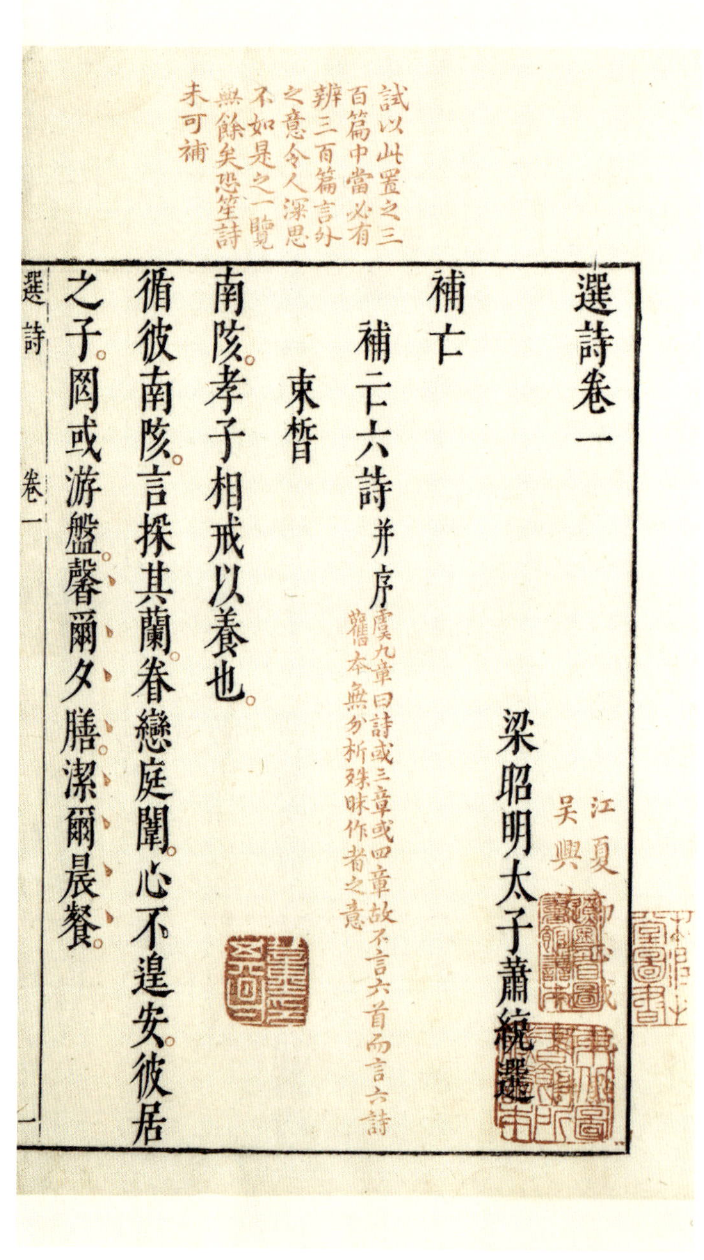
选诗卷一
梁昭明太子萧统选
江夏
吴兴
补亡
补亡六诗并序
虞九章曰詩或三章或四章故不言六首而言六詩
舊本無分析殊昧作者之意
束皙
南陔孝子相戒以養也
循彼南陔言採其蘭眷戀庭闈心不遑安彼居之子罔或游盤馨爾夕膳潔爾晨餐
試以此置之三百篇中當必有辨三百篇言外之意令人深思不如是之一覽無餘矣恐笙詩未可補
選詩 卷一

选赋 六卷

(梁)萧统辑
(明)郭正域评点

名人世次爵里一卷

明凌氏凤笙阁刻朱墨套印本
六册
辽宁大学图书馆藏
国家珍贵古籍名录06276号

作賦不偉麗不如為文然賦以敷陳其事一于妍麗譎詭今人不曉不敷陳矣此賦宏博而不纖巧瓏琲

選賦卷一

梁昭明太子蕭統選

班固

兩都賦序

或曰賦者古詩之流也昔成康沒而頌聲寢王澤竭而詩不作大漢初定日不暇給至於武宣之世乃崇禮官考文章內設金馬石渠之署外興樂府協律之事以興廢繼絕潤色鴻業是以

選賦 卷一 一

《选赋》是《文选》赋篇的汇编评点本，又名《文选赋抄》。选录了从先秦到魏晋南北朝时期共计四十四家的五十六篇赋作。分为京都、郊祀、耕籍、畋猎、纪行、游览、宫殿、江海、物色、鸟兽、志、哀伤、论文、音乐、情十五类。

是书以朱、墨二色套印区分文赋和批点，刻印精良、墨色上乘。

文选后集 五卷

（梁）萧统辑
（明）郭正域评
明闵于忱刻朱墨套印本
五册
辽宁省图书馆藏
国家珍贵古籍名录06287号

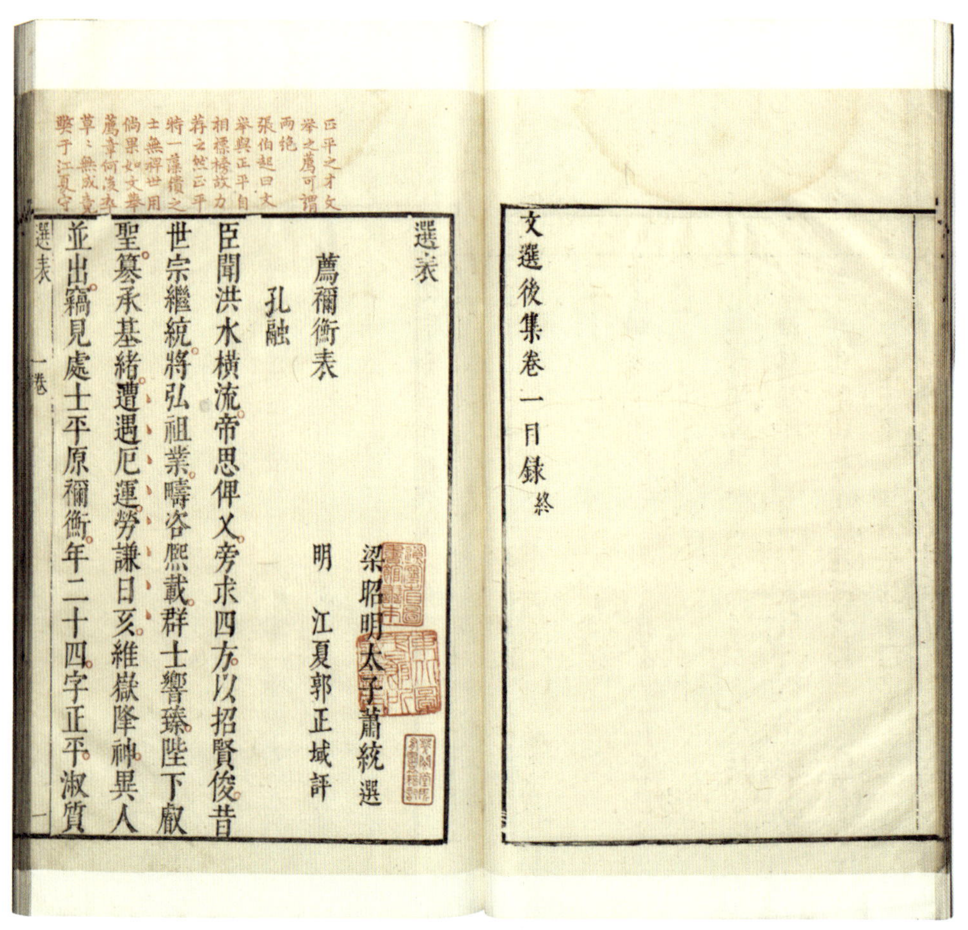
文選後集卷一目録終

選表
薦禰衡表　梁昭明太子蕭統選
孔融　明　江夏郭正域評
臣聞洪水横流帝思俾乂旁求四方以招賢俊昔世宗繼統將弘祖業疇咨熙載群士響臻陛下叡聖纂承基緒遭遇厄運勞謙日昃維嶽降神異人並出竊見處士平原禰衡年二十四字正平淑質

選表　一卷

《文选后集》所辑六十卷本《文选》之卷三十七至卷四十三的内容，标目均按原书所题。为表、上书、启、奏章、笺、书、文等部分。文中所评，均以朱色刊之。除郭氏自评外，乃集宋苏轼以下诸人的评语，以明人的评语为多，计有杨慎、陈继儒、王世贞、李攀龙、何俊明等。

是书曾为荣厚旧藏，钤有“萃闵堂所有书籍记”等印。

唐诗艳逸品

四卷

（明）杨肇祉编

明天启元年（1621）闵一栻刻朱墨套印本

二册

辽宁省图书馆藏

国家珍贵古籍名录09360号

杨肇祉（生卒年不详），字锡甫，武林（今浙江杭州）人。明万历时期在世。

杨肇祉生平喜读诗，尤喜讽咏唐诗，将描绘唐代女子作品，选其艳逸之品，就其诗所咏者，类分《名媛集》、《香奁集》、《观妓集》、《名花集》各一卷，共收诗三百七十余首。是书广收名家评语，对前刻讹谬之处均予校正，足资参考。

韩柳文 一百卷

（明）游居敬编
明嘉靖三十五年（1556）莫如士刻本
二十四册
辽宁省图书馆藏
国家珍贵古籍名录06198号

韩愈、柳宗元一直作为唐代文坛领袖而并称于世，对后世影响极为深远，南宋时廖莹中世䌽堂首次刻印了《韩柳文》。明代济美堂与东雅堂先后刊刻了《柳文》、《韩文》。明嘉靖十六年（1537）游居敬重新刊刻了《韩柳文》，嘉靖三十五年（1556）莫如士再次刊刻。其款式与游居敬本相同，为翻刻游本。是书字体精整雅致，版刻规整，为典型明嘉靖时的仿宋刻书风貌。

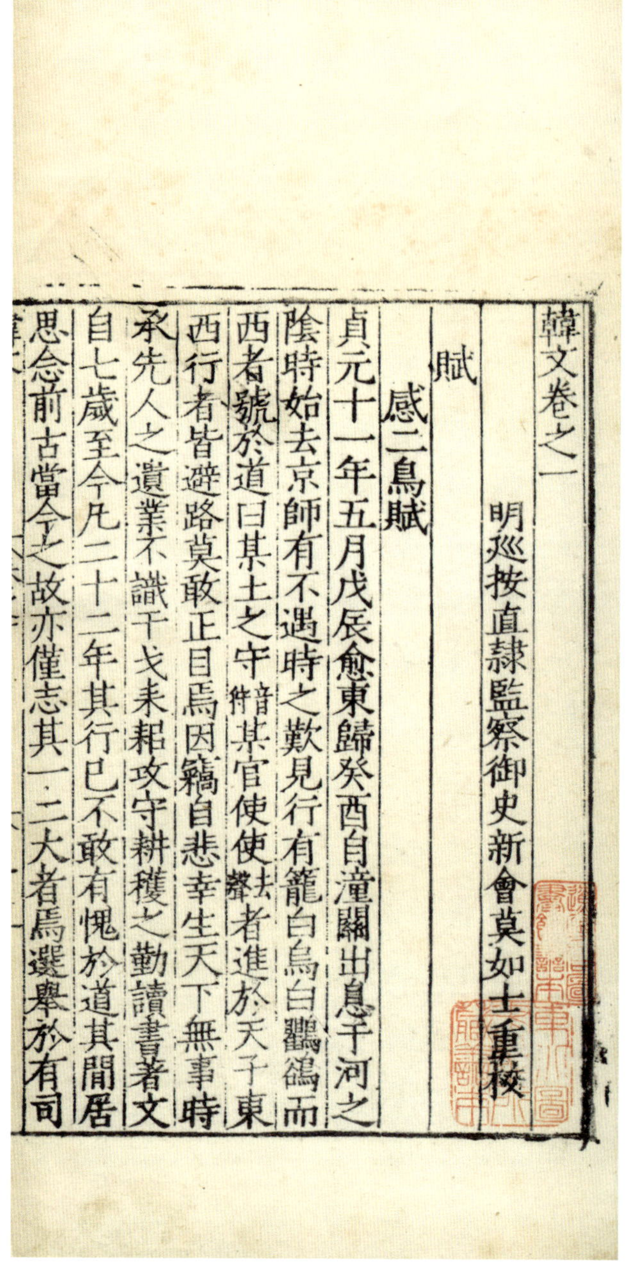
韓文卷之一
明巡按直隸監察御史新會莫如士重校
賦
感二鳥賦
貞元十一年五月戊辰愈東歸癸酉自潼關出息于河之
陰時始去京師有不遇時之歎見行有籠白烏白鸜鵒而
西者號於道曰某土之守音狩某官使使去聲者進於天子東
西行者皆避路莫敢正目焉因竊自悲幸生天下無事時
承先人之遺業不識干戈耒耜攻守耕穫之勤讀書著文
自七歲至今凡二十二年其行已不敢有愧於道其閒居
思念前古當今之故亦僅志其一二大者焉選舉於有司

韩文杜律 二卷

（明）郭正域编
明闵齐伋刻朱墨套印本
辽宁省图书馆藏
二册
国家珍贵古籍名录06203号

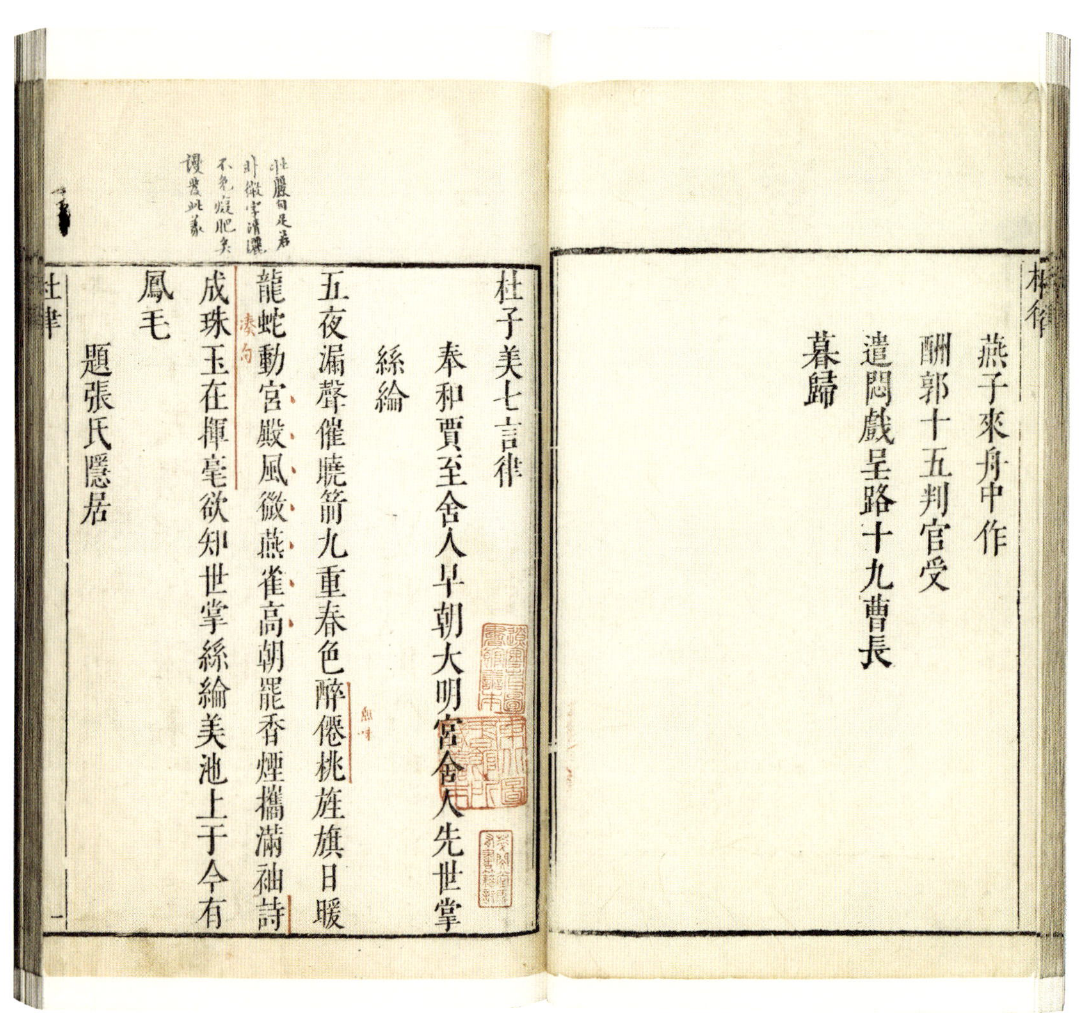

杜律
燕子來舟中作
酬郭十五判官受
遣悶戲呈路十九曹長
暮歸

杜子美七言律
奉和賈至舍人早朝大明宮舍人先世掌
絲綸
五夜漏聲催曉箭九重春色醉仙桃旌旗日暖
龍蛇動宮殿風微燕雀高朝罷香煙攜滿袖詩
成珠玉在揮毫欲知世掌絲綸美池上于今有
鳳毛
題張氏隱居

是编选录韩愈文一卷、杜甫七言律诗一卷，各为之评点。此本韩文为朱、墨两色套印本，杜律为朱、墨、蓝三色套印本。此书雕印工整疏朗，颜色鲜艳，品相上乘，甚为难得。

文苑英华

一千卷

（宋）李昉等辑

明隆庆元年（1567）胡维新、戚继光刻本

一百零二册

鲁迅美术学院图书馆藏

国家珍贵古籍名录 10896号

北宋太宗和真宗时期编辑有四大类书，《文苑英华》为其中之一。全书一千卷，按文体分赋、诗、歌行、杂文、中书制诰、翰林制诰等三十九类。其内容肇起梁陈，下迄唐季，是中国古代具有重要文学价值和史料价值的类书，也是清代纂修《全唐诗》、《全唐文》和《四库全书》的重要参考书籍。

明嘉靖四十五年（1566）胡维新入闽任福建巡按，由其主持，在福建巡抚涂泽民、福浙总兵戚继光等捐资支持下，重刻《文苑英华》，隆庆元年（1567）完成并梓行。

文苑英華卷第一　賦一

天象一

天賦二首　碧落賦一首

天行健賦一首　乾坤爲天地賦一首

披霧見青天賦一首　鍊石補天賦一首

管中窺天賦二首　三無私賦一首

天賦　劉允濟

臣聞混成發粹大道含元興於物祖首自胚渾分泰階而立極光耀魄以司尊懸兩明而必照列五緯而無言驅馭陰陽裁成風雨叶乾位而凝化建坤儀而作輔錯落九垓岧嵾八柱燦黃道而開域闢紫宫而爲宇橫斗樞以旋運

绝祖 三卷

（明）茅翁积辑
明茅兆河刻朱墨套印本
辽宁省图书馆藏
三册
国家珍贵古籍名录09393号

絕祖卷一
吳興茅翁積穉延甫選
檇李陳萬言居一甫評點
秦
無名氏
始皇時民歌 楊泉物理曰始皇築長城死者相屬民怨爲歌
生男慎勿擧生女哺用脯不見長城下尸骸相
支拄
漢

後世邊城怨無此凄切

絕祖卷一 一

茅翁积（生卒年不详），字穉延，归安（今属浙江湖州）人。茅坤之子。明万历八年（1580）前后在世。著有《芸晖馆稿》。

是书选自秦汉迄隋诗，计五百七十余首，为茅翁积子茅兆河刊刻。

西山先生真文忠公文章正宗

二十四卷

（宋）真德秀辑

明初刻本

八册

辽宁省图书馆藏

国家珍贵古籍名录09420号

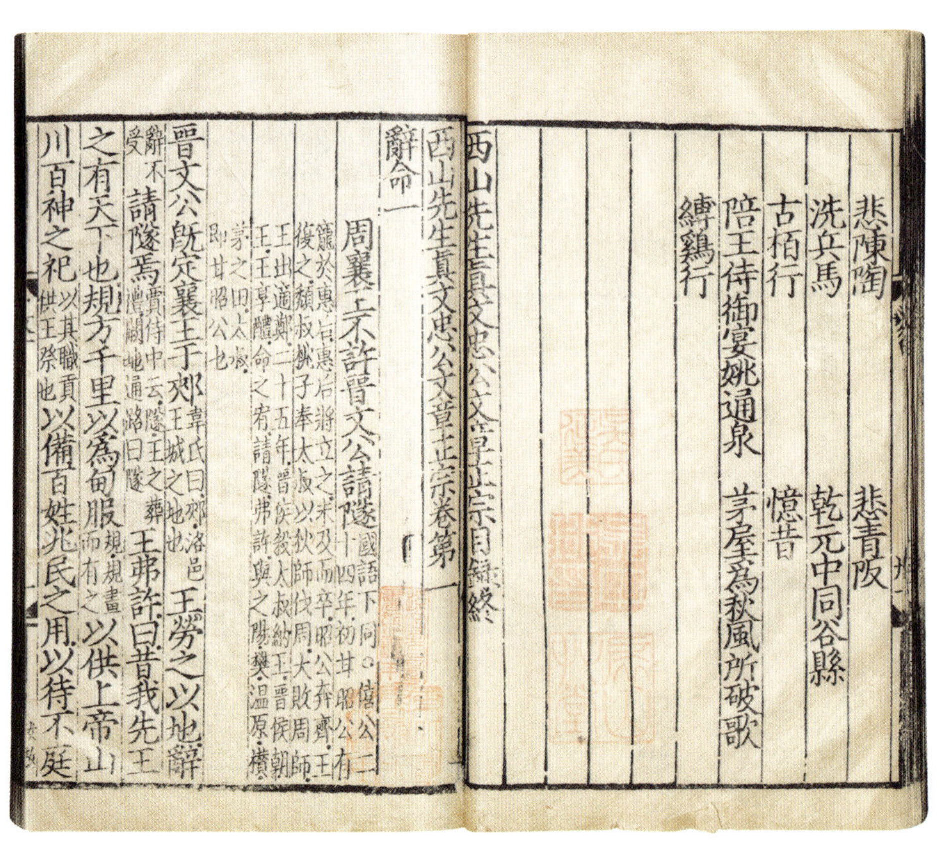

《文章正宗》是南宋真德秀选录上自《左传》、《国语》，下迄唐代之作。总集选入《左传》、《国语》，此集为创例之始，后来坊刻古文皆遵此例。是书分辞令、议论、叙事、诗歌四类。真德秀于书中持论甚严，大意主于论理，而不论文。选文标准重于义理，倾于世用，为后世所赞誉。而其集轻于论文，缺少文趣，又时为后人所讥讽。《文章正宗》在当时及后世都曾产生过一定影响。成书时间大约是在宁宗末年至理宗初年。

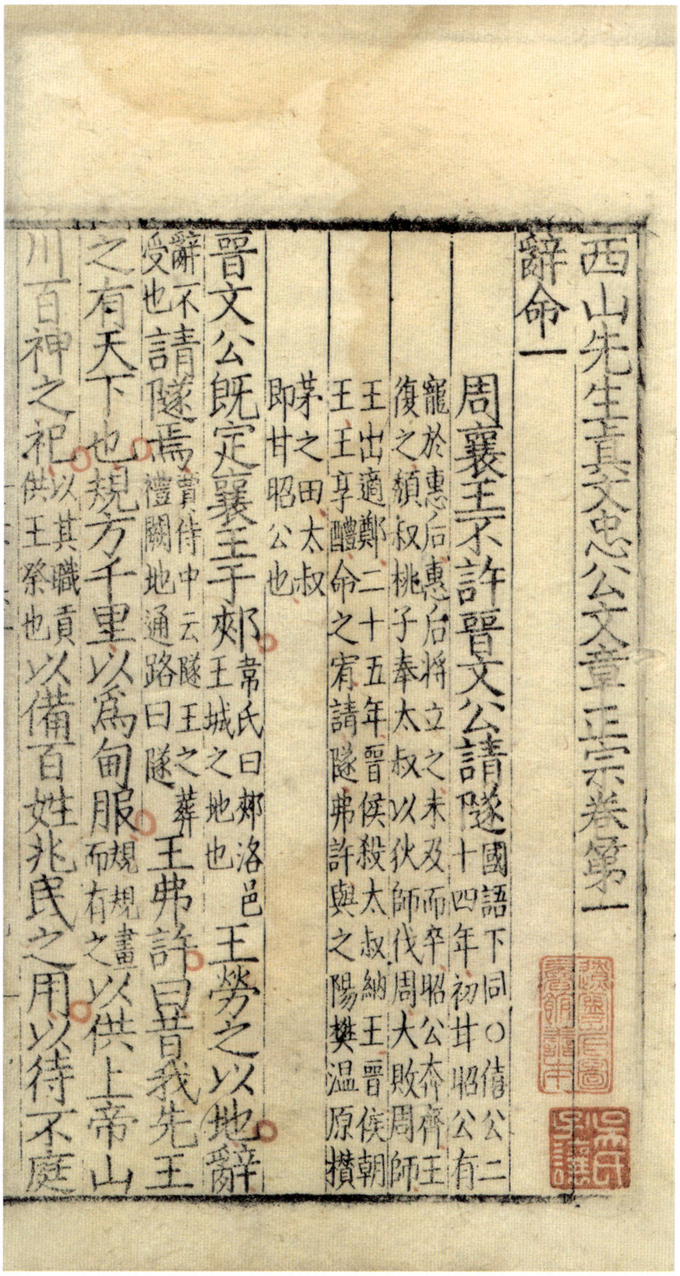

西山先生真文忠公文章正宗

二十四卷

（宋）真德秀辑

明正德十五年（1520）马卿刻本

八册

辽宁省图书馆藏

国家珍贵古籍名录06352号

此书宋刻仅存残帙，元刻只台湾“中央图书馆”尚存全本。明代初期刻本尚有全本，然如凤毛麟角，其后最早即为正德十五年（1520）马卿刻本，也很稀见。

西山先生真文忠公文章正宗二十四卷

（宋）真德秀辑
明嘉靖四十三年（1564）李豸、李盘刻本
二十六册
大连图书馆藏
国家珍贵古籍名录09423号

此嘉靖本版风古朴，纸墨沉厚。有刻工夏文祥、李树、陆钥、章彬、李孙等。

西山先生眞文忠公文章正宗卷第一
辭命一
周襄王不許晉文公請隧 國語下同○僖公二十四年初甘昭公有寵於惠后惠后將立之未及而卒昭公奔齊王復之頽叔桃子奉太叔以狄師伐周大敗周師王出適鄭二十五年晉侯殺太叔納王晉侯朝王王享醴命之宥請隧弗許與之陽樊温原欑茅之田太叔即甘昭公也
晉文公既定襄王于郟 韋氏曰郟洛邑王城之地也 王勞之以地辭 不受也 請隧焉 賈侍中云隧王之葬禮闕地通路曰隧 王弗許曰昔我先王之有天下也規方千里以爲甸服 規規畫而有之 以供上帝山川百神之祀 以其職貢供王祭也 以備百姓
李孫刊

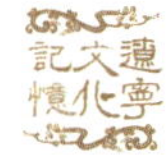

文翰类选大成

一百六十三卷

（明）李伯玙 冯厚辑

明成化八年（1472）淮府刻弘治十四年（1501）嘉靖二十五年（1546）递修本

一百册

辽宁省图书馆藏

国家珍贵古籍名录06383号

一百二十册

（卷一百六十至一百六十一配明抄本）

大连图书馆藏

国家珍贵古籍名录09435号

李伯玙（生卒年不详），字君美，上海人。明宣德元年（1426）举人。官淮王府长史。

冯厚（生卒年不详），慈溪（今浙江慈溪）人。官淮王府纪善。

此书收录明朝以前诗歌，上自王公大夫，下至山林闾巷之士，分体编次，每体之中又以时代为次。收录颇详，但也因此而失之谬误。且大部分诗文作者没有介绍，或仅以作者的“字”称，故难以辨别。

会心编 十五卷

（明）涂相辑

明正德十六年（1521）刻本

二册

大连图书馆藏

国家珍贵古籍名录06389号

涂相（生卒年不详），字梦卜，号东潭，江西南昌人。明正德十二年（1517）进士。历官监察御史、广东巡按等职。

本书是涂相为新昌令时所辑录之文编，自唐宋八家而外，增范仲淹、李觏等七人。正德十六年（1521）姑苏顾璘序云：“才有近似，道有独得。观古人之书，苟有会于心焉，则镂精而内注，神变而时发，虽守一氏，裕如矣，何必多乎哉？”此为涂相辑录之大旨，及命名会心之义。

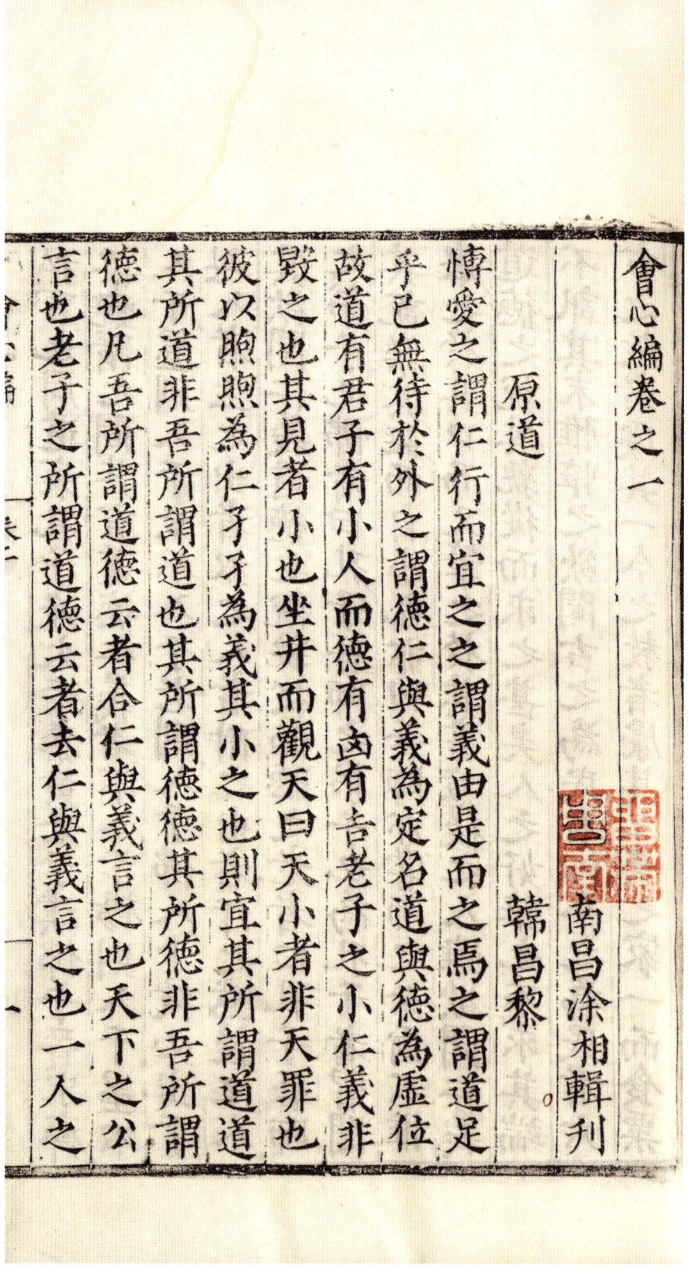
會心編卷之一

南昌涂相輯刊

原道 韓昌黎

博愛之謂仁行而宜之之謂義由是而之焉之謂道足乎已無待於外之謂德仁與義為定名道與德為虛位故道有君子有小人而德有凶有吉老子之小仁義非毁之也其見者小也坐井而觀天曰天小者非天罪也彼以煦煦為仁孑孑為義其小之也則宜其所謂道道其所道非吾所謂道也其所謂德德其所德非吾所謂德也凡吾所謂道德云者合仁與義言之也天下之公言也老子之所謂道德云者去仁與義言之也一人之

文编 六十四卷

（明）唐顺之辑
明嘉靖胡帛刻本
六十四册
辽宁省图书馆藏
国家珍贵古籍名录09447号

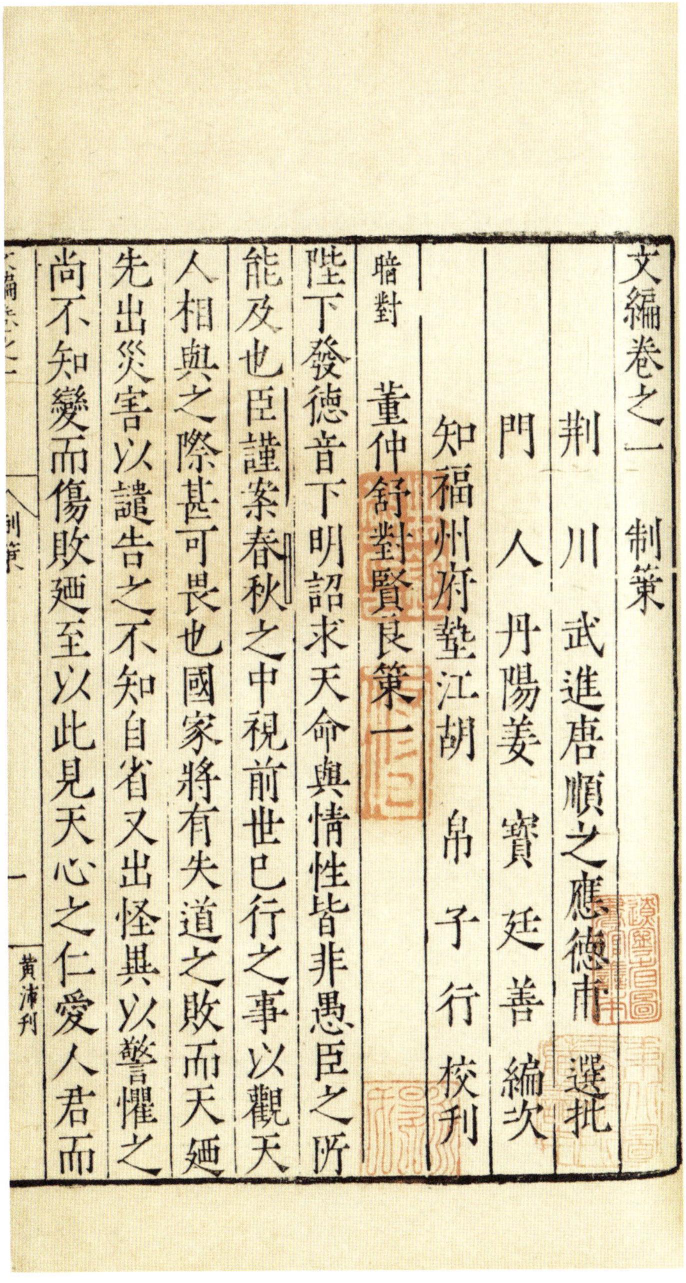
文編卷之一　制策
荆川　武進唐順之應德甫　選批
門人　丹陽姜　寶　廷善　編次
知福州府埜江胡　帛　子行　校刊
暗對
董仲舒對賢良策一
陛下發德音下明詔求天命與情性皆非愚臣之所
能及也臣謹案春秋之中視前世已行之事以觀天
人相與之際甚可畏也國家將有失道之敗而天廼
先出災害以譴告之不知自省又出怪異以警懼之
尚不知變而傷敗廼至以此見天心之仁愛人君而
文編卷之一　制策　一　黄沛刊

唐顺之（1507—1560），字应德，号荆川，江苏武进（今属江苏常州）人。明嘉靖八年（1529）进士。官翰林编修、兵部主事等。著有《史纂左编》、《两汉解疑》等。

《文编》取自周迄宋之文，分体编列，其中选录了大量唐宋文章。

钤“林钧敬印”、“修己”、“无竞先生独志堂物”等印。

重校正唐文粹

一百卷

（宋）姚铉辑

明嘉靖三年（1524）徐焴刻本

四十册

辽宁省图书馆藏

国家珍贵古籍名录06416号

姚铉（968—1020），字宝臣，庐州（今安徽合肥）人。宋太平兴国八年（983）进士。累官至两浙转运使。

该书是北宋初年所编纂的一部唐代文学总集，本名《文粹》，后人重刻，始冠以唐代名者。该书以作品体裁分门别类编辑，分十六大类，收录了杜牧、李白、宋之问、王维、白居易、李商隐等三百余位唐代作家的作品，所谓“唐贤文章之英粹”。

徐焴所刻书，写善镂精，字体略肥硕，为明代诸本中最精者，因其精善，为《四部丛刊》所影收。

重校正唐文粹卷第一　　吳興姚　鉉　纂

古賦甲 揔三首

聖德二

含元殿賦 李華　　明堂賦 李白

失道一

阿房宮賦 杜牧

含元殿賦 幷序　　李華

宮殿之賦論者以靈光爲宗然諸侯之遺事蓋務恢張飛動而已自茲已降代有辭傑播於聲頌則無聞焉夫先王建都營室必相地形詢卜筮考農隙工以子來虞人獻山林之榦太史占日月之吉雖班張左思角立前代未能備也而曩之文士賦長笛洞簫懷握之細則廣言山川之阻採伐之勤至于都邑宮室宏模廓度則略而不云其體病矣至若陰陽慘舒之變宜於壯麗棟宇繩墨之

古洋遗响集

不分卷

（宋）文同等撰

明刻本

一册

旅顺博物馆藏

国家珍贵古籍名录09501号

文同（1018—1079），字与可，号笑笑居士，梓州永泰（今四川盐亭东）人。北宋著名画家、诗人。著有《丹渊集》等。

此书收录文同、苏轼、鲜于侁、蔡交、韩缜等人诗作，诗文俱清致。

是书刊刻精良，钤有“古闽黄肖砻书籍印”、“肖砻熥印”、“东冶黄生”、“罗振玉印”、“唐风楼”等印。

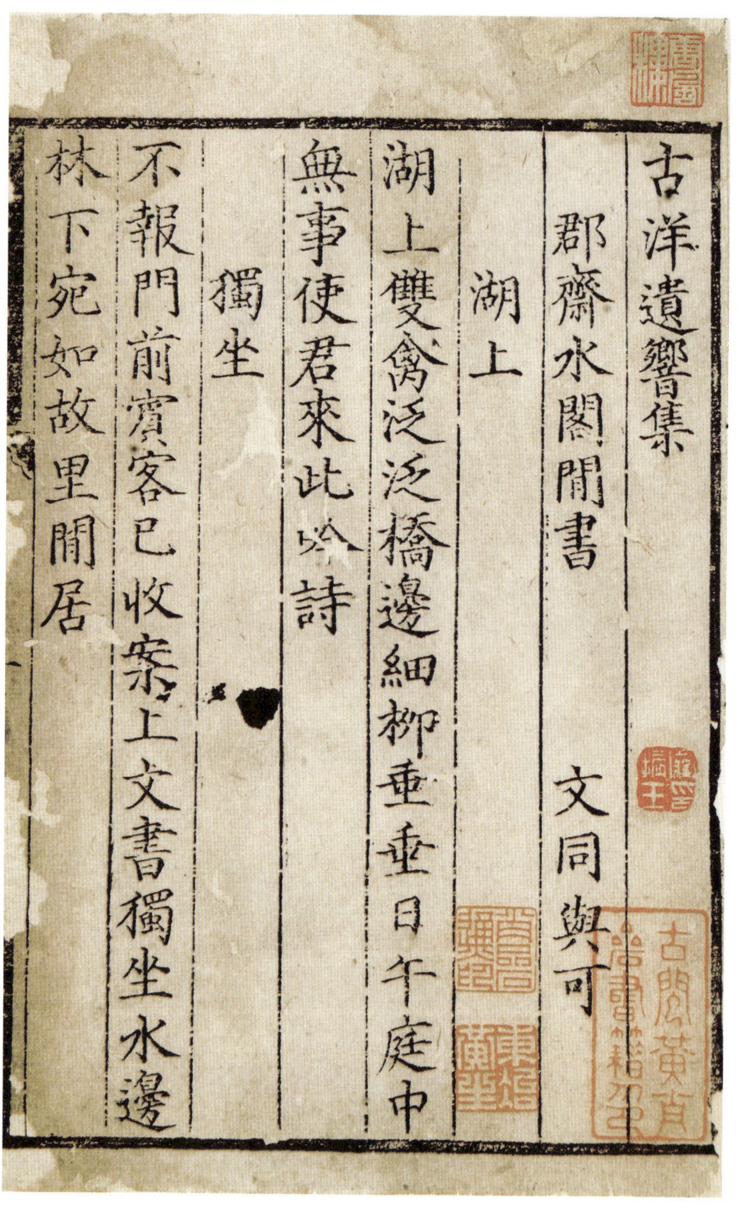
古洋遺響集
郡齋水閣閒書　　文同與可
湖上
湖上雙禽泛泛橋邊細柳垂垂日午庭中
無事使君來此吟詩
獨坐
不報門前賓客已收案上文書獨坐水邊
林下宛如故里閒居

海岳灵秀集

二十二卷

（明）朱观熰辑

明隆庆三年（1569）鲁藩承训书院刻本

十册

辽宁省图书馆藏

国家珍贵古籍名录09521号

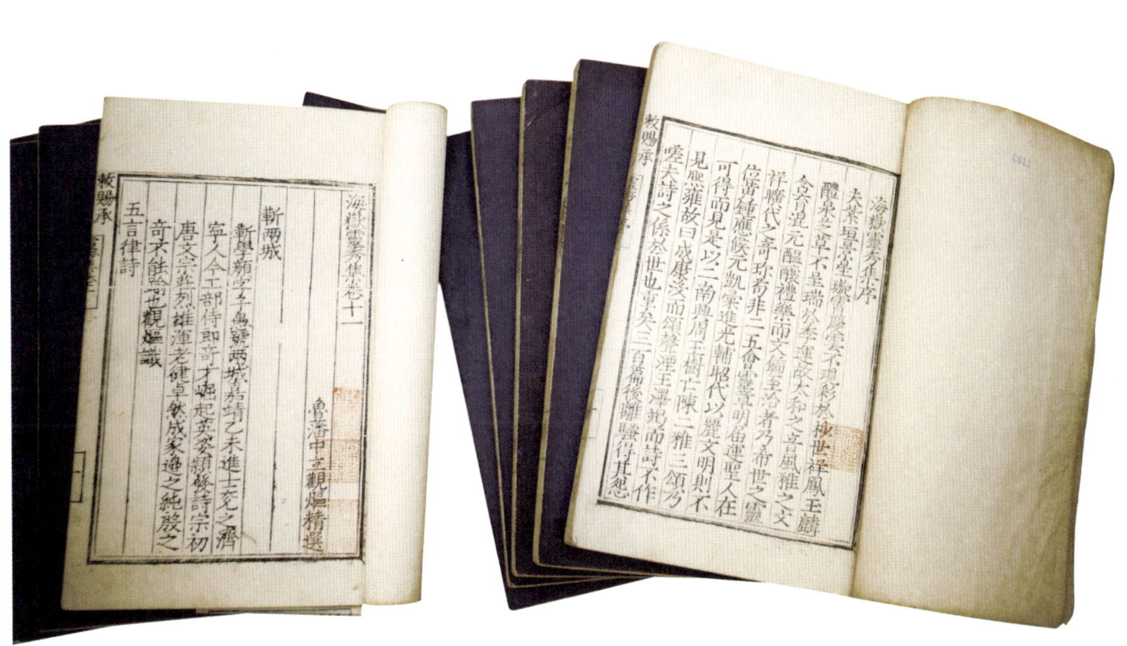

朱观熰（生卒年不详），字中立，明太祖五世孙，封鲁王。著有《济美堂画稿》、《画法权舆》等。

是书搜采海岳名家，略论人物出处及品格、优劣，不入流品者俱不收入。

承训书院原为明嘉靖间敕赐鲁藩朱健根及其子朱观熰之室名。

四明文献志

十卷

（明）李堂辑

明嘉靖刻本

三册

辽宁省图书馆藏

国家珍贵古籍名录09525号

李堂（1462—1524），字时升，号堇山，鄞县（今属浙江宁波）人。明成化二十三年（1487）进士。累官至工部右侍郎。著有《堇山集》。

四明，浙江宁波府的别称。是书收录四明乡邦文献。《中国古籍善本书目》著录仅辽宁省图书馆收藏此书。

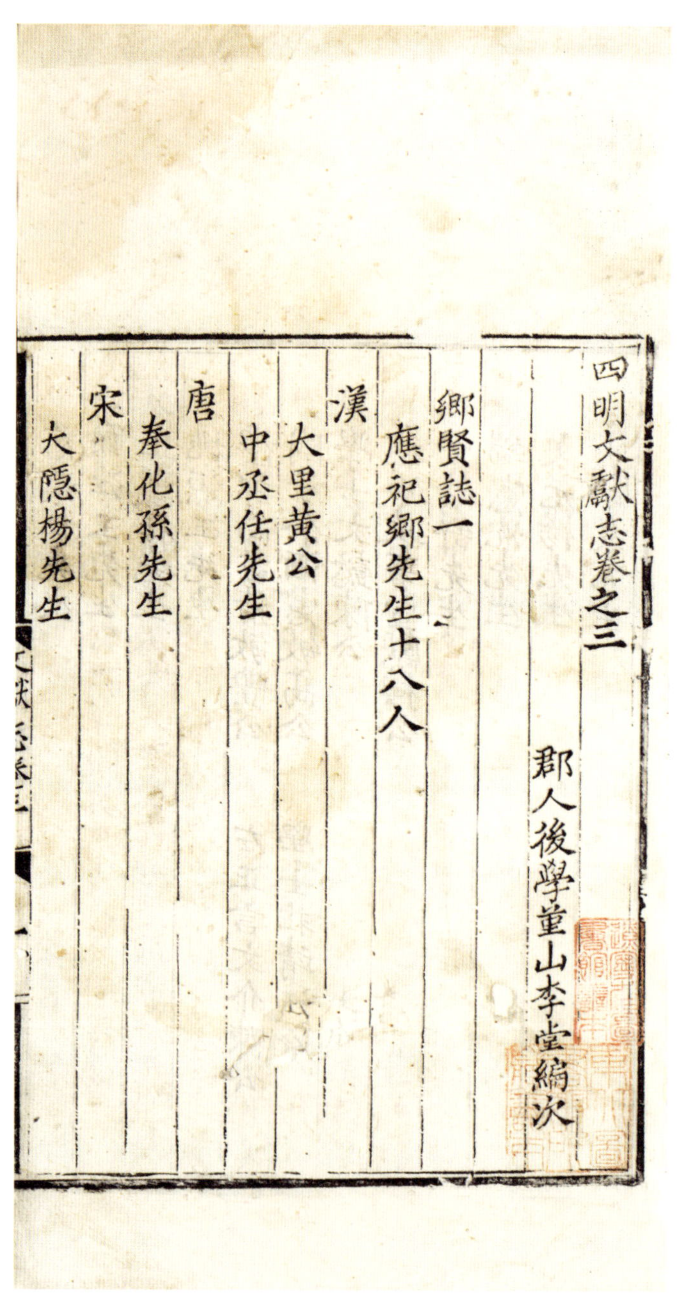
四明文獻志卷之三
郡人後學堇山李堂編次
鄉賢誌一
應祀鄉先生十八人
漢
大里黃公
中丞任先生
唐
奉化孫先生
宋
大隱楊先生

金华文统

十三卷

（明）赵鹤辑

明正德七年（1512）赵鹤、李玘刻本

四册

辽宁省图书馆藏

国家珍贵古籍名录09527号

赵鹤（生卒年不详），字叔鸣，江都（今江苏扬州）人。明弘治九年（1496）进士。累官至金华知府。

是书于《正学编》外，兼录金华名人之文。计有宗泽、陈亮、乔行简、柳贯、吴师道、宋濂、王祎等二十六人。收录文章一百二十五篇，其中宋濂所录最多。

广中五先生诗集二卷附刻五卷

（明）谈恺辑

明嘉靖三十六年（1557）王国桢刻本

四册

辽宁省图书馆藏

国家珍贵古籍名录06489号

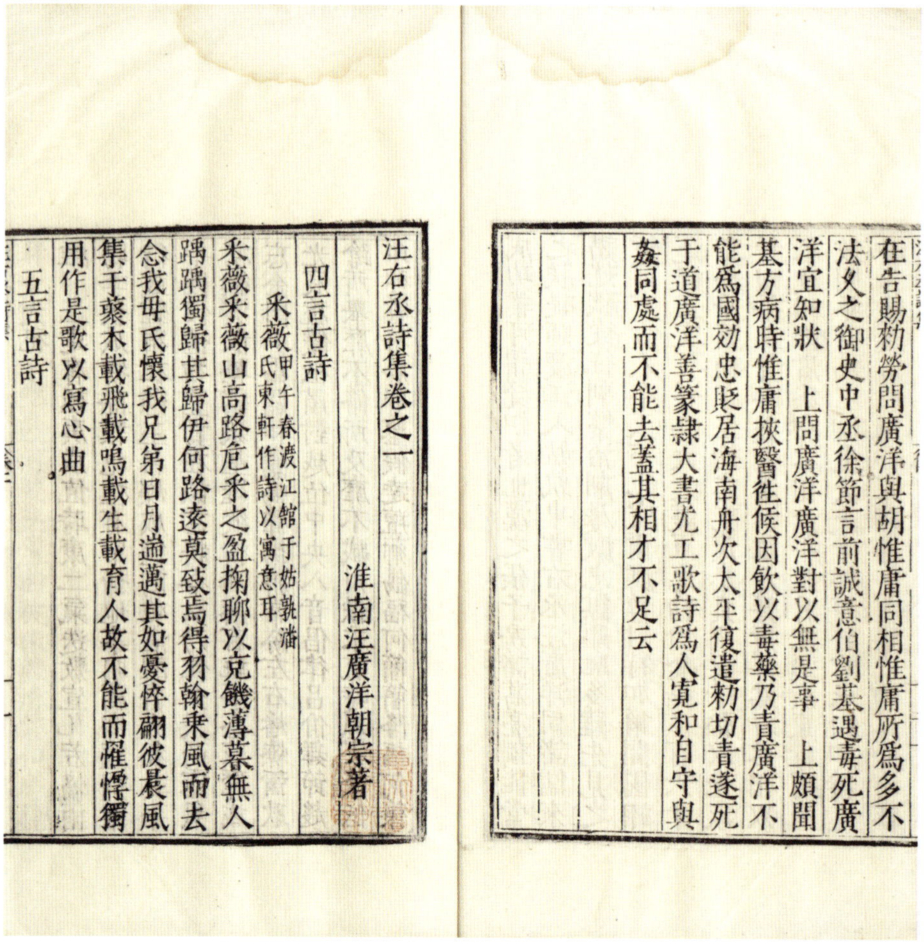

五先生者，孙蕡、王佐、黄哲、李德、赵介也。五人之中，孙、王、黄、李皆仕宦。赵介则隐居不出，所谓《临清集》者亦不传。明嘉靖三十六年（1557），无锡谈恺刻五先生诗，仅得孙、王、黄、李四家，以汪广洋尝为广东行省参政，因合而刻之，以足五人之数。此本乃嘉靖四十四年（1565）陈暹重订，谓得旧本《赵临清集》，命工刻之，以补五先生之阙，而以汪右丞诗别自为集，于是五先生之诗始复其旧。此本《汪右丞诗集》五卷附刻，孙、王、黄、李、赵五家诗选合二卷。

名家诗法 八卷

（明）黄省曾编
明嘉靖二十四年（1545）结绿囊刻本
四册
辽宁省图书馆藏
国家珍贵古籍名录06498号

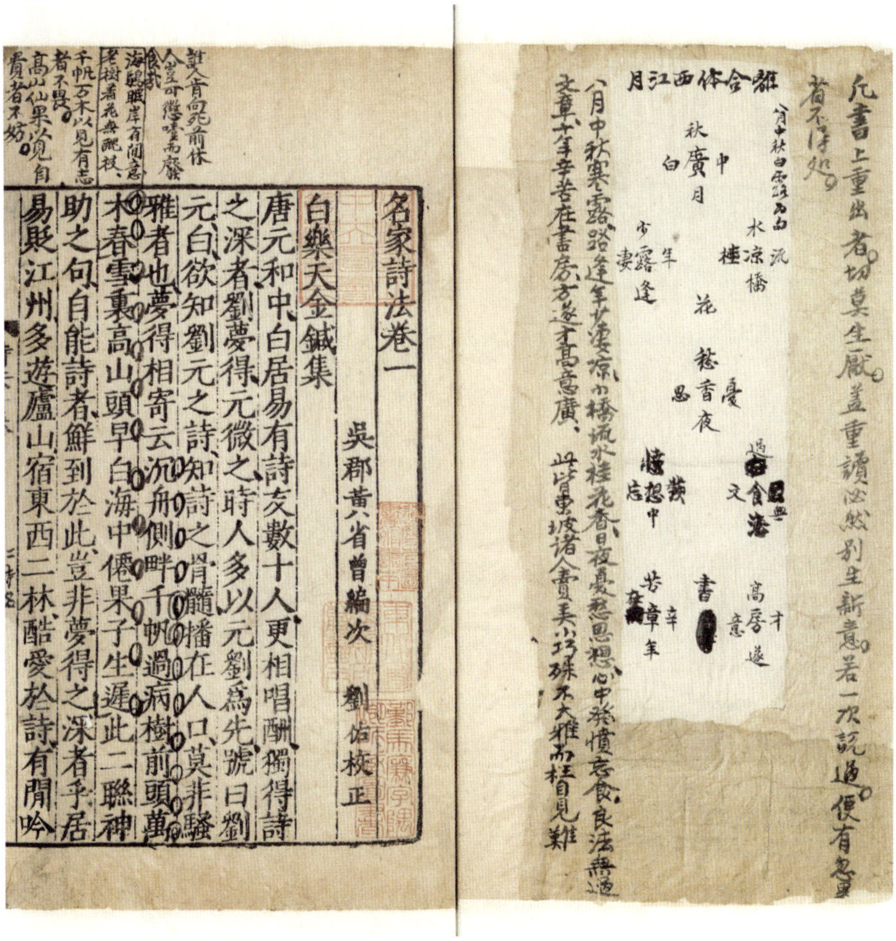
名家詩法卷一　吳郡黃省曾編次　劉佑校正
白樂天金鍼集
唐元和中白居易有詩文數十人更相唱酬獨得詩之深者劉夢得元微之時人多以元劉爲先號曰劉元白欲知劉元之詩知詩之骨髓播在人口莫非騷雅者也夢得相寄云沉舟側畔千帆過病樹前頭萬木春雪裏高山頭早白海中仙果子生遲此二聯神助之句自能詩者鮮到於此豈非夢得之深者乎居易貶江州多遊廬山宿東西二林酷愛於詩有閒吟

诗法者，诗之创作方法及规律。《名家诗法》汇集了唐、宋、元诗格著作多种，计有白居易《金针集》、严羽《诗体》、范椁《木天禁语》、杨载《诗法》及《诗家一指》、《诗学禁脔》、《沙中金集》等七种。但其中真伪杂糅，如严羽《诗体》文字与今本不同。此书保存了相当数量的古代诗论文献。

是书为马廉旧藏，钤有“鄞马廉字隅卿所藏图书印”、“鄞马氏廉隅卿所玩书”印。

刘子文心雕龙

二卷

（梁）刘勰撰

（明）杨慎 曹学佺等批点

注二卷

（明）梅庆生撰

明闵绳初刻五色套印本

六册

辽宁省图书馆藏

国家珍贵古籍名录02255号

刘勰（约465—约532），字彦和，原籍东莞莒县（今属山东）人。南朝梁曾官县令、步兵校尉、东宫通事舍人。

明代吴兴闵齐伋、凌濛初二家以套版印书而闻名于世，其书以“宋体方正，朱墨套印，或兼用黛、紫、黄各色，白纸精印，行疏畅广，光彩灿烂”为特色。其格式则栏上录批语，行间加圈点标志，词义显现，段落分明。万历闵绳初刻五色套印本《文心雕龙》，是闵氏套印本中最具代表性的作品。

緒旨扼

曹能始曰先拈契心字而後及有心無心之別

劉子文心雕龍卷上之上

原道第一

文之爲德也大矣與天地並生者何哉夫玄黃色雜方圓體分日月疊璧以垂麗天之象山川煥綺以鋪理地之形此蓋道之文也仰觀吐曜俯察含章高卑定位故兩儀既生矣惟人參之性靈所鍾是謂三才爲五行之秀人實天地之心生心生而言立言立而文明自然之道也傍及萬品動植皆文龍鳳以藻繪呈瑞虎豹以炳蔚凝姿雲霞雕色

唐诗纪事

八十一卷

（宋）计有功撰

明嘉靖二十四年（1545）洪楩清平山堂刻本

四十册

辽宁省图书馆藏

国家珍贵古籍名录09538号

计有功（生卒年不详），字敏夫，自号灌园居士，临邛（今四川邛崃）人。宋宣和三年（1121）进士。

《唐诗纪事》是以诗系事的唐代诗人及作品评论汇集。共收唐代诗人一千一百五十家，内容极为繁富，很多已散佚的唐人诗集，赖此书得以存世。唐代很多作家作品到宋代已日渐湮灭失传，计氏编撰此书的目的，主要是为保存唐代诗歌文献。

《唐诗纪事》最早的刻本是南宋嘉定十七年（1224）王禧刻本，明嘉靖二十四年（1545）洪楩、张子立又据王禧本分别翻刻。洪楩，字子美，明代钱塘西溪人。其书坊“清平山堂”，为明嘉靖年间杭州著名的书坊。

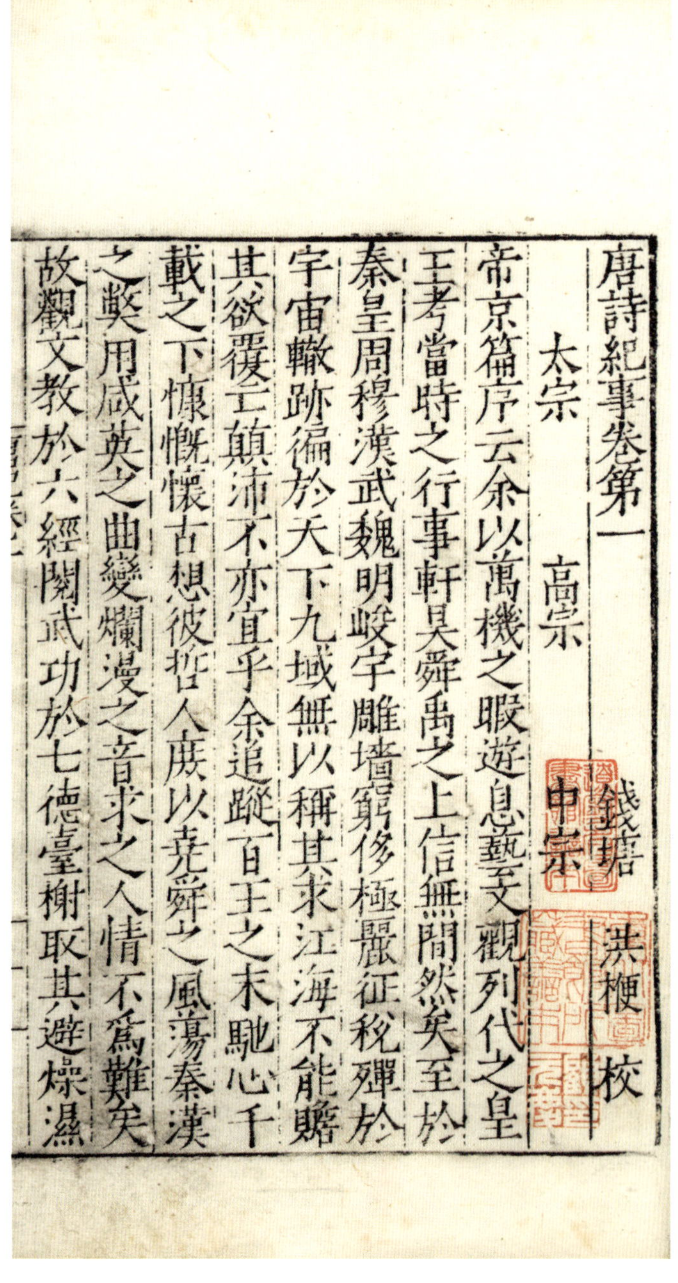

唐詩紀事卷第一

太宗　高宗　中宗　　錢塘　洪楩　校

帝京篇序云余以萬機之暇遊息藝文觀列代之皇
王考當時之行事軒昊舜禹之上信無間然矣至於
秦皇周穆漢武魏明峻宇雕墻窮侈極麗征稅殫於
宇宙轍跡徧於天下九域無以稱其求江海不能贍
其欲覆亡顛沛不亦宜乎余追蹤百王之末馳心千
載之下慷慨懷古想彼哲人庶以堯舜之風蕩秦漢
之弊用咸英之曲變爛漫之音求之人情不為難矣
故觀文教於六經閱武功於七德臺榭取其避燥濕

文章百段锦

二卷

(宋)方颐孙辑

明隆庆二年(1568)河间府刻本

二册

辽宁省图书馆藏

国家珍贵古籍名录06518号

方颐孙(生卒年不详),福州(今福建福州)人。宋理宗时为太学笃信斋长。

是书作于宋淳祐九年(1249),取唐、宋名人之文,标其作法。分十七格,每格缀文数段,每段缀评于其下,评文章之法,供科举应试士子揣摩学习。

《中国古籍善本书目》著录此书仅一部。

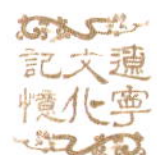

稼轩长短句

十二卷

（宋）辛弃疾撰

（明）李濂评

明嘉靖十五年（1536）王诏刻本

六册

辽宁省图书馆藏

国家珍贵古籍名录 09547 号

辛弃疾（1140—1207），字幼安，号稼轩，历城（今山东济南）人。历任湖北、江西、福建、浙东安抚使等职。与苏轼并称“苏辛”，其词在思想和艺术成就上达到了宋词的新高度。

《稼轩长短句》大约成书于开禧三年（1207），自宋代起就有多种版本流行。流传至今的版本主要有两个系统，一是四卷本，一是十二卷本。四卷本基本上保持了宋本的原貌，但收词较少，比十二卷本几乎少了三分之一。元大德三年（1299）铅山广信书院刊本《稼轩长短句》为十二卷，共辑录辛弃疾词五百七十三首。明嘉靖十五年（1536）王诏刻《稼轩长短句》十二卷，即出自元大德三年铅山广信书院本。

是书为清代方绍廉旧藏，有“绍廉经眼”等印。

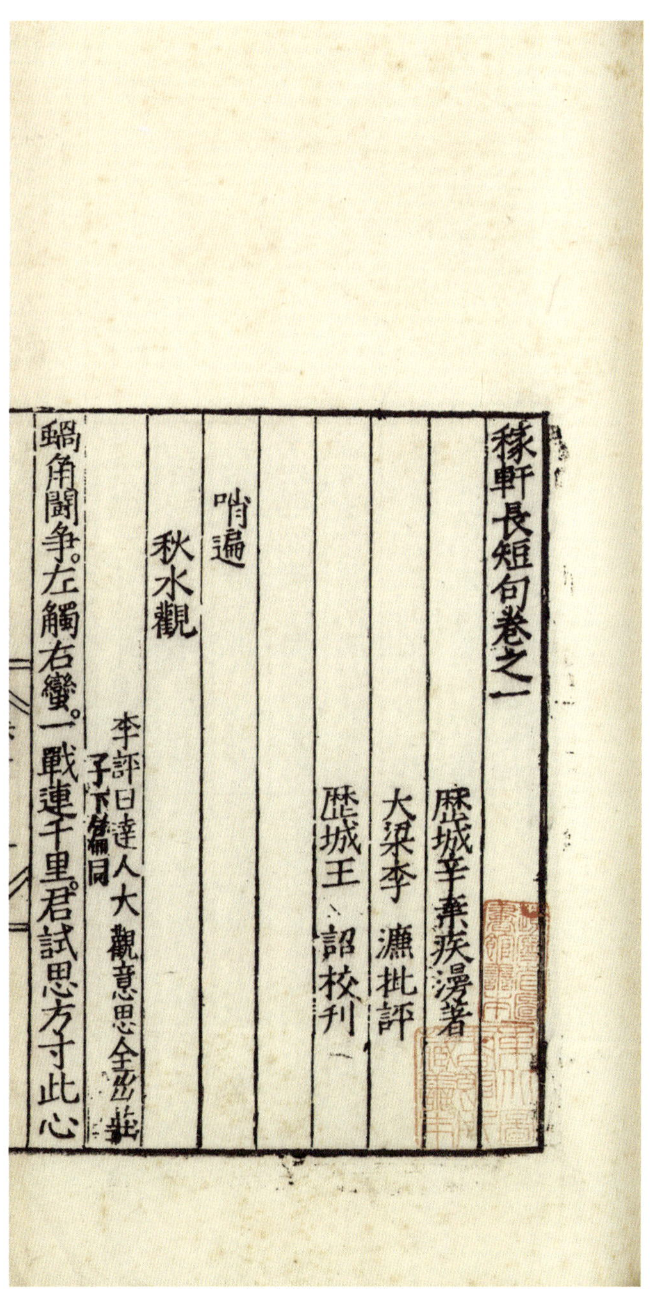
稼軒長短句卷之一
歷城辛棄疾湯著
大梁李　濂批評
歷城王　詔校刊
哨遍
秋水觀
李評曰達人大觀意思全出莊子下篇同
蝸角鬭爭。左觸右蠻。一戰連千里。君試思方寸此心

花间集 十卷

（后蜀）赵崇祚辑
（明）汤显祖评
明万历四十八年（1620）刻朱墨套印本
四册
大连图书馆藏
国家珍贵古籍名录02269号

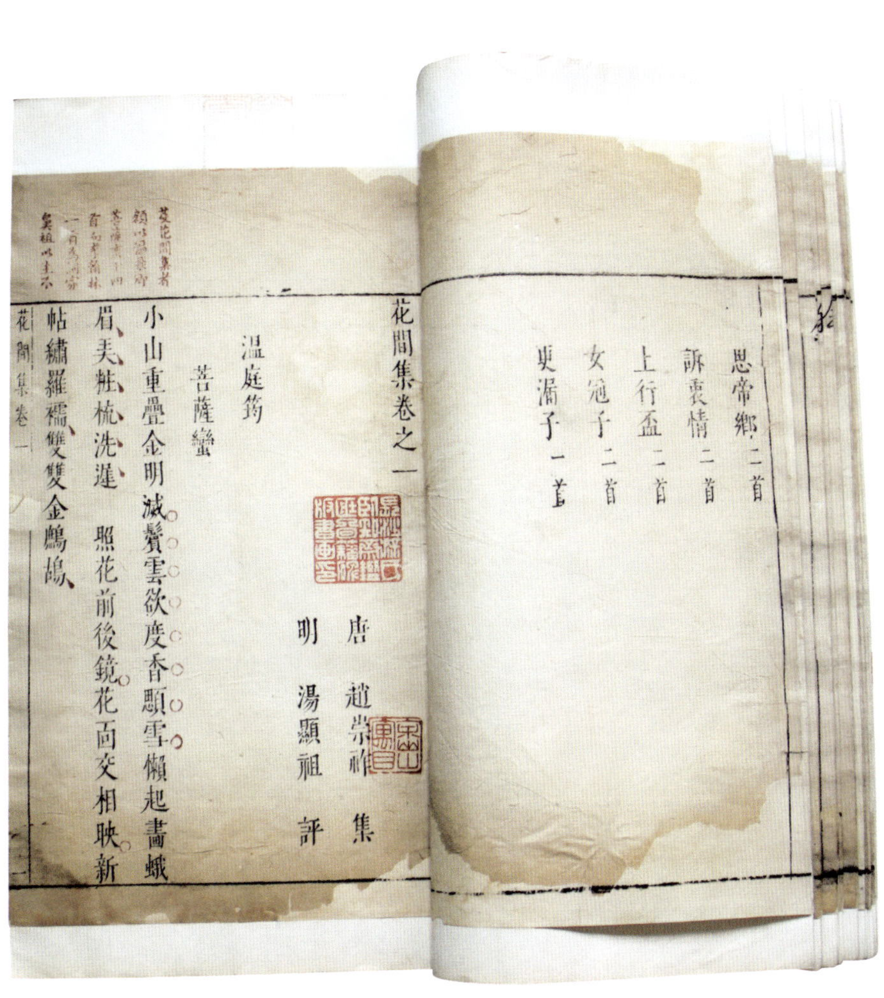

赵崇祚（生卒年不详），字弘基，甘肃天水人。五代后蜀开国功臣赵廷隐之子。

汤显祖（1550—1616），字义仍，号海若，江西临川人。明万历十一年（1583）进士。官遂昌知县。著有《牡丹亭》等。

《花间集》是我国文学史上的第一部词集。是书收录了温庭筠、韦庄等十八位花间词派诗人的经典作品，反映出我国早期词史上文人词创作的主体取向、审美情趣、体貌风格和艺术成就。

明代《花间集》有汤显祖评点本和杨慎评点本，汤评本有眉批、夹批、尾批二百则。

草堂诗馀 五卷

（明）杨慎评点
明闵暎璧刻朱墨套印本
四册
辽宁省图书馆藏
国家珍贵古籍名录09556号

杨慎（1488—1559），字用修，号升庵。四川新都（今四川成都）人，祖籍庐陵。明正德六年（1511）进士。官翰林院修撰、经筵讲官等。

《草堂诗馀》是南宋何士信编辑的词选，所收词作以宋词为主，兼收一小部分唐五代词。该书在明代被广泛接受，当时的书商竞相刊刻，仅今传明版《草堂诗馀》就多达二十余种。

是书钤有“任氏振采”、“萃闵堂所有书籍记”、“郑鸿收藏”、“埽尘斋积书记”、“礼培私印”等印。

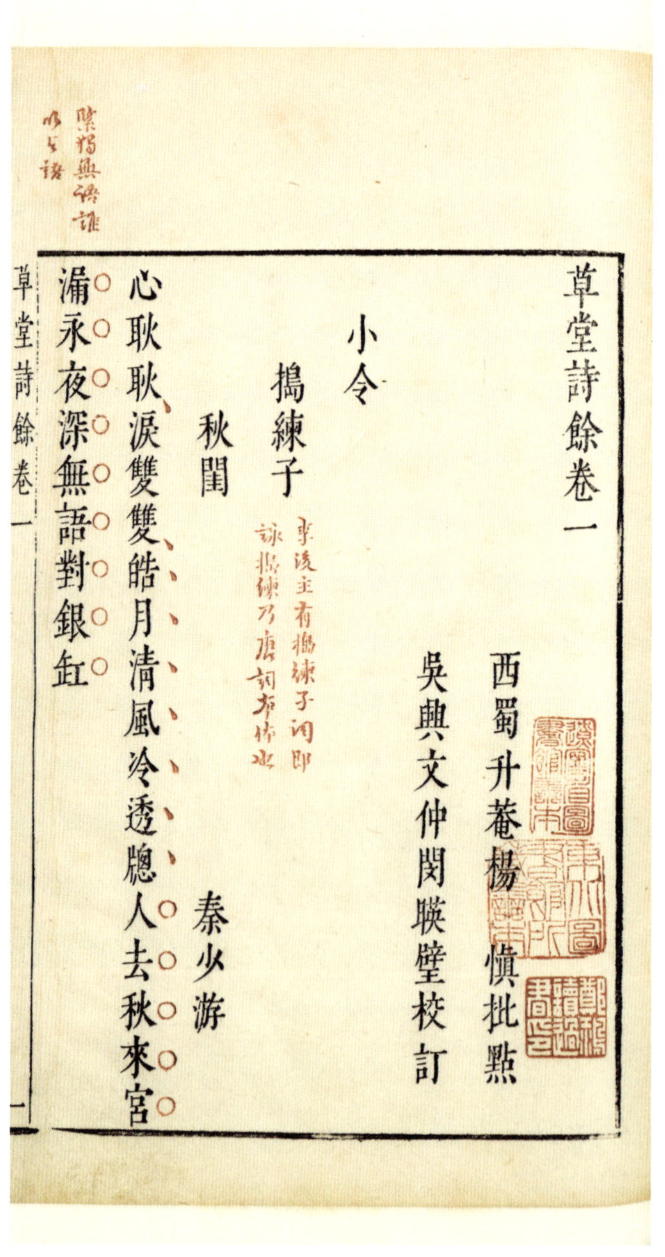
草堂詩餘卷一
西蜀升菴楊慎批點
吳興文仲閔暎璧校訂
小令
搗練子
秋閨
秦少游
心耿耿淚雙雙皓月清風冷透窻人去秋來宮漏永夜深無語對銀缸

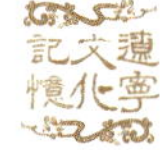

词的 四卷

（明）茅暎辑
明刻朱墨套印本
二册
辽宁省图书馆藏
国家珍贵古籍名录 09558号

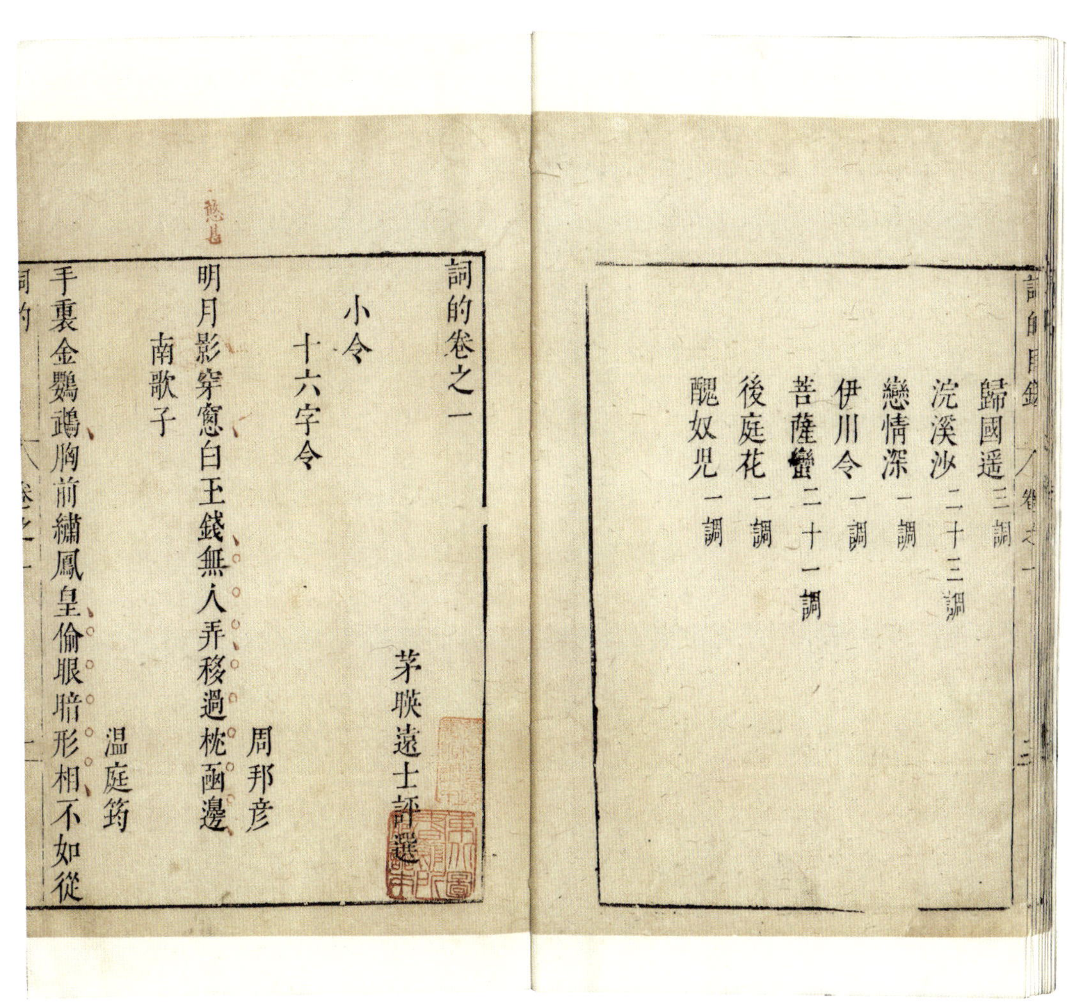

茅暎（生卒年不详），字远士，浙江归安（今浙江吴兴）人。茅元仪弟。明末戏曲评点家，著有《睡香集》。

是书所选以唐宋人词为主，兼采元明词，止于马浩澜。选录内容皆取俗艳之作，然多承前人之误。书中眉端略有评语，然并无胜义。

是书刻印尚精，传本极少，《四库全书总目》未收录。钤“翁天游印”、“元叟”等印。

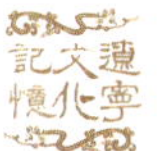

鼎镌陈眉公先生批评玉簪记

二卷

（明）高濂撰

（明）陈继儒评

明萧腾鸿师俭堂刻本

二册

大连图书馆藏

国家珍贵古籍名录06553号

高濂（约1523—约1603），字深甫，号瑞南，一作瑞南居士，钱塘（今浙江杭州）人。明万历年间名士，工诗词及戏曲。著有《节孝记》、《遵生八笺》、《草花谱》等。

《玉簪记》原是取材于《古今女史》，写南宋时陈娇莲与书生潘必正故事。萧腾鸿师俭堂曾刻有许多戏曲，《玉簪记》即其一。萧腾鸿不但是雕版名手，也精通绘画，《玉簪记》插图上署“刘素明镌，萧腾鸿、刘素明、蔡元勋、赵璧同画”。

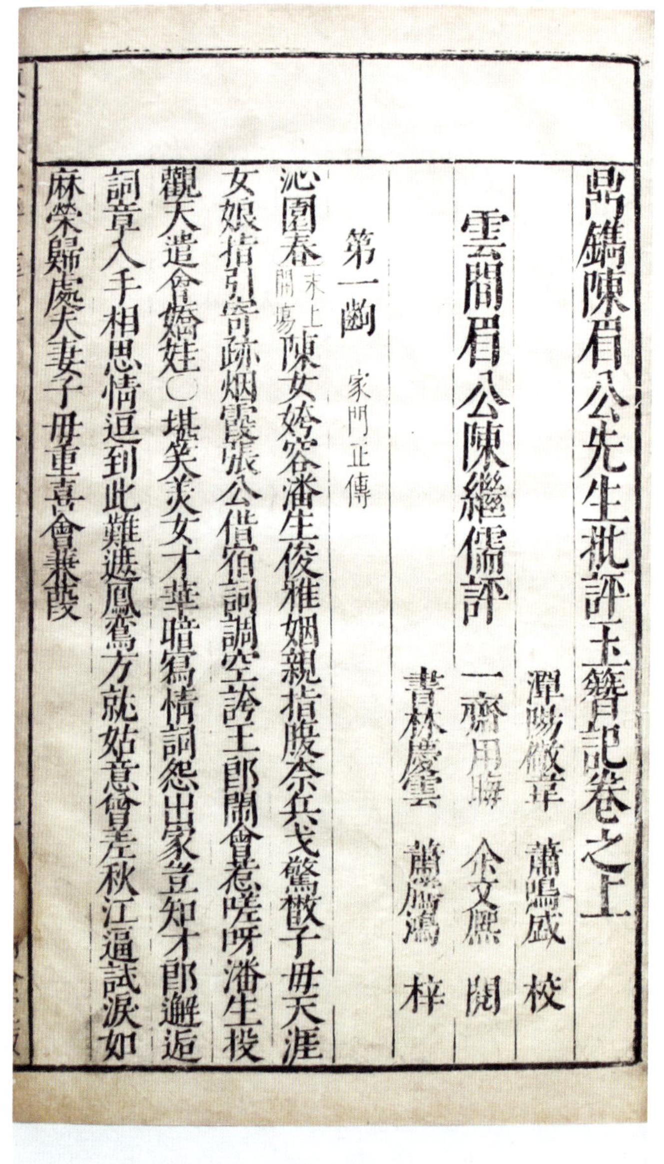

李卓吾先生批评无双传明珠记 二卷

（明）陆采撰
（明）李贽评
明刻本
四册
大连图书馆藏
国家珍贵古籍名录 06559 号

《明珠记》取材于唐薛调传奇小说《无双传》，写刘无双与王仙客离合故事。此本为明代李贽评本。

李卓吾先生批評無雙傳明珠記卷上

第一齣

〔聖無憂〕（末上）人世歡娛少眼前光景流星青春不樂空頭白老大損風情么喜遇心閒意美更逢日麗花明主人情重須沉醉莫放酒盃停

〔南歌子〕清新樂府唱堪聽過雲行鳳鸞鳴宮怨閨愁就裏訴分明掩過西廂花月色又撥斷琵琶聲么佳人才子古難并苦離分巧完成離合悲歡只在眼前生四座知音須拱聽歌正好酒頻傾

〔望海潮〕王郎奇俊無雙嬌媚相逢未遂婚盟涇卒揮戈尚

明珠记 五卷

（明）陆采撰

王无双传一卷

明刻朱墨套印本

四册

辽宁省图书馆藏

国家珍贵古籍名录06560号

此书为明代吴兴闵氏所刻，刊刻精美，版式疏朗，字体方正，墨色清润，为初刻初印之本。版画插图构图优美，线条精绝。绘图者为吴门王文衡。闵氏此本也因此成为《明珠记》的代表刊本。

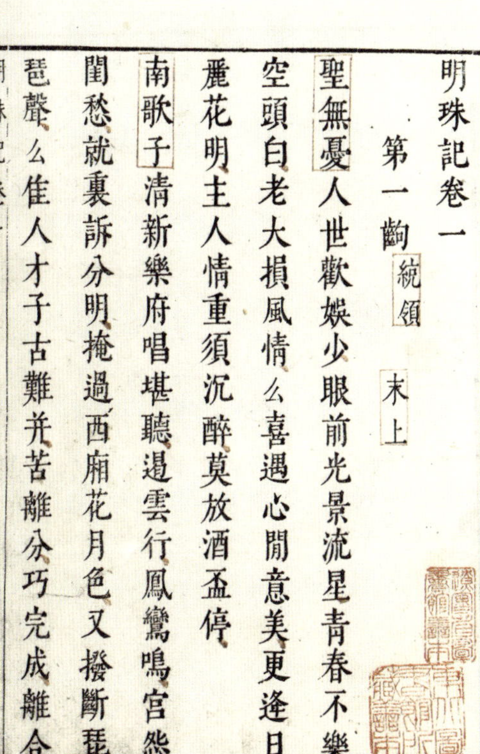

明珠記卷一

第一齣 統領 末上

聖無憂人世歡娛少眼前光景流星青春不樂空頭白老大損風情么喜遇心閒意美更逢日麗花明主人情重須沉醉莫放酒盃停

南歌子清新樂府唱堪聽遏雲行鳳鸞鳴宫怨閨愁就裏訴分明掩過西廂花月色又撥斷琵琶聲么佳人才子古難并苦離分巧完成離合

琵琶记 四卷

(元)高明撰

附录一卷

明凌濛初刻朱墨套印本

四册

辽宁省图书馆藏

国家珍贵古籍名录06556号

高明(生卒年不详),字则诚,号菜根道人,瑞安(今属浙江)人。

《琵琶记》讲述了汉代书生蔡伯喈与赵五娘悲欢离合的故事。《琵琶记》问世以后,影响很大,被誉为传奇之祖。《琵琶记》是凌濛初印书的代表作。该书由凌濛初解正并批评,插图为吴门王文衡绘、郑圣卿刻。王文衡,明代木刻版画画家。王氏木刻版画插图构图、线描精绝,具有典型吴兴版画特色。书中插图所绘的人物、亭台楼阁、曲涧小桥、树木花草,各具特色,镌刻于梨枣木板之上,使绘画达到高度完美的再现。

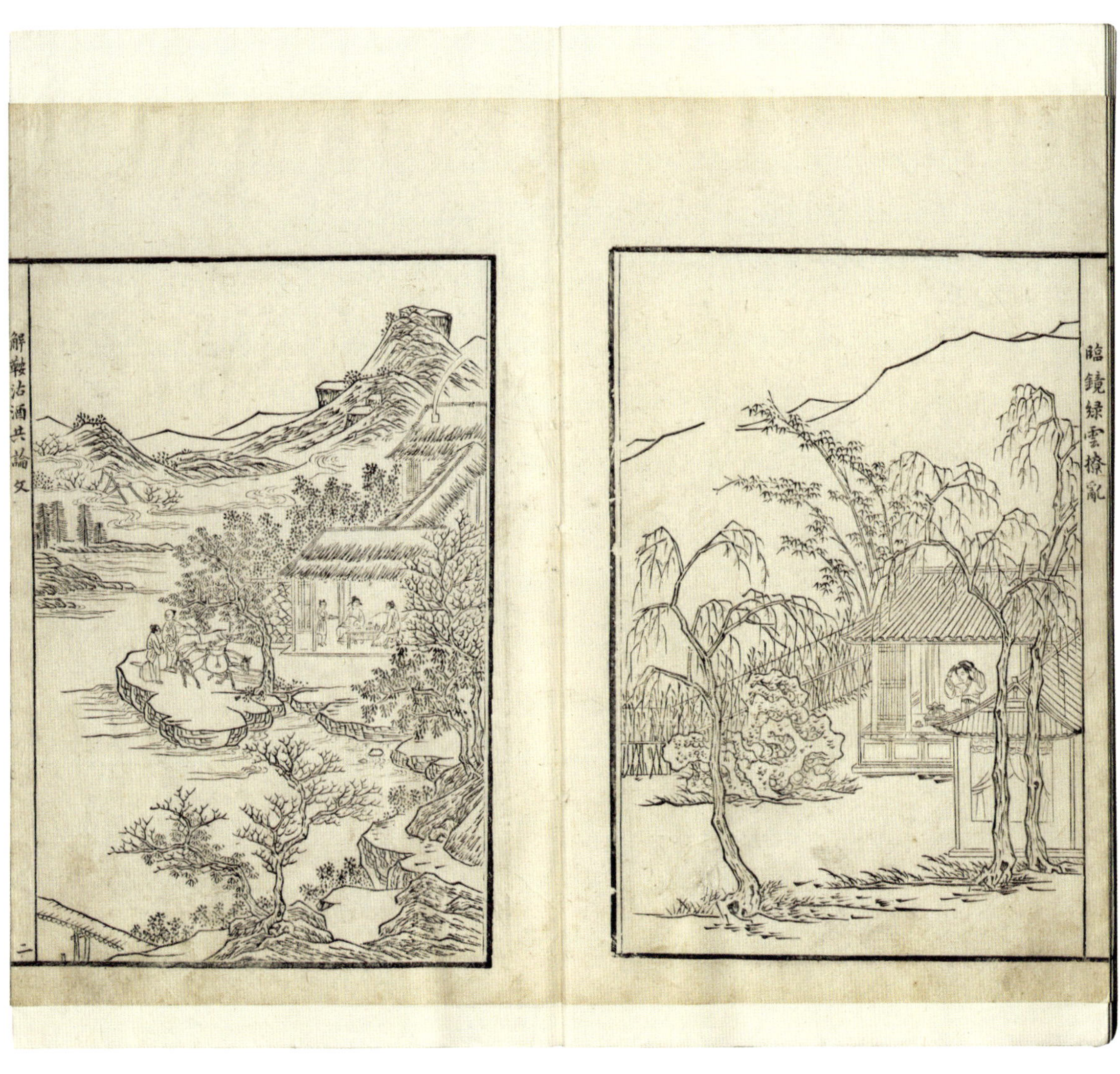
臨鏡緑雲撩亂
解鞍沽酒共論文
二

邯郸梦 三卷

（明）汤显祖撰

枕中记一卷

（唐）李泌撰

明天启元年（1621）闵光瑜刻朱墨套印本

四册

辽宁省图书馆藏

国家珍贵古籍名录06567号

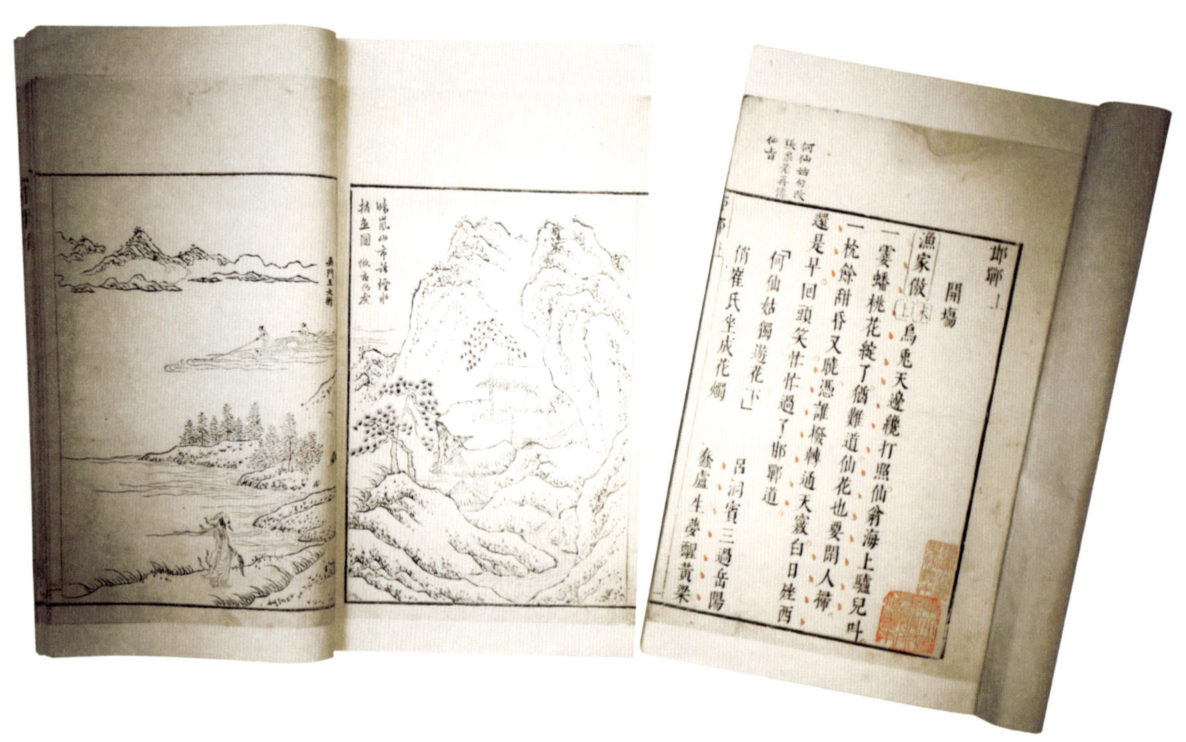

《邯郸梦》一名《邯郸记》，取材于唐沈既济传奇小说《枕中记》。写卢生邯郸店中黄粱梦事。此为汤显祖“玉茗堂四梦”之一，闵氏所刻，图十幅，甚精丽。

何仙姑句改張果老再傳仙旨

邯鄲上

開場

【漁家傲】（末上）烏兎天邊纔打照仙翁海上驢兒叫一霎蟠桃花綻了猶難道仙花也要閑人掃一枕餘甜昏又曉憑誰撥轉通天竅白日矬西還是早回頭笑忙忙過了邯鄲道

「何仙姑獨遊花下」　呂洞賓三過岳陽

俏崔氏坐成花燭　蠢盧生夢醒黄梁

乐府新编阳春白雪 九卷

（元）杨朝英辑

明抄本

二册

存六卷

辽宁省图书馆藏

国家珍贵古籍名录06578号

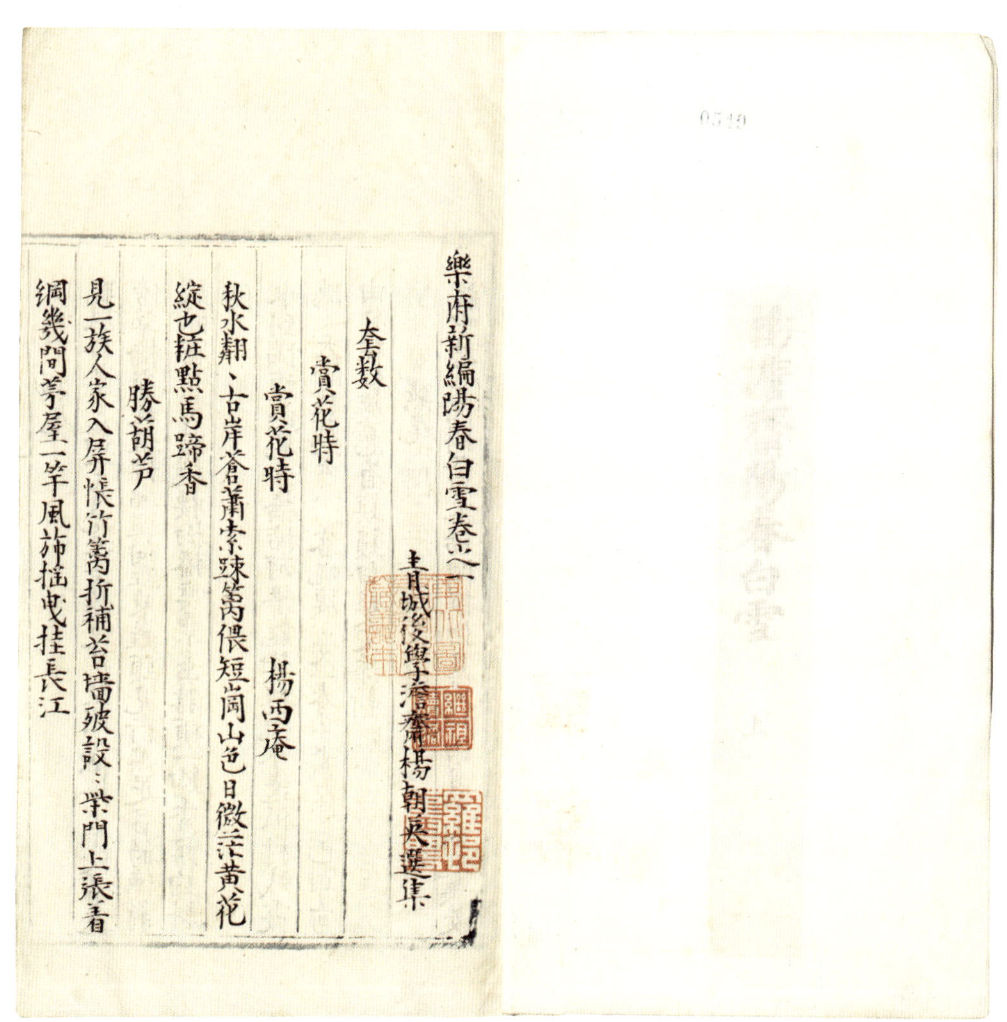

樂府新編陽春白雪卷之一

青城後學澹齋楊朝英選集

套數

賞花時 楊西菴

秋水粼粼古岸蒼蕭索疎籬偎短岡山色日微茫黃花綻也纔點馬蹄香

勝葫蘆

見一簇人家入屏帳竹籬折補苔牆破設設柴門上張看網幾間茅屋一竿風旆搖曳挂長江

杨朝英（生卒年不详），字英甫，号澹斋，青城（今山东高青）人。曾任郡守、郎中，后归隐。编有《阳春白雪》、《太平乐府》两个散曲专集，人称“杨氏二选”。

此明抄本发现于二十世纪七十年代末期，比通行九卷本多出二十几套曲子，有学者称，这是元曲第四次大发现。是书曾为罗振玉等收藏。

月露音 四卷

明万历刻本

八册

大连图书馆藏

国家珍贵古籍名录06584号

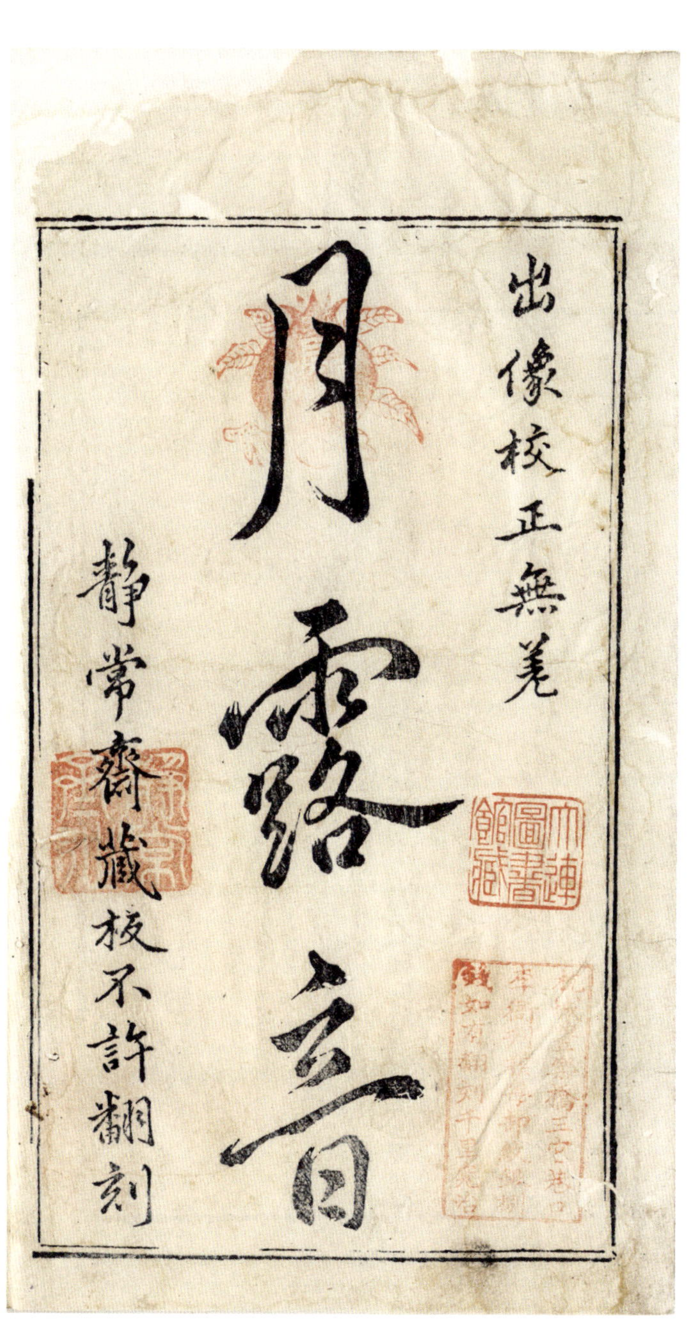

《月露音》为明代散曲选集，摘录明人传奇散曲二百余出，多为当时作品，如《还魂记》、《题红记》、《浣纱记》等，亦收录《琵琶记》等少量早期戏文。所有作品，只录曲辞，不录科白。按各出内容编排，分为庄、骚、愤、乐四集。

此书写刻极精，图尤雅致，书中共七十六幅插图，人物、风光皆栩栩如生。每幅图中均有题词。

虞初志 七卷

（明）袁宏道评
明凌性德刻朱墨套印本
八册
辽宁省图书馆藏
国家珍贵古籍名录09575号

袁宏道（1568—1610），字中郎，又字无学，号石公，明湖广公安（今属湖北）人。明万历二十年（1592）进士。官吏部郎中等。

虞初是汉朝小说家，此书以为名。《虞初志》收录有南朝吴均《续齐谐记》十七篇和“唐人小说”二十九篇。“唐人小说”篇中，选薛用弱的《集异记》十六篇，另十三篇选自唐人传奇。

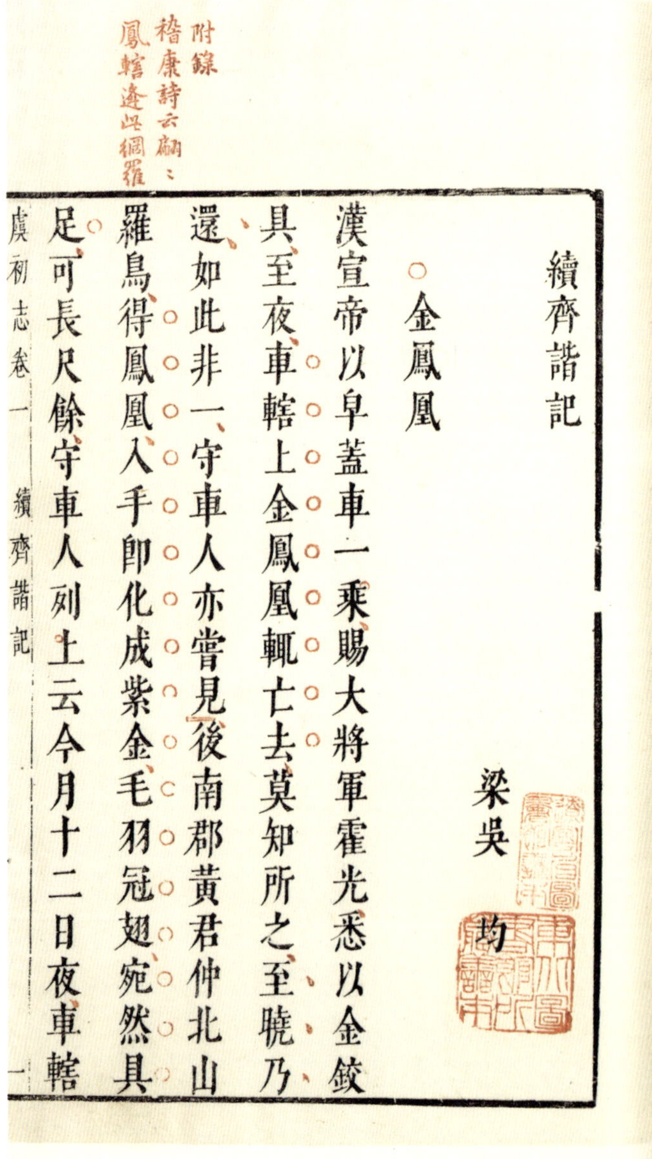
續齊諧記
梁 吴均
金鳳凰
漢宣帝以皁蓋車一乘賜大將軍霍光悉以金鋑具至夜車轄上金鳳凰輒亡去莫知所之至曉乃還如此非一守車人亦嘗見後南郡黄君仲北山羅鳥得鳳凰入手即化成紫金毛羽冠翅宛然具足可長尺餘守車人列上云今月十二日夜車轄
虞初志卷一 續齊諧記 一
附錄 嵇康詩云翩翩鳳轄逢此網羅

新镌出像批评通俗小说鼓掌绝尘 四集四十回

题（明）金木散人编

明崇祯刻本

二十册

大连图书馆藏

国家珍贵古籍名录09584号

新鐫出像批評通俗演義鼓掌絶塵風集

古吳金木散人 編

永興清心居士 校

第一回

小兒童題咏梅花觀　老道士指引鳳皇山

詞

香臉初匀。黛眉巧画宮妝淺風流天付與。精神全在秋波轉。早是縈心可慣。那更堪頻頻顧盼。幾回得見。見了還休。爭如不見。燭影揺紅夜

鼓掌絶塵　第一回　一　風集

金木散人（生卒年不详），吴姓，苏州（今江苏苏州）人。

是书为明代中篇白话小说集。分为风、花、雪、月四集，共四十回，每十回为一集，各一个完整的故事。其中风、雪两集属于才子佳人小说，花、月两集属于人情世态小说。

明崇祯刻本为初刻，文图精美。国内仅大连图书馆有藏。

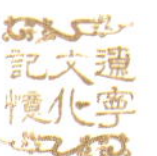

石点头 十四卷

题（明）天然痴叟撰
（明）冯梦龙评
明末金阊叶敬池刻递修本
四册
大连图书馆藏
国家珍贵古籍名录09585号

天然痴叟（生卒年不详），即席浪仙，明末小说家。

冯梦龙（1574—1646），字犹龙，号龙子犹，长洲（今江苏苏州）人。明代文学家、戏曲家。著有《古今小说》、《警世通言》、《醒世恒言》。

《石点头》又名《醒世第二奇书》，书名取自“高僧悟石”，以劝惩世事人心为目的。清道光十八年（1838）后被列为禁书。

叶敬池，金阊（今苏州）人。明末版画家，其所刊《警世恒言》有名。

第一卷
郭挺之榜前認子
陰陽畀賦了無私。李不成桃蘭不芝。
是虎方能生虎子。非麟安得產麟兒。
肉身縱使聯千里。氣血何曾隔一絲。
誠看根根還本本。豈容人類有差池。
從來父之生子。未有不知者。莫説夫妻交媾。有徵有
驗。就是婢妾外遇。私已瞞人。然自家心裏。亦不嘗不
明明白白。但恐忙中忽畧。醉後糊塗。遂有已經生子
石點頭　卷一　一

新刻按鉴编纂开辟衍绎通俗志传 六卷八十回

（明）周游撰
（明）王黉释
明崇祯八年（1635）刻清书林古吴麟瑞堂重修本
四册
大连图书馆藏
国家珍贵古籍名录09586号

新刻按鑑編纂開闢衍繹通俗志傳卷一
五岳山人周　游仰止集
靖竹居士王　黌子承釋
盤古氏開天闢地第一回
邵康節曰天始開於子復卦也子歷一萬八
百年爲一會丑歷一會地始成曰地闢於丑
臨卦也寅歷一會人始生曰開物於寅泰卦
也周十二宮一十二萬九千六百年爲一元
終坤卦也又是一箇大闔闢謂元始至終更

開闢衍繹　卷一　一

周游（生卒年不详），字仰止，号五岳山人。

“按鉴”即“参采史鉴”，是依照史鉴而创作之意。明代的小说家们“按鉴”演义，创作出了历史演义这种章回体小说。本书即是上古历史演义小说。始于传说中盘古氏开天辟地，历三皇五帝化民成俗直至周武王伐纣灭商而止。叙事依据各类民间传说和史书、笔记记载，汇辑了大量的神话传说和史前文明记载。

此本刻于明崇祯八年（1635），书中版画宏富，绘刻古朴，图文契合，为明末版画精品。

绣像云合奇踪

二十卷

题（明）徐渭撰

明刻本

六册

大连图书馆藏

国家珍贵古籍名录10999号

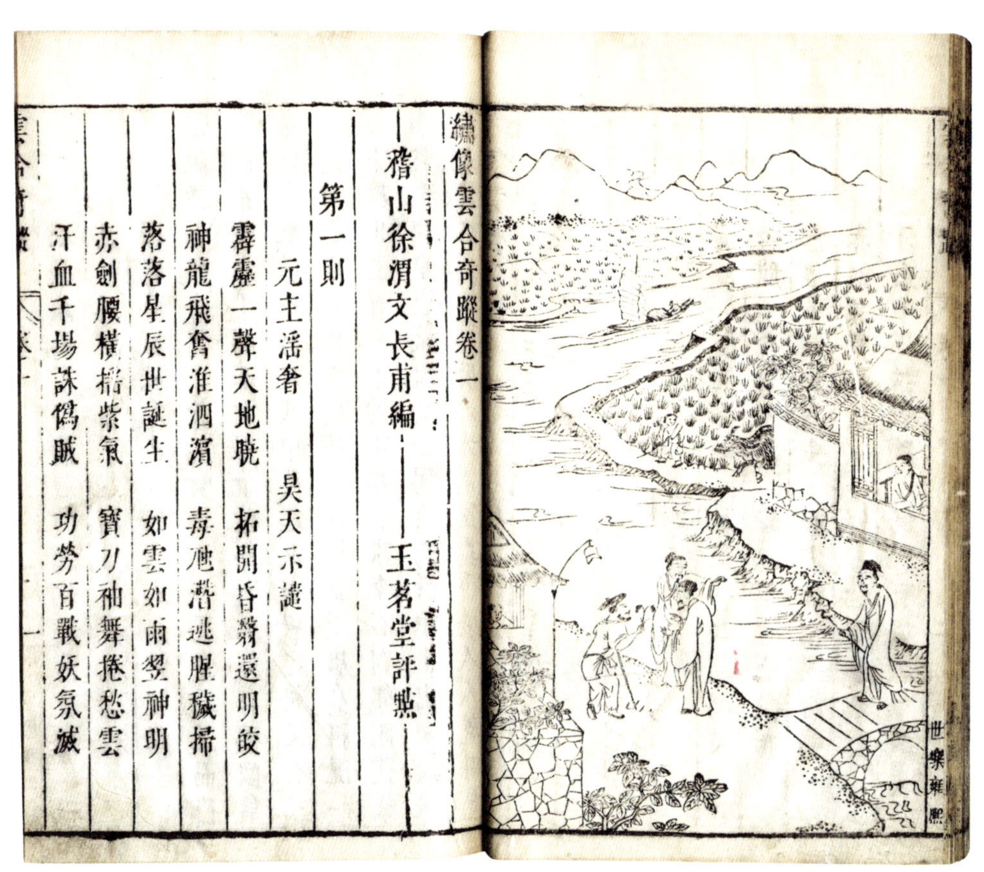

徐渭（1521—1593），初字文清，后改字文长，号天池山人、青藤道士，山阴（今浙江绍兴）人。明代文学家、书画家、军事家。

该书又名《英烈传》，系明代通俗长篇历史小说，由民间故事改编而成，叙元朝末年顺帝失政，朱元璋率兵起义最终推翻元朝统治、建立明政权。其中一些小故事至今仍在民间流传，如贩乌梅、取襄阳、战滁州等。至于那些英雄式的人物如常遇春、胡大海、花云、徐达、李文忠、沐英、朱文正、邓愈、汤和、郭英、朱亮祖等更是家喻户晓、妇孺皆知。清朝建立后，此书因写朱元璋开国之事而成为禁书。

现存《英烈传》版本很多，最早的刊本当属明代的《新刻皇明开运辑略武功名世英烈传》，《绣像云合奇踪》亦是较早的刻本。

新镌全像武穆精忠传 八卷

（明）李贽评
明萃锦堂刻本
八册
大连图书馆藏
国家珍贵古籍名录09587号

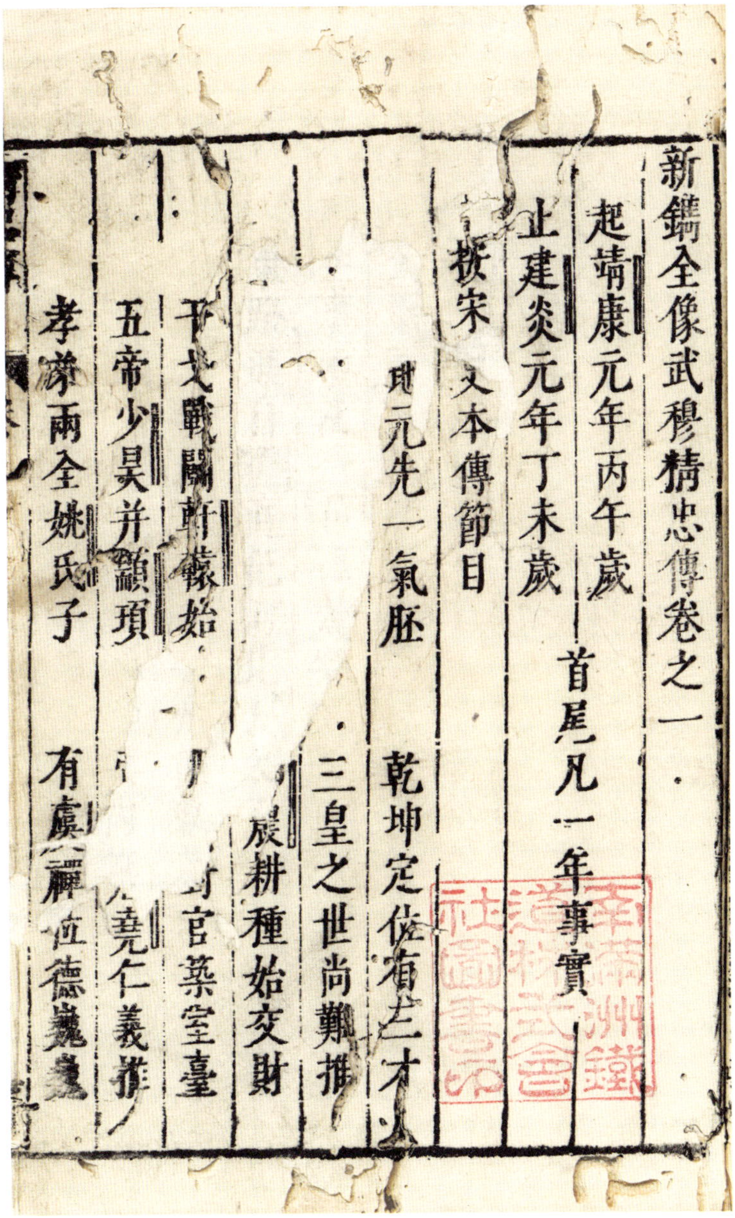
新鐫全像武穆精忠傳卷之一
起靖康元年丙午歲 首尾凡一年事實
止建炎元年丁未歲
按宋[illegible]本傳節目
[illegible]元先一氣胚 乾坤定位有三才
三皇之世尚難推
[illegible]農耕種始交財
干戈戰鬪軒轅始 [illegible]宮築室臺
五帝少昊并顓頊 [illegible]堯仁義推
孝弟兩全姚氏子 有虞禪位德巍巍

此书未题撰者。明土木之变后，以岳飞为题材的通俗小说版本众多，此书即其一，共八卷八十四回，各卷前有图四叶共八幅。

新刻全像三宝太监西洋记通俗演义

二十卷一百回

（明）罗懋登撰

明三山道人刻清初步月楼重修本

二十册

大连图书馆藏

国家珍贵古籍名录09589号

罗懋登（生卒年不详），字登之，号二里南人，陕西人。著有传奇《香山记》。

本书借郑和下西洋之事，寄意时俗，希望能有郑和、王景宏之类的将帅出现以荡平倭寇、重振国威。虽取材于史事，却不是历史演义小说，着意描绘的是降妖伏魔，属于神魔小说。

今存最早刊本为明万历二十五年（1597）刻本。此本是清初映旭斋藏板，步月楼重修本。插图呈现明后期流行的徽派版画艺术特色，精美异常。

新刻全像三寶太監西洋記通俗演義卷之一

二南里人　編次

三山道人　繡梓

第一回

○盂蘭盆揭諦○補陀山會神

詞曰

春到人間景異常　無邊花柳競芬芳　香車寶馬閙来往

引却東風入醉鄉　釃剩酒　卧斜陽　滿捧三萬六千場

而今白髮三千丈　還記得年来三寶太監下西洋

粤自天開於子。便就有箇金羊玉馬。金蛇玉龍。金虎玉虎。金鴉鉄騎蒼狗盤螭。龍纒象緯。羊角鶉精。瀌瀌迤迤。瀼瀼稜稜。無限的經緯中間却有兩位大神通。一箇是東太陽之真精。行週天三百六

警世阴阳梦

十卷四十回

题（明）长安道人国清撰

明崇祯元年（1628）刻本

十册

大连图书馆藏

国家珍贵古籍名录09590号

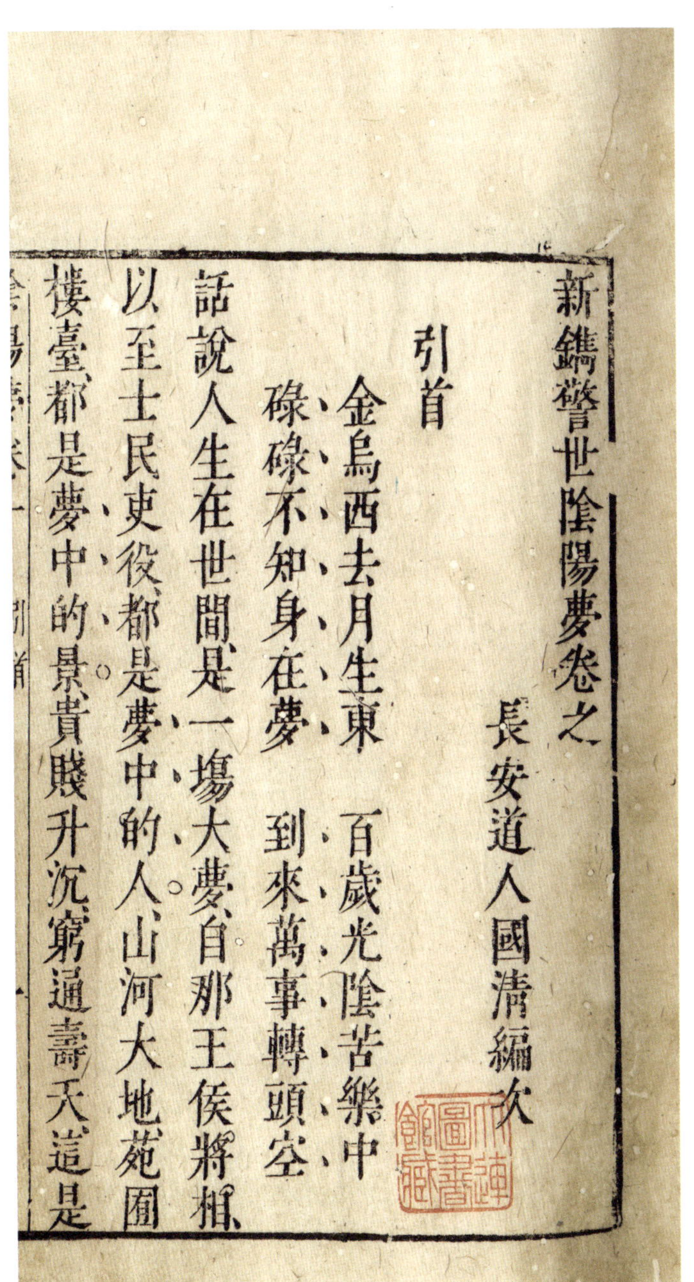
新鐫警世陰陽夢卷之一
長安道人國清編次
引首
金烏西去月生東　百歲光陰苦樂中
碌碌不知身在夢　到來萬事轉頭空
話說人生在世間是一場大夢自那王侯將相
以至士民吏役都是夢中的人山河大地苑囿
樓臺都是夢中的景貴賤升沉窮通壽夭這是

国清（生卒年不详），号长安道人。

小说写明熹宗时的司礼太监魏忠贤擅权专朝、祸国殃民及死后遭到报应的故事。一至八卷共三十回为阳梦，九至十卷共十回为阴梦。书成于崇祯元年（1628）六月，距魏忠贤之死仅半年。因此，这部小说保存了不少史实或准史实的东西，可为史书之佐证，或亦可补史书之缺略。

此本为明崇祯元年初刻本，插图精美。

清代

清

篆文六经四书

六十三卷

（清）李光地等辑

清康熙内府刻本

十六册

辽宁省图书馆藏

国家珍贵古籍名录03195号

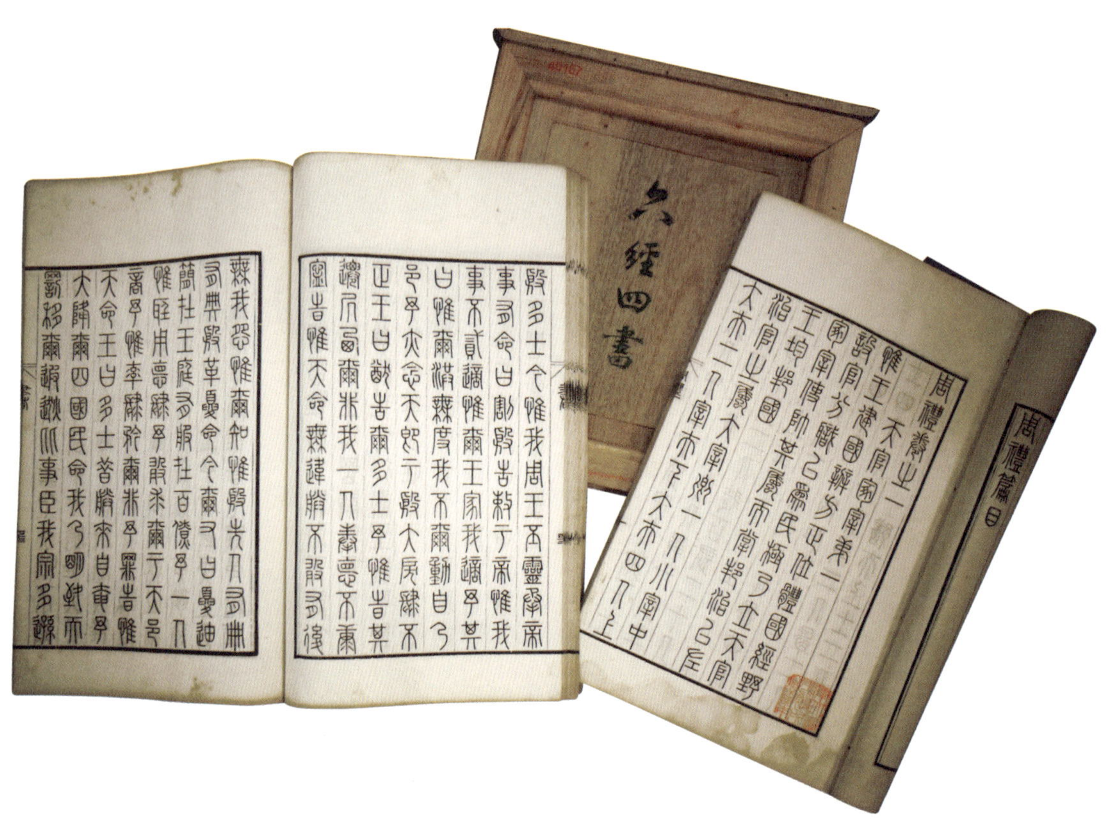

李光地（1642—1718），字晋卿，号厚庵，别号榕村，福建安溪人。清康熙九年（1670）进士。累官至文渊阁大学士兼吏部尚书。著有《周易观象》、《诗所》、《读孟子杂记》等。

明代嘉靖时期陈凤梧曾刻印了《篆文六经》。清康熙末年，圣祖玄烨命李光地、王掞、张廷玉、蒋廷锡等儒臣用篆文刻印儒家经典，字体选用小篆。除《六经》外，又增加了《四书》，即为此书。

周易上經第一

䷀ 乾下乾上

乾元亨利貞 初九潛龍勿用
九二見龍在田利見大人
九三君子終日乾乾夕惕若厲
无咎 九四或躍在淵无咎
九五飛龍在天利見大人 上
九亢龍有悔 用九見羣龍无

周易虞氏义

九卷

周易虞氏消息二卷

（清）张惠言撰

稿本

二册

辽宁省图书馆藏

国家珍贵古籍名录03240号

张惠言（1761—1802），字皋文，号茗柯，武进（今属江苏常州）人。清嘉庆四年（1799）进士，授翰林院编修。学出于惠栋、江永两家，著有《说文谐声谱》等。

该书张氏生前并未刊刻。此本经罗振玉收藏。罗氏跋文中盛赞此书"书写至精"，又言"（张惠言）书迹传世至稀，此乃逾百纸，吾斋中至宝也"。

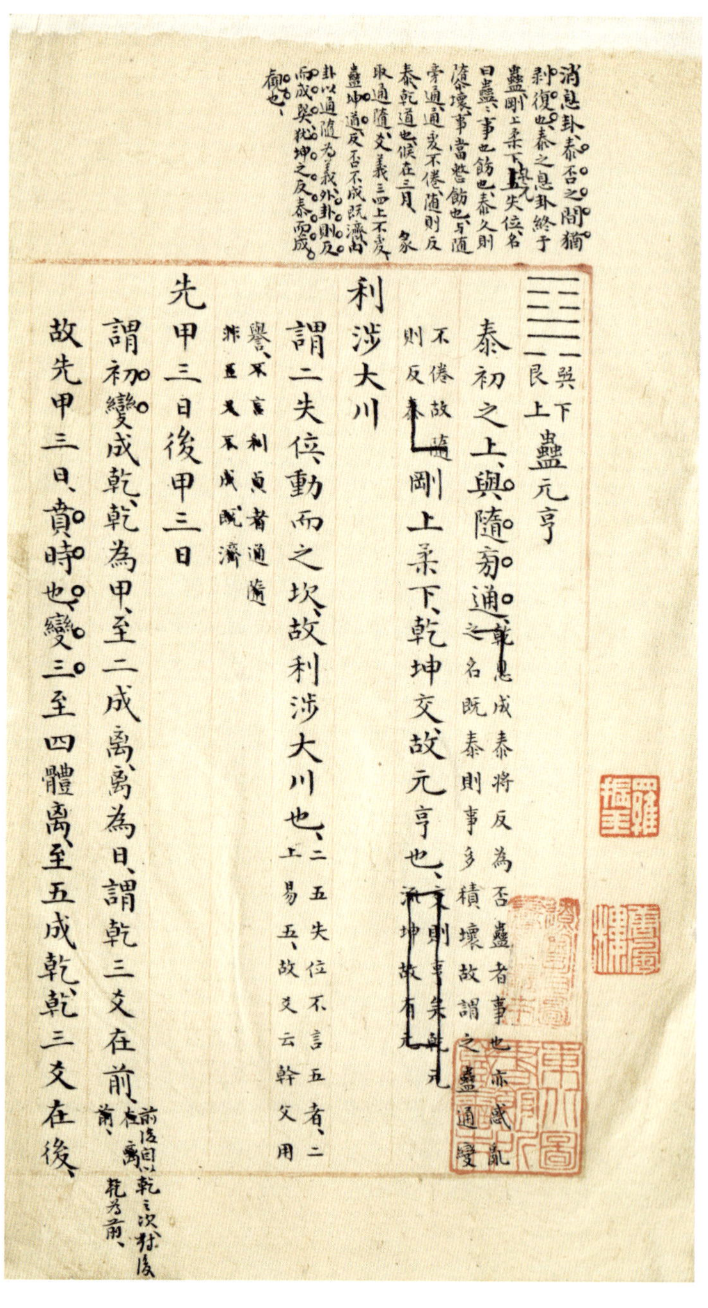

律吕正义

上编二卷下编二卷续编一卷

（清）允祉等撰

清康熙内府铜活字印本

十册

辽宁省图书馆藏

国家珍贵古籍名录03337号

黃鐘爲萬事根本

大哉黃鐘萬事之本也自黃帝製爲黃鐘之管以定中聲而制事立法物度軌則壹稟於此蓋存天地之神利萬民之用其於政教所關爲尤切也黃鐘立則元聲協而十二律呂亦協宮聲正而五音亦正天下萬物紛錯而不齊者皆由是以定焉黃鐘之長九十黍以爲分寸尺丈引則曰度而物之長短不差豪釐黃鐘之容千二百黍以爲龠合升斗斛則曰量而物之多寡不失圭撮黃鐘所容千二百黍之重以爲銖

律呂正義上　黃鐘爲萬事根本一　三

允祉（1677—1732），本名胤祉，清圣祖第三子。康熙三十七年（1698）封诚郡王。

是书以乐律学为主要内容。上编有《正律审音》和《旋宫起调》两章，下编《和声定乐》章详细说明排箫、箫、笛等十四种乐器的形制构造变化和发音特点。续编《均协度曲》取材于基督教传教士葡萄牙人徐日升和意大利人德格里先后传来的乐书，介绍欧洲乐理知识。此书亦是最早介绍欧洲乐理知识的汉文著作。

左传杜注拾遗

三卷

（清）阮芝生撰

清抄本

一册

辽宁省图书馆藏

国家珍贵古籍名录03354号

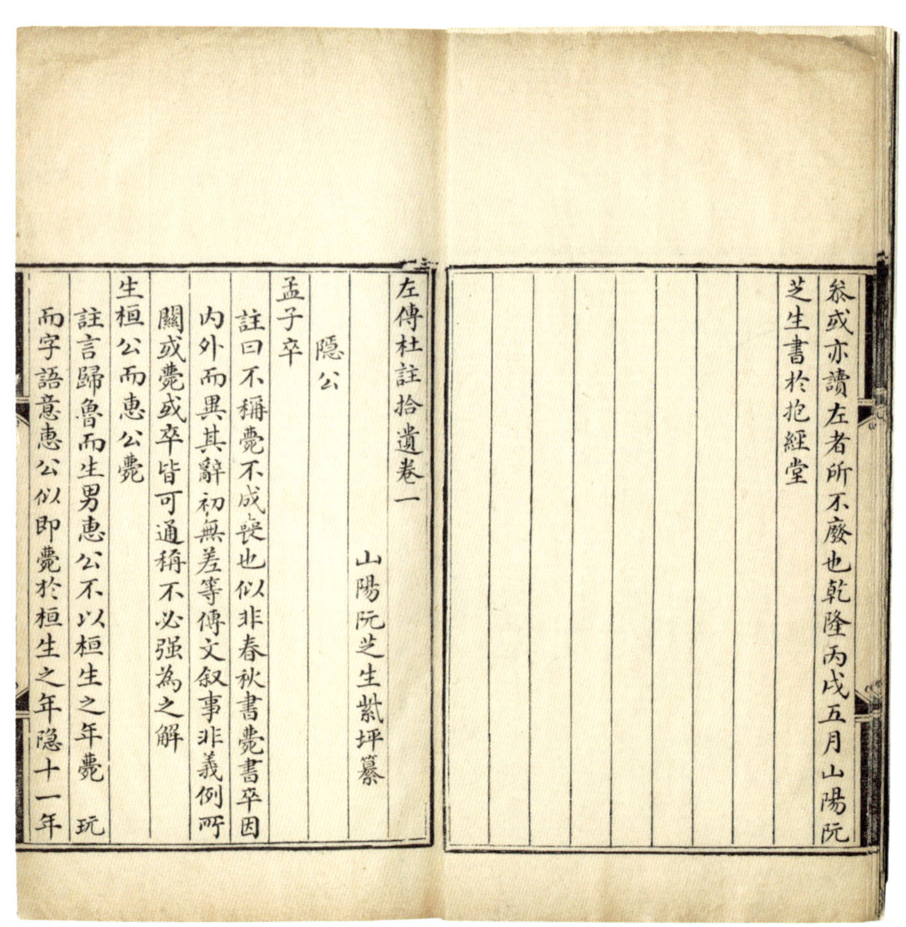
絫或亦讀左者所不廢也乾隆丙戌五月山陽阮
芝生書於抱經堂

左傳杜註拾遺卷一
山陽阮芝生紫坪纂
隱公
孟子卒
註曰不稱薨不成喪也似非春秋書薨書卒因
內外而異其辭初無差等傳文叙事非義例所
關或薨或卒皆可通稱不必强為之解
生桓公而惠公薨
註言歸魯而生男惠公不以桓生之年薨　玩
而字語意惠公似即薨於桓生之年隱十一年

阮芝生（1734—1782），字秀储，号谢阶，又号紫坪，山阳（今江苏淮安）人。清乾隆二十二年（1757）进士。历官内阁中书、德清知县、永定河北岸同知。工诗文，与兄阮葵生皆有文名。著有《咏素斋集》、《听潮集》、《退朝堂笔记》等。

杜预撰《春秋左氏经传集解》三十卷，是《左传》注解流传至今最早的一种。阮芝生辑前人书中有关杜注所漏者及时人攻杜之说四百余则，析其得失，参著于篇，名之曰《左传杜注拾遗》。

钦定春秋传说汇纂 三十八卷 首二卷

（清）王掞 张廷玉等撰

清康熙六十年（1721）内府刻本

十二册

大连图书馆藏

国家珍贵古籍名录01375号

欽定春秋傳說彙纂卷第一

杜氏預曰春秋者魯史記之名也記事者以事繫日以日繫月以月繫時以時繫年所以紀遠近別同異也故史之所記必表年以首事年有四時故錯舉以爲所記之名也徐氏彥曰三統歷云春爲陽中萬物以生秋爲陰中萬物以成故名春秋又春秋說云始於春終於秋春爲生物之始秋爲成物之終故曰春秋而舊說云哀十四年春西狩獲麟作春秋九月書成以其春作秋成故云春秋也者非也莊七年經云星霣如雨傳云不修春秋曰雨星不及地尺而復君子修之曰星霣如雨則是孔子未修之時已名春秋矣

集說

案 孟子言春秋天子之事也蓋謂春秋本諸侯之史其時列邦僭亂名分混淆而史體乖舛夫子因而修之其名秩則一裁以武成班爵之舊其行事則一律以周公制禮之初故曰春秋天子之事者猶曰天子之史云爾

欽定春秋傳說彙纂 卷一 隱公元年

王掞（1644—1728），字藻儒，一作藻如，号颛庵、西田主人，江南太仓（今属江苏）人。清康熙九年（1670）进士。累官至文渊阁大学士。著有《西田集》等。

张廷玉（1672—1755），字衡臣，号研斋，安徽桐城人。清康熙三十九年（1700）进士。累官至保和殿大学士、吏部尚书、军机大臣。

是书汇纂历代先儒注疏《春秋》的著作，有舛于经者删之，以集说为辅，其有畔于传者勿录，凡四十卷。

御纂春秋直解

十二卷

（清）傅恒等撰

清乾隆二十三年（1758）内府刻本

八册

辽宁省博物馆藏

国家珍贵古籍名录01378号

傅恒（？—1770），富察氏，字春和，满洲镶黄旗人。累官至保和殿大学士兼军机大臣。

《御纂春秋直解》成书于乾隆二十三年（1758），傅恒等奉敕撰。书分十二卷，记载了从鲁隐公元年（前722）到鲁哀公十四年（前481）的历史。文字简练，记述简略，二百四十余年间诸侯攻伐、盟会、篡弑及祭祀、灾异、礼俗等都有记载。

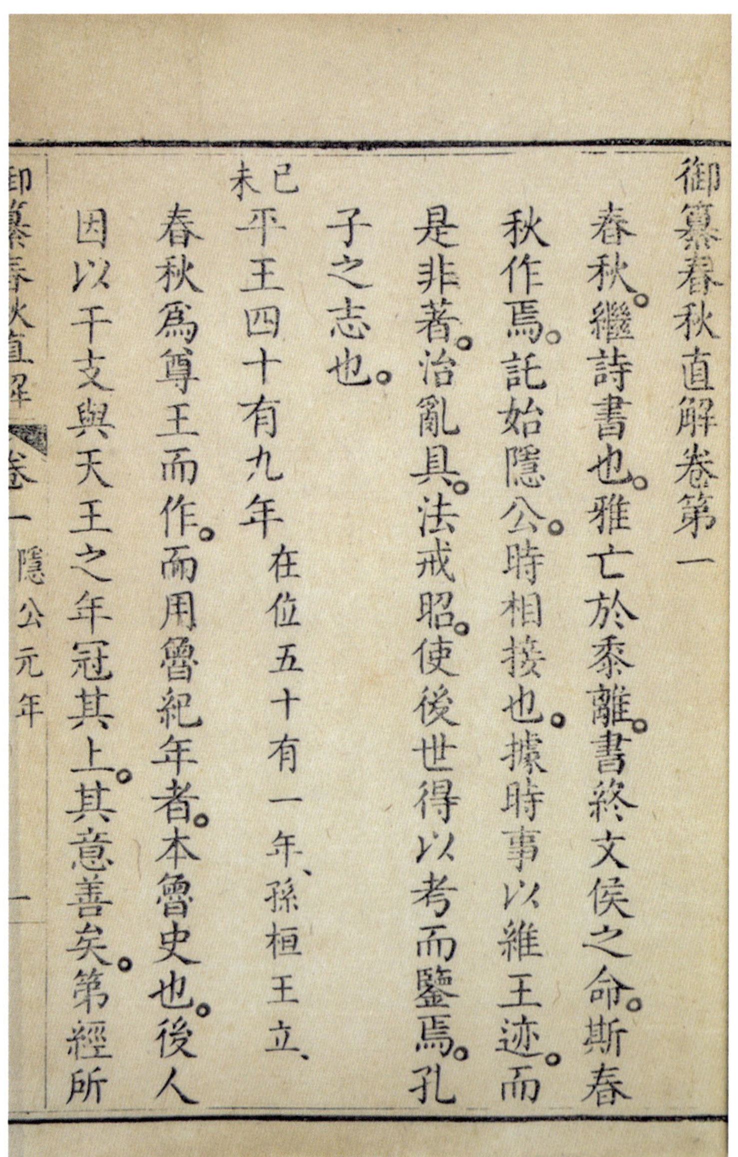
御纂春秋直解卷第一

春秋。繼詩書也。雅亡於黍離。書終文侯之命。斯春秋作焉。託始隱公。時相接也。據時事以維王迹。而是非著。治亂具。法戒昭。使後世得以考而鑒焉。孔子之志也。

己未 平王四十有九年 在位五十有一年、孫桓王立、

春秋爲尊王而作。而周魯紀年者。本魯史也。後人因以干支與天王之年冠其上。其意善矣。第經所

御纂春秋直解 卷一 隱公元年 一

历代石经略

二卷

（清）桂馥撰

稿本

许瀚批校

一册

大连图书馆藏

国家珍贵古籍名录03401号

桂馥（1736—1805），字东卉，号未谷，别号萧然山外史，晚称老菭，山东曲阜人。清乾隆五十五年（1790）进士，官云南永平知县。著有《说文义证》、《缪篆分韵》、《晚学集》等。

《历代石经略》成书于清乾隆五十七年（1792），记录自汉至宋金各代石经情况，极为详尽。

此书有清光绪九年（1883）刻本。此本有许瀚朱墨笔批校。钤“印林手校”、“丁少山”印。

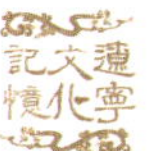

广雅疏证 十卷

（清）王念孙撰
清嘉庆刻本
清王念孙、王引之校补
黄海长跋
十册
辽宁省图书馆藏
国家珍贵古籍名录03404号

王念孙（1744—1832），字怀祖，号石臞，江苏高邮人。清乾隆进士，官永定河道。师承戴震，精通文字训诂之学。其子王引之，承传家学。

《广雅疏证》是王念孙、王引之父子系统整理《广雅》的著作，借以述其音韵、文字、训诂之学。嘉庆元年（1796）《广雅疏证》刊刻行世后，同为训诂学家的王氏父子皆感不足，便着手进行补正修订工作，每有新的见解便写在印本上，或写成字条贴在相应位置，其间补正修订四百余条，但王氏父子未及刊刻以传世。

體質蒙蔽學淺詞頑言無足取竊以所識擇撢羣蓺說文云撢探也文同義異音轉失讀八方殊語庶物易名不在爾雅者詳錄品覈以箸于篇說文云覈實也凡萬八千一百五十文今本廣雅凡萬六千九百一十三文刪衍文九十六補脫文五百九共文萬七千三百二十六較表內原數少八百二十四分爲上中下以鎮方徠俊哲洪秀偉彥之倫扣其兩端摘其過謬令得用諝說文云諝知也亦所企想也臣揖誠惶誠恐頓首頓首死罪死罪

廣雅疏證卷第一上

高郵王念孫學

釋詁

古昔先創方作造朔萌芽本根櫱鼃𦬼昌孟鼻業始也

作者、魯頌駉篇、思馬斯作、毛傳云、作、始也、作之言乍也、乍亦始也、皋陶謨、烝民乃粒、萬邦作乂、作與乃相對成文、言烝民乃粒、萬邦始乂也、禹貢、萊夷作牧、言萊夷水退、始放牧也、沱潛旣道、雲夢土作乂、作與旣相對成文、言沱潛之水旣道、雲夢之土始乂也、夏本紀皆以爲字、代之、於文義稍疏矣、造者、高誘注呂氏春秋大樂篇云、造、始也、孟子萬章篇引伊訓云、天誅造攻自牧宮、朔者、禮運云、皆從其初、皆從其朔、櫱與萌芽同義、盤庚云、若顚木之有由櫱、芽米謂之櫱、災始生謂之孽、義竝與櫱同、鼃𦬼者、方言、鼃、律、始也、律與𦬼通、說文、肁、始開也、從戶聿、聿亦始也、聲與𦬼近而義同、凡事之始、卽爲事之法、故始謂之方、亦謂之

尔雅义疏 三卷

（清）郝懿行撰

稿本

六册

旅顺博物馆藏

国家珍贵古籍名录07427号

郝懿行（1755—1823），字恂九，号兰皋，山东栖霞人。清嘉庆四年（1799）进士。官户部主事。著有《山海经笺疏》、《竹书纪年校正》等。

《尔雅义疏》有两个版本传世，一为删改本；一为所谓足本，比删改本多出近四分之一的内容。清代学者郝懿行为《尔雅》所作的注释，是《尔雅》最重要的注疏之一。

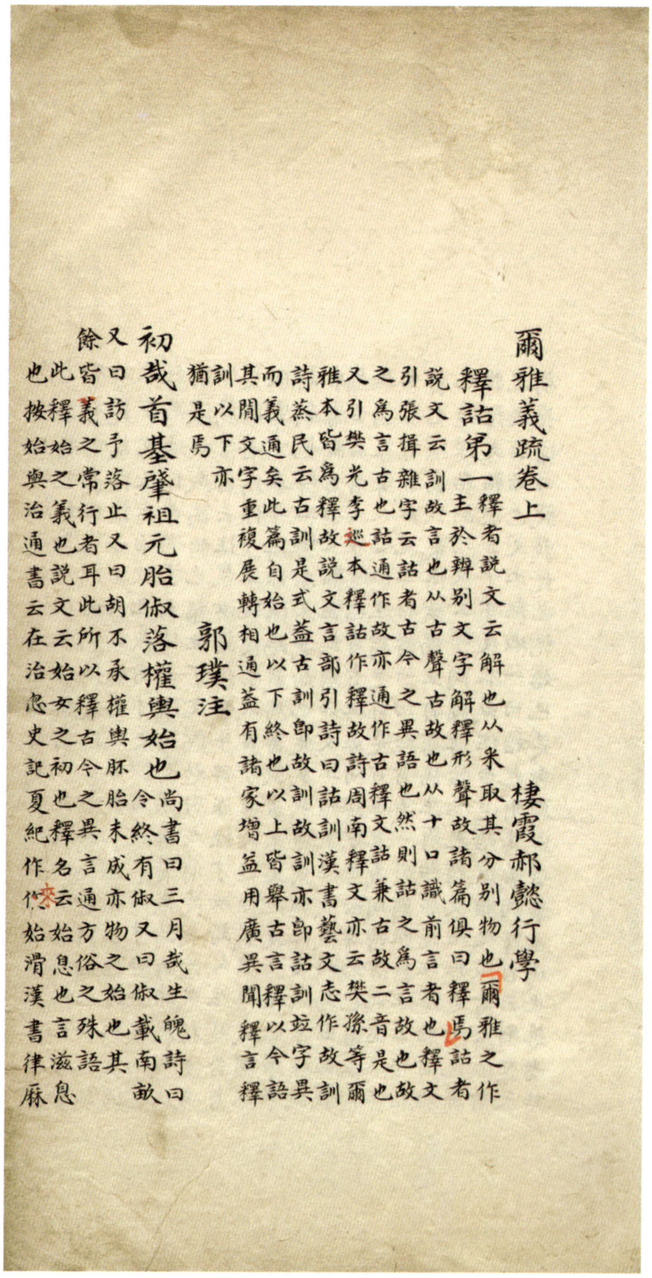
爾雅義疏卷上　　棲霞郝懿行學
釋詁弟一
釋者說文云解也从釆取其分別物也爾雅之作主於辨別文字解釋形聲故諸篇俱曰釋焉詁者說文云訓故言也从古聲古故也从十口識前言者也釋文引張揖雜字云詁者古今之異語也然則詁之為言故也故之為言古也詁通作故亦通作古釋文詁兼古故二音是也又引樊光李巡本釋詁作釋故詩周南釋文亦云樊孫等爾雅本皆為釋故說文言部引詩曰詁訓漢書藝文志作故訓詩烝民云古訓是式蓋古訓即故訓故訓即詁訓竝字異而義通矣此篇自始也以下終也以上皆舉古言釋以今語其閒文字重複展轉相通蓋有諸家增益用廣異聞釋言釋訓以下亦猶是焉
郭璞注
初哉首基肇祖元胎俶落權輿始也尚書曰三月哉生魄詩曰令終有俶又曰俶載南畝又曰訪予落止又曰胡不承權輿肧胎未成亦物之始也其餘皆義之常行者耳此所以釋古今之異言通方俗之殊語此釋始之義也說文云始女之初也釋名云始息也言滋息也按始與治通書云在治忽史記夏紀作來始滑漢書律麻

康熙字典

十二集三十六卷总目一卷检字一卷辨似一卷等韵一卷补遗一卷备考一卷

（清）张玉书 陈廷敬等撰

清康熙五十五年（1716）内府刻本

四十册

大连图书馆藏

国家珍贵古籍名录01424号

张玉书（1642—1711），字素存，号润甫，丹徒（今江苏镇江）人。清顺治十八年（1661）进士。累官至文华殿大学士兼户部尚书。卒谥文贞。著有《文贞集》。

《康熙字典》是张玉书、陈廷敬等三十多位学者奉旨编撰的一部具有深远影响的汉字辞书。成书于康熙五十五年（1716），因此题名《康熙字典》。字典采用部首分类法，按笔画排列单字，全书分为十二集，以十二地支标识，每集又分为上、中、下三卷，并按韵母、声调以及音节分类排列韵母表及其对应汉字。共收录汉字四万七千零三十五个，为汉字研究的主要参考文献之一。

广金石韵府

五卷字略一卷

（清）林尚葵辑

清康熙九年（1670）周亮工赖古堂朱墨套印本

六册

大连图书馆藏

国家珍贵古籍名录01419号

林尚葵（生卒年不详），字朱臣，莆田（今福建莆田）人。

明代朱时望辑有《金石韵府》，清林尚葵据之增广，名为《广金石韵府》。

是书以朱色印古文籀篆之字、墨色印楷字标注。内封题“赖古堂重订，大业堂藏板”。大业堂为周氏家族的书坊。

钤有“天禄校书”、“棣华馆藏书画之章”、“竹轩”等印。

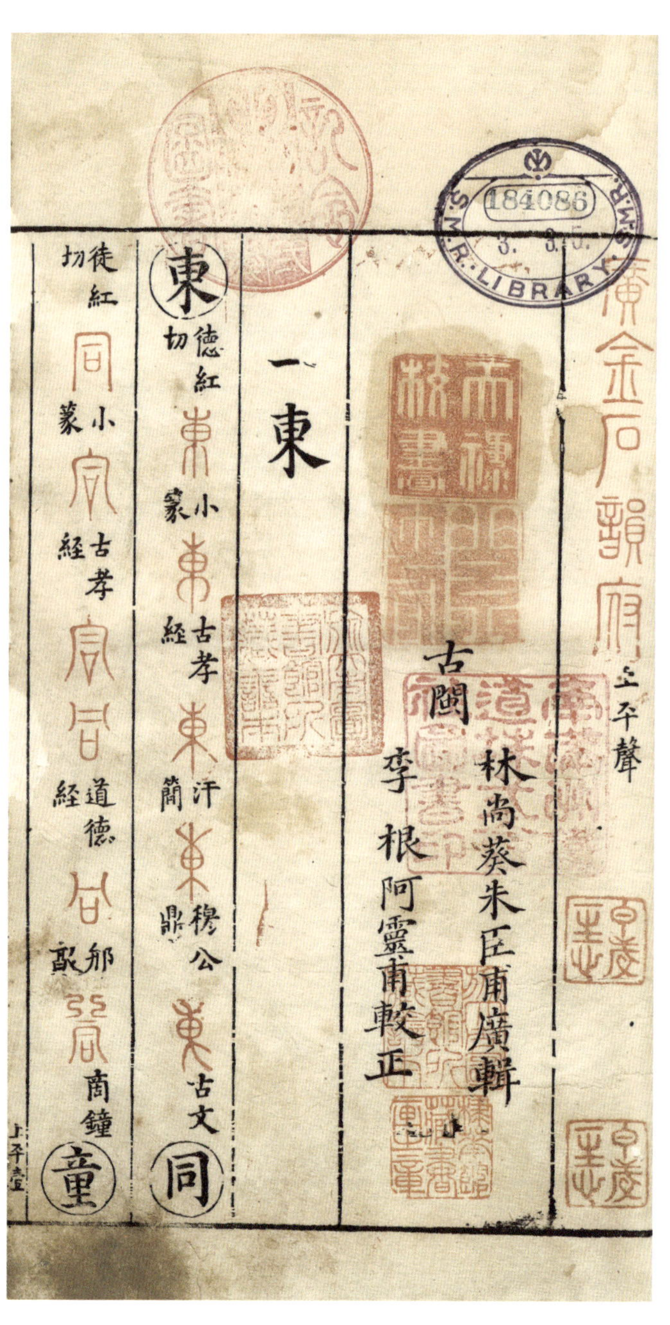

康熙起居注

不分卷

清康熙抄本
四册
旅顺博物馆藏
国家珍贵古籍名录07720号

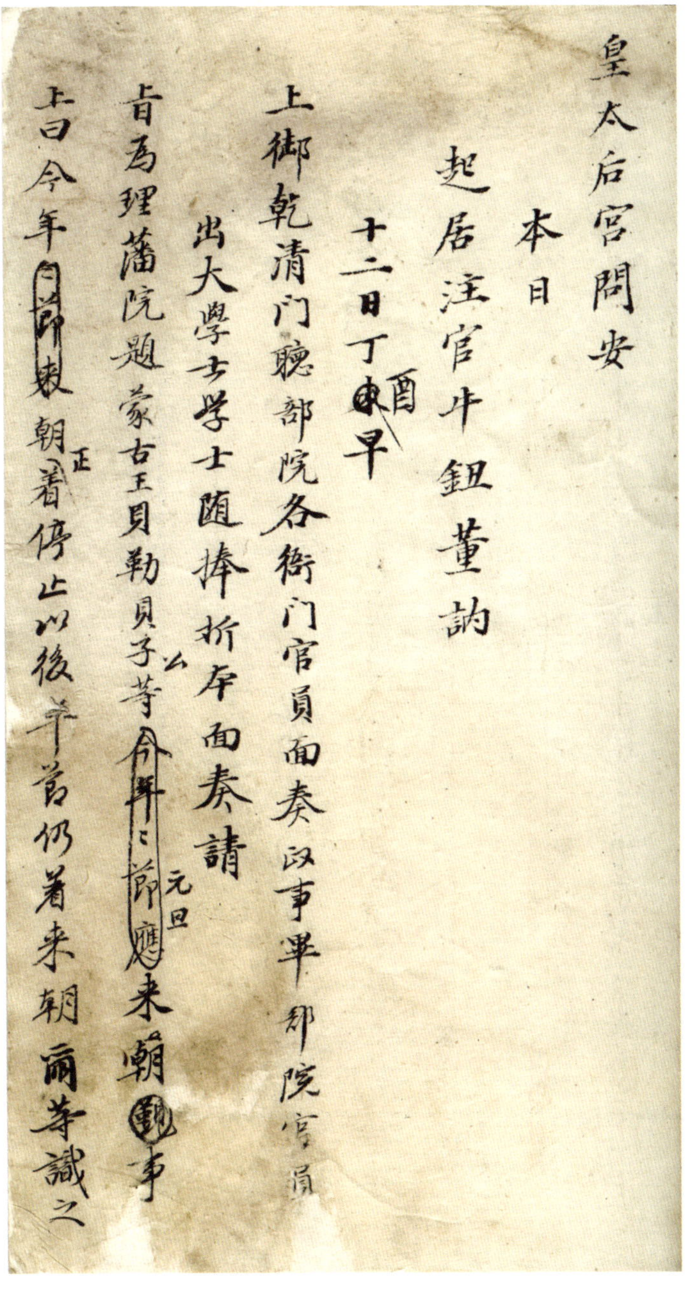
皇太后宮問安
本日
起居注官牛鈕董訥
十二日丁酉早
上御乾清門聽部院各衙門官員面奏政事畢部院官員
出大學士學士隨捧折本面奏請
旨為理藩院題蒙古王貝勒貝子公等今年元旦節應來朝覲事
上曰今年正旦朝覲停止以後年節仍著來朝爾等識之

康熙朝《起居注》册在清代被视作内廷秘籍，所载内容以康熙帝每日言行为主，旁及朝政大事。或是起居注官待直殿陛时的亲见亲闻，或是抄自文书档案，比其他官修书更为原始可靠。许多内容不见于其他官私文献，文字朴实，较少修饰。此《康熙起居注》存康熙十九年十月、康熙二十一年十一月、康熙二十四年二月、康熙二十四年十一月的内容。

钤有“臣罗振玉壬戌所得内阁秘籍”印。

皇清开国方略

三十二卷首一卷

（清）阿桂等撰

清乾隆五十一年（1786）武英殿刻本

十五册

辽宁省图书馆藏

阿桂（1717—1797），章佳氏，字广廷，号云崖，满洲正蓝旗人。累官至武英殿大学士兼军机大臣。卒谥文成。

乾隆三十九年（1774），高宗皇帝念清初开国事迹只载于内廷所藏实录、宝训等书中，外界不得而窥，特令馆臣编撰此书。至乾隆五十一年（1786）书成，由武英殿刊刻。全书编年纪月，年经帝纬，卷首为发祥世纪，卷一至卷八记自太祖癸未起兵至天命十一年（1626）之事，卷九至卷三十二记太宗登基至顺治元年（1644）入定中原之事。

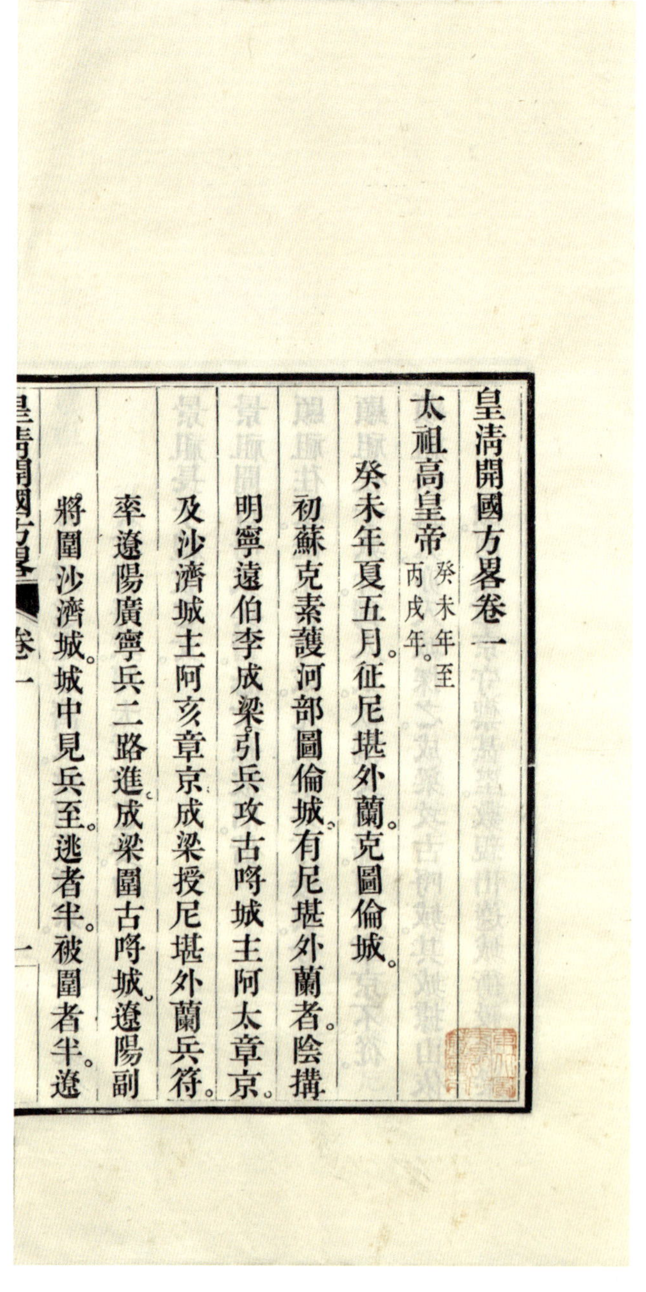

皇清開國方畧卷一

太祖高皇帝 癸未年至丙戌年。

癸未年夏五月征尼堪外蘭克圖倫城。

初蘇克素護河部圖倫城有尼堪外蘭者。陰搆

明寧遠伯李成梁引兵攻古哷城主阿太章京。

及沙濟城主阿亥章京成梁授尼堪外蘭兵符。

率遼陽廣寧兵二路進成梁圍古哷城遼陽副

將圍沙濟城。城中見兵至逃者半。被圍者半。遂

皇清開國方畧 卷一 一

山中闻见录

十一卷

（清）彭孙贻撰

清初抄本

罗继祖题识

五册

存八卷

辽宁省图书馆藏

国家珍贵古籍名录03855号

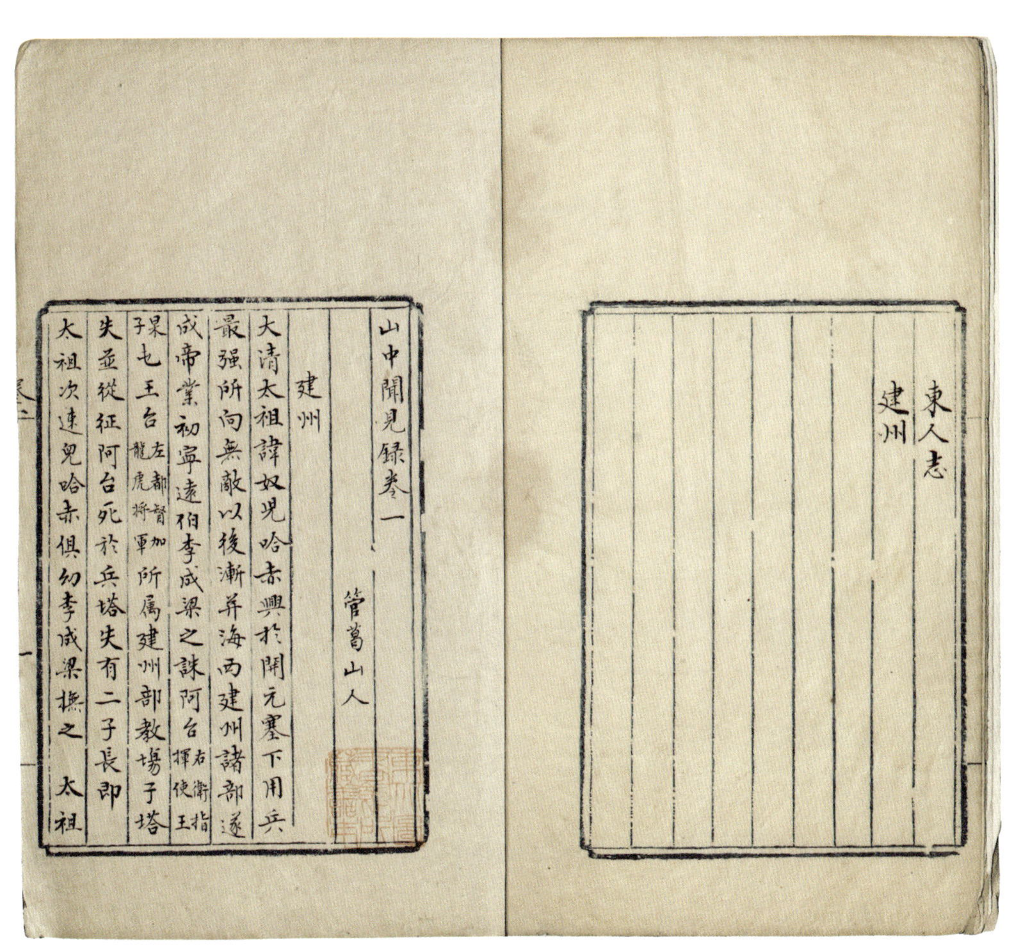

卷瑞著者题管葛山人，即彭孙贻。彭孙贻（1615—1673），字仲谋，一字羿仁，号茗斋，浙江海宁人。明末以名经首拔于两浙，入清后不仕。著有《明朝纪事本末补编》、《平寇志》等。

此书记述明末史事及清军入关经过，又收录了名将戚继光、李成梁、徐从治、刘綎、杜松五人传记，还对女真各部落之间的争战以及建州女真统一各部过程进行了考证和记载。书中有大量触犯清廷禁忌之言辞，被清廷列为禁书，既未经刊刻，也未见书目著录，只以抄本形式流传，因此更显文献价值。

此书蓝格抄本，乃大兴朱氏椒花吟舫旧藏。

山中闻见录

十三卷

（清）彭孙贻撰

清抄本

罗继祖题识

二册

辽宁省图书馆藏

国家珍贵古籍名录03856号

是书为罗振玉得之于上海，分卷与十一卷本小异。

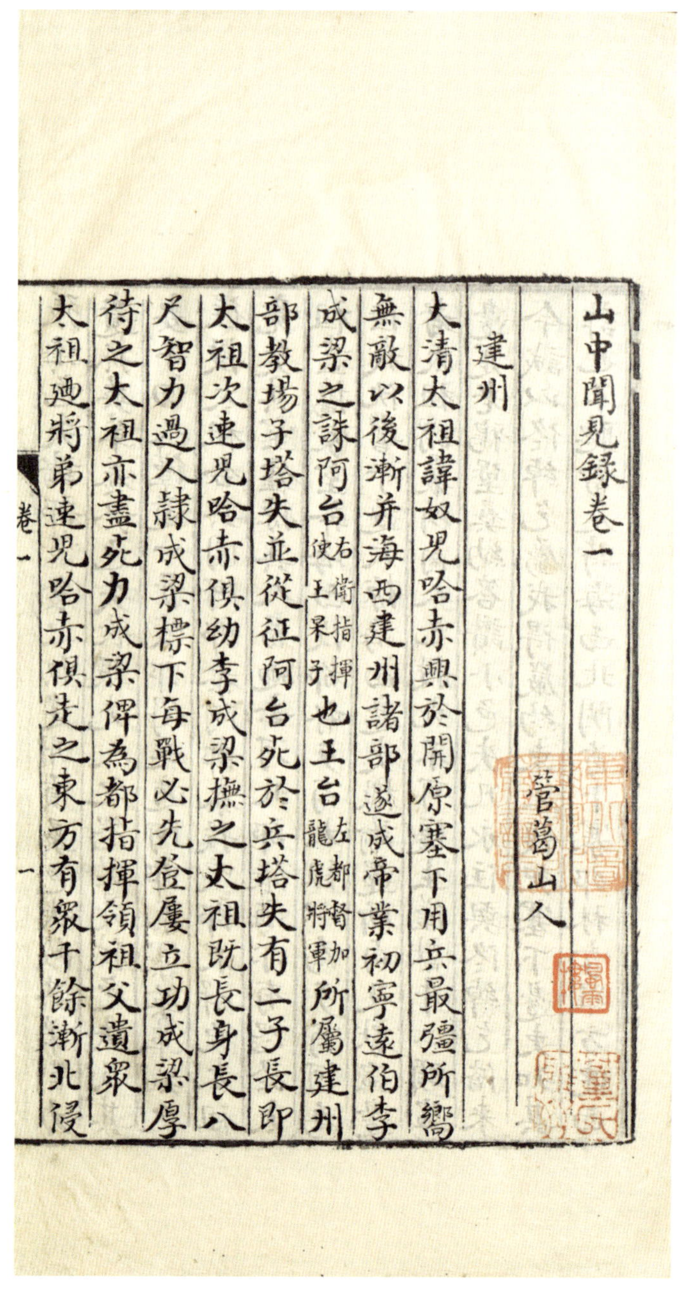
山中聞見録卷一

管葛山人

建州

大清太祖諱奴兒哈赤興於開原塞下用兵最彊所嚮無敵以後漸并海西建州諸部遂成帝業初寧遠伯李成梁之誅阿台（右衛指揮使王杲子）也王台（左都督加龍虎將軍）所屬建州部教場子塔失並從征阿台死於兵塔失有二子長即太祖次速兒哈赤俱幼李成梁撫之太祖既長身長八尺智力過人隸成梁標下每戰必先登屢立功成梁厚待之太祖亦盡死力成梁俾為都指揮領祖父遺衆太祖廼將弟速兒哈赤俱走之東方有衆千餘漸北侵

卷一　一

靖海纪 不分卷

（清）施琅撰
（清）施世纶辑
清木活字印本
二册
大连图书馆藏
国家珍贵古籍名录03857号
二册
辽宁省图书馆藏
国家珍贵古籍名录10221号

施琅（1621—1696），字尊侯，号琢公，福建晋江人。康熙元年（1662）擢水师提督。康熙二十二年（1683）统兵平定台湾，后封靖海侯。

施世纶（1658—1722），施琅子。累官至户部侍郎，总督漕运。

施世纶为颂扬其父施琅平定台湾的战功，编辑此书。书前有康熙的御制褒章、钦奉上谕、封侯制诰等，分别以传、疏、文、示的形式，展示了施琅的生平、战事的疏文，以及治理台湾的安民告示。施世纶在跋语中云：“谨恭辑御制诗章、褒赐祭葬各鸿文及叔祖孝廉闻于公所撰传、吾闽贤士大夫所评述、前后奏疏文告并颂扬诗赋，合为《靖海纪》。”

此书《中国古籍善本书目》著录，仅三家收藏。

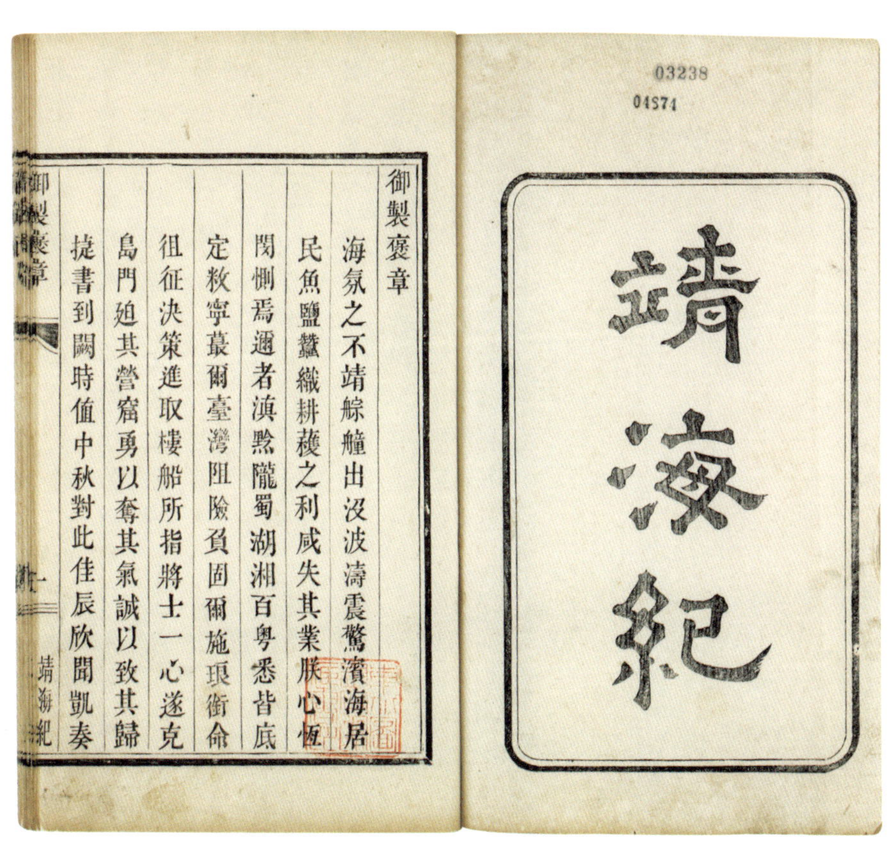

谕行旗务奏议

不分卷

（清）允祥等撰

清雍正内府抄本

五册

大连图书馆藏

国家珍贵古籍名录07819号

允祥（1686—1730），康熙皇帝第十三子，满洲正黄旗人。雍正时封为和硕怡亲王，任议政大臣。

是书记事自清雍正六年（1728）正月至雍正十年（1732）十二月，为雍正帝胤禛在位时针对允祥、允礼、张廷玉等大臣所上奏议的批示文件汇编。其体例为诸臣奏议于前，胤禛批示于后。批示中除“依议”、“所奏甚是”、“照所请行”等简单语外，还有针对所奏提出具体处理办法的指示。

此抄本用黄绫书衣、红格纸，缮写精美，有朱笔圈点句读。

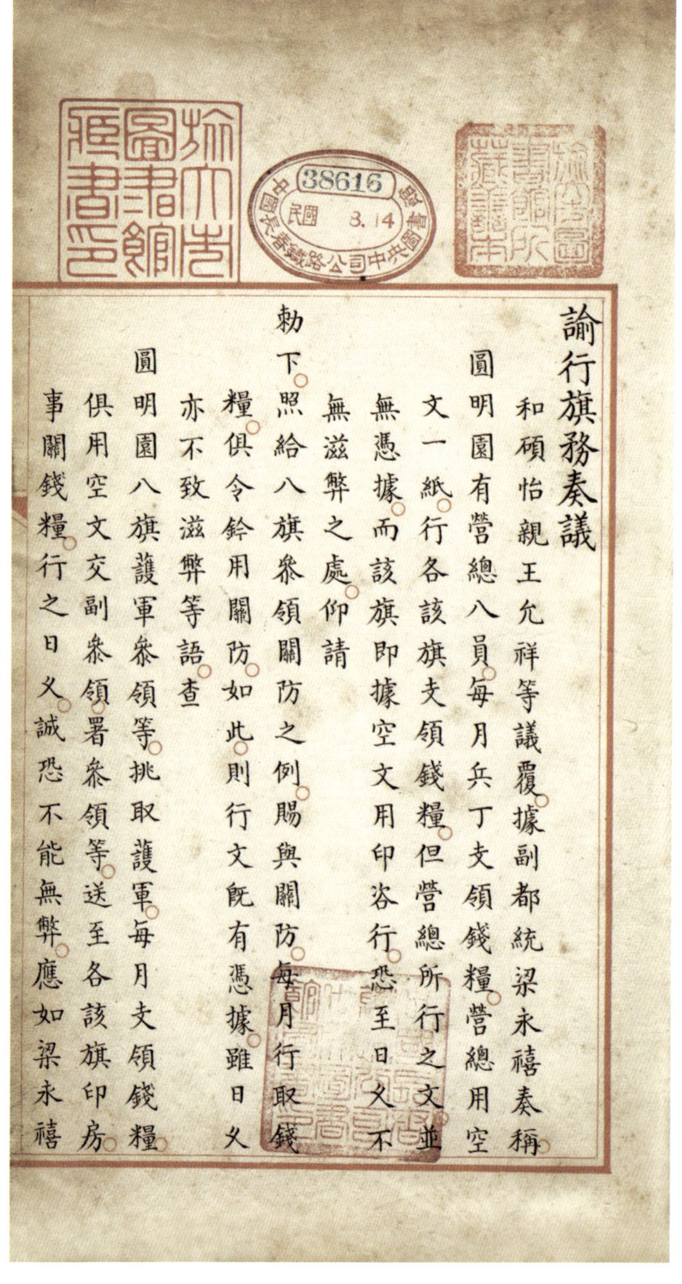
諭行旗務奏議
和碩怡親王允祥等議覆據副都統梁永禧奏稱
圓明園有營總八員每月兵丁支領錢糧營總用空
文一紙行各該旗支領錢糧但營總所行之文並
無憑據而該旗即據空文用印咨行恐至日久不
無滋弊之處仰請
勅下照給八旗參領關防之例賜與關防每月行取錢
糧俱令鈐用關防如此則行文既有憑據雖日久
亦不致滋弊等語查
圓明園八旗護軍參領等挑取護軍每月支領錢糧
俱用空文交副參領署參領等送至各該旗印房
事關錢糧行之日久誠恐不能無弊應如梁永禧

八旗满洲氏族通谱 八十卷

（清）鄂尔泰等撰

清乾隆九年（1744）武英殿刻本

二十六册

辽宁省图书馆藏

鄂尔泰（1677—1745），字毅庵，姓西林觉罗氏，满洲镶蓝旗人。累官至军机大臣兼理侍卫内大臣。

是书始纂于清雍正十三年（1735），竣事于乾隆九年（1744），辑录除宗室爱新觉罗氏以外的满洲诸部及汉军、蒙古八旗一千一百一十四个满洲姓氏，每个姓氏又分地述其姓氏缘起及归顺时间等。功勋卓著之人有传，立传者功勋不显者附载记之，立传及附载者，其子孙有功绩者也附记于后。全书所记乾隆以前的八旗人物在三万左右。

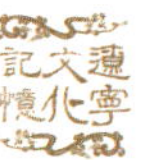

镶黄旗满洲钮祜禄氏弘毅公家谱 不分卷勋绩二卷图谱一卷

（清）钮祜禄氏合族修

清嘉庆三年（1798）写本

二册

辽宁省图书馆藏

满洲镶黄旗钮祜禄氏弘毅公家族，为满族巨姓。其始祖为弘毅公额宜都，生于明嘉靖四十一年（1562），卒于后金天命六年（1621）。额宜都与费英东、何和理、扈尔汉、安费扬古为佐理国政的五大臣。此书为清嘉庆三年（1798）续修本，家谱分为十三房，除其子房十支外，另包括弘毅公侄房莽坚达尔汉一支，弘毅公堂兄房额宜腾、武纳和二支。钮祜禄氏家谱起自明万历，其后裔居沈阳、北京等地，此家谱间及史事。

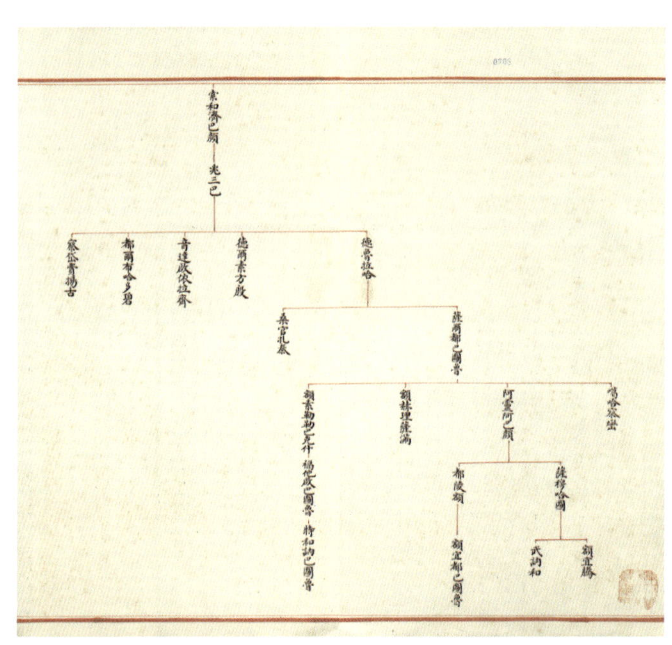

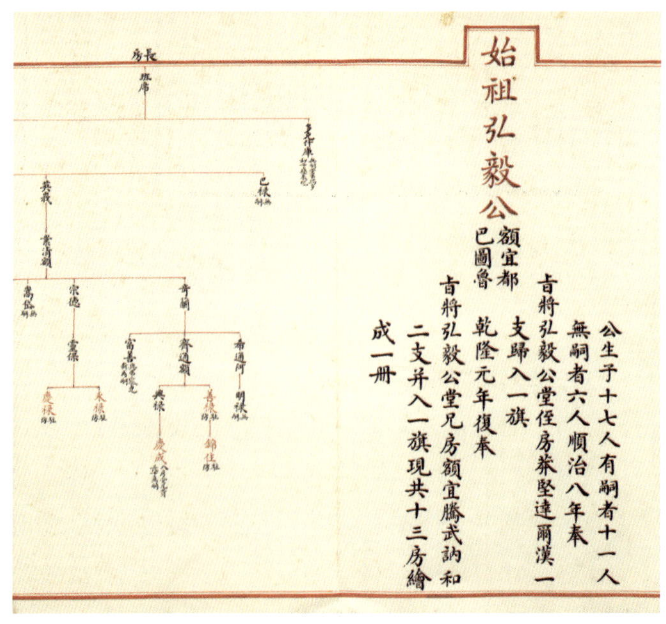

三韩尚氏族谱

三卷

（清）尚可喜纂修

清康熙十四年（1675）刻本

一册

辽宁省图书馆藏

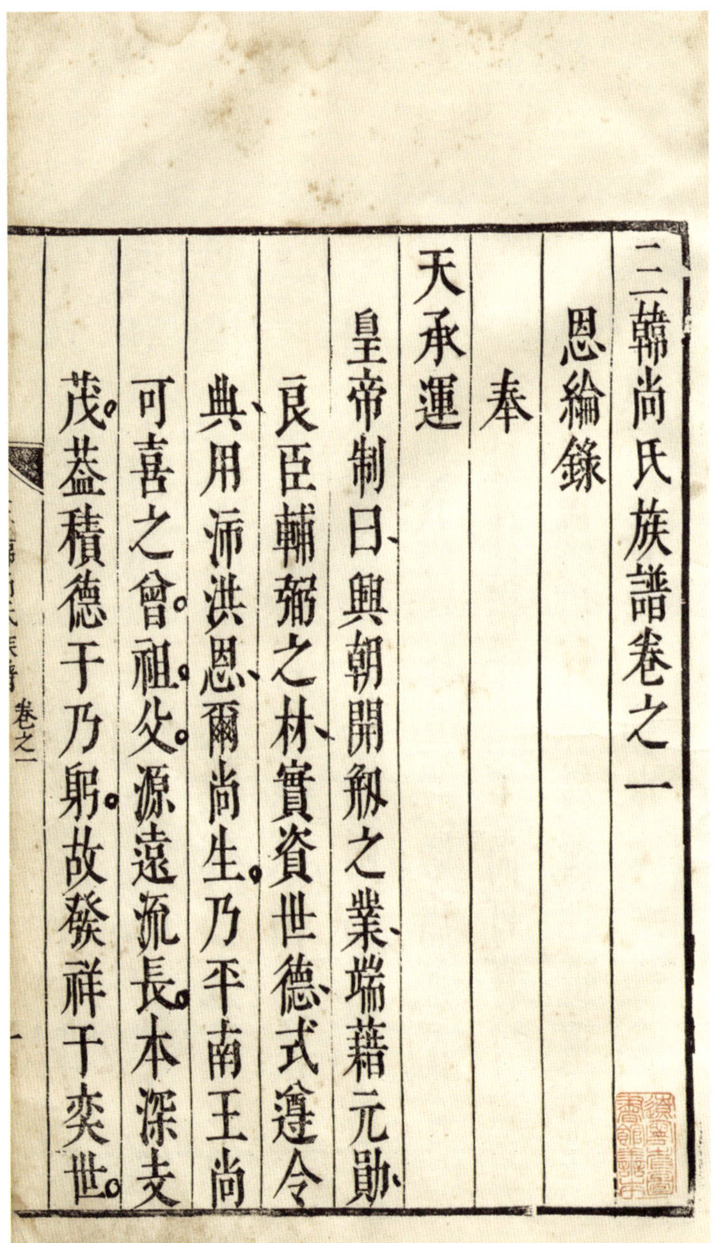
三韓尚氏族譜卷之一

恩綸錄

奉

天承運

皇帝制曰、興朝開剏之業、端藉元勛

良臣輔翊之林、實資世德、式遵令

典、用沛洪恩、爾尚生。乃平南王尚

可喜之曾。祖父。源遠流長。本深支

茂。蓋積德于乃躬。故發祥于奕世。

三韓尚氏族譜　卷之一

尚可喜（1604—1676），字元吉，号震阳，辽东海州卫（今辽宁海城）人。明朝副将，降后金，隶汉军镶蓝旗，封平南王。与吴三桂、耿仲明合称清初三藩。

此谱为一修尚氏宗谱，始祖为明代人尚生，明朝始迁辽东海州，始迁祖尚继官。其后裔名人有平南王尚可喜、尚之信父子。

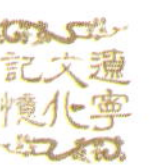

沈阳甘氏宗谱

不分卷

（清）甘运沧等修

清乾隆三十六年（1771）木活字印本

一册

辽宁省图书馆藏

《甘氏宗谱》首修于乾隆七年（1742），此为二修。卷前有序言、列传、谱规、世系源流、修谱世代名氏、总图，卷后附续修宗谱后记及分掌宗谱各支名氏。此谱始祖锐，世袭沈阳中卫指挥佥事，诰授明远将军。其后裔甘文焜曾任清礼部启心郎、大理寺少卿、直隶巡抚。

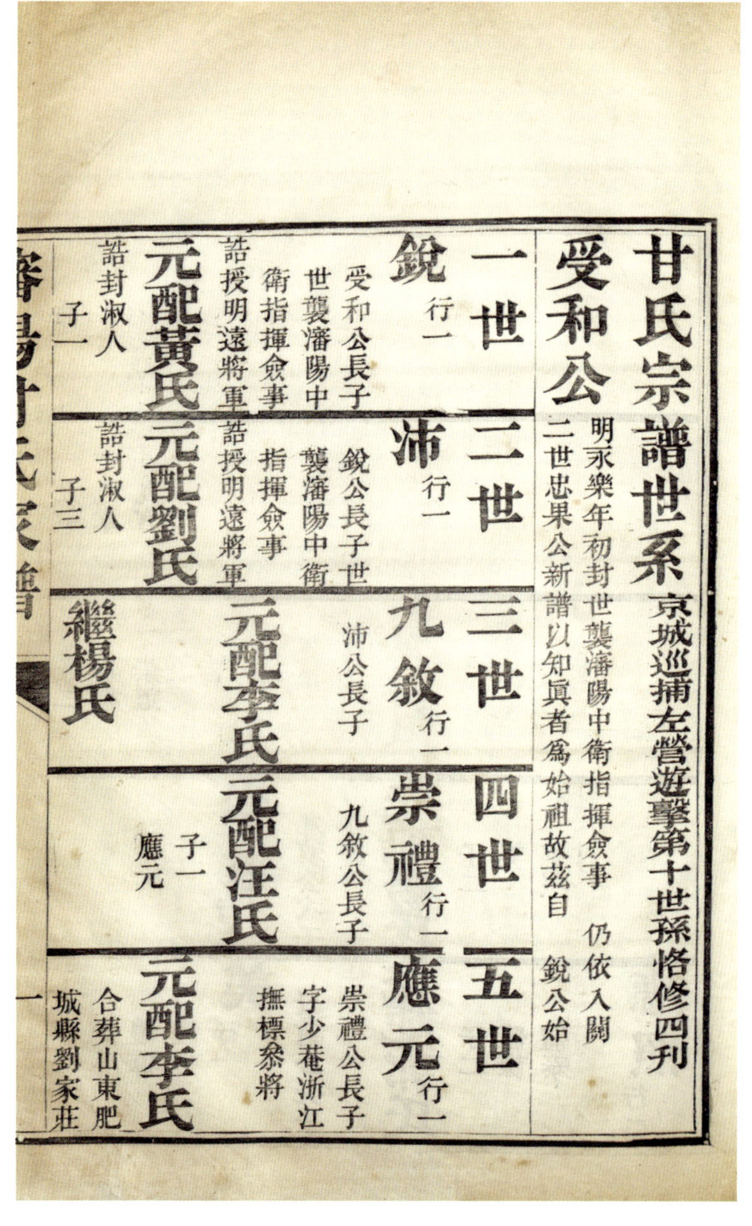
甘氏宗譜世系 京城巡捕左營遊擊第十世孫恪修四刊

受和公 明永樂年初封世襲瀋陽中衛指揮僉事 仍依入關二世忠果公新譜以知眞者爲始祖故茲自銳公始

一世	二世	三世	四世	五世
銳 行一	沛 行一	九敘 行一	崇禮 行一	應元 行一
受和公長子世襲瀋陽中衛指揮僉事誥授明遠將軍	銳公長子世襲瀋陽中衛指揮僉事誥授明遠將軍	沛公長子	九敘公長子	崇禮公長子字少菴浙江撫標叅將
元配黃氏	元配劉氏	元配李氏	元配汪氏	元配李氏
誥封淑人 子一	誥封淑人 子三	繼楊氏	子一 應元	合葬山東肥城縣劉家莊

瀋陽甘氏家譜 一

[康熙]盛京通志 三十二卷

(清)董秉忠等修
(清)孙成等纂
清康熙二十三年(1684)刻本
(卷十七至二十二抄配)
二十五册
存二十五卷
辽宁省图书馆藏

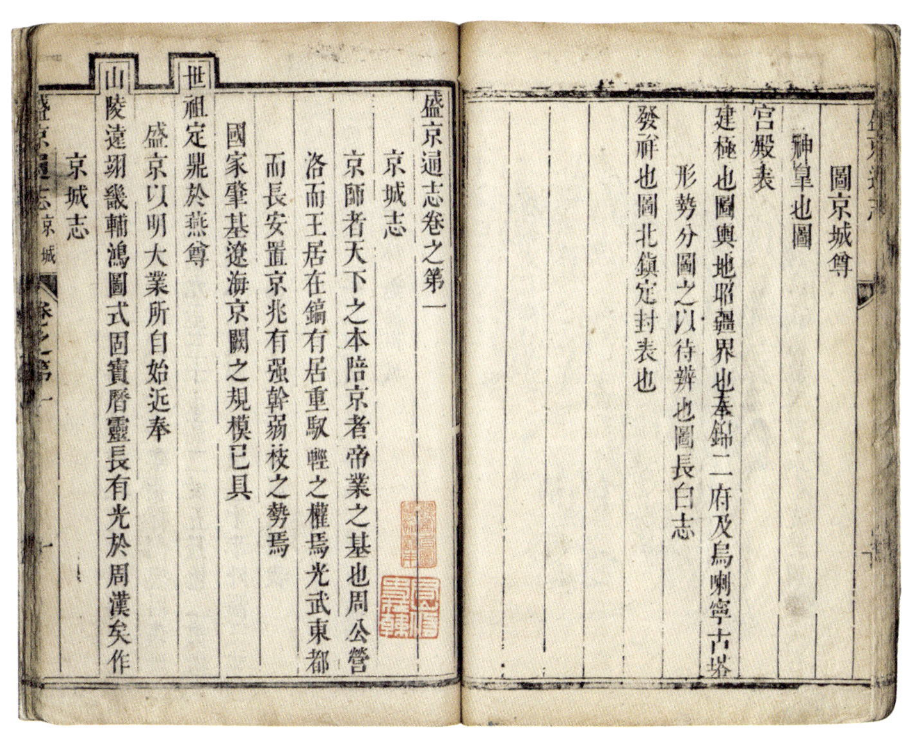
圖京城尊
神皇也圖
宮殿表
建極也圖輿地昭疆界也奉錦二府及烏喇寧古塔
形勢分圖之以待辨也圖長白志
發祥也圖北鎮定封表也

盛京通志卷之第一
京城志
京師者天下之本陪京者帝業之基也周公營
洛而王居在鎬有居重馭輕之權焉光武東都
而長安置京兆有强幹弱枝之勢焉
國家肇基遼海京闕之規模已具
世祖定鼎於燕尊
盛京以明大業所自始迺奉
山陵遶翊畿輔鴻圖式固寶曆靈長有光於周漢矣作
京城志

董秉忠(生卒年不详),辽东东宁卫(今辽宁辽阳)贡士。清康熙二十二年(1683)任奉天府尹。

孙成(生卒年不详),顺天大兴(今北京)人。清康熙十九年(1680)任锦州府知府。

盛京是满族肇兴之地,清太祖努尔哈赤于天命十年(1625)定都于此。太宗天聪八年(1634)尊为盛京。世祖定鼎北京,以盛京为留都。康熙皇帝为"追述祖宗功德,纂修《大清一统志》,以昭示来兹。爰敕奉天府尹先修《盛京通志》,以便汇辑,为诸省弁冕"。奉天府尹董秉忠"檄令各属咸至,量能援事,分类采辑;更取各属新志,增删订正,数月而稿成"。始于康熙二十二年(1683)六月,成于二十三年(1684)初,历时半年。为第一部《盛京通志》。

此志体例以《河南通志》为准,又因盛京为陪都,参以《明一统志》陪都志书之例。康熙二十三年刻本《盛京通志》成书仓促,叙事简略,然初修本流传至今,存世绝少,具有独特的文献和版本价值。

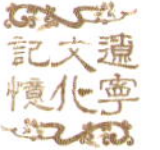

［乾隆］盛京通志 四十八卷首一卷

（清）吕耀增等修
（清）魏枢等纂
清乾隆元年（1736）刻本
二十册
辽宁省图书馆藏

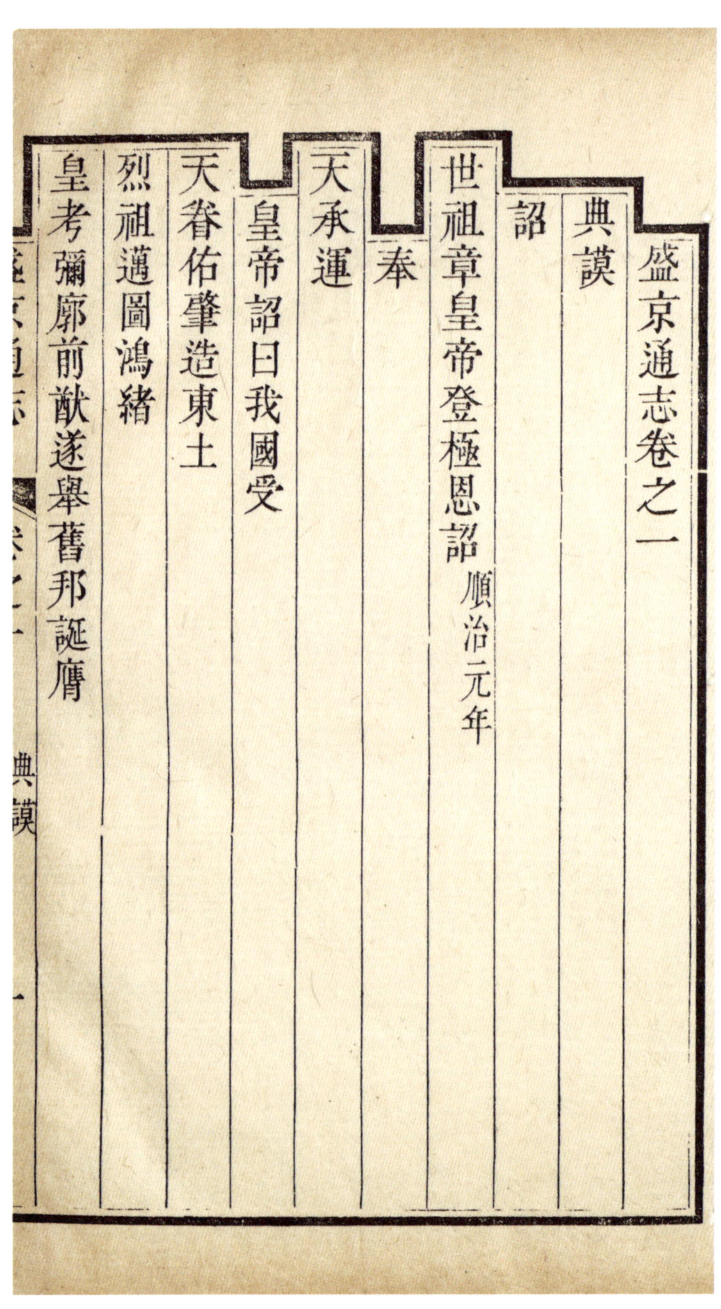
盛京通志卷之一
典謨
詔
世祖章皇帝登極恩詔 順治元年
奉
天承運
皇帝詔曰我國受
天眷佑肇造東土
烈祖邁圖鴻緒
皇考彌廓前猷遂舉舊邦誕膺

吕耀增（生卒年不详），河南新安人。清雍正十一年（1733）任奉天府尹。

魏枢（生卒年不详），字又弼，一字慎斋，奉天承德（今辽宁沈阳）人。清雍正八年（1730）进士，永平府教授。

是书分四十八卷，图十四幅。此志始修于清雍正十二年（1734）春，十三年（1735）定稿，乾隆元年（1736）付梓。

[乾隆]盛京通志 一百三十卷

(清)阿桂等修
(清)刘谨之 程维岳纂
清乾隆四十九年(1784)武英殿刻本
六十四册
辽宁省图书馆藏

欽定盛京通志
聖製
臣等謹按古帝王經綸草昧肇造艱難至於
大統光昭淳化翔洽迺追述王業之所由興
作歌陳誡曰篤不忘是以始都之區典冊尤
重我
國家誕膺
景命肇基東土式擴鴻圖以光四表洪維
開國締造之初規模宏遠洎夫統一寰宇

清乾隆四十三年(1778)以旧本《盛京通志》叙事简略，体例未合，重行纂辑，书成由武英殿刊刻。此书详举旧本之阙失，分为一百三十卷，附图三十五幅，为历修《盛京通志》载图最多者。

〔康熙〕铁岭县志 二卷

（清）贾弘文修

（清）董国祥纂

清康熙十六年（1677）刻本

二册

辽宁省图书馆藏

贾弘文（生卒年不详），字闻远，延庆（今北京延庆）人。清康熙十四年（1675）任铁岭知县。

董国祥（1619—1662），字掌录，广川（今河北冀州）人。康熙初谪铁岭。

全书凡分九志，曰建置、疆域、田赋、户口、学校、官师、祥异、人物、艺文。志下又分细目二十九，前附疆域图、县志图。此志清康熙十六年（1677）刊刻，为辽宁最早县志，流传至稀。

法库厅乡土志

不分卷

（清）刘鸣复撰

稿本
一册
辽宁省图书馆藏

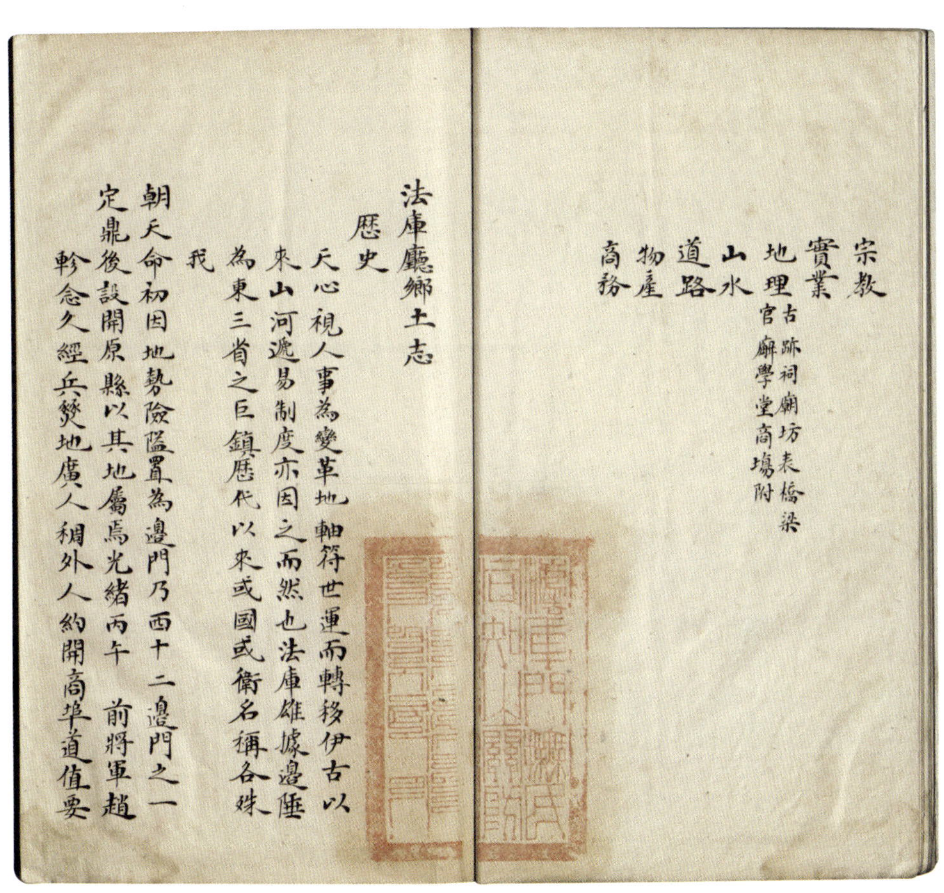

宗教
實業
地理 古跡祠廟坊表橋梁 官廨學堂商埸附
山水
道路
物產
商務

法庫廳鄉土志
歷史
天心視人事為變革地軸符世運而轉移伊古以
來山河遞易制度亦因之而然也法庫雄據邊匯
為東三省之巨鎮歷代以來或國或衛名稱各殊
我
朝天命初因地勢險隘置為邊門乃四十二邊門之一
定鼎後設開原縣以其地屬焉光緒丙午 前將軍趙
軫念久經兵燹地廣人稠外人約開商埠道值要

刘鸣复（生卒年不详），字枚晃，江西南城人。廪贡生。清光绪三十二年（1906）任法库厅抚民同知。

清光绪三十三年（1907）学部设编书局，颁乡土志例目，促令编纂呈送，并“以备编辑教科之用”。刘鸣复遂“谨遵例目，详加考证，据实编辑”，纂成此书。是书对于境内风俗人情及史事记述较为详细。

是书分历史、政绩录、兵事录、耆旧录（节烈附）、人类、户口、氏族、宗教、实业、地理、山水、道路、物产、商务诸类，类目尚属详细。页间钤有“法库门抚民同知之关防”满汉文印。

全辽备考 二卷

（清）林佶撰

抄本

一册

辽宁省图书馆藏

林佶（1660—1720以后），字吉人，侯官（今福建福州）人。清康熙五十一年（1712）特赐进士。著有《朴学斋集》。

是书内容与《昭代丛书》本《柳边纪略》无异，惟每节或数节冠以标目，是为小异，易其称题又以为林氏所撰，不晓何故。考英和《卜奎赋注》数引林佶《全辽备考》，其文悉同《纪略》，可知易称此题由来已久。

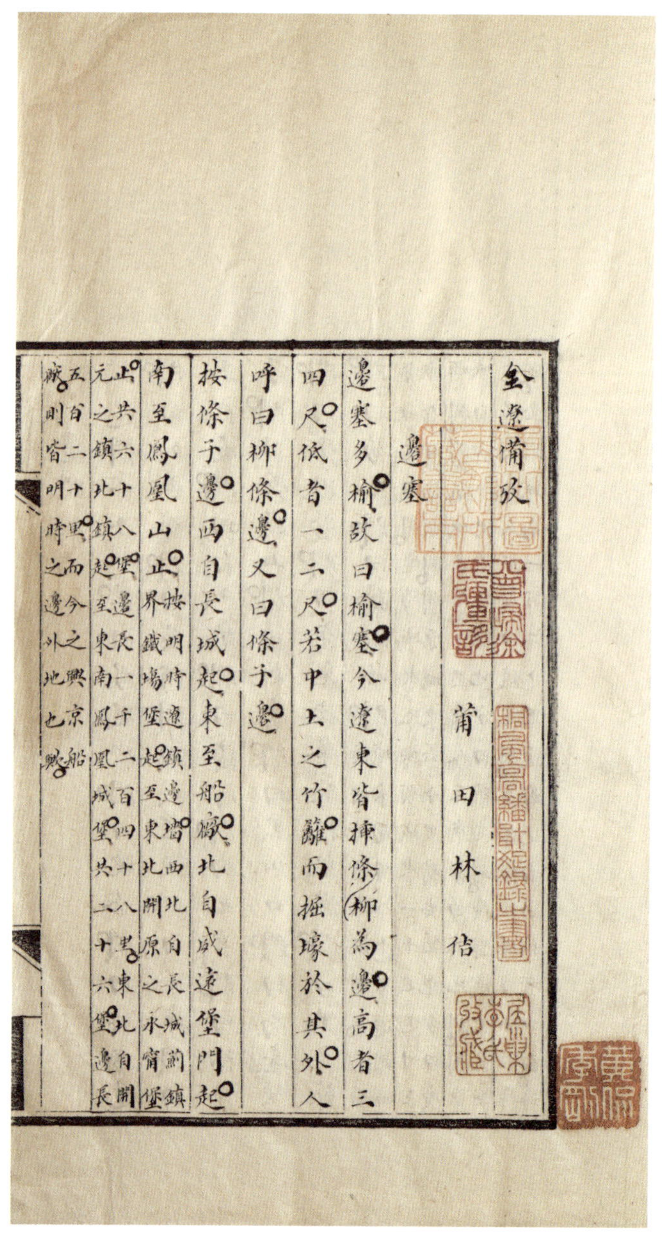
全遼備攷

邊塞　　莆田林佶

邊塞多榆故曰榆塞今遼東皆插條柳為邊高者三四尺低者一二尺若中土之竹籬而掘壕於其外人呼曰柳條邊又曰條子邊

按條子邊西自長城起東至船廠北自威遠堡門起南至鳳凰山止按明時遼鎮邊墻西北自長城薊鎮界鐵場堡起至東北開原之永甯堡止共六十八堡邊長一千二百四十八里東北自開元之鎮北鎮起至東南鳳凰城堡共二十六堡邊長五百二十里而今之興京船廠則皆明時之邊外地也

凤城琐录 一卷

（清）博明撰
抄本
一册
辽宁省图书馆藏

鳳城瑣錄
蒙古 博明 希哲
鳳凰城僻在東南邊門在鳳凰城東南其地形山水郎瀋城人多不之知況都中乎官其地者率無筆載居人亦鮮讀書好事者輒事恐久而潛湮也予於疆圉作噩之春仲抵任郎詢訪故蹟惜無知之者求十一於千百漫錄成帙半皆瑣細用備考核朝鮮貢員亦時相過訪並問其國中典故亦間有所得集其語附焉其大政令邊裔微官固不能知且有所諱避而弗不言也時為歲之仲秋朔日

博明（？—1789），字希哲，又字西斋，蒙古旗人。清乾隆十七年（1752）进士。累官至云南昭通府知府。

此书是博明降兵部员外郎后，官凤凰城时所作。题为博明三种之一，内容涉及辽东及朝鲜大量古迹和典故，包含许多对朝鲜山川、地理人物的介绍。原书今不多见，金毓黻曾由朝鲜京城大学教授藤冢邻氏借抄，又以奉天通志馆藏本互校，收入《辽海丛书》。

盛京疆域考

六卷

（清）杨同桂　孙宗翰辑

清光绪贵池刘氏刻聚学轩丛书本

一册

辽宁省图书馆藏

杨同桂（？—1886），字伯馨，清顺天府通州（今北京通州）人。著有《沈故》、《吉林舆地略》等。

是书考述虞夏至明代盛京疆域史况，皆以正史地理志为纲，而引诸书以证之。对疆域考证甚详，间或考及史事，对有关战争及改朝换代等大事均有记述，郡县之下注明属清代何地。

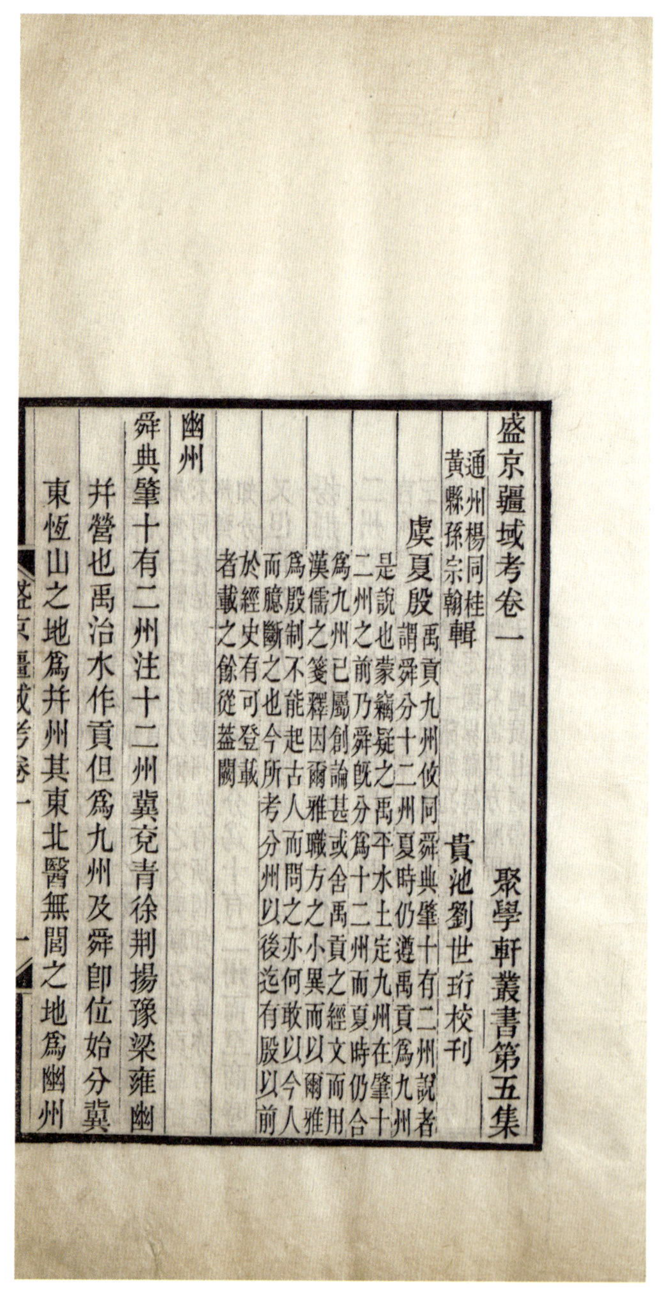
盛京疆域考卷一　聚學軒叢書第五集

通州楊同桂
黄縣孫宗翰輯　貴池劉世珩校刊

虞夏殷　禹貢九州依同舜典肇十有二州說者謂舜分十二州夏時仍遵禹貢爲九州是說也蒙竊疑之禹平水土定九州在肇十二州之前乃舜既分爲十二州而夏時仍合爲九州已屬創論甚或舍禹貢之經文而用漢儒之箋釋因爾雅職方之小異而以爾雅爲殷制不能起古人而問之亦何敢以今人而臆斷之也今所考分州以後迄有殷以前於經史有可登載者載之餘從蓋闕

幽州

舜典肇十有二州注十二州冀兖青徐荆揚豫梁雍幽并營也禹治水作貢但爲九州及舜即位始分冀東恆山之地爲并州其東北醫無閭之地爲幽州

盛京疆域考卷一　一

陪都记略 二卷

（清）刘世英撰

清同治十二年（1873）刻本

一册

辽宁省图书馆藏

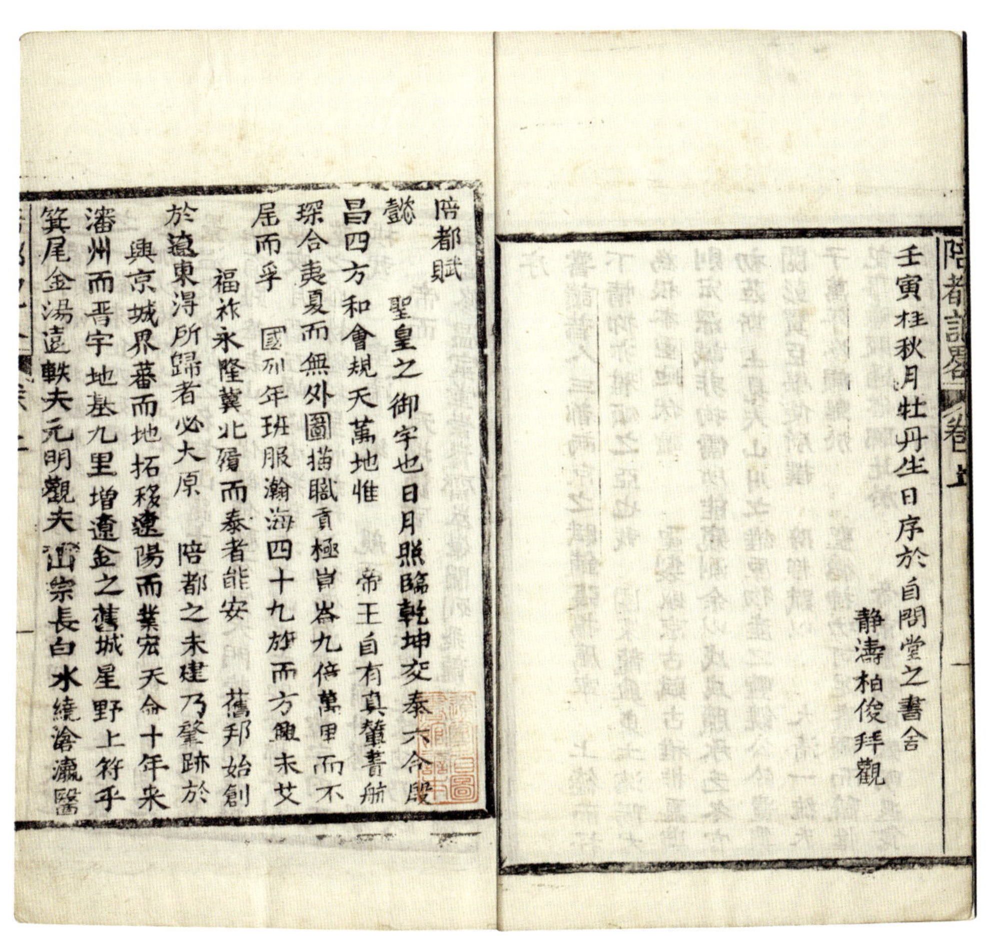
陪都記略 卷上

壬寅桂秋月牡丹生日序於自問堂之書舍
静濤柏俊拜觀

陪都賦
懿 聖皇之御宇也日月照臨乾坤交泰六合殷
昌四方和會規天萬地惟 帝王自有真肇書舫
琛合夷夏而無外圖播職貢極崑崙九倍萬里而不
屈而乎 國列年班服瀚海四十九旗而方興未艾
福祚永隆冀北德而泰者能安 舊邦始創
於遼東得所歸者必大原 陪都之未建乃肇跡於
興京城界蕃而地拓移遼陽而業宏天命十年來
瀋州而晋宇地基九里增遼金之舊城星野上符乎
箕尾金湯遠軼夫元明觀夫 山宗長白水繞滄瀛醫

刘世英，生平事迹无考。

清初顺治帝入关，盛京即成为陪都或陪京，《陪都纪略》、《陪京杂述》等书因而名之。该书记述盛京城的景物、民俗、掌故，详略得当，并附有“陪都记略图”。

陪京杂述

不分卷

（清）缪润绂撰

清末刻本

一册

辽宁省图书馆藏

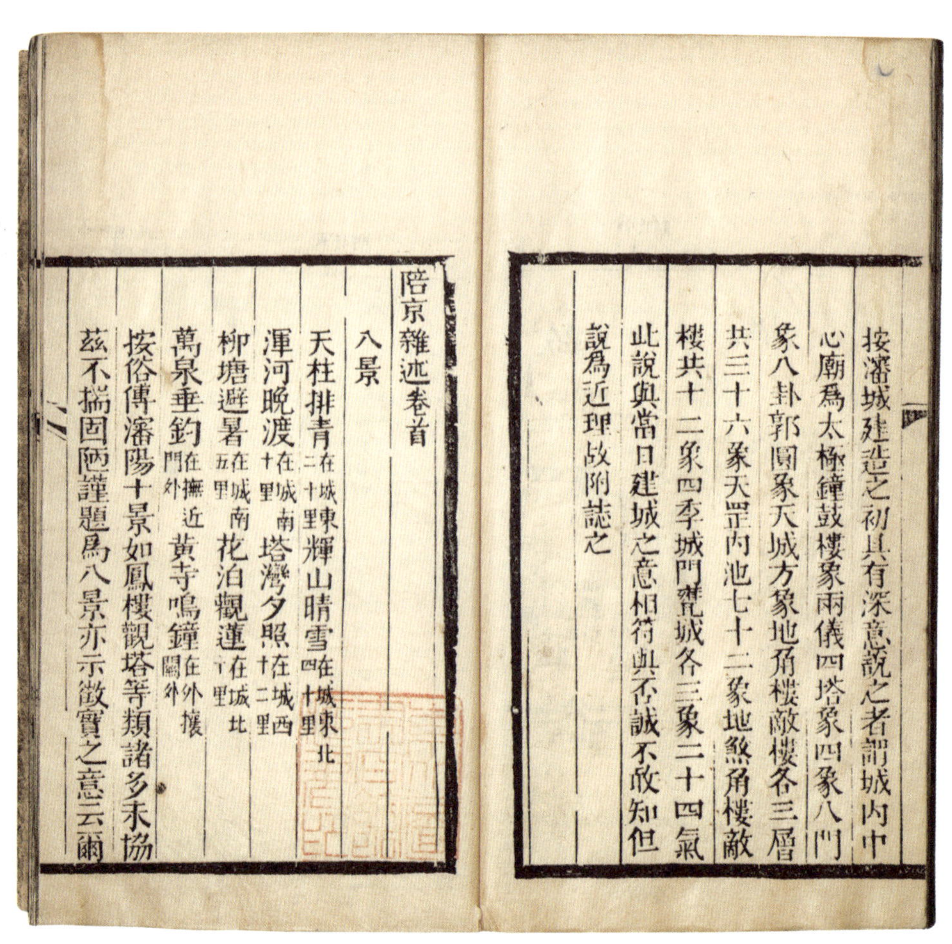
按瀋城建造之初具有深意說之者謂城內中心廟爲太極鐘鼓樓象兩儀四塔象四象八門象八卦郭圓象天城方象地角樓敵樓各三層共三十六象天罡內池七十二象地煞角樓敵樓共十二象四季城門甕城各三象二十四氣此說與當日建城之意相符與否誠不敢知但說爲近理故附誌之

陪京雜述卷首

八景

天柱排青（在城東二十里） 輝山晴雪（在城東北四十里）

渾河晚渡（在城南十里） 塔灣夕照（在城西十二里）

柳塘避暑（在城南五里） 花泊觀蓮（在城北十里）

萬泉垂釣（在撫近門外） 黃寺鳴鐘（在外攘關外）

按俗傳瀋陽十景如鳳樓觀塔等類諸多未協茲不揣固陋謹題爲八景亦示徵實之意云爾

缪润绂（1851—1939），原名裕绂，字东霖，号钓寒渔人，汉军正白旗，沈阳（今辽宁沈阳）人。清光绪十八年（1892）进士。累官至濮州知府。著有《含光堂文集》、《沈阳百咏》等。

是书以竹枝词的形式记录了盛京古迹、典制、旧闻、风俗等。以诗歌咏盛京的景物，如“沈阳八景”天柱排青、辉山晴雪、浑河晚渡、塔湾夕照、柳塘避暑、花泊观莲、万泉垂钓、黄寺钟声等以诗咏之。其诗皆清新可读，具有浓郁的关东情韵。

沈阳百咏

不分卷

（清）缪润绂撰

清光绪四年（1878）刻本

一册

辽宁省图书馆藏

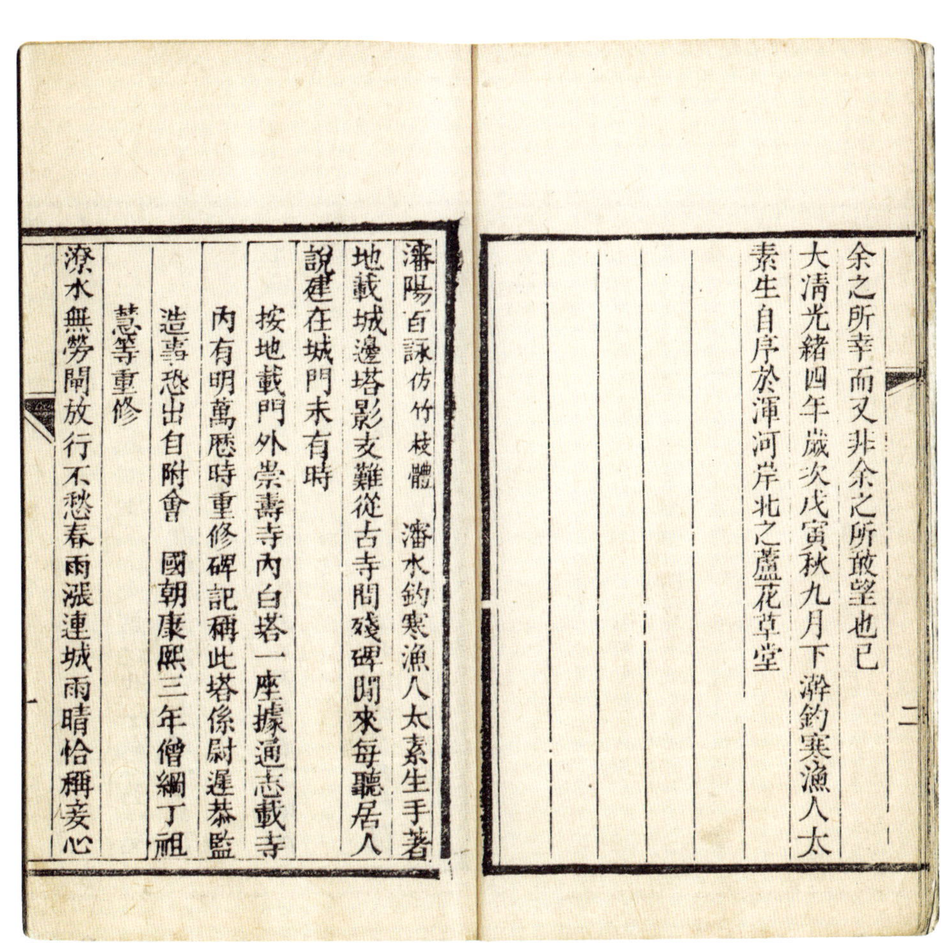
余之所幸而又非余之所敢望也已
大清光緒四年歲次戊寅秋九月下澣釣寒漁人太
素生自序於渾河岸北之蘆花草堂

瀋陽百詠仿竹枝體　瀋水釣寒漁人太素生手著
地載城邊塔影支難從古寺問殘碑閒來每聽居人
說建在城門未有時
按地載門外崇壽寺內白塔一座據通志載寺
內有明萬歷時重修碑記稱此塔係尉遲恭監
造壽恐出自附會　國朝康熙三年僧綱丁祖
慧等重修
遼水無勞閘放行不愁春雨漲連城雨晴恰稱妾心

是书以百首竹枝词，歌咏清末沈阳地方风物、掌故。每诗之下，皆有按语，简述所咏风物、民俗的源流掌故。

柳边纪略 二卷

（清）杨宾撰

清抄本

二册

辽宁省图书馆藏

輔地不可以無書則非明夫分所應為如欲天下傳為博雅之書或正史氏之誣若混同江上流策馬徑渡之類耕夫應又無暇及此然則耕夫之意將安在乎噫數十年士庶從茲土者殆不以數計生襍牛馬為奴死與山䲹野兕同其澌滅人與地両不相傳如儼欽所從五國城究不知何處況其他乎安城先生為守將所尊禮其鄉化之如管幼安天下讀耕夫之書始知其地之詳因知其地之曰先生而後顯然則欲其地之因吾親以為重而非屑屑於殊方聞見以為名者耕夫大意也不然其意將安屬也北平王源序

柳邊紀略上

宿松紫藤朱書鈔

山陰耕夫楊賓著

自古邊塞種榆故曰榆塞今遼東皆插柳條為邊高者三四尺低者一二尺若中土之竹籬而掘濠于其外人呼為柳條邊又曰條子邊

條子邊西自長城起東至船廠止北自威遠堡門起南至鳳皇山止按明時遼鎮邊墻西北自長城薊鎮一界鐵場堡起至東北開原之鎮北堡止共六十八堡邊長一千二百四十八里東北自開原之鎮北堡起至東南鳳皇城堡止共二十六堡邊長五百二十里而今之興京船廠則皆明時邊外地也

杨宾（生卒年不详），字可师，号大瓢山人，浙江山阴（今浙江绍兴）人。清康熙十年（1671）前后在世。

康熙时，杨宾父越获罪谪戍宁古塔，宾出关寻父，据途中所见所闻著此书也。

此书除抄本外尚刊行有三本：一著录于《小方壶斋舆地丛书》者，节删太多；一著录于《昭代丛书》者，亦非足本；一著录于《仰视千七百二十九鹤斋丛书》第五集者，凡五卷，前四卷与《昭代》本同，后一卷则为《昭代》本所无，此乃为足本也。此诸本中惟《鹤斋丛书》第五集颇不易得。

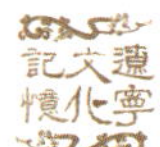

钦定满洲源流考 二十卷

(清)阿桂等撰

清乾隆四十二年（1777）武英殿刻本

八册

辽宁省图书馆藏

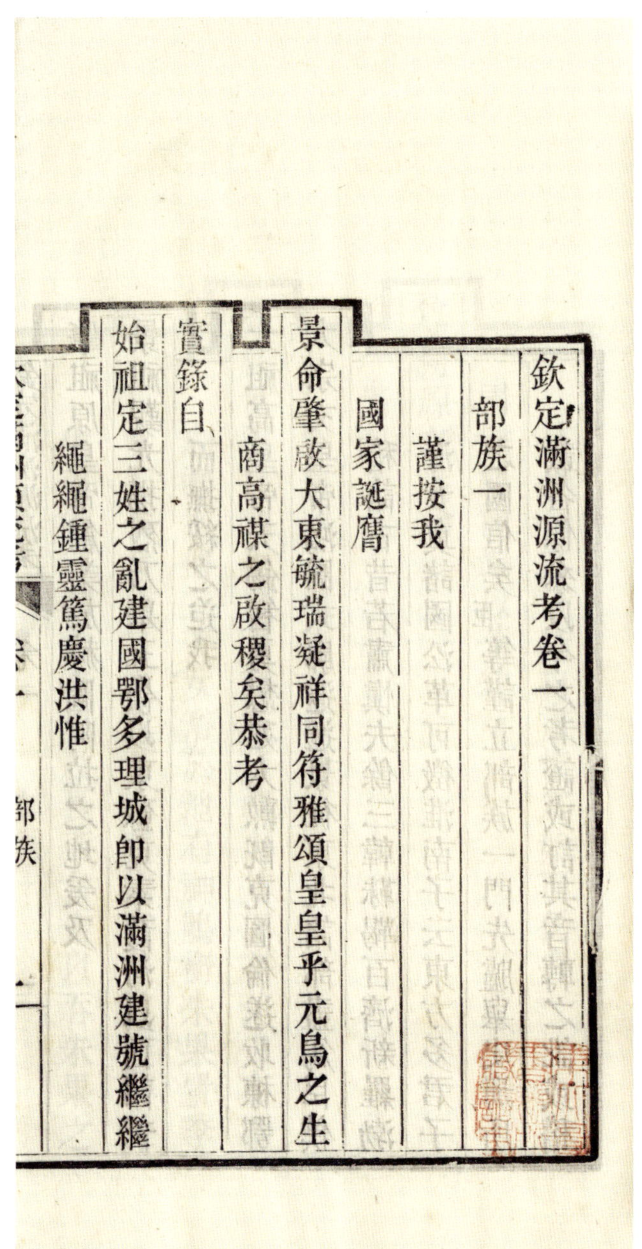

欽定滿洲源流考卷一

部族一

謹按我

國家誕膺

景命肇啟大東毓瑞凝祥同符雅頌皇皇乎元鳥之生

商高禖之啟稷矣恭考

實錄曰

始祖定三姓之亂建國鄂多理城即以滿洲建號繼繼

繩繩鍾靈篤慶洪惟

是书从正史以及其他近五十种典籍中采撷资料，分门别类加以排比，并详加稽考。分为部族、疆域、山川、国俗四门。各门首举本朝，次按自古迄清前时代顺序排列资料。卷一至卷七为部族门，考溯肃慎、挹娄、勿吉、完颜、建州诸部的国称、族称等；卷八至卷十三为疆域门，稽考自肃慎至明时的地理形势及地名，附载辽、金宫室建置和古迹的资料；卷十四、十五为山川门，稽考山川名称及其地理位置；卷十六至卷二十为国俗门，记满族及其先民的风俗习俗、祭祀、官制、语言及物产等方面的资料。

皇舆表 十六卷

（清）揆叙等撰

清康熙四十三年（1704）内府刻本

二十四册

大连图书馆藏

国家珍贵古籍名录01655号

揆叙（1675—1717），字恺功，号惟实居士，满洲正白旗人。明珠之子。累官至左都御史。

《皇舆表》是清康熙年间奉敕编纂的一部重要地理著作。初修于康熙十八年（1679），康熙四十二年（1703）进行增修，先后两次开工刊刻，皇帝为此书两次作序。是书为增修本。

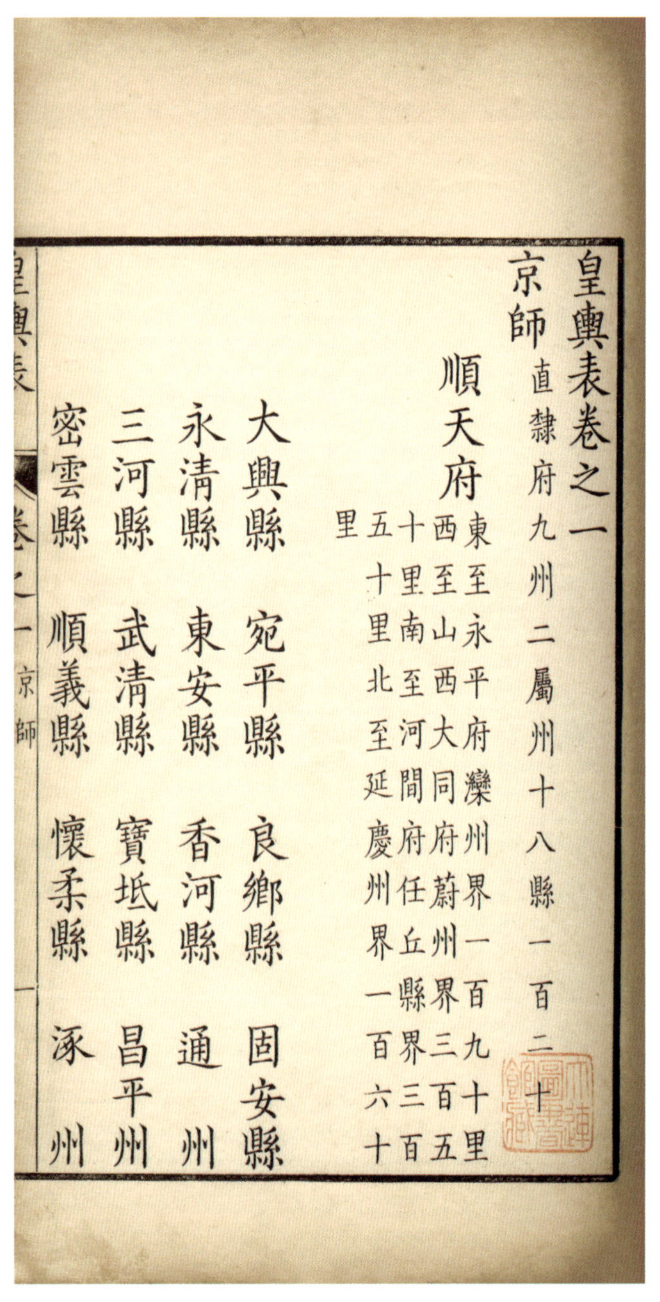

皇輿表卷之一

京師 直隸府九州二屬州十八縣一百二十

順天府 東至永平府灤州界一百九十里西至山西大同府蔚州界三百五十里南至河間府任丘縣界三百五十里北至延慶州界一百六十里

大興縣 宛平縣 良鄉縣 固安縣

永清縣 東安縣 香河縣 通州

三河縣 武清縣 寶坻縣 昌平州

密雲縣 順義縣 懷柔縣 涿州

皇輿表 卷之一 京師

沈阳纪程 一卷

（清）何汝霖撰

民国铅印辽海丛书本

一册

辽宁省图书馆藏

瀋陽紀程　道光己丑年

江寧何汝霖撰

八月十八日午初起程出東便門酉正至煙郊帳房已支搭齊備三河尹同鄉余君以酒食餽因邀喬見齋張詩舲傅秋坪同飲戌正就寢不寐亥初大雷雨丑初止即行

十九日上駕午初到直務頗簡散後與詩舲秋坪訪徐穎墀閒話因駝隻裝重再添一隻屠如可贈馬頗良戌刻雨一陣

二十日丑初上車卯正至白澗途中泥淖異常

二十一日子正起丑初行卯正至陳新莊夜月色甚佳

二十二日卯正至八里鋪玉田縣途中大雷雨僕人喜兒所乘馬逸去行五里許覔得黃臝不服駕馭車行極滯笨矣

二十三日卯正至豐潤城外騎馬至五里墩是日事簡散後看祁春圃許滇生兩供奉天氣熱燥

瀋陽紀程　一　遼海叢書

何汝霖（？—1852），字雨人，江宁（今江苏南京）人。清道光举人。历官兵部、户部、礼部尚书，军机大臣。

何氏清道光九年（1829）官尚书，随驾东巡至沈阳，起八月十八日，迄十月二十三日，往还六十六日。途经松山、杏山、盛京、萨尔浒、兴京等地。此书即其途中日记。

沈阳纪程 一卷

（清）潘祖荫撰

民国铅印辽海丛书本

一册

辽宁省图书馆藏

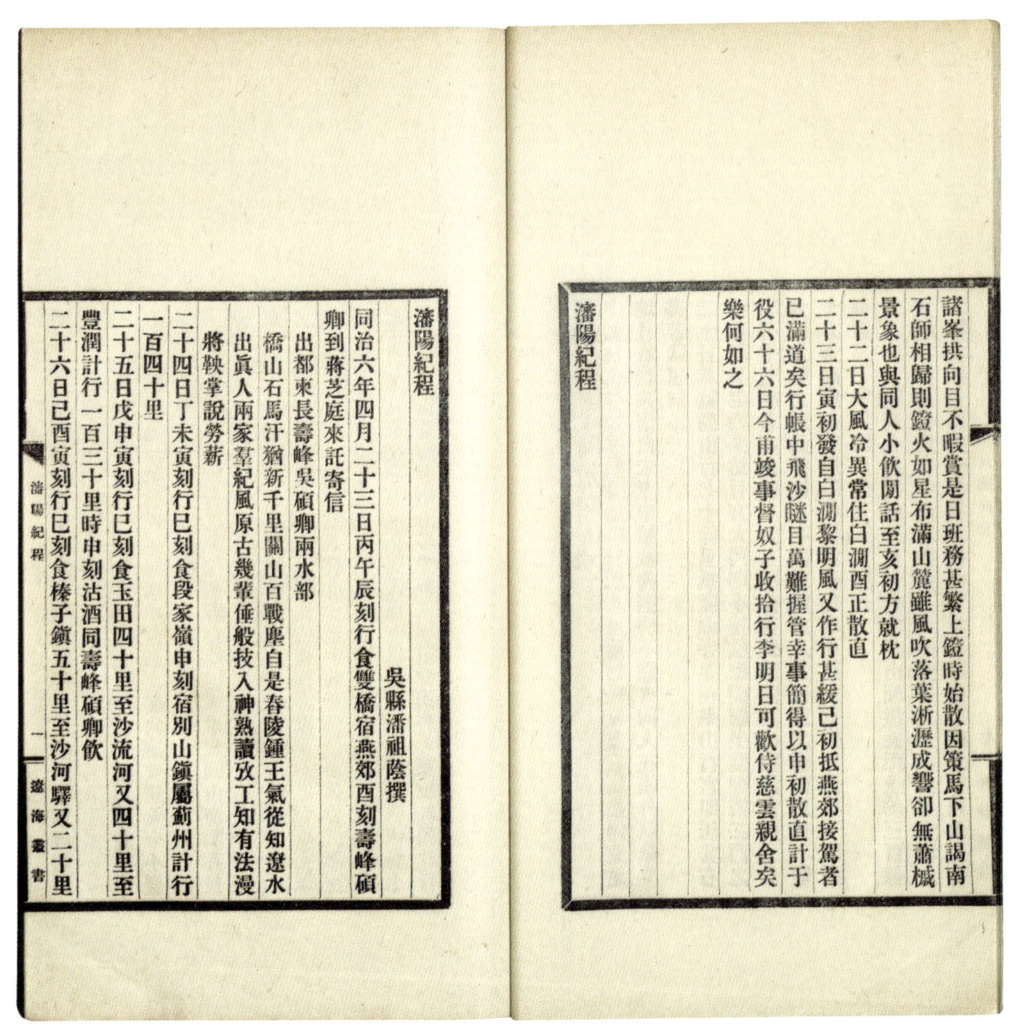
諸峯拱向目不暇賞是日班務甚繁上鐙時始散因策馬下山謁南
石師相歸則鐙火如星布滿山麓雖風吹落葉淅瀝成響卻無蕭槭
景象也與同人小飲閒話至亥初方就枕
二十二日大風冷異常住白澗酉正散直
二十三日寅初發自白澗黎明風又作行甚緩巳初抵燕郊接駕者
已滿道矣行帳中飛沙眯目萬難握管幸事簡得以申初散直計于
役六十六日今甫竣事督奴子收拾行李明日可歡侍慈雲親舍矣
樂何如之

瀋陽紀程

瀋陽紀程

吳縣潘祖蔭撰

同治六年四月二十三日丙午辰刻行食雙橋宿燕郊酉刻壽峰碩
卿到蔣芝庭來託寄信
出都柬長壽峰吳碩卿兩水部
橋山石馬汗猶新千里關山百戰塵自是春陵鍾王氣從知遼水
出眞人兩家羣紀風原古幾輩倕般技入神熟讀攷工知有法漫
將鞅掌說勞薪
二十四日丁未寅刻行巳刻食段家嶺申刻宿別山鎮屬薊州計行
一百四十里
二十五日戊申寅刻行巳刻食玉田四十里至沙流河又四十里至
豐潤計行一百三十里時申刻沽酒同壽峰碩卿飲
二十六日己酉寅刻行巳刻食棒子鎮五十里至沙河驛又二十里

瀋陽紀程 一 遼海叢書

潘祖荫（1830—1890），字伯寅，号郑盦，吴县（今属江苏苏州）人。清咸丰二年（1852）进士。累官至工部尚书、军机大臣。

潘氏于同治六年（1867）以工部侍郎奉派赴盛京，勘验福陵牌楼工程。起四月二十三日，迄六月初二日，往还凡三十五日。此即其途中日记，末附奏报。

辽阳闻见录

二卷

(清)顾云撰

民国铅印辽海丛书本

一册

辽宁省图书馆藏

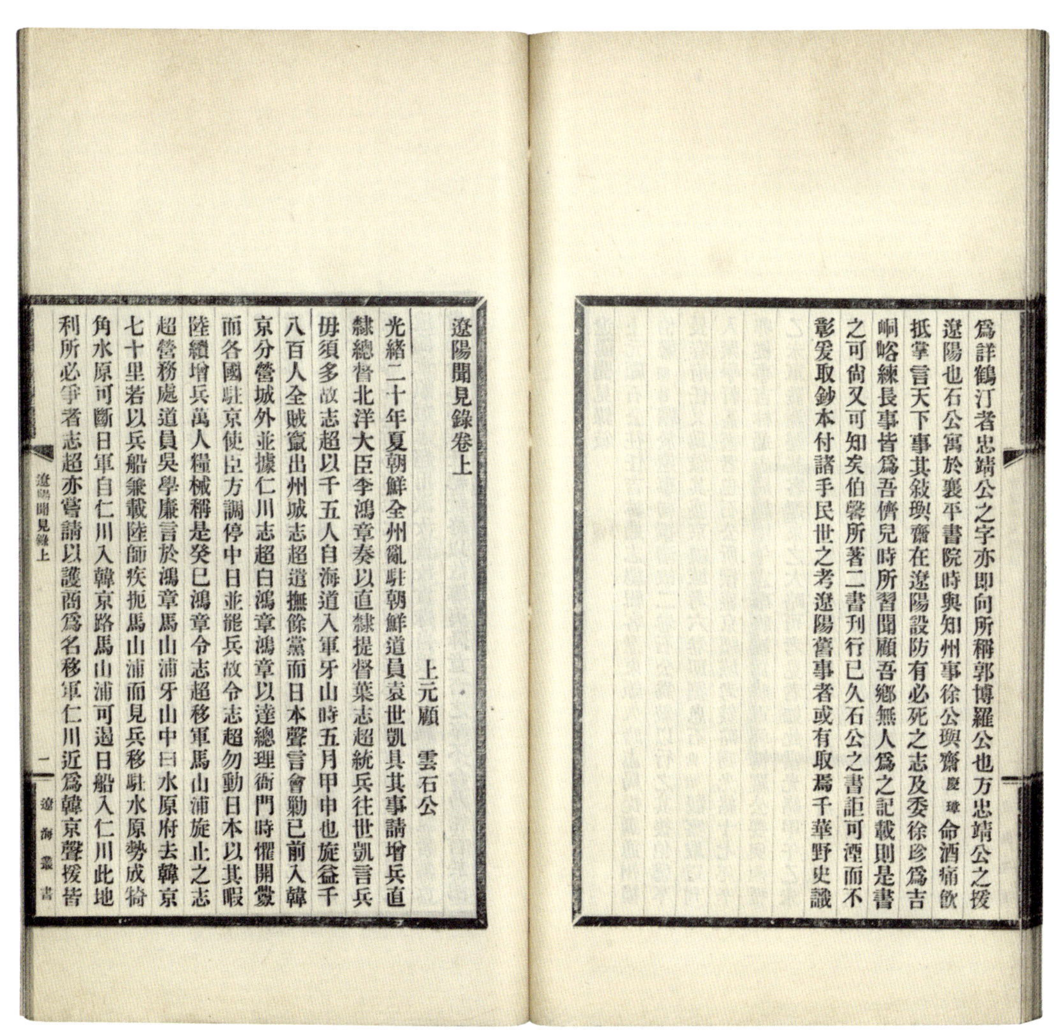

為詳鶴汀者忠靖公之字亦即向所稱郭博羅公也方忠靖公之援
遼陽也石公寓於襄平書院時與知州事徐公瑛齋慶璋命酒痛飲
抵掌言天下事其敘瑛齋在遼陽設防有必死之志及委徐珍為吉
峒峪練長事皆為吾儕兒時所習聞顧吾鄉無人為之記載則是書
之可尚又可知矣伯馨所著二書刊行已久石公之書詎可湮而不
彰爰取鈔本付諸手民世之考遼陽舊事者或有取焉千華野史識

遼陽聞見錄卷上

上元顧　雲石公

光緒二十年夏朝鮮全州亂駐朝鮮道員袁世凱具其事請增兵直
隸總督北洋大臣李鴻章奏以直隸提督葉志超統兵往世凱言兵
毋須多故志超以千五人自海道入軍牙山時五月甲申也旋益千
八百人全賊黨出州城志超遣撫餘黨而日本聲言會勦已前入韓
京分營城外並據仁川志超白鴻章鴻章以達總理衙門時懼開釁
而各國駐京使臣方調停中日並罷兵故令志超勿動日本以其暇
陸續增兵萬人糧械稱是癸巳鴻章令志超移軍馬山浦旋止之志
超營務處道員吳學廉言於鴻章馬山浦牙山中曰水原府去韓京
七十里若以兵船兼載陸師疾抵馬山浦而見兵移駐水原勢成犄
角水原可斷日軍自仁川入韓京路馬山浦可遏日船入仁川此地
利所必爭者志超亦嘗請以護商為名移軍仁川近為韓京聲援皆

遼陽聞見錄上　一　遼海叢書

顾云(1845—1906),字子鹏,号石公,江宁(今江苏南京)人,一作江苏扬州人。清光绪间曾任《吉林通志》总辑,又参吉林将军忠靖公长顺幕。此书即光绪甲午乙未(光绪二十年至二十一年,1894—1895)之交,顾云参军幕时纪闻见之作也。

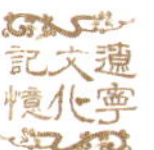

蜀轺纪程 一卷

（清）文祥撰

民国铅印辽海丛书本

一册

辽宁省图书馆藏

蜀軺紀程

長白文祥博川 著

咸豐四年七月十一日奉上諭著派載齡崇實馳驛前往陝西查辦事件所有隨帶司員著一併馳驛欽此此次隨帶司員係戶部主事延（煜）盧（定勳）刑部主事邊（寶誠）惲（鴻儀）工部員外郎那（謙）同予六人

七月廿一日卯刻起程出正陽門至賈燕谷三兄處早餐暑中至好畢聚暢飲作小別巳刻出彰儀門至蘆溝橋少憩酉正宿良鄉會出差同人謁堂憲言語甚歡是日天氣清爽微風西來駝車搖曳而行放眼平疇遠村近樹如在畫中更餘雷雨偶作旋即雲散星明清夜如昨（共行七十里）

廿二日卯刻行至竇店早尖途中天氣雖晴仍然蒸熱酉初至涿郡宿南關亥初便息乏困已極醒時東方已白驛馬咸至車鄰鄰又

蜀軺紀程 一 遼海叢書

遼海書社印行

文祥（1818—1876），字博川，号文山，瓜尔佳氏，隶满洲正红旗，世居沈阳（今辽宁沈阳）。累官至武英殿大学士。卒谥文忠。

是书为文祥奉派往陕西查办事件时所作，起清咸丰四年（1854）七月二十一日，迄咸丰五年（1855）正月二十二日。

巴林纪程 一卷

（清）文祥撰

民国铅印辽海丛书本

一册

辽宁省图书馆藏

民亦稠密此站甚小共九十里
二十一日因前站一百三十里丑刻即行三十里入圍場門天尚未
明冷不可當又十餘里登駱駝梁高二十餘里車馬喘息十餘次
方至頂東面僅四五里下嶺十餘里至紅旗卡倫早尖喫食俱自
行攜帶卡倫房僅三間圍場內別無居民數十里始過卡倫兵皆八旗滿蒙康熙年撥來者專司圍場歸熱河都統屬
尖後二十里登草帽子梁高如駱駝梁又二十餘里至孤山子宿
仍借卡倫房十餘人均住三間屋內狹隘之至圍場中萬山林立
樹木稠雜雪地中虎跡縱橫行人時有戒心卡倫牆外樹以立木
頂覆樹枝形如迴廊詢係防虎而設此站甚大正站尚在孤山之南孤山子乃捷徑較正站甚
近丁馬由正站調至此處自此以北均係蒙古站站上官丁亦均係蒙古王公撥旗下人當差歸古北口驛傳道統轄其詞訟除人
命案由赤峰縣管餘則仍歸口上共一百三十里
二十二日辰初行三十里出圍場又二十里至岔道子早尖二十里
復入圍場此站係沿圍場東南兩面行是以時出時入是日落雪山勢甚佳以峰多蜿

蜒路亦曲折故也又三十里出圍場至西爾哈宿於喇嘛廟到時
申正共一百里
二十三日辰初行三十里至敖寧府有街市在大道東距住程僅四十里未
早尖即岔道向西北行又十里登巴彥烏拉梁遠觀不甚高大登
後愈盤愈遠愈遠愈高南面約二十餘里北面下僅十餘里又五
里餘至阿美溝宿站丁甚疲玩此站大共七十里
二十四日辰初行二十五里至公主陵借燒鍋房早尖公主陵在道旁嘉慶年間
下嫁又二里許過一嶺不甚大四十五里至卓鎖宿是日午後又雪
住於喇嘛廟房屋之冷喫食之難不堪問矣共八十里
二十五日卯初聞雪聲未住起視已深尺餘辰正雪稍止急催馬匹
已正行三十里至鐵匠營早尖又數里登土梁一道高不及半里
至嶺則平陽一片約四十餘里四望羣山僅見峰頂其上風甚大
土人謂之大壩口外多此惟巴林一路較少耳下嶺過一村旋復

巴林紀程 三 遼海叢書

是书为文祥奉派往蒙古巴林旗时所作，起清咸丰七年（1857）十二月十二日，迄咸丰八年（1858）二月初一日。此书与《蜀輶纪程》皆纪载行程之作，金毓黻因文祥无专集，故收入《辽海丛书》。

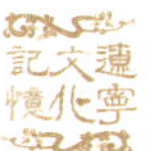

镶黄旗满洲钮祜禄氏弘毅公祠堂宝茔图 一卷

清彩绘本
一册
辽宁省图书馆藏

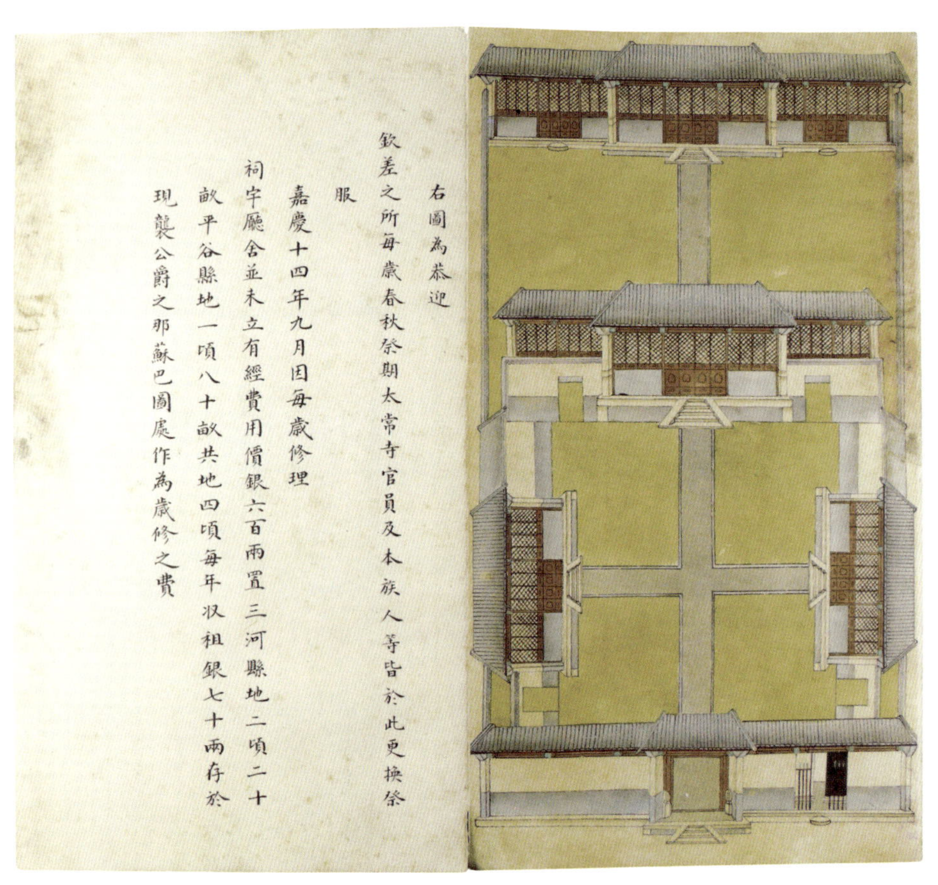
右圖為恭迎
欽差之所每歲春秋祭期太常寺官員及本族人等皆於此更換祭
服
嘉慶十四年九月因每歲修理
祠宇廳舍並未立有經費用價銀六百兩置三河縣地二頃二十
畝平谷縣地一頃八十畝共地四頃每年收租銀七十兩存於
現襲公爵之那蘇巴圖處作為歲修之費

此册彩绘经折装。内有图十六幅，其中祠堂图三幅、额宜都和其子孙坟茔图十三幅。图的左边附有祠堂茔地说明、致祭仪注、碑文等文字。图中文字记录年代迄于清嘉庆十四年（1809），此图绘制的时间当晚于嘉庆十四年，在清代中后期。

清河县河口图说 不分卷

(清)徐仰庭等撰

稿本

一册

辽宁省图书馆藏

国家珍贵古籍名录08072号

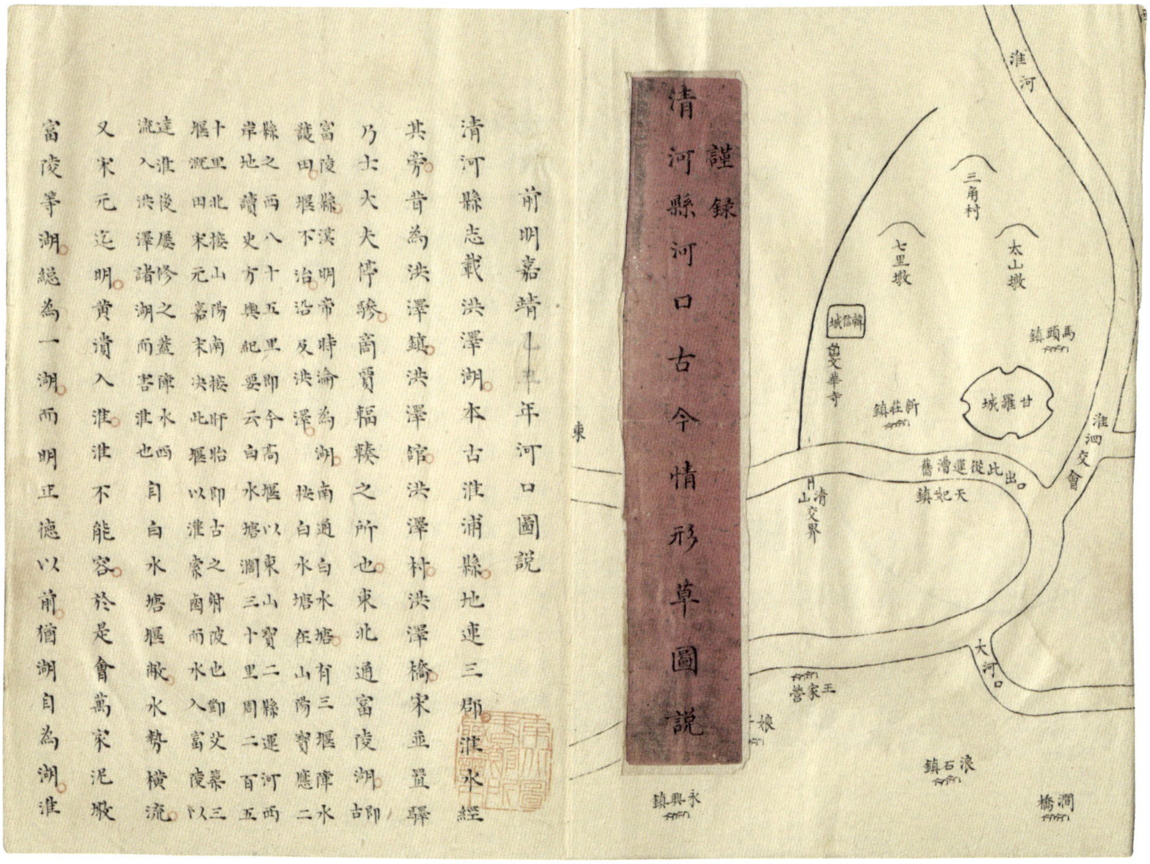

徐仰庭，生平事迹无考。

清河县河口为漕运咽喉。本书有浮签题“谨录清河县河口古今情形草图说”，前为明嘉靖至清道光年间河口图。附以说明，考证沿革，论述得失，另有粘贴批校甚多。据此来看，应为上呈底稿。此书是研究中国古代治理黄河的重要文献。

扈从东巡日录

二卷

（清）高士奇撰

清刻本

二册

辽宁省图书馆藏

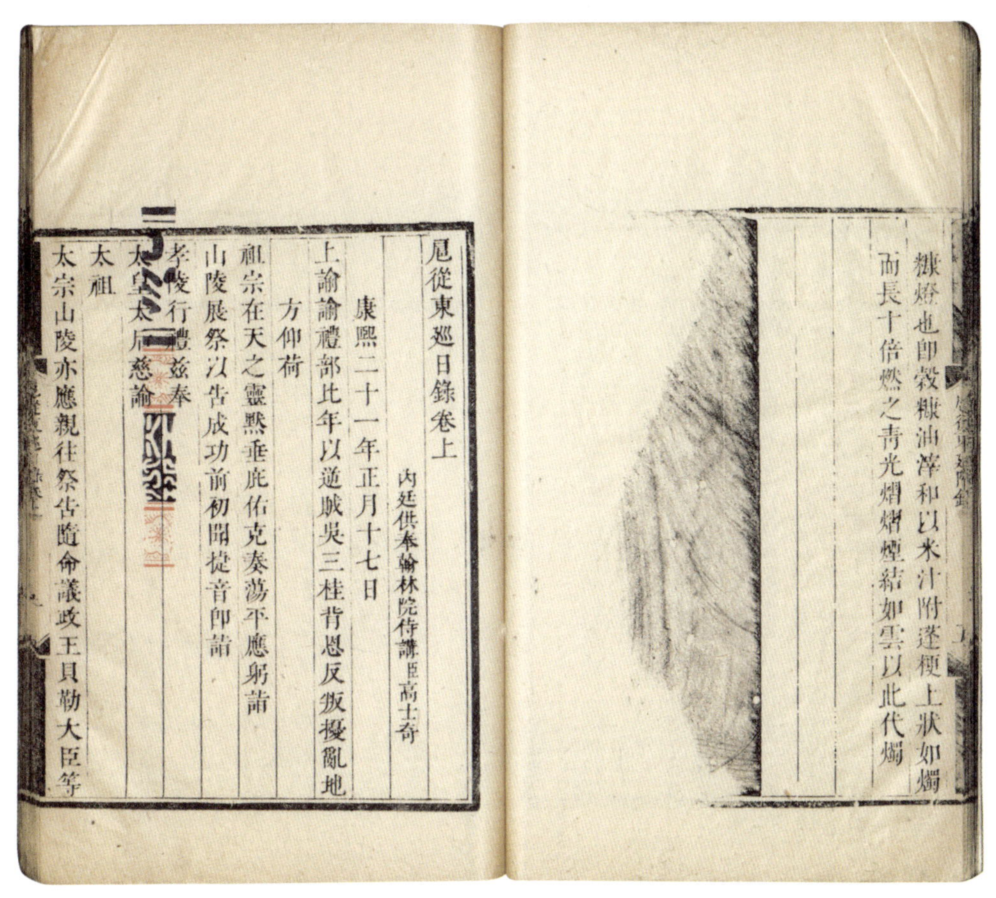

扈從東巡日錄卷上

內廷供奉翰林院侍講臣高士奇

康熙二十一年正月十七日

上諭禮部比年以逆賊吳三桂背恩反叛擾亂地
方仰荷
祖宗在天之靈默垂庇佑克奏蕩平應躬詣
山陵展祭以告成功前初聞捷音即詣
孝陵行禮茲奉
太皇太后慈諭
太祖
太宗山陵亦應親往祭告隨命議政王貝勒大臣等

糠燈也即穀糠油滓和以米汁附蓬梗上狀如燭
而長十倍然之青光熠熠煙結如雲以此代燭

高士奇（1644—1703），字澹人，号瓶庐，又号江村，钱塘（今浙江杭州）人。累官至礼部侍郎。

此为高士奇于清康熙二十一年（1682）扈驾东巡出关，谒祖祭陵，就见闻所逮，约略志之。所记皆在辽所见，亦《柳边纪略》之比。曾著录于《小方壶斋舆地丛书》，然非足本。

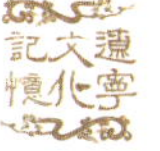

嘉庆东巡纪事

三卷

（清）佚名撰

民国铅印辽海丛书本

一册

辽宁省图书馆藏

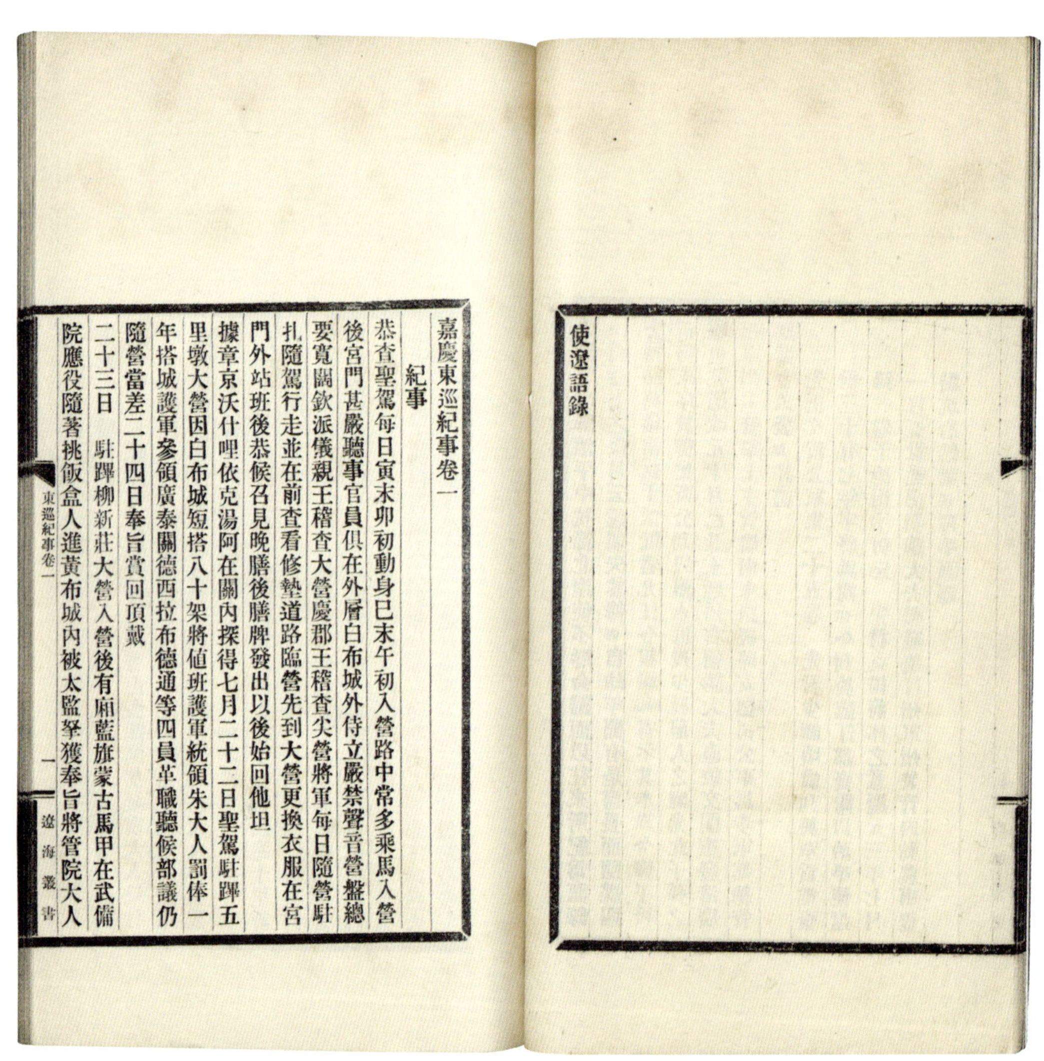

嘉慶東巡紀事卷一

紀事

恭查聖駕每日寅末卯初動身巳末午初入營路中常多乘馬入營後宮門甚嚴聽事官員俱在外層白布城外侍立嚴禁聲音營盤總要寬闊欽派儀親王稽查大營慶郡王稽查尖營將軍每日隨營駐扎隨駕行走並在前查看修墊道路臨營先到大營更換衣服在宮門外站班後恭候召見晚膳後膳牌發出以後始回他坦

據章京沃什哩依克湯阿在關內探得七月二十二日聖駕駐蹕五里墩大營因白布城短搭八十架將値班護軍統領朱大人罰俸一年搭城護軍參領廣泰關德西拉布德通等四員革職聽候部議仍隨營當差二十四日奉旨賞回頂戴

二十三日　駐蹕柳新莊大營入營後有廂藍旗蒙古馬甲在武備院應役隨著挑飯盒人進黃布城內被太監拏獲奉旨將管院大人

東巡紀事卷一　一　遼海叢書

使遼語錄

此书为清仁宗嘉庆十年（1805）东巡盛京谒陵之纪事，自是年七月十八日起，至九月十二日入关止。分纪事一卷、路程一卷、杂记一卷。杂记所载东巡仪注、行营条例、扈从诸臣姓名录，《清实录》及《东华录》所记皆无如此之详尽。

秘书监志

十一卷

（元）王士点　商企翁撰

清抄本

清吴骞批校题识

六册

大连图书馆藏

国家珍贵古籍名录04235号

秘書志卷第一

職制

世皇觀天文以制曆授時觀人文以尊經

化民迺立秘書監儲圖史正儀度頒

經籍設官有員郎吏承授以至司天

興文之隸屬廢置增損之歲月録其

故俾來者攷

立監

王士点（？—1359），字继志，东平（今山东东平）人。累官至秘书监著作郎。

商企翁（生卒年不详），字继伯，曹州（今山东菏泽）人。国子监贡生。官著作佐郎等职。

《秘书监志》载至元以来至元顺帝至正中秘书监“建置迁除、典章故实”。特别是其中记录了阿拉伯文数学书籍三十八部，详细记载了编纂《大元一统志》的经过。书中还记录了北司天台译写域外天文资料的名称。故本书对研究元代科学文化有很高价值，对研究中外文化交流也有重要意义。

是书清以后流传皆为抄本。

钦定满洲祭神祭天典礼 六卷

（清）允禄等纂

清乾隆四十二年（1777）内府抄本

六册

辽宁省图书馆藏

祭神祭天为满洲旧仪，相沿百余年。清乾隆十二年（1747）允禄等奉敕详为求证，用满文定著，并由武英殿刊刻。是书首为《祭仪》二篇，次为《汇记故事》一篇，再次《仪注》、《祝词》、《赞词》四十一篇，末《器用数目》一篇、《器用形式图》一篇。乾隆四十二年（1777），复诏依文音释，译为汉文，与《大清通礼》相辅而行，用彰圣朝之令典。

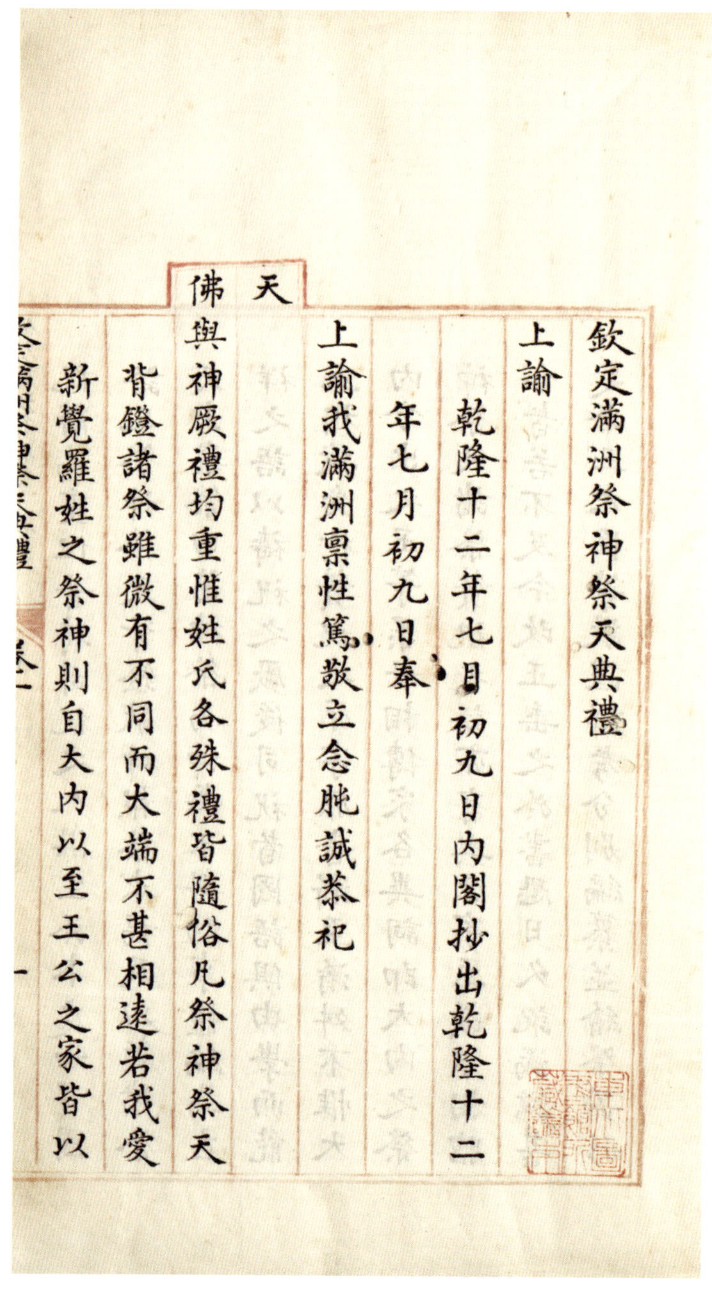
欽定滿洲祭神祭天典禮

上諭

乾隆十二年七月初九日內閣抄出乾隆十二年七月初九日奉

上諭我滿洲禀性篤敬立念肫誠恭祀

天

佛與神厥禮均重惟姓氏各殊禮皆隨俗凡祭神祭天背鐙諸祭雖微有不同而大端不甚相遠若我愛新覺羅姓之祭神則自大內以至王公之家皆以

大礼记注

二十卷

（清）张廷玉等撰

清雍正内府刻本

十册

辽宁省图书馆藏

国家珍贵古籍名录04305号

大禮記注　表

日講官起居注詹事府詹事臣陳萬策

日講官起居注翰林院侍講學士臣張照

大理寺少卿臣吳應棻

翰林院編修臣劉藹齡

翰林院庶吉士臣汪由敦

吏部文選司主事臣劉吳龍

大禮記注卷第一

欽惟我

皇上大孝性成至行純篤事

聖祖仁皇帝竭誠盡敬承歡四十餘年如一日

聖祖仁皇帝眷惟神器默定

聖衷康熙六十一年十一月冬至

南郊大祀時

大禮記注　卷一　一

此书记载了清圣祖玄烨去世后，雍正五年（1727）二月，世宗胤禛的哀切情况和种种孝行经过，多美饰之辞。此书出自张廷玉之手，不乏史料价值。进呈表写于雍正四年（1726）五月，但卷十九已有雍正五年记事，盖又续之也。

皇朝礼器图式

十八卷目录一卷

（清）允禄等纂

（清）福隆安等补纂

清乾隆武英殿写本

十八册

存五卷

辽宁省图书馆藏

国家珍贵古籍名录04712号

皇帝夏朝服色用明黄惟常雩用藍月壇用月白披領及袖俱石青片金緣緞紗單袷惟其時餘如冬朝服二之制

龍袍

允禄（1695—1767），爱新觉罗氏，号爱月主人，清康熙帝第十六子。因避雍正名讳而改名允禄。卒谥恪。

福隆安（1746—1784），富察氏，字珊林，满洲镶黄旗人。累官至兵部尚书。卒谥勤恪。

《皇朝礼器图式》即《钦定皇朝礼器图式》。清乾隆二十四年（1759）由允禄等奉敕编纂，于乾隆三十一年（1766）重加校补成书。全书分为祭器、仪器、冠服、乐器、卤簿、武备六类，每件器物都是右图左系说。系说包括尺寸、材质、礼制、数量等。该书绘制精美绝伦。

甲閱用
大

胄閱用
大

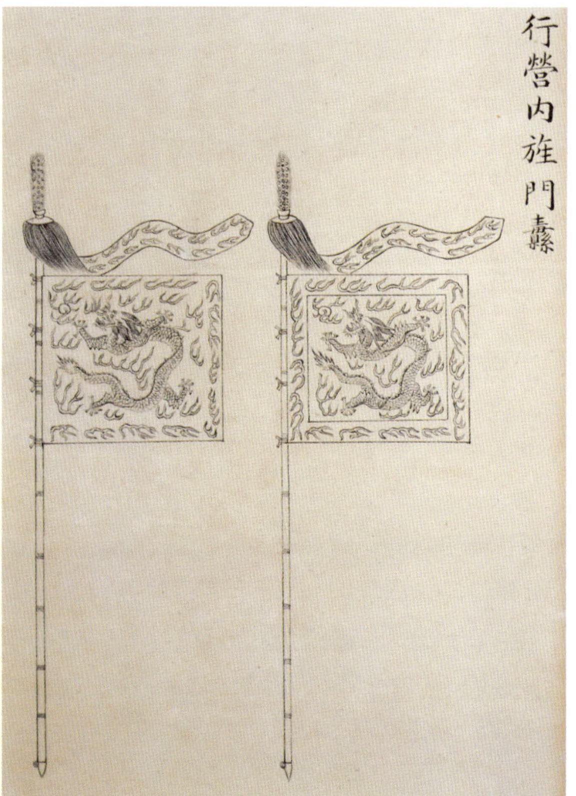
行營内旌門纛

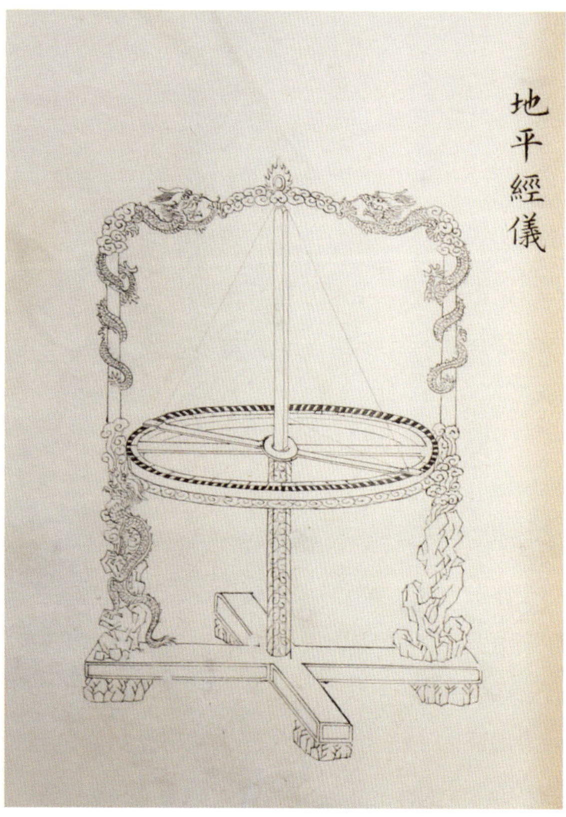
地平經儀

后汉纪 三十卷

（晋）袁宏撰

清初抄本

十册

辽宁省图书馆藏

国家珍贵古籍名录07697号

周瞻近乎通人之作然因籍史遷無所甄明荀悅才智經綸足為嘉史所述當世大得治功已矣然名教之本帝王高義韞而未叙今因前代遺事畧舉義教所歸庶以弘敷王道前史之闕古者方今不同其流亦異言行趣舍各以類書故觀其名迹想見其人丘明所以斟酌抑揚寄其高懷末吏區區注疏而已其所稱美止於事義疏外之意殁而不傳其遺風餘趣蔑如也今之史書或非古之人心恐千載之外所誣者多所以悵怏躊躇操筆悢然者也

後漢光武皇帝紀卷第一　袁宏

孝景帝生長沙定王發武帝世諸侯得分封子弟以冷道縣舂陵封發中子買為舂陵節侯買生鬱林太守外外生鉅鹿都尉回回生南頓令欽欽生光武皇帝元帝時節侯之孫孝侯以南方卑濕請徙南陽於是以蔡陽白水鄉為舂陵侯封邑而與從昆弟鉅鹿君及宗親俱徙焉湖陽人樊重女曰歸都自為童兒不正容不出於房南頓君聘焉生齊武王縯魯哀王仲世祖新野寧平公主

世祖諱秀字文叔初南頓君為濟陽令而世祖生夜有赤光室中皆明使卜者筮之曰貴不可言是歲嘉

袁宏（328—376），字彦伯，东郡阳夏（今河南太康）人。东晋时累官至东阳太守。著有《竹林名士传》。

袁氏因不满当时已出的几种《后汉书》，而作编年体《后汉纪》。记事溯自新莽天凤四年（17）绿林起义，迄于汉献帝延康元年（220）曹魏代汉。

奉使公函稿

不分卷

（清）吕海寰撰

稿本

七册

大连图书馆藏

国家珍贵古籍名录01626号

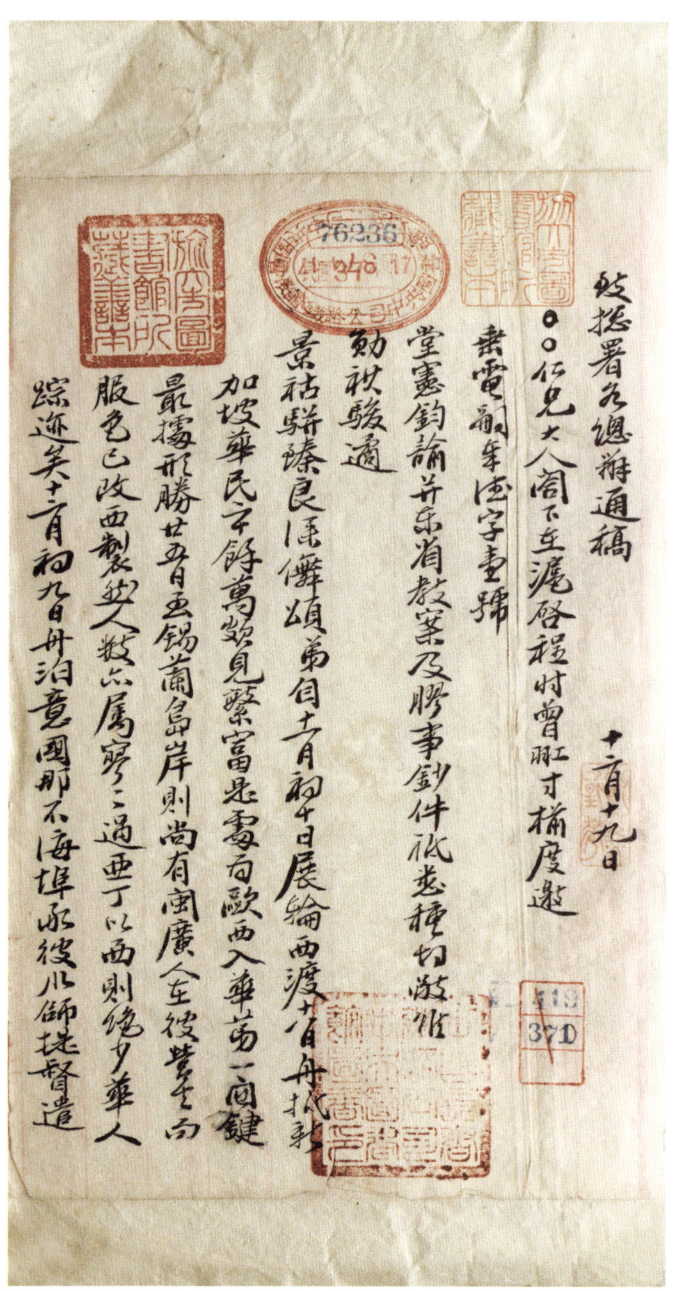

吕海寰（1842—1927），字镜宇，掖县（今山东莱州）西南隅村人。清末著名外交家，中国红十字会创始人，历任驻德国、荷兰两国公使，工部尚书，钦差商约大臣，兵部尚书，督办津浦铁路大臣等职。

《奉使公函稿》是吕海寰于1897年至1901年出使德国期间与总理衙门大臣奕劻、湖广总督张之洞、两江总督刘坤一等往来的公函稿本。此稿是研究近代中国相关历史以及和西方国家外交关系史极为珍贵的史料。

旗军志 一卷

（清）金德纯撰

民国铅印辽海丛书本

一册

辽宁省图书馆藏

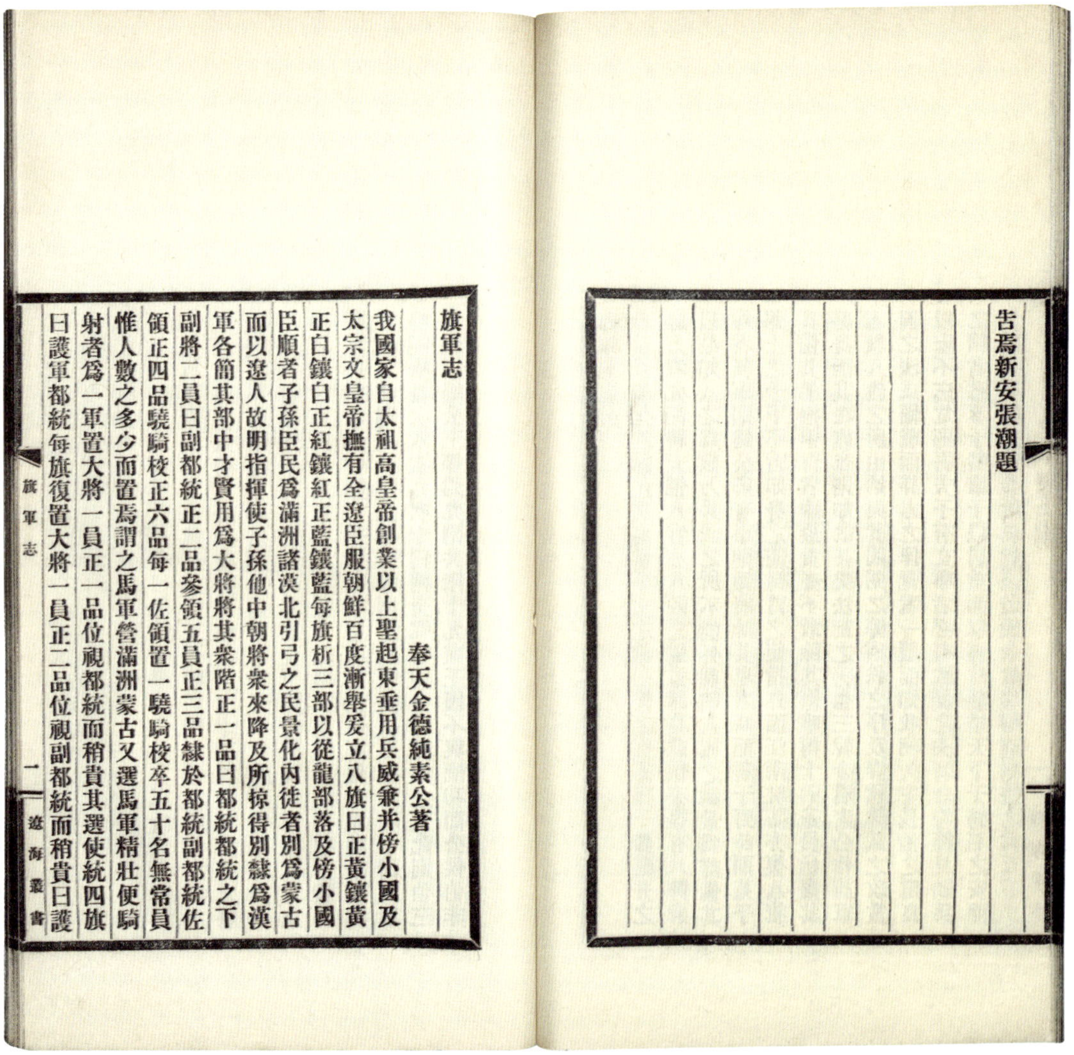

告爲新安張潮題

旗軍志

奉天金德純素公著

我國家自太祖高皇帝創業以上聖起東垂用兵威兼并傍小國及太宗文皇帝撫有全遼臣服朝鲜百度漸舉爰立八旗曰正黃鑲黃正白鑲白正紅鑲紅正藍鑲藍每旗析三部以從龍部落及傍小國臣順者子孫臣民爲滿洲諸漠北引弓之民慕化內徙者別爲蒙古而以遼人故明指揮使子孫他中朝將衆來降及所掠得別隸爲漢軍各簡其部中才賢用爲大將將其衆階正一品曰都統都統之下副將二員曰副都統正二品參領五員正三品隸於都統副都統佐領正四品驍騎校正六品每一佐領置一驍騎校卒五十名無常員惟人數之多少而置焉謂之馬軍營滿洲蒙古又選馬軍精壯便騎射者爲一軍置大將一員正一品位視都統而稍貴其選使統四旗曰護軍都統每旗復置大將一員正二品位視副都統而稍貴曰護

旗軍志　一　遼海叢書

金德纯（生卒年不详），字素公，辽阳（今辽宁辽阳）人，隶汉军正红旗。

此书叙八旗之所由始，与其阀阅之等、爵秩之序、春秋讲武之政、赏罚之法，文亦简要有法。

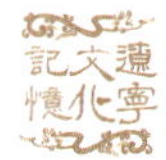

西清古鉴

四十卷钱录十六卷

（清）梁诗正等编纂

清光绪十四年（1888）日本迈宋馆铜版印本

二十四册

沈阳故宫博物院藏

国家珍贵古籍名录01708号

商祖鼎

梁诗正（1697—1763），字养仲，又字芗林，浙江钱塘（今杭州）人。清雍正八年（1730）进士。累官至东阁大学士。卒谥文庄。

此书为清光绪十四年（1888）日本迈宋馆铜版印本，影印甚精，然颇有修改。光绪十九年（1893）该铜版收入清宫。

西清古鉴

四十卷钱录十六卷

（清）梁诗正等纂修

清乾隆二十年（1755）武英殿刻本

二十四册

辽宁省图书馆藏

国家珍贵古籍名录08160号

是书由梁诗正等十一人奉旨编纂，画院供奉梁观等绘图。为清宫收藏古代铜器的大型图录，共一千五百二十九件，其中以上周彝器居多。体例仿宋代的《宣和博古图录》，而“摹绘精审，毫厘不失”。该书对清代青铜器研究有很大影响。

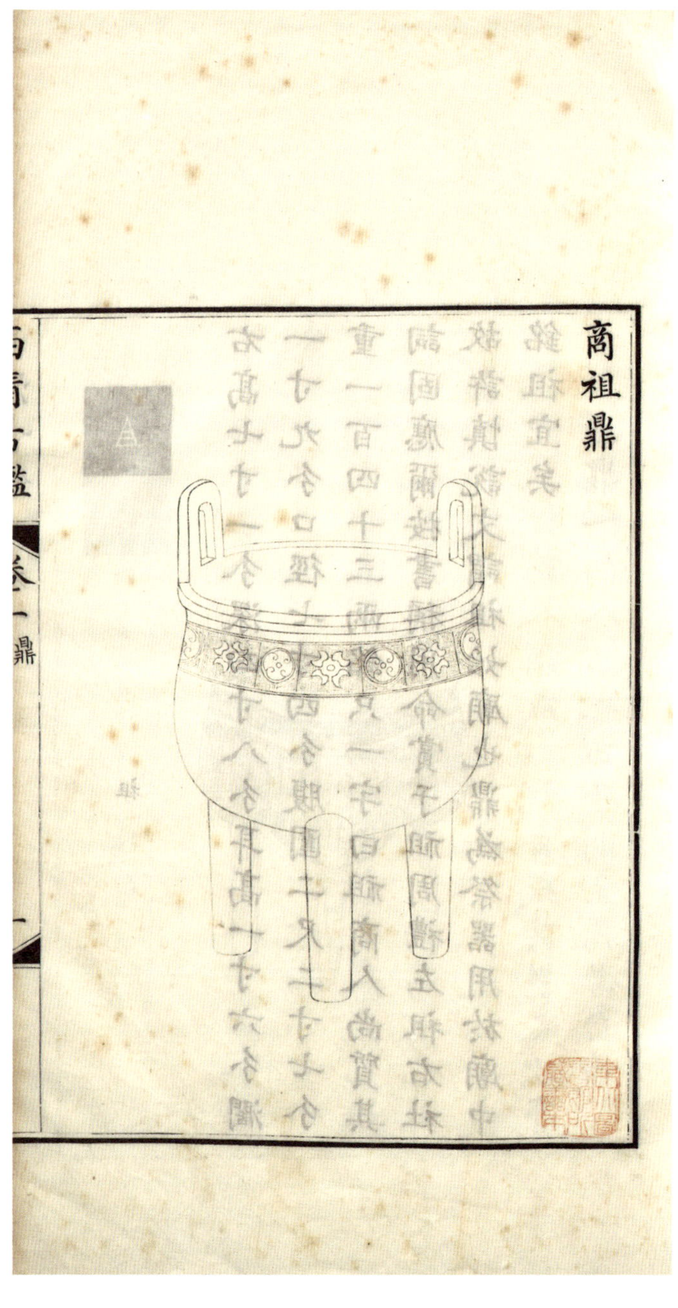

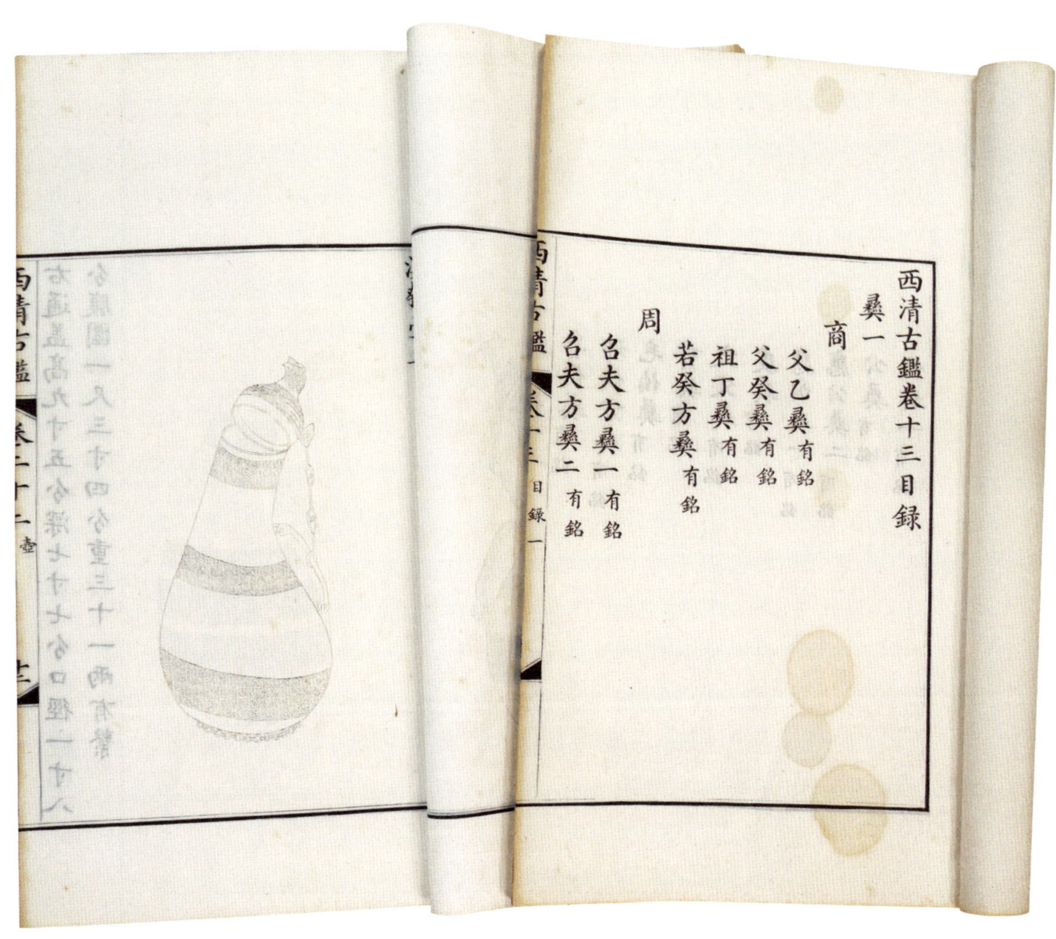
西清古鑑
卷二十二
壺
西清古鑑卷十三目録
彝一
商
父乙彝有銘
父癸彝有銘
祖丁彝有銘
若癸方彝有銘
周
名夫方彝一有銘
名夫方彝二有銘
西清古鑑
卷十三
目録
一

新制仪象图

一百一十七幅

（比利时）南怀仁撰

清康熙十三年（1674）内府刻本

一册

辽宁省图书馆藏

国家珍贵古籍名录04633号

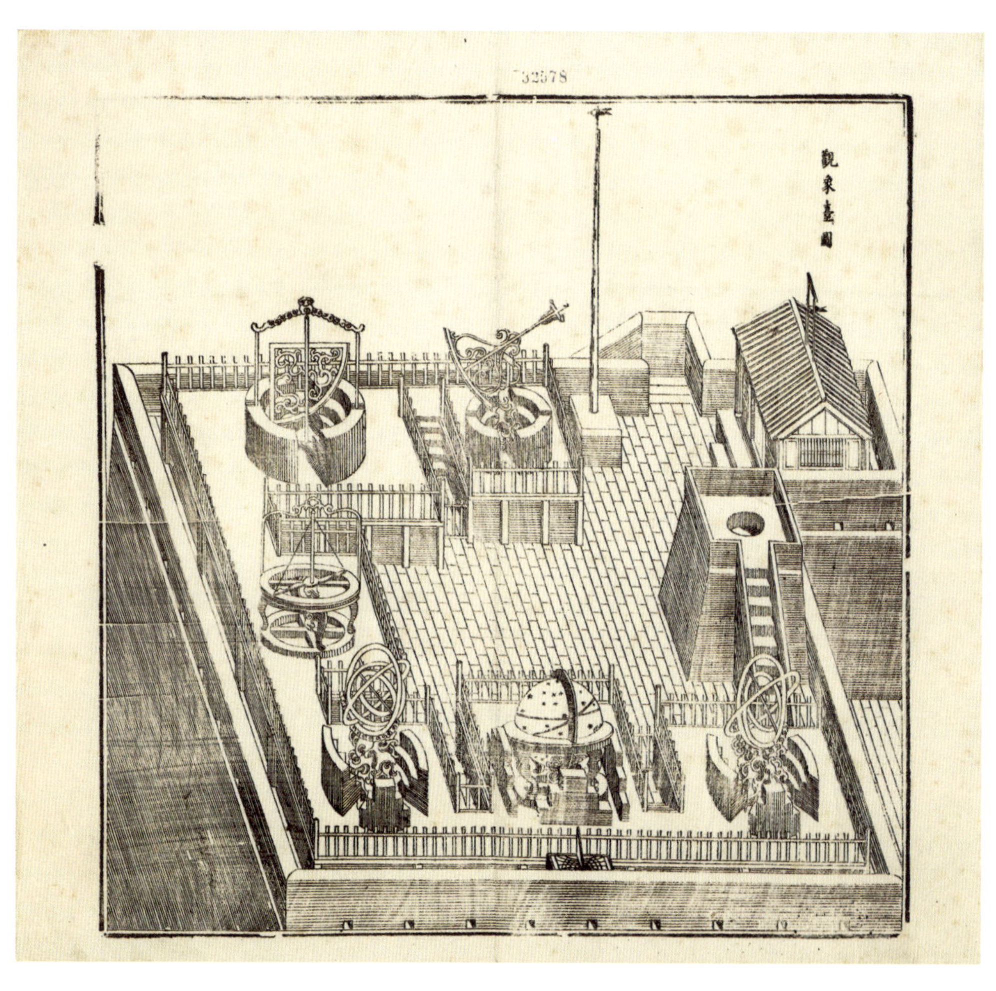

南怀仁（1623—1688），字敦伯，又字勋卿，比利时人。清顺治十五年（1658）来华，是清初最有影响的来华传教士之一，仕钦天监监制，官至工部右侍郎。

清圣祖玄烨喜好天文历法，于康熙八年（1669）命南怀仁督造赤道经纬仪、黄道经纬仪、地平经仪、纪限仪、天体仪等六种仪器，康熙十二年（1673）造成。南怀仁编《灵台仪象志》，介绍了这些仪器的制作原理和使用方法。此图系《灵台仪象志》卷十五、十六六仪部分的解说式样图。此书共绘制了赤道仪、黄道仪、地平经仪、纪限仪等一百一十七幅图。

第一圖 黃道儀

满洲官印谱

不分卷

清末钤印本

一册

辽宁省图书馆藏

此书收盛京官印拓文，并记录此方官印的印文、材质、形制、制造时间、礼部编号，似为礼部官印档册。官印的年代始于清中期，迄于清末。

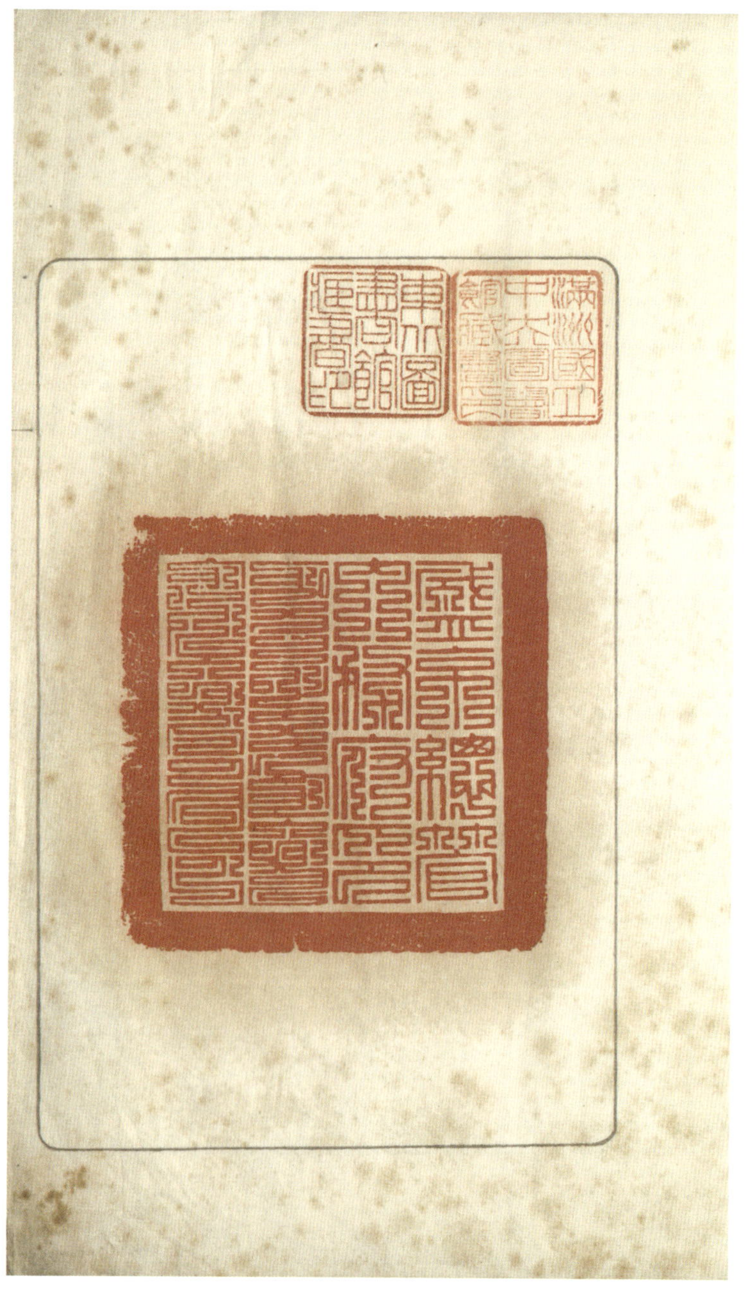

御制数理精蕴

上编五卷下编四十卷表八卷

（清）允祉等撰

清康熙内府铜活字印本

四十册

存四十二卷

辽宁省图书馆藏

国家珍贵古籍名录04634号

是书又名《数理精蕴》，分上、下两编，上编专讲数理，立纲明体。下编分首部、线部、面部、体部、末部五部分，分条致用，分别进行详尽论述。书中收录了《周髀算经》、《几何原本》等中西数学名著，是一部古代数学的百科全书。

该书铜活字印本传世不多，《中国古籍善本书目》仅收录雍正二年（1724）内府刻本。

数理本原

粤稽上古河出圖洛出書八卦是生九疇是敘數學亦於是乎肇焉葢圖書應天地之瑞因聖人而始出數學窮萬物之理自聖人而得明也昔黄帝命隸首作算九章之義已啓堯命羲和治曆敬授人時而歲功以成周官以六藝教士數居其一周髀商高之説可考也秦漢而後代不乏人如洛下閎張衡劉焯祖冲之之徒各有著述唐宋設明經算學科其書頒在學宫令博士弟子肄習是知算數之學實格物致知

御製數理精蘊上編卷一 數理本原 一

周髀算经 二卷

题（汉）赵君卿注
（北周）甄鸾重述
（唐）李淳风等注释
清初影宋抄本
二册
辽宁省图书馆藏
国家珍贵古籍名录04629号

赵君卿（生卒年不详），字君卿，东吴人。约生活于东汉末年至三国时代，数学家。

甄鸾（535—566），字叔遵，无极（今河北无极）人，北周数学家。著有《五经算数》等。

李淳风（602—670），岐州雍县（治今陕西凤翔）人。唐代杰出的天文学家和数学家。

《周髀算经》是我国最古老的天文学和数学著作，原名《周髀》，约成书于公元前二世纪，唐初改名为《周髀算经》。历史上很多数学家都曾为此书作注，其中最著名的是唐朝李淳风等人所作的注释。该书目前传世的最早刻本是南宋时期的刻本。

此影宋抄本《周髀算经》，书法工整，墨色浓润，字体有刻本棱峭之风，可乱真宋刻。原为清宫旧藏。

之文蓋天有周髀之法累代存之官司是掌所以欽若昊天恭授民時爽以暗蔽才學淺昧隣高山之仰止慕景行之執轍負薪餘日聊觀周髀其旨約而遠其言曲（或作典）而中將恐廢替濡滯不通使談天者無所取則輒依經爲圖誠冀頹毀重仞之牆披露堂室之奧庶博物君子時迥思焉

周髀筭經卷上

趙君卿　注

甄鸞　重述

唐朝議大夫行太史令上輕車都尉臣李淳風等奉勑注釋

昔者周公問於商高曰竊聞乎大夫善數也（周公姓姬名旦武王之弟商高周時賢大夫善筭者也周公位居冢宰德則至聖尚卑己以自牧下學而上達况其凡乎）請問古者包犧立周天曆度（包犧三皇之一始畫八卦以商高善數能通乎微妙達乎無方無大不綜無幽不顯聞包犧立周天曆度建章蔀之法易曰古者包犧氏之王天下也仰則觀象於天俯則觀法於地此之謂也）夫天

御定对数表

二卷度数表一卷

清康熙内府刻朱墨套印本

三册

辽宁省图书馆藏

国家珍贵古籍名录04640号

是书为康熙年间内府所刊刻的《御制数理精蕴》内“对数表”及“三角函数表”的单行本。

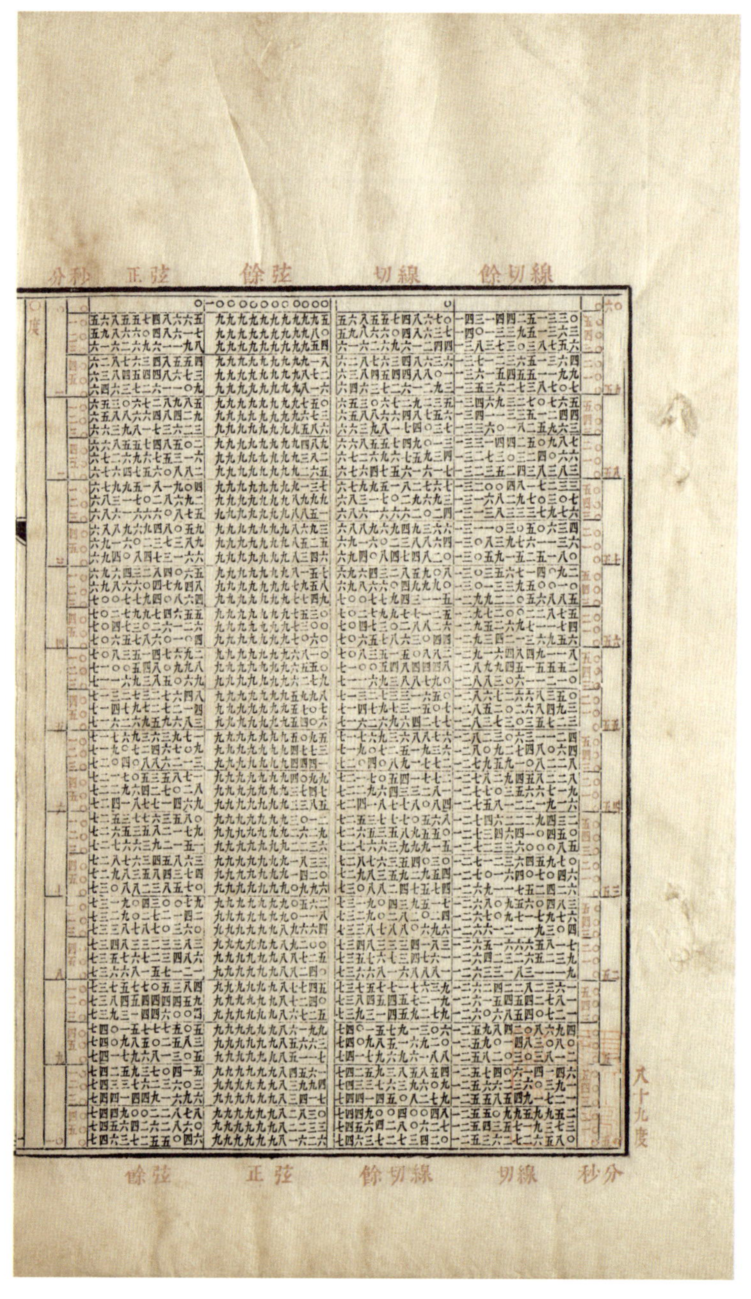

御定星历考原

六卷

（清）李光地等撰

清康熙五十二年（1713）内府铜活字印本

六册

辽宁省图书馆藏

国家珍贵古籍名录04659号

清康熙五十二年（1713），圣祖玄烨以旧有《选择通书》、《万年书》二者相互矛盾，敕命李光地等重新考订增删，而成《星历考原》一书。书分六目，每一目为一卷。该书虽为术数之书，但对于研究中国古代的术数、星象之学仍有较高的参考价值。

静斋至正直记

四卷

（元）孔齐撰

清初抄本

四册

大连图书馆藏

国家珍贵古籍名录08502号

孔齐（生卒年不详），字行素，号静斋，别号阙里外史，曲阜（今山东曲阜）人。孔子五十五世孙，1367年前后在世。

元至正年间，孔齐避兵乱于四明（今浙江宁波）之东湖，记载所见所闻，写成《静斋至正直记》四卷。书中记载了许多元代社会的掌故、典章，还论及书画、戏剧、文物收藏和有关诗词本事等内容，是元代重要的笔记。

本书刊本甚少，明归有光曾将此书订正舛讹，并撰写《静斋类稿引》，但未刊行。现只有清光绪《粤雅堂丛书》刻本流传及清初抄本存世。

静齋至正直記卷之一
元　闕里外史行素著
雜記直筆
雜記者記其事也凡所見聞可以感發人心者
或里巷方言可為後世之戒者一事一物可為
博聞多識之助者隨所記而筆之以備觀省未
暇定為次第也至正庚子春三月壬寅記時寓
鄞之東湖上水居袁氏祠之傍
國朝每歲四月駕幸上都避暑為故事至重九還大

自叙宦梦录

四卷

（明）黄景昉撰

清抄本

辽宁省图书馆藏

二册

国家珍贵古籍名录 10515号

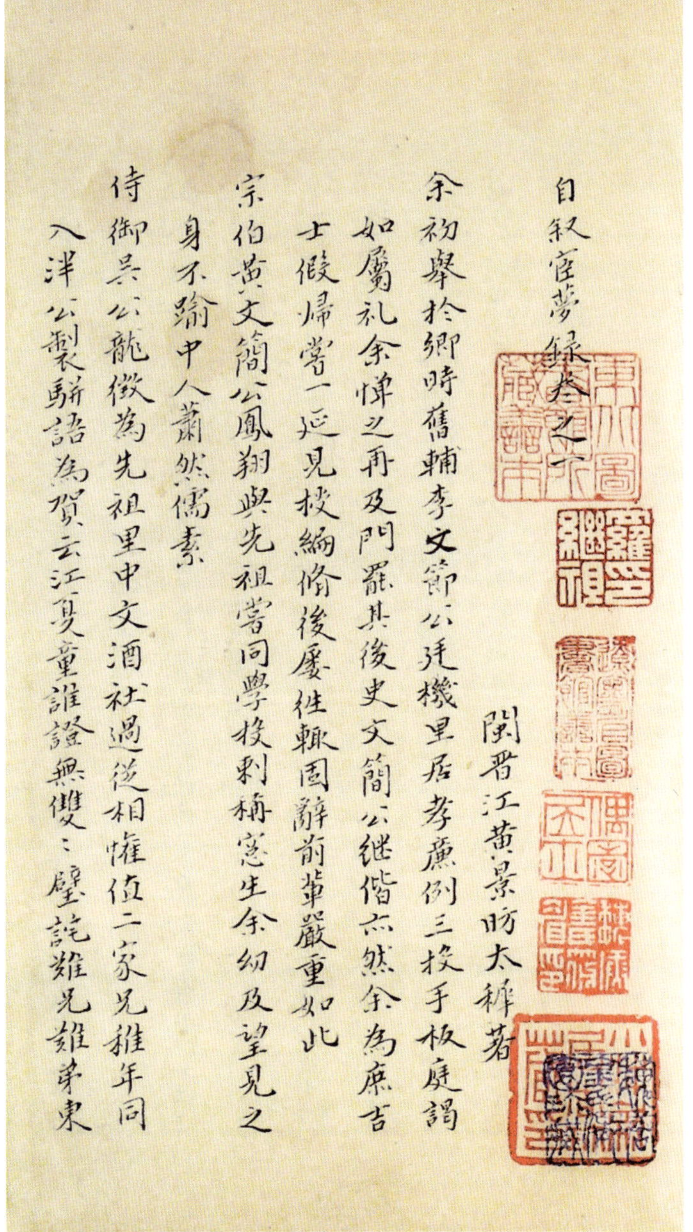

自叙宦夢録卷之一

閩晋江黄景昉太稚著

余初舉於鄉時舊輔李文節公廷機里居孝廉例三投手板庭謁

如屬禮余悼之再及門罷其後史文簡公繼偕亦然余為庶吉

士假歸嘗一延見校綸僚後屢往輒固辭前輩嚴重如此

宗伯黄文簡公鳳翔與先祖嘗同學校剌稱窓生余幼及望見之

身不踰中人蕭然儒素

侍御吳公龍徵為先祖里中文酒社過從相懽值二家兄稚年同

入泮公製駢語為賀云江夏童誰證無雙之璧詑雖兄難弟東

黄景昉（1596—1662），字可远，号东崖，晋江（今福建晋江）东石人。明天启五年（1625）进士。崇祯元年（1628），授翰林院编修。明亡后蛰居家中近二十年，以著述为事。

此书为黄景昉追述生平交游，始于明万历四十三年（1615），迄于明崇祯十六年（1643），间得同里、同朝、同籍、同官所见所闻。本书为清初抄本，流传极少。

钤“偶园居士”、“罗继祖印”、“魏塘金氏偶园珍藏”、“魏塘金氏筱眉印”等印。

佩文韵府

一百零六卷

（清）张玉书　蔡升元等辑

拾遗一百零六卷

（清）汪灏　何焯等辑

清康熙内府刻本

一百一十五册

大连图书馆藏

国家珍贵古籍名录01940号

蔡升元（1652—1722），字方麓，号征元，浙江德清人。清康熙二十一年（1682）进士。累官至内阁学士。

是书清康熙四十三年（1704）开始编写，康熙五十年（1711）成书。“佩文”为清圣祖玄烨的书斋名。此书以《韵府群玉》、《五车韵瑞》为基础加以增补而成，每卷一个韵部，共一百零六韵。

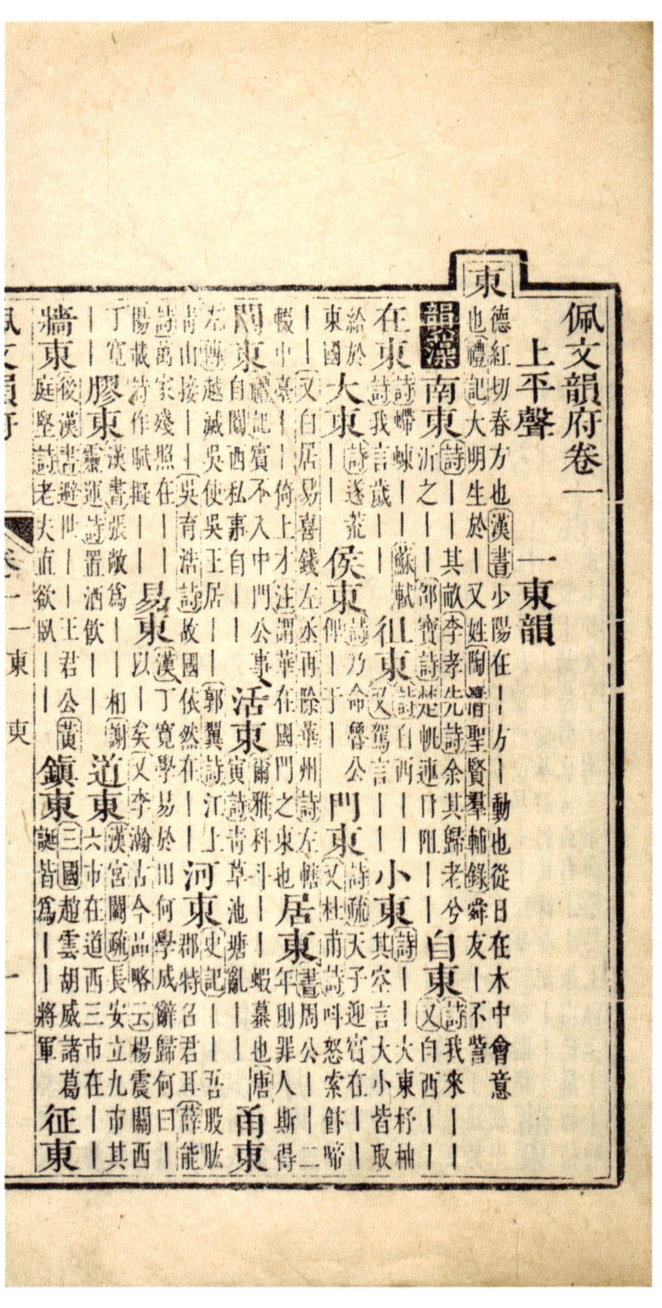

钦定古今图书集成 一万卷目录四十卷

（清）蒋廷锡 陈梦雷等辑

清雍正四年（1726）内府铜活字印本

五千零二十册

辽宁省图书馆藏

国家珍贵古籍名录04947号

古今圖書集成
宋書天文志
隋書天文志
宋程棨三柳軒雜識天地形體

乾象典第一卷
天地總部彙考一
易經
繫辭上傳
天一地二天三地四天五地六天七地八天九地十
本義此言天地之數陽奇陰偶即所謂河圖者也
天數五地數五五位相得而各有合天數二十有五
地數三十凡天地之數五十有五此所以成變化而
行鬼神也
古今圖書集成 曆象彙編乾象典第一卷天地總部彙考一之一

蒋廷锡（1669—1732），字扬孙，一字酉君，号南沙，江苏常熟人。清康熙四十二年（1703）进士。累官至大学士。卒谥文肃。

陈梦雷（1650—1741），字则震，号省斋，晚号松鹤老人，福建侯官（今福建福州）人。清康熙九年（1670）进士。选庶吉士，散馆后授编修。后因事牵连流放。

《钦定古今图书集成》共分六编三十二典，原名《古今图书汇编》，是清康熙年间编辑的一部类书，雍正四年（1726）采用铜活字印刷颁行。本书编辑历时二十八年，是现存规模最大、资料最丰富的类书，也是我国铜活字印刷卷帙最大的一部书。

嘉兴藏

一万二千六百余卷

明万历十七年至清康熙十五年（1589—1676）刻本

一千四百二十九册

存六千五百一十九卷

辽宁省图书馆藏

国家珍贵古籍名录04953号

《嘉兴藏》又名《径山藏》，自明代万历时始刻，至清代康熙时基本刻完，雍正至嘉庆时不断补刻，历时近二百三十年。是我国古代第一部民间僧俗募资私刻的大藏经，也是第一部完整的“方册”大藏经。

此藏先后在五台山妙德庵、妙喜庵，余杭径山寺刊板，藏板径山寺，发经嘉兴楞严寺。分正藏、续藏、又续藏三部分。其中续藏、又续藏收录了明清时期大量的中国佛教著述，具有很高的学术资料价值。

大般若波羅蜜多經卷第一
唐三藏灋師玄奘奉詔譯
初分緣起品第一之一
如是我聞一時薄伽梵住王舍城鷲峯山頂與大苾
芻衆千二百五十人俱皆阿羅漢諸漏已盡無復煩
惱得眞自在心善解脫慧善解脫如調慧馬亦如大
龍已作所作已辦所辦棄諸重擔逮得己利盡諸有
結正知解脫至心自在第一究竟除阿難陀獨居學
地得預流果大迦葉波而爲上首復有五百苾芻尼
衆皆阿羅漢大勝生主而爲上首復有無量鄔波索

九家集注杜诗

三十六卷

（唐）杜甫撰

清乾隆武英殿刻本

十六册

辽宁省图书馆藏

国家珍贵古籍名录08730号

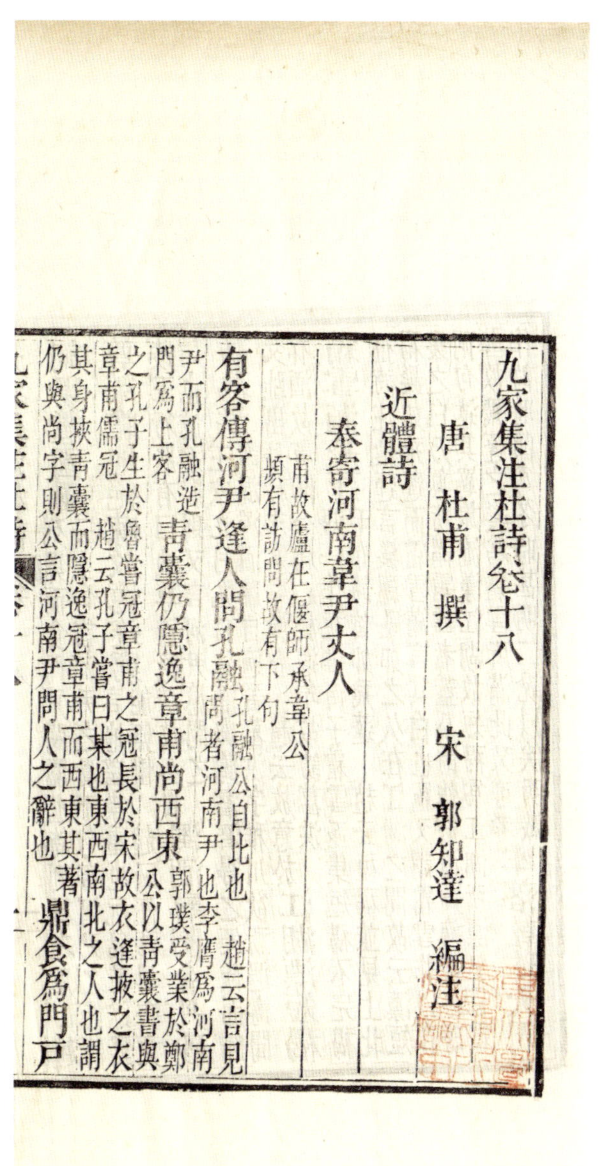
九家集注杜詩卷十八
唐 杜甫 撰 宋 郭知達 編注
近體詩
奉寄河南韋尹丈人 甫故廬在偃師承韋公頻有訪問故有下句
有客傳河尹逢人問孔融 孔融公自比也 趙云言見問者河南尹也李膺爲河南尹而孔融造門爲上客 青囊仍隱逸章甫尚西東 郭璞受業於鄭公以青囊書與之孔子生於魯嘗冠章甫之冠長於宋故衣逢掖之衣章甫儒冠 趙云孔子嘗曰某也東西南北之人也謂其身挾青囊而隱逸冠章甫而西東其著仍與尚字則公言河南尹問人之辭也 鼎食爲門戶

宋代，杜诗为时人推崇，南宋郭知达辑善本，得王洙、宋祁、王安石、黄庭坚、薛梦符、杜田、鲍彪、师尹、赵彦材九家诗注，编而成书，以澄当时行之杜诗伪注。书成于宋孝宗淳熙八年（1181）。

至清乾隆时，宋本只两部存世：一部为黄丕烈所藏，后归铁琴铜剑楼；一部藏于武英殿。然四库馆臣向武英殿移取书籍始名其为宋本。及乾隆皇帝御览此书，感宋版之绝佳者，之前竟未列天禄琳琅，引为憾事，命武英殿以宋刻本为底本刊刻。

武英殿聚珍版书 一百三十八种 二千四百一十六卷

清乾隆武英殿木活字印本
一千二百二十六册
存一百三十六种二千四百零九卷
辽宁省图书馆藏
国家珍贵古籍名录05017号

《武英殿聚珍版书》是清乾隆时期木活字印刷的丛书。乾隆三十八年（1773）五月，清高宗弘历命儒臣校辑《永乐大典》中流传稀少、世所罕见的宋元善本，先于《四库全书》刊印流传。于乾隆三十九年（1774）造木质单字25万余个活字刷印。乾隆以活字版不雅而赐名“聚珍”，此书后人称之为《武英殿聚珍版书》。

是书前四种为雕版印刷，其余皆为活字印本。乾隆年间，曾颁发此书于东南诸省并准锓版通行，各地所刻书称为“外聚珍”。

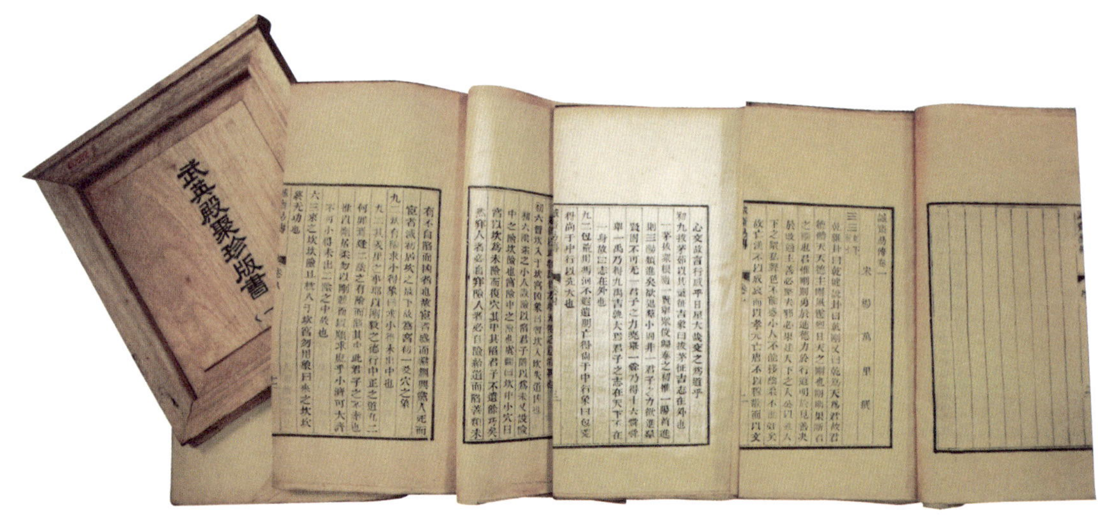

鄭志卷上

魏　鄭小同　撰

冷剛問大畜六四童牛之梏元吉注巽爲木互體震震爲牛之足足在艮體之中艮爲手持木以就足是施梏又蒙初六注云木在足曰桎在手曰梏今大畜六四施梏于足不審桎梏手足定有別否答曰牛無手以前足當之案禮記月令正義冷剛問牛四足何以稱梏鄭答云牛無手前足施梏也周禮大司寇正義牛無手惟以足言之與此詞稍異而意並同

易歸妹以須注云須有才智之稱天文有須女屈原之

敬所小稿 三卷

（明）苏境撰

清抄本

一册

辽宁省图书馆藏

国家珍贵古籍名录05840号

苏境（生卒年不详），字仲简，建安（今属福建）人。洪武初以明经授崇安训导，以诗名。

此书为苏境诗集。各书目稀见，未曾刊行，只有抄本传世。

是书经罗振玉收藏，钤“罗振玉印”、“老于忧患”等印。

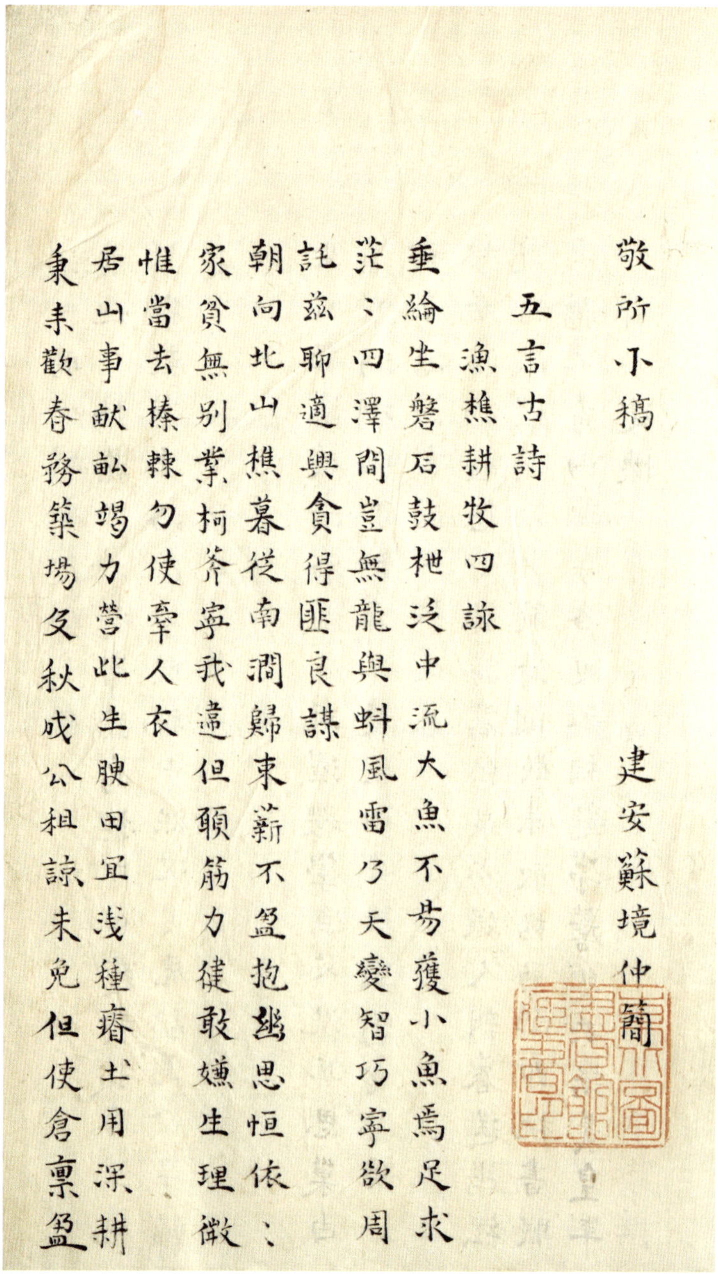

伐檀斋集

十二卷

（明）张元凯撰

清刻本（四库底本）

六册

大连图书馆藏

国家珍贵古籍名录06129号

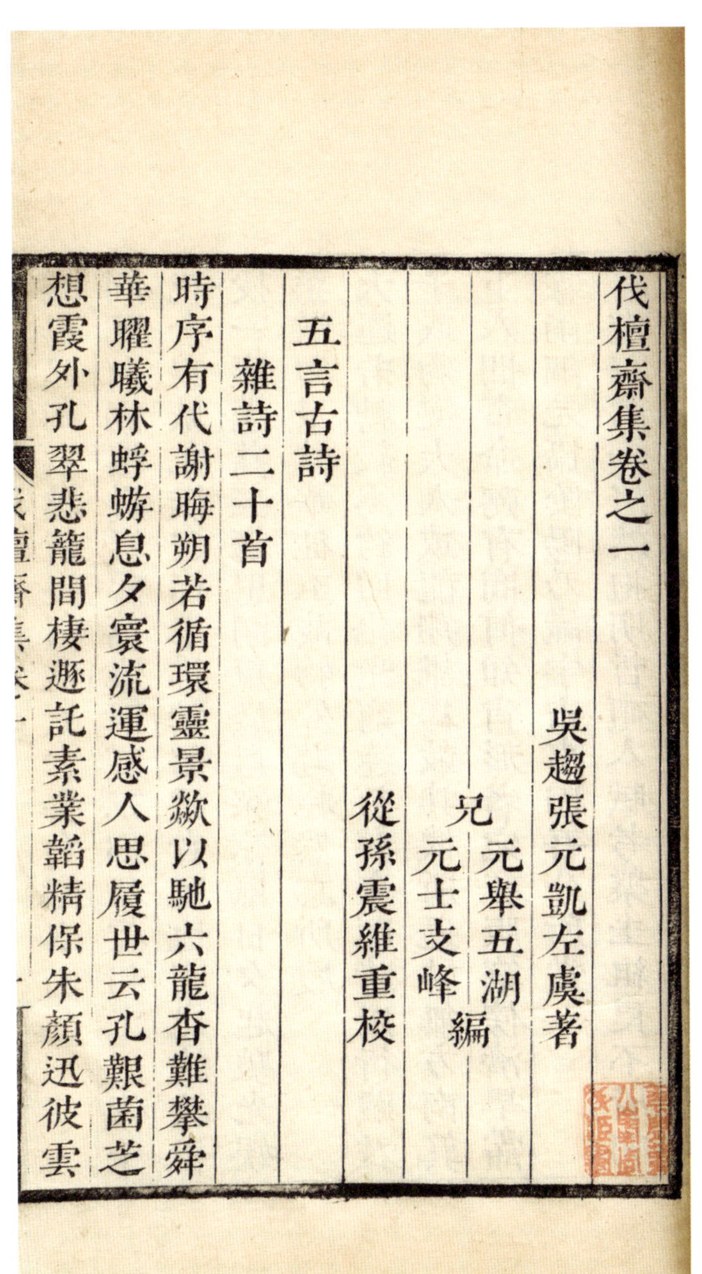

张元凯（生卒年不详），字左虞，吴县（今属江苏苏州）人。明世宗嘉靖三十三年（1554）前后在世。以世职为苏州卫指挥。有“伐檀斋”，因以集名。

作者少受《毛氏诗》，折节读书，寄情诗酒。王世贞序其诗，比之于沈庆之、曹景宗，此后始为诗坛所知。《四库全书总目》云“其诗大抵推陈出新，不袭窠臼。而风骨遒上，伉壮自喜，每渊渊有金石声”。

是书系编纂《四库全书》之底本，钤“翰林院印”印。

御制文集四十卷总目五卷二集五十卷总目六卷三集五十卷总目六卷

（清）圣祖玄烨撰

清康熙五十三年（1714）内府刻本

七十八册

辽宁省图书馆藏

国家珍贵古籍名录09307号

此书为清圣祖仁皇帝所著诗文总集。由大学士张英等编录，蒋廷锡等校刊。前后共分四集，依次成编。全书文与诗合编，以年为序；每集内容均为敕谕、奏文、论、辩、序、记、说、碑文、颂、赞、铭、杂著、祭文、赋及古今体诗等。

此书为清内府所刻，开本较大，版式铺陈，印纸莹洁，装潢考究。

御製文集卷第一

敕諭

諭户部

前以尔部題請直隷各省廢藩田産差部
員會同各該督撫將荒熟田地酌量變價
今思小民將地變價承買之後復徵錢糧

御製文集　卷一　敕諭　一

御制冰嬉赋

一卷

（清）高宗弘历撰

清乾隆十年（1745）内府刻朱墨套印本

一册

辽宁省图书馆藏

国家珍贵古籍名录09318号

《冰嬉赋》为乾隆皇帝记其阅冰技之作。中国古代素有冰嬉者，但自古无人为之写赋，故乾隆皇帝首作此“冰嬉赋”。该书文字为墨色，朱笔圈点，小字注释，红线标示。

2937

御製冰嬉賦 有序

陸行之疾者吾知其為馬水行之疾者吾知其為舟為魚雲行之疾者吾知其為鵰鶚鵰鶚至於冰則向之族莫不躄躄膠滯滑擦而莫能施其技國俗有冰嬉者護膝以芾牢鞋以韋或底含雙齒使齧凌而人

御製冰嬉賦 一

耕烟草堂诗钞

四卷

（清）戴梓撰

民国辽海书社铅印辽海丛书本

一册

辽宁省图书馆藏

戴梓（1649—1726），字文开，号耕烟，仁和（今浙江杭州余杭）人。擅长诗书绘画。戴氏清康熙中谪居沈阳，终老辽东。

全书分四卷，收古今体诗三百五十二首，很多诗是戴氏以写实风格写就，抒发了对辽东风土人情的感怀。该集旧附刻《庆芝堂集》后，金毓黻取而收入《辽海丛书》。

耕煙草堂詩鈔卷一

仁和戴梓文開甫著

古意五首

鬱鬱復鬱鬱西風吹絺綌白草動悲音黄埃霾危磧仰見隴頭雲不見水底石水石抱堅貞千年如一日隴雲多變端崇朝不謀夕隱現雖殊觀君子貴自得披襟臨回飈顧影三歎息

朱門有淑女嬪爲君子室步搖明月珠珮戛荊山璧綷約生香風芙蓉照春色雅韻抱流雲光華爭麗日婉孌兩情深誓並鶼鶼翼恃德不恃色君心有轉易耳入侍兒言棄置在一夕揮淚下君堂幽房暗如漆回望舊簾櫳遠若雲天隔鏡此傾國姿只博衫袖溼不及長干倡挾瑟笑君側

庭前有嘉樹雙雙落奇鳥卿雲散組翰煥彩張靈葆乳哺羣雛嬌噰噰聚晴曉春風遊冶郎翠騎飛芳草挾彈覓當壚意氣何矯矯側目

耕煙草堂詩鈔卷一 一 遼海叢書

在园杂志 四卷

（清）刘廷玑撰

清康熙五十四年（1715）刻本

四册

辽宁省图书馆藏

在園雜志卷一

遼海劉廷璣

歲甲午 聖壽六旬有一是爲本命元辰普天瑞應不勝詳敷四海内壽臻百齡奏請建坊以表熙朝人瑞者如福建巡撫滿公保具題德化縣老人百歲鎮守寧古塔將軍孟公俄洛具題李三年百有三歲直隸巡撫趙公弘燮具題文安縣原任副將馬自新妻徐氏百歲江南巡撫張公伯行具題山陽縣張氏百歲湖廣巡撫劉公殿衡具題江夏

刘廷玑（生卒年不详），字玉衡，号在园，辽阳（今辽宁辽阳）人。累官至江西按察使。清圣祖康熙十五年（1676）前后在世。著有《葛庄分体诗钞》。

是编为杂记见闻，亦间有考证，内容丰富，包罗万象。此书原刊本存世不多，金毓黻曾依原刊本及活字本详校，收入《辽海丛书》。

爱吟草一卷 前草一卷

（清）常纪撰

和诗一卷题跋二卷 殉节录一卷

清乾隆五十三年至五十五年（1788—1790）王尔烈刻本

四册

辽宁省图书馆藏

常纪（1728—1773），字铭勋，号瓛廷，又号理斋，盛京（今辽宁沈阳）栖霞堡人。其先世居山西，明代徙辽东。清乾隆二十二年（1757）进士。乾隆三十八年（1773）遭变乱殉职。

是集为常纪诗，乾隆年间王尔烈辑刊并为之序四：《校刻常理斋爱吟草序》、《续刻常理斋爱吟前草序》、《附刻慈惺圃寄常理斋诗序》、《集录爱吟草题跋序》。

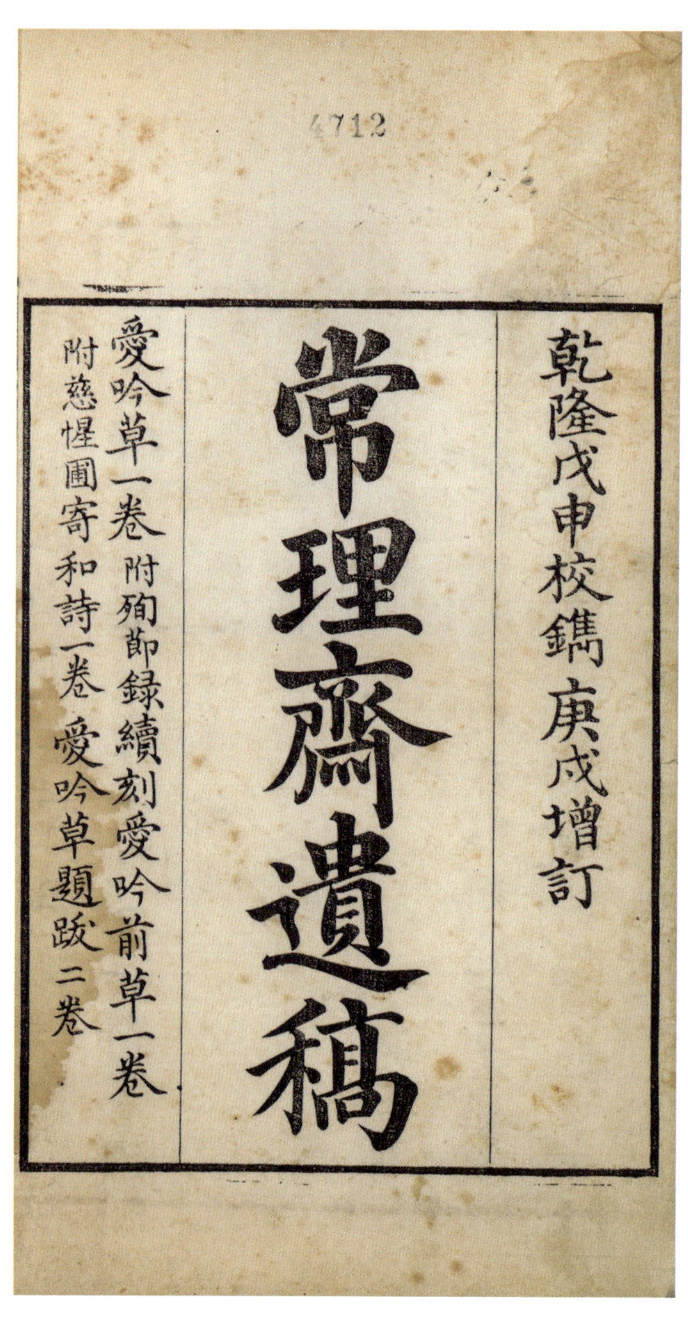

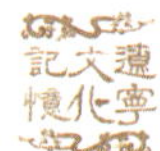

庆芝堂集

十八卷

(清)戴亨撰

清道光十五年(1835)刻本

四册

辽宁省图书馆藏

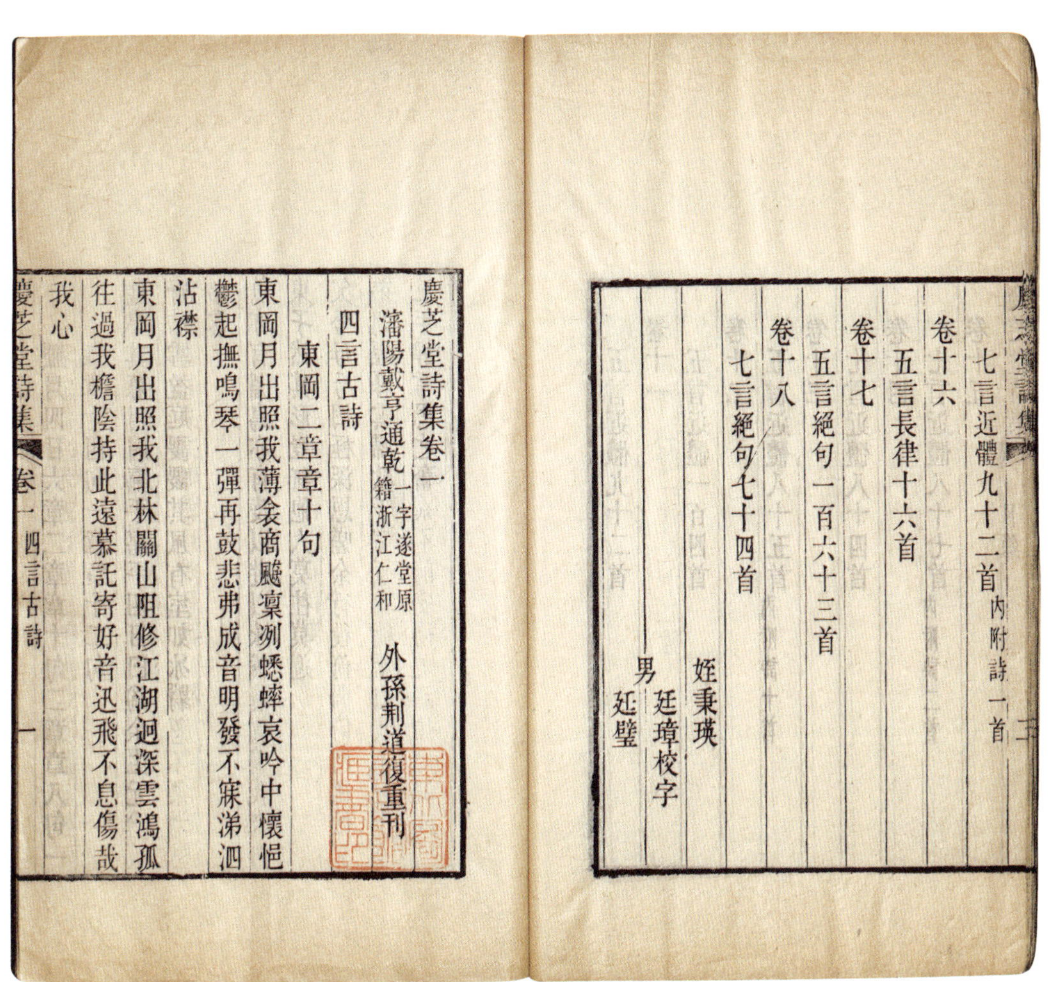

七言近體九十二首內附詩一首
卷十六
五言長律十六首
卷十七
五言絕句一百六十三首
卷十八
七言絕句七十四首
姪秉瑛
男廷璋校字
廷璧

慶芝堂詩集卷一
瀋陽戴亨通乾一字遂堂原籍浙江仁和　外孫荊道復重刊
四言古詩
東岡二章章十句
東岡月出照我薄衾商飆凜冽蟋蟀哀吟中懷悒鬱起撫鳴琴一彈再鼓悲弗成音明發不寐涕泗沾襟
東岡月出照我北林關山阻修江湖迥深雲鴻孤往過我檐陰持此遠慕託寄好音迅飛不息傷哉我心

慶芝堂詩集　卷一　四言古詩　一

戴亨(1690—1760),字通乾,号遂堂,浙江仁和(今浙江杭州余杭)人。戴梓之子。清康熙六十年(1721)进士。官山东齐河知县。

此集收录其四言古体、骚体、古乐府、五言古体、七言古体、五言近体、七言近体、五言长律、五言绝句、七言绝句诗一千三百一十二首。亨为“辽东三老”之一,其诗多咏辽东事。此集初刊于清乾隆三十五年(1770),重刊于道光十五年(1835)。

仙樵诗钞

十二卷补遗一卷

（清）刘文麟撰

清同治九年（1870）陈玉章刻本

四册

辽宁省图书馆藏

就易吾心哉君去官數年淮南北盜大起民死亡太半
乃知君非空言也卒被吏議以詩人終悲夫
時同治九年歲次庚午八月外弟陳玉章謹次

仙樵詩鈔卷一
遼陽劉文麟仁甫著
癸巳
浣花草堂
錦官城西四五里光燄萬丈衝霄起猶有詩翁故宅存
行人遥向江頭指我來時值暮春天瞻拜遺容一惘然
那是先生游息處滿庭芳草綠如煙乾元年中多變故
劍南山水留人住背郭臨江結草廬春花秋月空延佇
垂老無家兩鬢霜長安北望思茫茫關山阢隉愁千丈

刘文麟（1815—1867），字仁甫，号仙樵，辽阳（今辽宁辽阳）人。清道光十八年（1838）进士。历官广东平远知县、海南文昌知县、河南沈丘县令。后弃官，受聘主讲沈阳萃升书院。

此集为刘文麟诗集。其诗风婉丽深远，多有寄托。

医俗清凉散

不分卷

（清）吴树左撰

清咸丰四年（1854）刻本

一册

辽宁省图书馆藏

歸千山（在道光十六年）

四十餘年不自由。脫身從此罷營求。利名似網誰先覺。日月如梭我獨愁。願與青山常對面。免教白髮早盈頭。翛然遯入慈祥觀。一戴黄冠萬慮休。（翛音消）

靜中滋味淡而長。十八年來弃故鄉。石不能

吴树左（？—1886），河北河间府（今河北河间）人，人称慈祥道人。

吴树左因屡试不第，清道光十四年（1834）到辽阳千山慈祥观修道，其间创作了歌咏千山的诗百余首，为使其诗作能成为世人从追名逐利的迷途中醒来的良药，因名之集为《医俗清凉散》。在千山各寺庙的资助下，清咸丰四年（1854）吴氏在千山刊刻此书以传世。

隅梦草堂诗草 六卷

（清）房毓琛撰

民国十七年（1928）荣文祚刻辽东三家集本

二册

辽宁省图书馆藏

房毓琛（1845—1900），字仲南，号心若，海城（今辽宁海城）人。

房毓琛与刘春烺、荣文达同称“辽东三才子”。房氏博闻广智，其诗多写民间疾苦，有奇气。

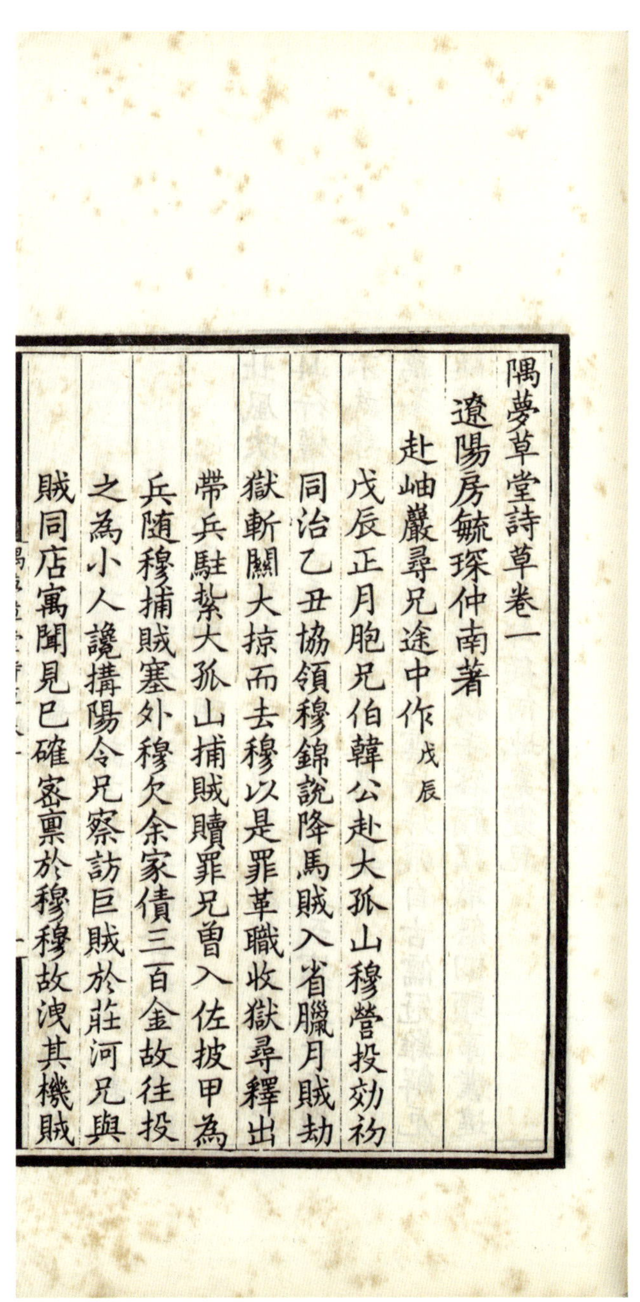
隅夢草堂詩草卷一
遼陽房毓琛仲南著
赴岫巖尋兄途中作 戊辰
戊辰正月胞兄伯韓公赴大孤山穆營投効礽
同治乙丑協領穆錦謊降馬賊入省臘月賊劫
獄斬關大掠而去穆以是罪革職收獄尋釋出
帶兵駐紮大孤山捕賊贖罪兄曾入佐披甲為
兵隨穆捕賊塞外穆欠余家債三百金故往投
之為小人讒搆陽令兄察訪巨賊於莊河兄與
賊同店寓聞見已確密稟於穆穆故洩其機賊

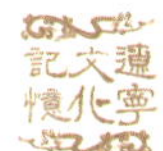

鹿苹斋集 三卷

（清）荣文达撰
民国十七年（1928）荣文祚刻辽东三家集本
一册
辽宁省图书馆藏

鹿苹齋詩稿
懷德榮文達可民甫著
遼東懷古 丙戌
幽營半壁劃星躔溟渤紆迴日出鮮禹跡有經關東北
舜封無石勒山川鳥夷猶想名皮地肅慎難尋貢矢年
本是強秦威不到誰藏太子助窮燕
雄才漢武拓疆寬汕浿遙書太史官菟郡虛名分四界
虎神遺俗紀三韓安邊太守宣威易出塞將軍讓美難
莫道渡遼征戰苦敢憑翖容靖烏丸
石祥延里起陰謀鷹輅旌頭我豈侯五國妄爭遼水長

千山勝蹟
醉白圖爲王甲臣士元題
和心若八月十五日夜場中作
後遼東懷古 四首
送魏鄴珊離尹
附詩餘目錄
題畫蝶紈扇 乙酉秋闈報罷
迂道薊州望北峪詢吳柳堂先生盡節處詞以弔之
贈友
題畫蝶

荣文达（1848—1903），字可民，号亮夫，怀德县（今吉林公主岭）人。清光绪十九年（1893）举人。

荣文达，“辽东三才子”之一，于经史、诗文、书画皆有造诣。民国十七年（1928）荣文祚将《鹿苹斋集》与刘春烺《看云听涛馆诗》、房毓琛《隅梦草堂诗草》合刻为《辽东三家集》以传世。

看云听涛馆诗

一卷

（清）刘春烺撰

民国十七年（1928）荣文祚刻辽东三家集本

一册

辽宁省图书馆藏

刘春烺（1850—1905），字东阁，号丹崖，新民府（今辽宁新民）人，光绪八年（1882）举人。清末奉天大学堂总教习。

此为刘春烺诗集，其诗作多反映东北社会生活。刘氏通经史，擅词章，与荣文达、房毓琛同称“辽东三才子”。

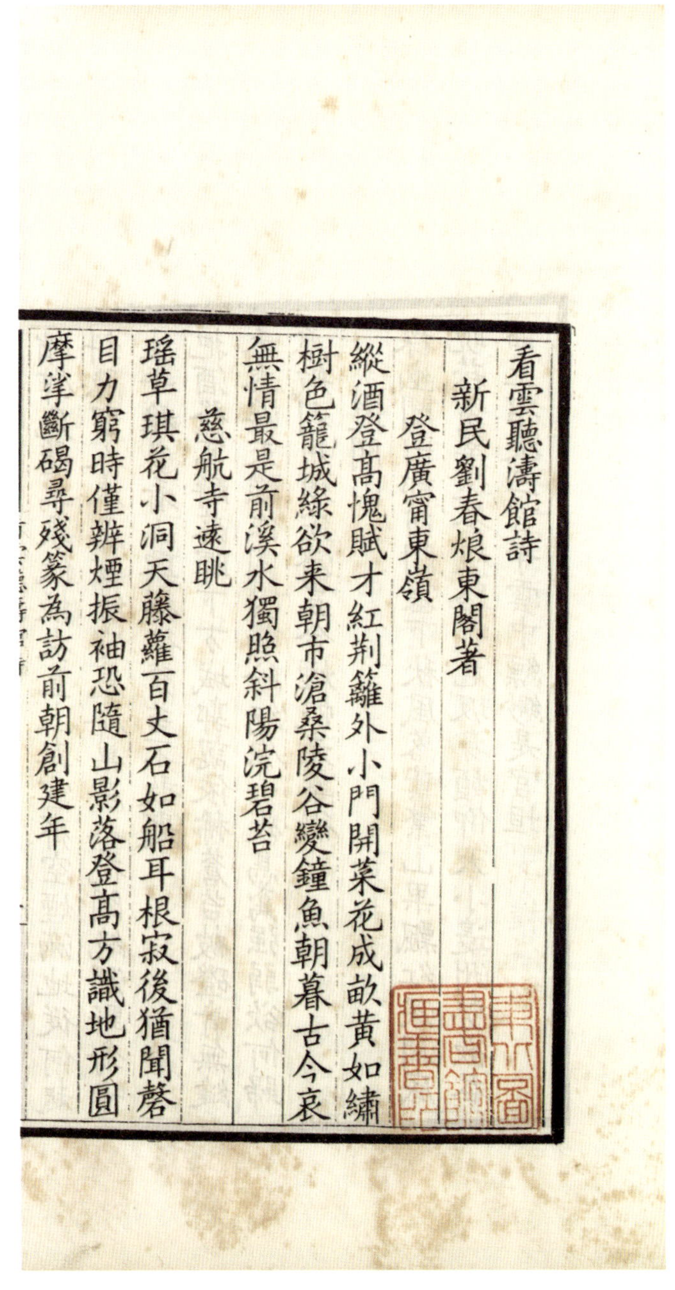
看雲聽濤館詩

新民劉春烺東閣著

登廣甯東嶺

縱酒登高愧賦才紅荊籬外小門開菜花成畝黃如繡
樹色籠城綠欲來朝市滄桑陵谷變鐘魚朝暮古今哀
無情最是前溪水獨照斜陽浣碧苔

慈航寺遠眺

瑤草琪花小洞天藤蘿百丈石如船耳根寂後猶聞磬
目力窮時僅辨煙振袖恐隨山影落登高方識地形圓
摩挲斷碣尋殘篆為訪前朝創建年

御选宋金元明四朝诗

三百零二卷首二卷
姓名爵里十三卷

（清）圣祖玄烨辑

清康熙四十八年（1709）内府刻本
一百二十八册
辽宁省图书馆藏
国家珍贵古籍名录06342号

本书博采宋金元明各体诗，均收自名篇巨集，计宋诗七十八卷，作者八百八十二人；金诗二十五卷，作者三百二十一人；元诗八十一卷，作者一千一百九十七人；明诗一百二十卷，作者三千四百人。每代之前详述作者之爵里。其诗分帝制、四言、乐府、古体、律诗、绝句、六言和杂言等。是研究宋金元明四朝诗学的重要资料。

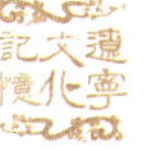

历朝闺雅

十二卷

（清）揆叙辑

清康熙刻本

四册

辽宁省图书馆藏

国家珍贵古籍名录 09408 号

是书为闺秀总集中第一部分体选本，自唐迄于明季，取历代宫闱诗作之体格醇正、词调清新者入选。每代冠以后妃、贵主、女官之诗，次及闺秀、妾婢、女尼、女冠、妓女及外裔之女。凡流传中有误植及假托者，皆一一考订，删而不录。内府所刊闺秀集仅此一种。

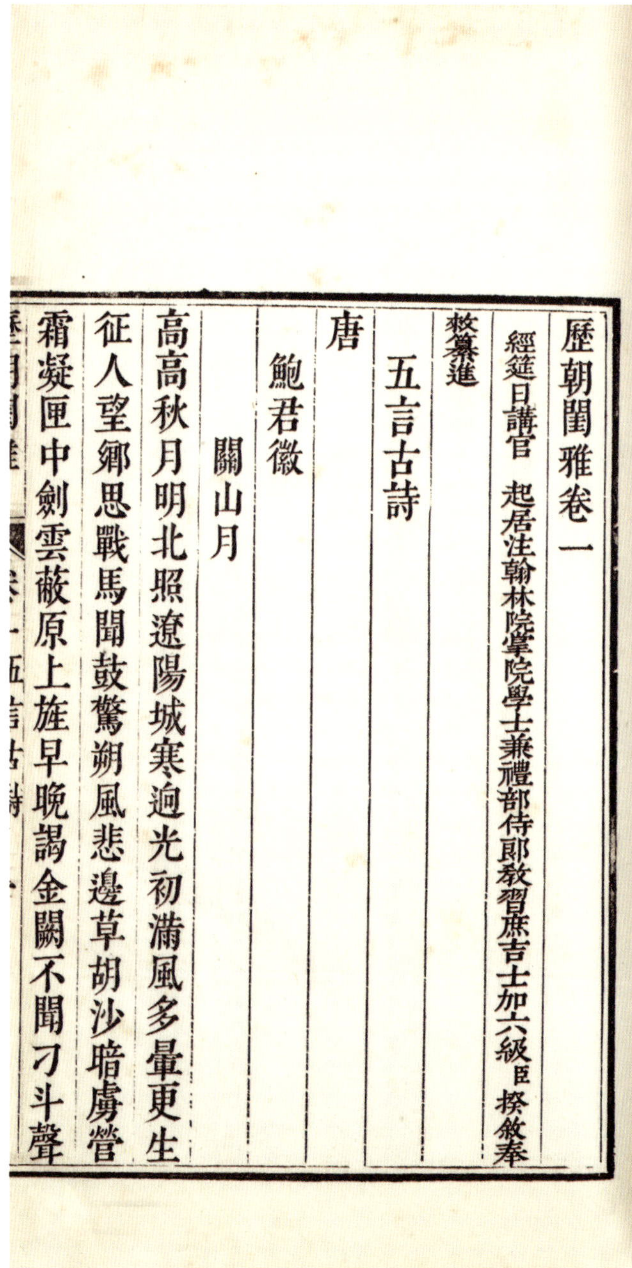
歷朝閨雅卷一
經筵日講官 起居注翰林院掌院學士兼禮部侍郎教習庶吉士加六級臣揆敘奉
敕纂進
五言古詩
唐
鮑君徽
關山月
高高秋月明北照遼陽城寒迥光初滿風多暈更生
征人望鄉思戰馬聞鼓驚朔風悲邊草胡沙暗虜營
霜凝匣中劍雲蔽原上旌早晚謁金闕不聞刁斗聲

佩文斋咏物诗选 四百八十六卷

（清）张玉书等辑

清康熙四十六年（1707）内府刻本

六十四册

辽宁省图书馆藏

国家珍贵古籍名录06343号

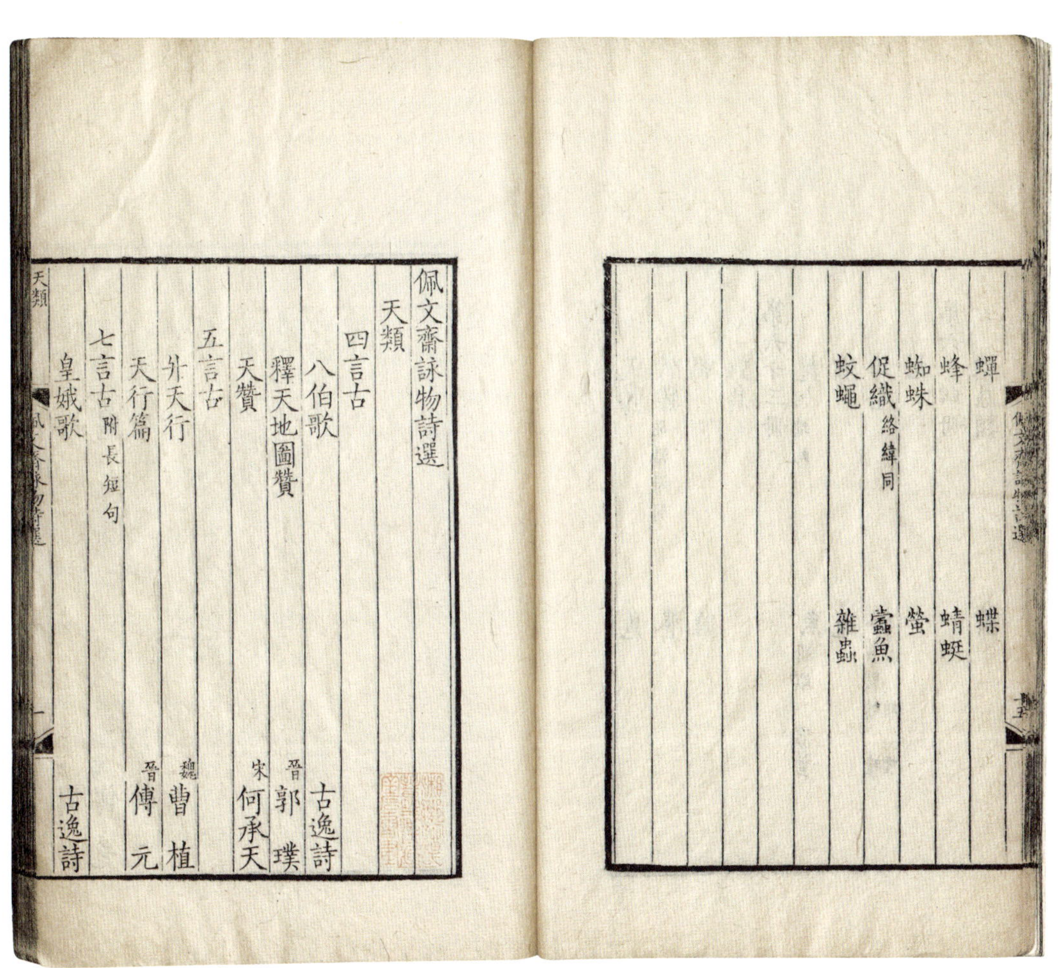

佩文齋詠物詩選

天類

四言古

八伯歌　古逸詩

釋天地圖贊　晉郭璞

天贊　宋何承天

五言古

升天行　魏曹植

天行篇　晉傅元

七言古附長短句

皇娥歌　古逸詩

蟬　蝶

蜂　蜻蜓

蜘蛛　螢

促織絡緯同　蠹魚

蚊蠅　雜蟲

是书共四百八十六类，每类又分五言、七言古诗和律诗。共收古今各体诗一万四千五百九十首，上起古初，下迄明朝。诸体咸备，实为诗苑之大观。

御定历代题画诗类 一百二十卷

（清）陈邦彦辑

清康熙四十六年（1707）内府刻本

三十六册

大连图书馆藏

国家珍贵古籍名录02198号

陈邦彦（1678—1752），字世南，一作思南，号匏庐、匏庐道人、春晖老人等，浙江海宁人。清康熙四十二年（1703）进士。累官至礼部侍郎。著有《春晖堂书课》等。

是书所收诗作起于唐代，终于明末，近千年的题画诗歌，汇聚一编，共收录各体诗歌八千九百余首，归为三十类。《四库全书总目》评此书“名物典故，有资考证”，所载之“鸿篇巨制，有益文章”。

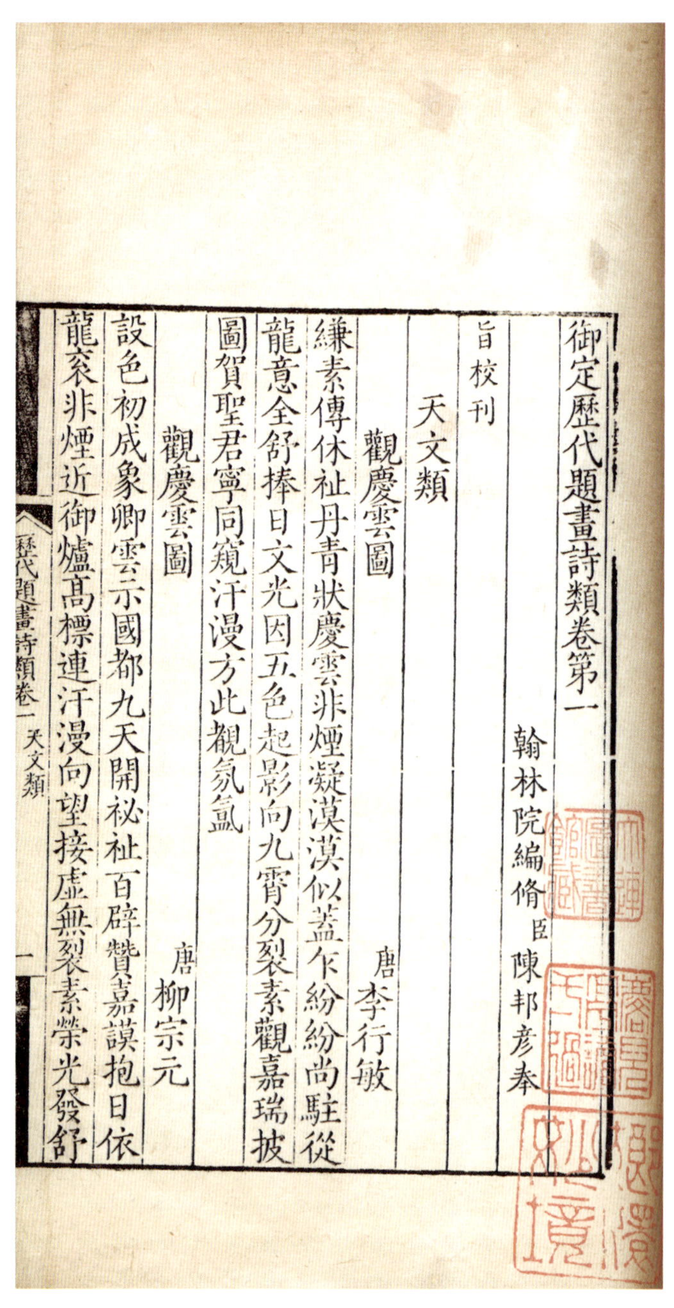
御定歷代題畫詩類卷第一
翰林院編脩臣陳邦彥奉
旨校刊
天文類
觀慶雲圖　唐李行敏
縑素傳休祉丹青狀慶雲非煙凝漠漠似蓋乍紛紛尚駐從龍意全舒捧日文光因五色起影向九霄分裂素觀嘉瑞披圖賀聖君寧同窺汗漫方此覩氛氳
觀慶雲圖　唐柳宗元
設色初成象卿雲示國都九天開祕祉百辟贊嘉謨抱日依龍衮非煙近御爐高標連汗漫向望接虛無裂素榮光發舒
歷代題畫詩類卷一　天文類　一

御选唐宋诗醇

四十七卷目录二卷

（清）高宗弘历辑

清乾隆十六年（1751）内府刻四色套印本

二十四册

大连图书馆藏

国家珍贵古籍名录02200号

御選唐宋詩醇卷之一

隴西李白詩一

有唐詩人至杜子美氏集古今之大成為風雅之正宗譚藝家迄今奉為矩矱無異議者然有同時並出與之頡頏上下齊驅中原勢鈞力敵而無所多讓太白亦千古一人也夫論古人之詩當觀其大者遠者得其性情之所存然後等厥材力辨厥淵源以定其流品一切悠悠耳食之論奚足道哉李杜二家所謂異曲同工殊塗同歸者觀其全詩

御選唐宋詩醇　卷一　李白　一

是书收录唐、宋六大家诗二千七百余首。入选六家为唐代的李白、杜甫、白居易、韩愈和宋代的苏轼、陆游。其编选体例，先论诗人，然后选诗，最后评诗。

古文渊鉴 六十四卷

（清）徐乾学等辑并注

清康熙内府刻五色套印本

辽宁省图书馆藏

三十六册

国家珍贵古籍名录09462号

徐乾学（1631—1694），字原一，号健庵。江苏昆山人。清康熙九年（1670）进士。历官礼部侍郎、左都御史、刑部尚书等。著有《读礼通考》、《鉴古辑览》等。

该书为古文总集，选录上起《左传》、下迄宋代诸家的散文。正文用墨色，天头批注用朱、橙、绿、蓝诸色。朱色为本朝名家评语，其余为历代名家批评。《四库全书总目》称该书编注选文“睿鉴精深，别裁正当”，“每篇各有评点，皆批导窾要，阐发精微”。

该书字体端整可观，刻印极工，五色斑斓，赏心悦目，显示出清初内府多色套印技术的高水平。

古文淵鑑卷第一

御選

內閣學士兼禮部侍郎教習庶吉士臣徐乾學等奉

旨編注

周 姬姓黃帝苗裔后稷之後武王伐紂而有天下至幽王爲犬戎所弒謂之西周平王東遷洛邑謂之東周即春秋之始也

左傳 左丘明著丘明魯史也孔子將修春秋與丘明乘如周觀書於周史歸而修春秋之經七十子之徒口受其傳丘明懼弟子之各安其意失其眞故論其語成左氏春秋或先經以始事或後經以終事或依經以辯理或錯經以合異隨義而發是爲春秋內傳

古文淵鑑卷一 左傳 鄭莊公叔段本末 一

既縣陳矣聞正言而復之申叔深得納誨之方楚王亦有虛受之量

正叔程頤曰致亂之臣國所不容也故書納

楚子入陳 宣公十一年

冬楚子爲陳夏氏亂故伐陳（十年夏徵舒弑君）謂陳人無動將討於少西氏（少西徵舒之祖）遂入陳殺夏徵舒轘諸栗門（轘車裂也栗門陳城門○轘音患）因縣陳（滅陳以爲楚縣）陳侯在晉（靈公子成公午）申叔時使於齊反復命而退王使讓之曰夏徵舒爲不道弑其君寡人以諸侯討而戮之諸侯縣公皆慶寡人（楚縣大夫皆僭稱公）女獨不慶寡人何故對曰猶可辭乎王曰可哉曰夏徵舒弑其君其罪大矣討而戮之君之義也抑人亦有言曰牽牛以蹊人之田（蹊徑也○蹊音兮）而奪之牛牽牛以蹊者信有罪矣而奪之牛罰已重矣諸侯之從也曰討有罪也今縣陳貪其富也以討召諸侯而以貪歸之無乃不可乎王曰善哉吾未之聞也反之可乎對曰可哉吾儕小人所謂取諸其懷而與之也乃復封陳鄉取一人焉以歸謂之夏州故書曰楚子入陳納公孫寧儀行父于陳（二子陳卿）書有禮也

臣熙曰蹊田之喻妙在切直取懷而與之喻妙在輕雋

臣正治曰蹊田之罰最爲妙喻猶鄉取一人以歸惜哉其未盡裁之以義也

楚子圍鄭 宣公十二年

鄭詞遜順得以小事大之體所以能

十二年春楚子圍鄭旬有七日鄭人卜行成不吉卜

御选唐宋文醇

五十八卷

（清）高宗弘历辑
清乾隆三年（1738）内府刻四色套印本
二十册
辽宁省图书馆藏
国家珍贵古籍名录09464号

明朝茅坤曾选韩愈、柳宗元、欧阳修、苏洵、苏轼、苏辙、曾巩、王安石之文编辑《唐宋八大家文钞》。清储欣在此基础上又增唐李翱、孙樵二人之文，称为十大家。乾隆时期，高宗皇帝命允禄、张照诸臣取储欣所选十家文，录其言之优雅者，又作补充，名曰《唐宋文醇》，共录十家文四百七十四篇。清圣祖评论以黄色书于篇首，清高宗评论以朱笔书于篇后，诸家评述以紫色、绿色分书于末。是书为乾隆时期殿版套色印刷书籍之佳本。

御选唐诗

三十二卷目录二卷

（清）圣祖玄烨辑
（清）陈廷敬等辑注
清康熙五十二年（1713）内府刻朱墨套印本
十五册
大连图书馆藏
国家珍贵古籍名录02244号

御選唐詩第一卷

五言古

唐太宗皇帝 帝姓李氏諱世民神堯次子初建秦邸即開文學館既即位殿左置弘文館悉引內學士番宿更休聽朝之間則與討論典籍雜以文詠詩筆草隸卓越前古至於天文秀發沈麗高朗有唐三百年風雅之盛帝實有以啟之焉

帝京篇

秦川雄帝宅 三秦記長安正南秦嶺嶺根水流為秦川一名樊川魏明帝詩出身秦川爰居伊洛

御選唐詩 卷之一 一

陈廷敬（1638—1712），原名陈敬，字子端，号说岩，晚号午亭，山西晋城人。清顺治十五年（1658）进士。历任工部尚书、户部尚书、吏部尚书等职。

是书虽题御选，实由陈廷敬诸臣奉敕而编。所收古风近体诸诗，各以类相从。诗中注释，每名氏下详其爵里，诗句之下，训诂注解，如同李善注《文选》。

全唐诗 九百卷 目录十二卷

（清）曹寅 彭定求等辑

清康熙四十四至四十六年（1705—1707）扬州诗局刻本

一百二十册

辽宁省图书馆藏

国家珍贵古籍名录 09485号

曹寅（1658—1712），字子清，号荔轩，又号楝亭，丰润（今河北丰润）人。官至管理江南织造、巡视两淮盐漕监察御史。著有《楝亭诗钞》、《楝亭五种》等。

彭定求（1645—1719），字勤止，又字南畇，号访濂，长洲（今属江苏苏州）人。清康熙十五年（1676）进士。官至国子监司业。

《全唐诗》是清朝初年编修的汇集唐代诗歌的总集，该书以季振宜的《唐诗》为主要底本，以胡震亨《唐音统签》为辅，并参照了曹寅所搜集的一些唐诗善本。全书共九百卷，收录唐代诗人二千八百七十三人诗四万九千四百零三首、句一千五百五十条。书成后，命名为《御定全唐诗》。

是书为扬州诗局所刊，世称扬州诗局本，写、刻、校、印俱精。

全唐詩

太宗皇帝

帝姓李氏諱世民神堯次子聰明英武貞觀之治庶幾成康功德兼隆由漢以來未之有也而銳情經術初建秦邸即開文學館召名儒十八人爲學士旣即位殿左置弘文館悉引內學士番宿更休聽朝之間則與討論典籍雜以文詠或日昃夜艾未嘗少息詩筆草隸卓越前古至於天文秀發沈麗高朗有唐三百年風雅之盛帝實有以啓之焉在位二十四年謚曰文集四十卷館閣書目詩一卷六十九首今編詩一卷

帝京篇十首 并序

御定全唐诗录

一百卷

（清）徐倬辑

清康熙四十五年（1706）内府刻本

二十四册

辽宁省图书馆藏

国家珍贵古籍名录06458号

戊辰 梁開平二年 蜀武成二年

己巳

後蜀主孟昶 廣政十九年

韓偓 己巳年正月十二日自沙縣抵邵武軍謀撫信之行到纔一夕為閩相急脚相召却請赴沙縣郊外泊船偶成一篇

賜詩僧可朋錢十萬帛五十疋可朋有玉壘集 才調集後蜀韋縠選 統籤內有徐鉉集按鉉乃南唐臣後歸宋于唐無與不錄

御定全唐詩錄卷第一　禮部侍郎臣徐倬翰林院侍讀學士臣徐元正奉

旨校刊

太宗

帝姓李氏諱世民高祖第二子高祖起義兵拜右領大都督封燉煌郡公徙封趙國公高祖受禪拜尚書令右武侯大將軍進封秦王海內漸平乃銳意經籍開文學館以待四方之士杜如晦等十有八人為學士與之討論雖受高祖傳位實首開創之主

唐詩品云文皇生更隋代蚕事藝文習氣既開神

徐倬（1624—1713），字方虎，号苹村，德清新塘（今浙江德清士林镇徐家墩）人。清康熙十二年（1673）进士。累官至礼部侍郎。著有《道堂类稿》。

清初，季振宜编《唐诗》七百一十七卷，徐倬以为卷帙浩繁，乃采撷菁华辑为一集，收录唐人诗九千七百三十七首，作者达四百五十余人，每人各附小传，又间附诗话、诗评以备考证。徐倬是编惟仙鬼之诗仍不分体，余皆以古体、今体分编。

御订全金诗增补中州集

七十二卷首二卷

（金）元好问辑

（清）郭元釪补辑

清康熙五十年（1711）内府刻本

二十四册

辽宁省图书馆藏

国家珍贵古籍名录09506号

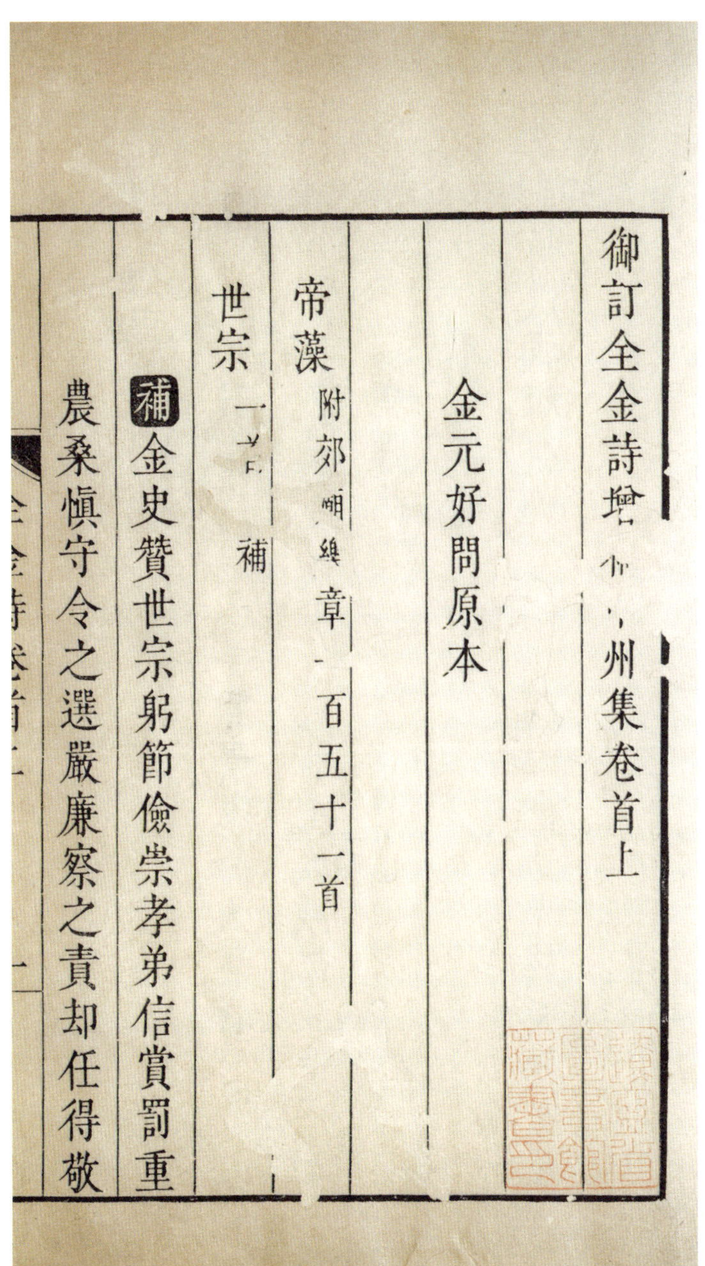

元好问（1190—1257），字裕之，号遗山，世称遗山先生，太原秀容（今山西忻州）人。金元之际著名文学家。著有《中州集》、《南冠录》。

郭元釪（生卒年不详），字于宫，江都（今属江苏）人。清诸生。参与修《佩文韵府》等书，授中书。著有《一鹤庵诗钞》。

《全金诗》是在《中州集》的基础上增补而成。元好问编选《中州集》以诗存史，故而录诗不甚求全，且当时在世的人皆不入选。《全金诗》则力求广采旁搜，巨细不遗，凡金人入元不仕者皆附入其末。收诗凡五千五百四十四首，诗者共三百五十八人，并留《中州集》的作者小传。书成，由康熙帝制序刊行。

皇清文颖

六十卷总目二卷

（清）陈廷敬 王鸿绪辑

清康熙五十一年（1712）内府抄本

四十二册

大连图书馆藏

国家珍贵古籍名录02252号

王鸿绪（1645—1723），初名度心，字季友，号俨斋，华亭（今上海松江）人。清康熙十二年（1673）进士。累官至左都御史。著有《横云山人集》。

《皇清文颖》为清康熙朝陈廷敬奉敕纂辑，雍正中续有增修，至乾隆十二年（1747）始成一百二十四卷。是书为康熙五十一年（1712）内府抄本。

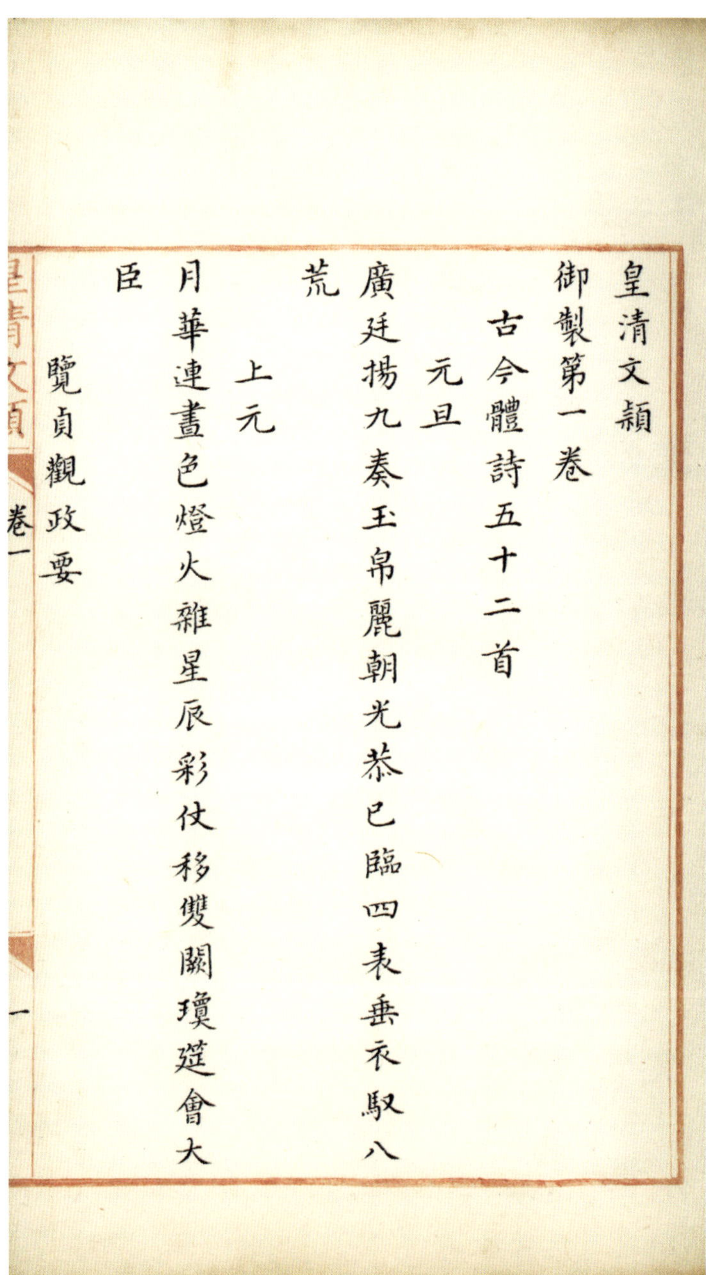

皇清文穎

御製第一卷

古今體詩五十二首

元旦

廣廷揚九奏玉帛麗朝光恭己臨四表垂衣馭八

荒

上元

月華連晝色燈火雜星辰彩仗移雙闕瓊筵會大

臣

覽貞觀政要

皇清文穎 卷一 一

千叟宴诗 四卷

（清）圣祖玄烨等撰

清康熙六十一年（1722）内府刻本

八册

辽宁省图书馆藏

国家珍贵古籍名录 06474 号、10945 号

玉案仙葩暖翠妍耆英承
詔集瓊筵壬寅紀曆初春俟甲子周環又
一年瑞雪降時禾稔熟
殊恩錫處壽綿延如雲如日瞻
天表白髮龎眉喜接肩

千叟宴詩第一卷 計詩七十首
大學士臣馬齊
元日祥徵慰
聖衷推恩耆老宴璇宮鹽梅和鼎臣何力
飽飫
天廚仗化工

据《清史稿》记载，康熙六十一年（1722）正月，“召八旗文武大臣年六十五岁以上者六百八十人，已退者咸与赐宴，宗室授爵劝饮酒”。三日后，又宴请汉官六十五岁以上者共三百四十人。宴上，康熙赋诗，诸臣属和，后集为《千叟宴诗》。

苕溪渔隐丛话前集六十卷后集四十卷

（宋）胡仔辑
清抄本（四库底本）
十三册
存九十三卷
大连图书馆藏
国家珍贵古籍名录06514号

胡仔（1110—1170），字元任，绩溪（今安徽绩溪）人。宋绍兴初年，以父荫授迪功郎，后官常州晋陵知县。

此书前集六十卷成于宋绍兴十八年（1148），后集四十卷成于宋乾道三年（1167）。《丛话》突破前人以“品”分类的体例，以“大家”、“名家”为纲编纂。《四库全书总目》称此书“北宋以前之诗话大抵略备”。

此清抄本朱笔校字随处可见，天头眉端留有红色浮签若干，为编纂《四库全书》底本。钤有 “翰林院典籍厅关防”印。

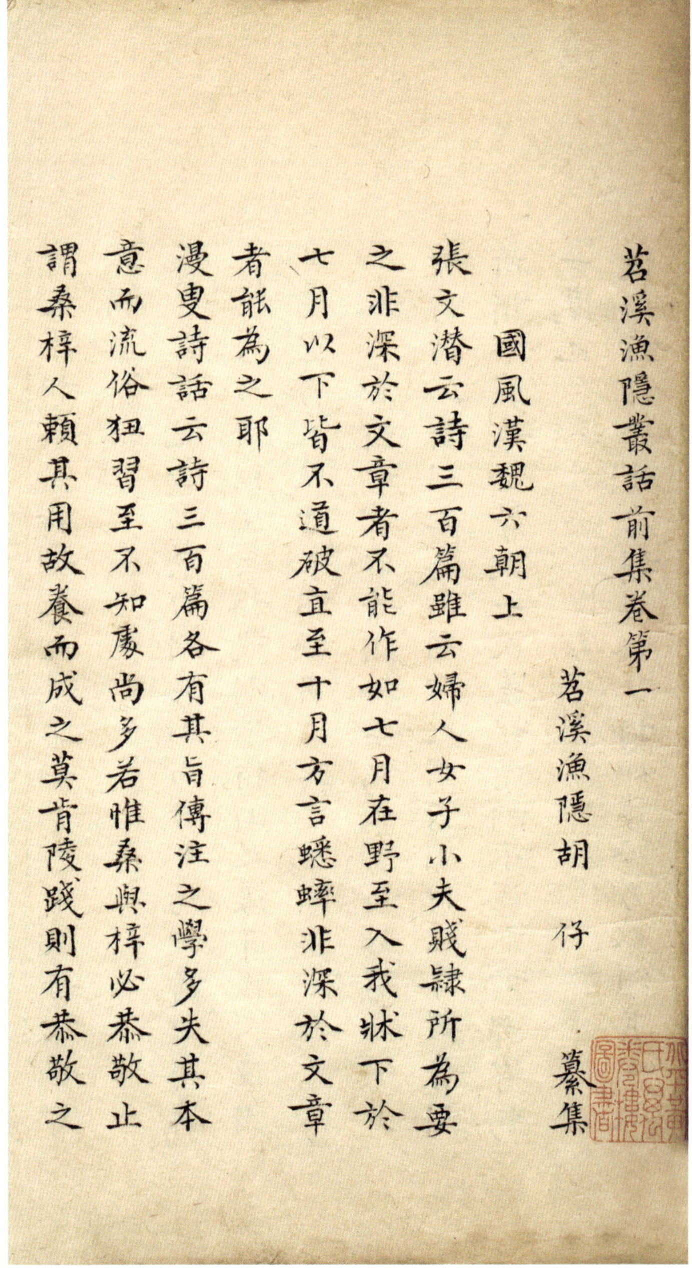
苕溪漁隱叢話前集卷第一
苕溪漁隱胡　仔　纂集
國風漢魏六朝上
張文潛云詩三百篇雖云婦人女子小夫賤隸所為要之非深於文章者不能作如七月在野至入我牀下於七月以下皆不道破直至十月方言蟋蟀非深於文章者能為之耶
漫叟詩話云詩三百篇各有其旨傳注之學多失其本意而流俗狃習至不知處尚多若惟桑與梓必恭敬止謂桑梓人賴其用故養而成之莫肯陵踐則有恭敬之

词谱 四十卷

（清）王奕清等撰

清康熙五十四年（1715）内府刻朱墨套印本

四十册

辽宁省图书馆藏

国家珍贵古籍名录09561号

詞譜卷一 起十四字至二十八字

竹枝 唐教坊曲名元郭茂倩樂府詩集云竹枝本出於巴渝唐貞元中劉禹錫在沅湘以里歌鄙陋乃依騷人九歌作竹枝新詞九章敎里中兒歌之由是盛於貞元元和之間按劉禹錫集與白居易倡和竹枝甚多其自敘云竹枝巴猷也巴兒聯歌吹短笛擊鼓以赴節歌者揚袂睢舞其音協黃鍾羽但劉白詞俱無和聲今以皇甫松孫光憲詞作譜以有和聲也

竹枝 單調十四字 兩句兩平韻 皇甫松

芙蓉並蔕竹枝一心連女兒韻 花侵槅子竹枝眼應穿女兒韻

尊前集載皇甫松竹枝詞六首皆兩句體平韻者五仄韻者一每句第二字俱用平聲餘字平仄不拘所

竹枝 一

楊柳枝一體

八拍蠻二體

字字雙一體

十樣花二體

天淨沙二體 又名塞上秋

王奕清（？—1737），字幼芬，号拙园，江南太仓（今属江苏苏州）人。清康熙三十年（1691）进士。累官至翰林院侍读学士。

此书又称《钦定词谱》、《康熙词谱》。共收录唐宋元词八百二十六调，二千三百零六体，为古代收录词谱最详细的一种。

全书词谱正文一律用墨印，而平仄韵律用朱色圈记标于其旁，一目了然，翻卷视之，朱墨粲然，颇为悦目。此书是清代早期内府刊刻二色套印书籍中的经典之作。

曲谱 十二卷

首一卷末一卷

（清）王奕清等编纂

清康熙内府刻朱墨套印本

六册

辽宁省图书馆藏

国家珍贵古籍名录02281号、09572号

此书无序跋，卷首为“诸家论说”和“九宫谱定论说”。卷一至卷四为北曲，卷五至卷十二为南曲，皆以宫调为纲，选一典型曲例，每句注句字，每韵注韵字，每字注四声于旁，曲末屡有辨证。卷末为不知名宫调及犯调诸曲，体例同北曲、南曲。

康熙五十四年（1715）内府曾刻朱墨套印本《词谱》，是书当与之前后所刻。

新编南词定律

十三卷首一卷

（清）吕士雄等撰

清康熙五十九年（1720）刻朱墨套印本

八册

大连图书馆藏

国家珍贵古籍名录02282号

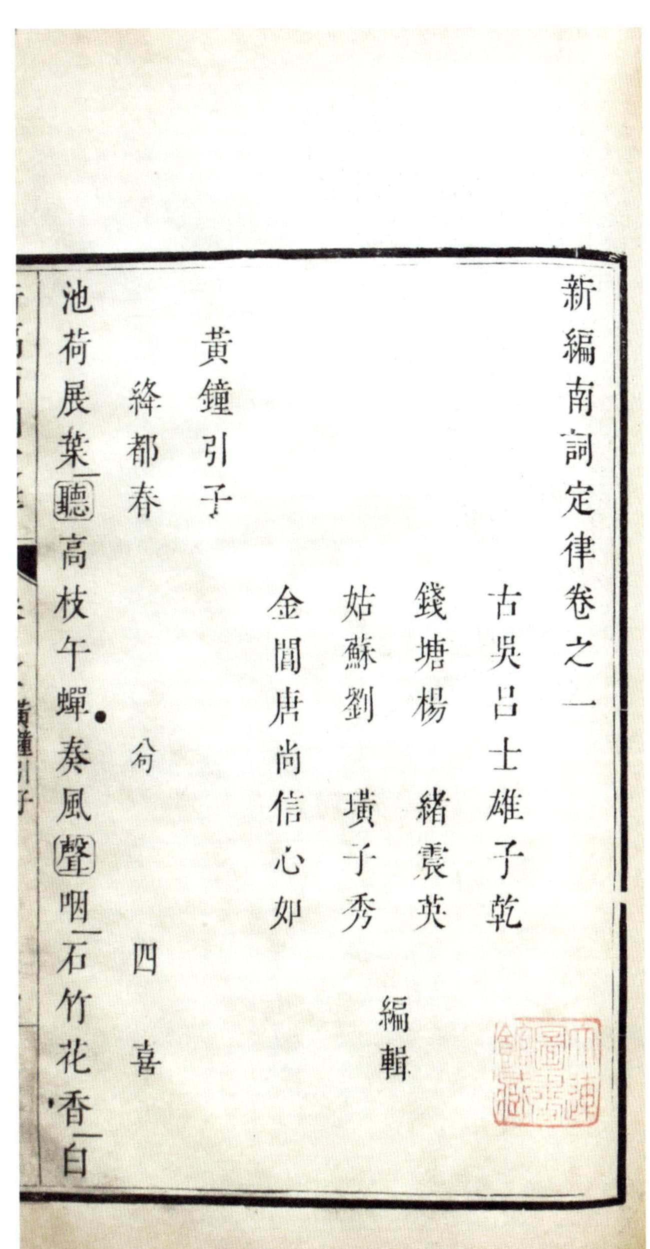

吕士雄（生卒年不详），字子乾，苏州（今江苏苏州）人。

《新编南词定律》是一部南曲格律谱。此谱把《九宫》、《十三调》合而为一，考其所传所行之曲，悉归十三调，然称引子、过曲、犯调；不注平仄，特标鼻音字、闭口音字；朱墨工尺，详点板式等。共收一千三百四十二体、二千零九十曲，作为填词、谱曲的依据。此谱影响巨大，被曲家奉为圭臬。

聊斋志异

不分卷

（清）蒲松龄撰

稿本

八册

存二百三十七篇

辽宁省图书馆藏

国家珍贵古籍名录09593号

蒲松龄（1640—1715），字留仙，一字剑臣，别号柳泉居士，世称聊斋先生，自称异史氏，山东淄川（今属淄博）人。清代杰出的文学家。

《聊斋志异》是中国文学史上经典的短篇志怪文言小说集，共四百九十余篇。写于清康熙前期，历时四十余年完成。其手稿收藏于蒲氏家祠，咸丰时蒲氏后裔将手稿携至东北，光绪年间遗失半部，剩下半部传世。该书即是传下来的半部手稿，包括卷前两篇序文及《聊斋自志》和二百三十七篇故事，其中三十一篇为他人代抄，其余二百零六篇为蒲松龄手迹。钤有“松龄”等印。

多病長命不猶門庭之淒寂則冷淡如僧筆墨之耕耘則蕭條似鉢每
搔頭自念勿亦面壁人果是吾前身耶蓋有漏根因未結人天之果而隨
風蕩墮竟成藩溷之花茫茫六道何可謂無其理哉獨是子夜熒熒燈
昏欲蕊蕭齋瑟瑟案冷疑冰集腋為裘妄續幽冥之錄浮白載筆僅
成孤憤之書寄託如此亦足悲矣嗟乎驚霜寒雀抱樹無溫弔月秋蟲
偎闌自熱知我者其在青林黑塞間乎康熙己未春日

聊齋志異一卷

考城隍

予姊丈之祖宋公諱燾邑廩生一日病卧見吏人持牒牽白顛馬來云請赴
試公言文宗未臨何遽得考吏不言但敦促之公力病乘馬從去路甚生疎至
一城郭如王者都移時入府廨宮室壯麗上坐十餘官都不知何人惟關壯繆
可識簷下設几墩各二先有一秀才坐其末公便與連肩几上各有筆札俄題
紙飛下視之八字云一人二人有心無心二公文成呈殿上公文中有云有心為善
雖善不賞無心為惡雖惡不罰諸神傳贊不已召公上諭曰河南缺一城隍君
稱其職公方悟頓首泣曰辱膺寵命何敢多辭但老母七旬奉養無人請得

新镌批评出像通俗奇侠禅真逸史 八集四十回

（明）方汝浩撰

清初爽阁刻本

四十册

大连图书馆藏

国家珍贵古籍名录09591号

方汝浩（生卒年不详），号清溪道人，洛阳（今河南洛阳）人。事迹不可考。著有《禅真逸史》等。

本书讲述的是南北朝时期，东魏将军林时茂愤而出京、铲除邪教的故事。据该书凡例，在元代就存有一个“意晦词古，不入里耳”的内府旧本，今本乃是在原作基础上，铺演而成四十回的规模。旧本作者已不可考。

该书的最早版本是明天启年间杭州爽阁主人履先甫原刊本，此书为清初爽阁刻本。钤“大谷光瑞藏记”、“写字台之藏书”等印。

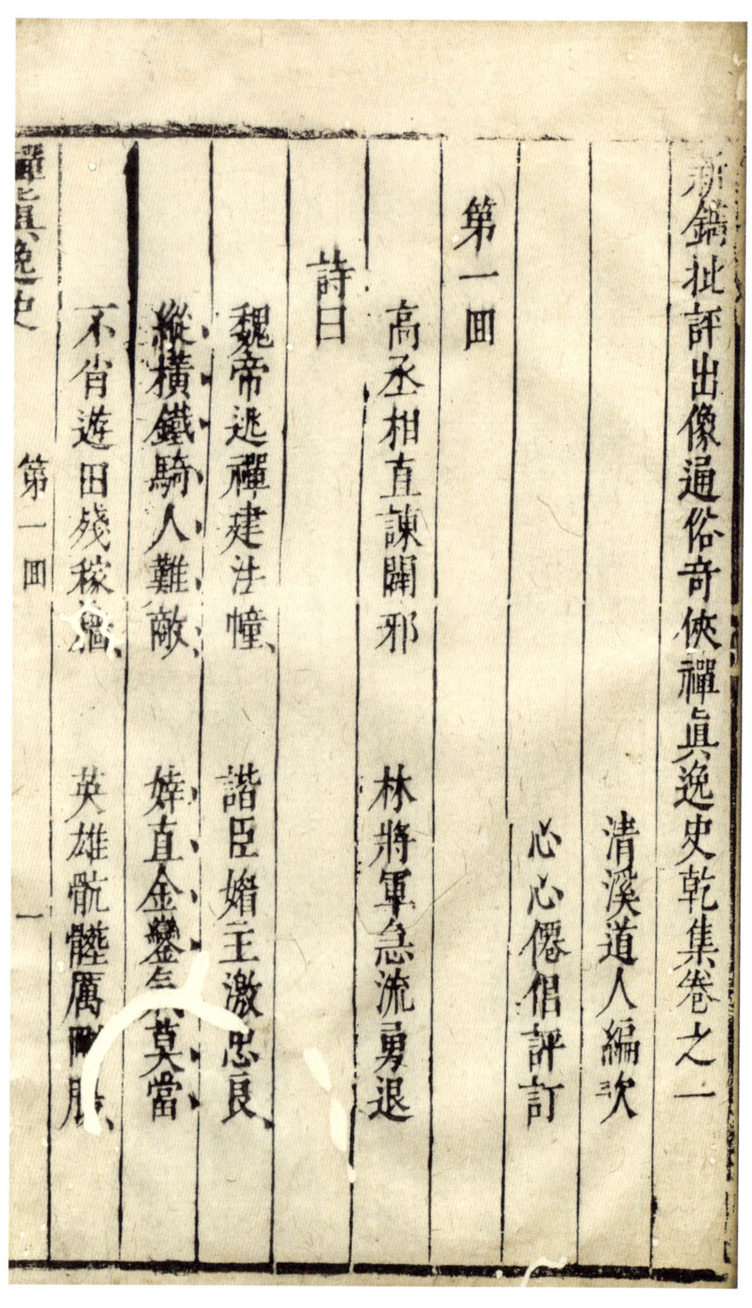
新鐫批評出像通俗奇俠禪真逸史乾集卷之一
清溪道人編次
心心僊侶評訂
第一回
高丞相直諫闢邪　林將軍急流勇退
詩曰
魏帝逃禪建法幢，諸臣婚主激忠良，
縱橫鐵騎人難敵，婞直金鑾氣莫當，
不肯遊田殘稼穡，英雄骯髒厲剛腸，
禪真逸史　第一回　一

新镌施耐庵先生藏本后水浒全传 四十五回

题青莲室主人辑
清初刻本
二十册
大连图书馆藏
国家珍贵古籍名录09592号

新鐫施耐菴先生藏本後水滸全傳　青蓮室主人輯

第一回　燕小乙訪舊事暗傷心　羅真人指新魔重出世

話說前水滸中宋江等一百單八人，原是鎖伏之魔，只因國運當然，一時誤走，以致群雄横聚，後因歸順，遂奉旨征服大遼，剿平河北田虎、淮西王慶、江南方臘。此時道君賢明，雖不重用，令其老死溝壑，也可消

青莲室主人，生平事迹无考。

此书写宋江转世为杨幺、卢俊义托生为王摩的故事。故事把北宋末年的宋江和南宋初年的杨幺两次农民起义连接起来，表现了农民起义的战斗不息和官逼民反的社会现实。特别是关于轮船的描写充溢着作者写作时代“西学东渐”的气氛。

此本为清初刻本，有插图三十七幅。

新世鸿勋

二十二回

题（清）蓬蒿子编

清顺治庆云楼刻本

四册

大连图书馆藏

国家珍贵古籍名录09594号

蓬蒿子，生平事迹无考。

是书内容与《剿闯通俗小说》基本相同，叙李自成起义、明亡故事。只是增卷首尾，重新加工而成。

现存两种清初刻本：一是庆云楼刻本，一是载道堂刻本。二本板式和字体完全一致，应该是用同一副印板先后印刷的。庆云楼刻本又有《定鼎奇闻》、《盛世鸿勋》、《新世鸿勋》。钤“东山高卧”、“奚从斋藏书”、“写字台之藏书”等印。

新世弘勋

二十二回

题（清）蓬蒿子编

清初载道堂刻本

四册

大连图书馆藏

国家珍贵古籍名录09595号

新世弘勳

引首

詞　蓬蒿子編

大清開國皇仁布，喜和風甘露彩鳳呈祥，靈鰲獻瑞，

咸歌遭遇，○歡潢池鴞沸傾明祚，笑紝作鵠張空，

使得个下民怨恨上天震怒

這一首詞，名為賀聖朝，前半篇，稱

大清開國之盛，

聖主當陽，官清吏治，萬民樂業，熙熙皞皞，如際唐虞，

新世弘勳　卷一

是书钤“大谷光瑞藏记”、“写字台之藏书”印。

贯华堂评论金云翘传

四卷二十回

题（清）青心才人编次

清初刻本

十册

大连图书馆藏

国家珍贵古籍名录09596号

青心才人，生平事迹无考。

是书名《金云翘》，取自书中主要人物金重、王翠云、王翠翘姓名中各一字。此书叙草莽英雄徐海夫人王翠翘长达十六年的悲苦经历。小说中主要人物王翠翘、徐海、胡宗宪都是史有真人，故事不完全是作者凭空杜撰而来。

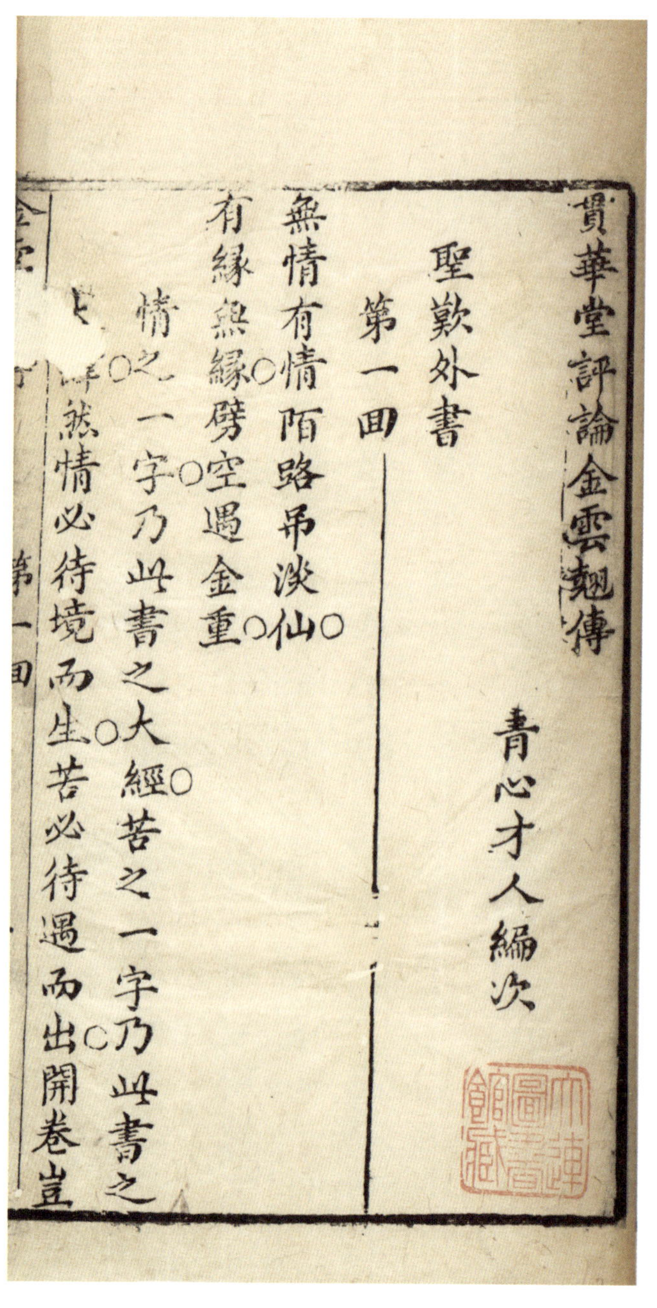
贯華堂評論金雲翹傳
青心才人編次
聖歎外書
第一回
無情有情陌路吊淡仙○
有緣無緣旁空遇金重○
情之一字○乃此書之大經○苦之一字乃此書之
然情必待境而生○苦必待遇而出○開卷豈

新编批评绣像平山冷燕

二十回

题（清）荻岸散人编次

清初刻本

四册

大连图书馆藏

国家珍贵古籍名录 09597 号

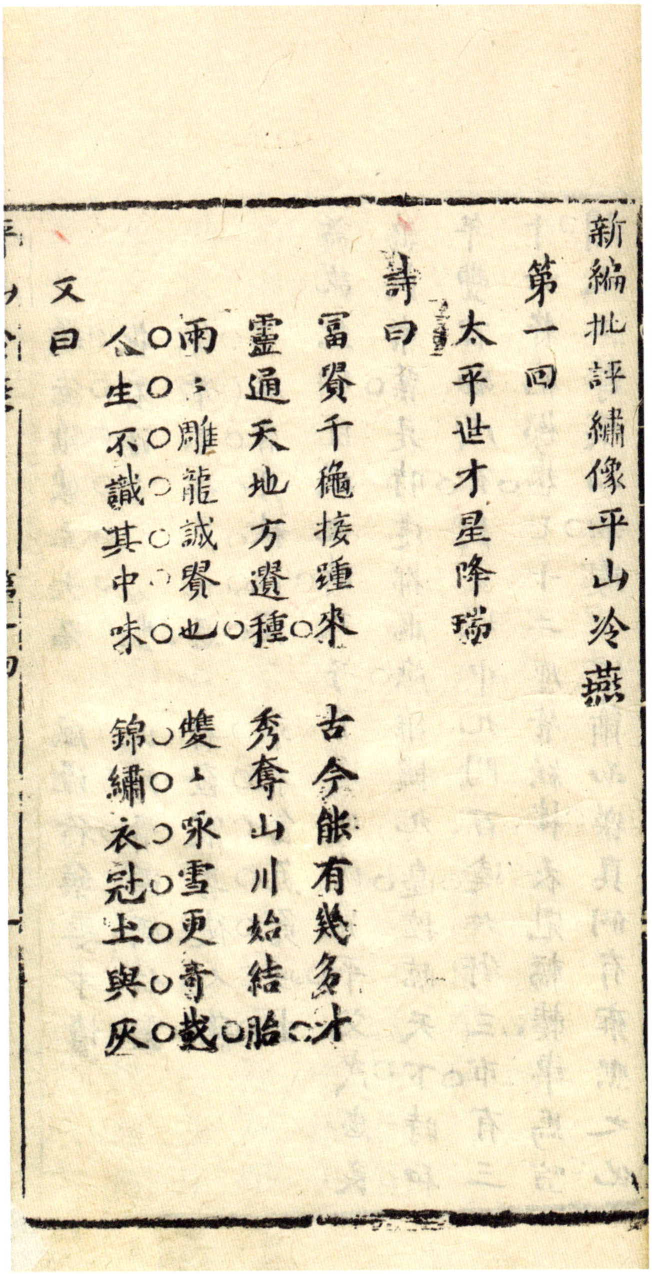
新編批評繡像平山冷燕
第一回　太平世才星降瑞
詩曰
富貴千穐接踵來　古今能有幾多才
靈通天地方還種　秀奪山川始結胎
兩兩雕龍誠貴也　雙雙咏雪更奇哉
人生不識其中味　錦繡衣冠土與灰
又曰

荻岸散人，生平事迹无考。

是书叙燕白颔与山黛、冷绛雪与平如衡两对才子佳人的爱情故事，又名《四才子书》。此书多骈俪文，也有一些清新的诗词，偶尔也微露民间风味。但那些奏疏、献词、颂赋则比较晦涩冗繁。钤“大谷光瑞藏记”、“写字台之藏书”印。

新编绣像簇新小说麟儿报

十六回

清刻本

八册

大连图书馆藏

国家珍贵古籍名录09598号

新編繡像簇新小說麟兒報

第一回

廉老兒念風雪○冷濟饑人○

葛神仙秉天炎○巧指吉地○

詩曰

富貴功名命所遭○命遭絕不爽分毫○

王侯縱貴時能遇○飲啄雖微數莫逃○

石季不誅偏獲利○劉蕡苦讀也徒勞○

麟兒報 第一回

书叙明末湖北孝感县乡民廉小村，贫寒行善，救助葛仙翁，后廉家生一麟儿，举家富贵的故事。此书又有集古居刻本，改名《葛仙翁全传》，文字改动处颇多。此书作者在才子佳人的情爱姻缘之外，又引入葛仙翁，加入了一些神话色彩，宣扬了因果报应。

此书写刻极精美，书品亦佳。钤“大谷光瑞藏记”、“写字台之藏书”印。

新镌批评绣像飞花咏小传

十六回

清初刻本

四册

大连图书馆藏

国家珍贵古籍名录09599号

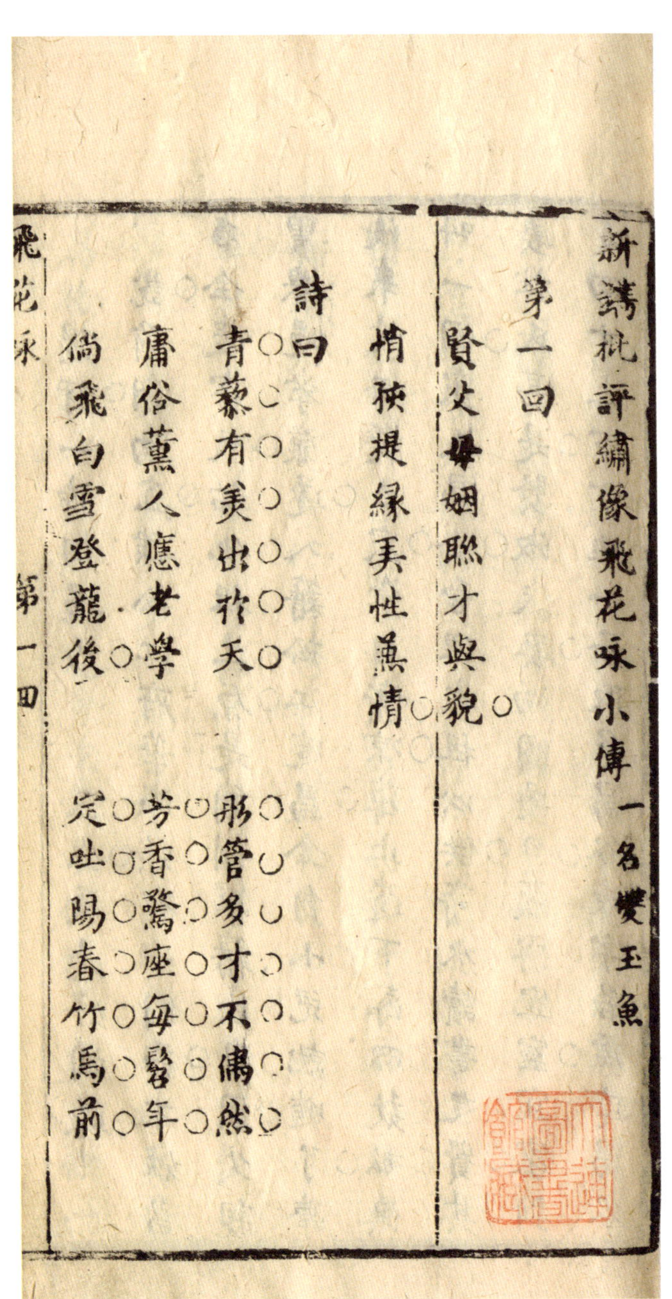

新鐫批評繡像飛花咏小傳 一名雙玉魚

第一回

賢丈母姻聯才與貌○

俏狹提緣弄姓兼情○

詩曰

青藜有美出於天○彤管多才不偶然○

庸俗薰人應老學○芳香驚座每髫年○

倘飛白雪登龍後○定吐陽春竹馬前○

飛花咏 第一回

是书写昌生与女子端容姑的爱情故事。

此清初刻本为天花藏主人原刊本，也是《飞花咏》现存唯一的刻本。钤“大谷光瑞藏记”、“写字台之藏书”印。

新镌批评绣像赛红丝小说

十六回

清初刻本

四册

大连图书馆藏

国家珍贵古籍名录09600号

书叙裴松、裴芝兄妹与宋采、宋萝兄妹，虽遭奸人拨弄，终至双双互结美满姻缘的故事。书名源于两家订婚之日，以“红丝”为题，由四人各作七律一首，互为聘礼。郑振铎先生评此书“写人情世故，殊为逼真，故能超出同类小说之上”，是才子佳人小说中的“白眉”。

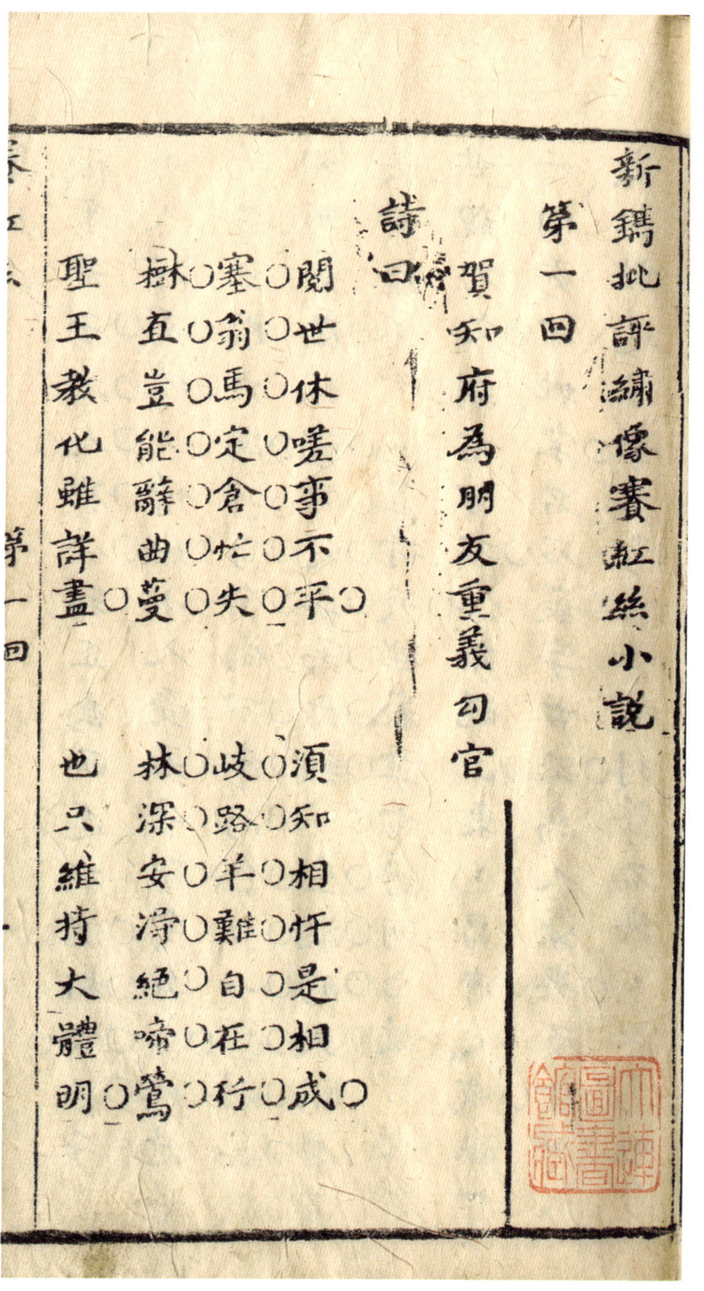

新鐫批評繡像賽紅絲小說

第一回　賀知府為朋友重義勾官

詩曰

閱○世○休○嗟○事○不○平○　須○知○相○忤○是○相○成○

塞○翁○馬○定○倉○忙○失○　岐○路○羊○難○自○在○行○

林○直○豈○能○辭○曲○蔓○　林○深○安○得○絕○啼○鶯○

聖王教化雖詳盡○　也只維持大體明○

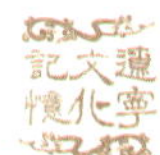

新编绣像画图缘小传 十六回

清刻本
八册
大连图书馆藏
国家珍贵古籍名录09601号

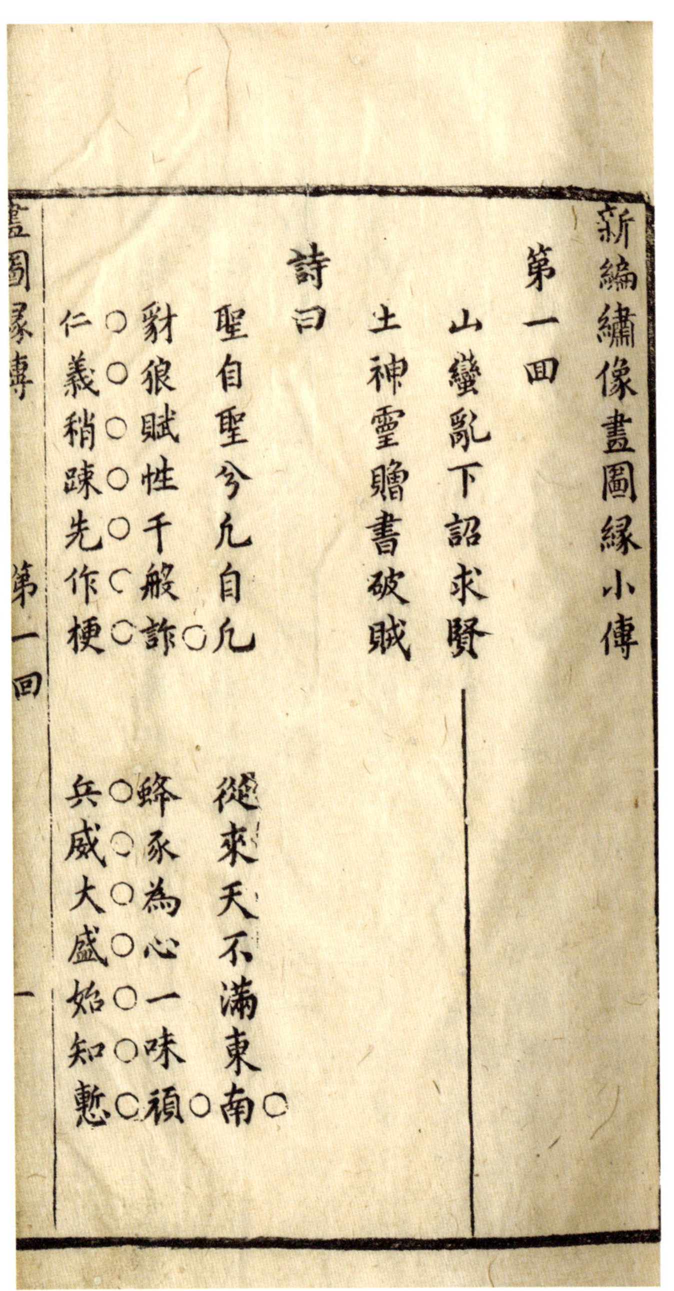

新編繡像畫圖緣小傳

第一回

山蠻亂下詔求賢
土神靈贈書破賊

詩曰

聖自聖兮凡自凡　從來天不滿東南
豺狼賦性千般詐　蜂豕為心一味頑
仁義稍疎先作梗　兵威大盛始知懃

畫圖緣傳　第一回　一

书叙温州秀才花天荷曾巧遇仙人赠图，一为两广山川地形图，另一幅为名园图。后朝廷下诏剿贼，花天荷至军中献图献策，官军取胜后经钦差保举而成为两广总兵。花天荷亦因名园图而与柳蓝玉结缘。

钤“大谷光瑞藏记”、“写字台之藏书”、“大谷书库”印。

新镌批评绣像秘本定情人

十六回

清初刻本

十二册

大连图书馆藏

国家珍贵古籍名录09602号

是书写宦家子弟双星，千里迢迢寻找可以定己之情之人，终与江蕊珠结成良缘的故事。此书在才子佳人小说中属中上之作。

钤“大谷光瑞藏记”、“写字台之藏书”印。

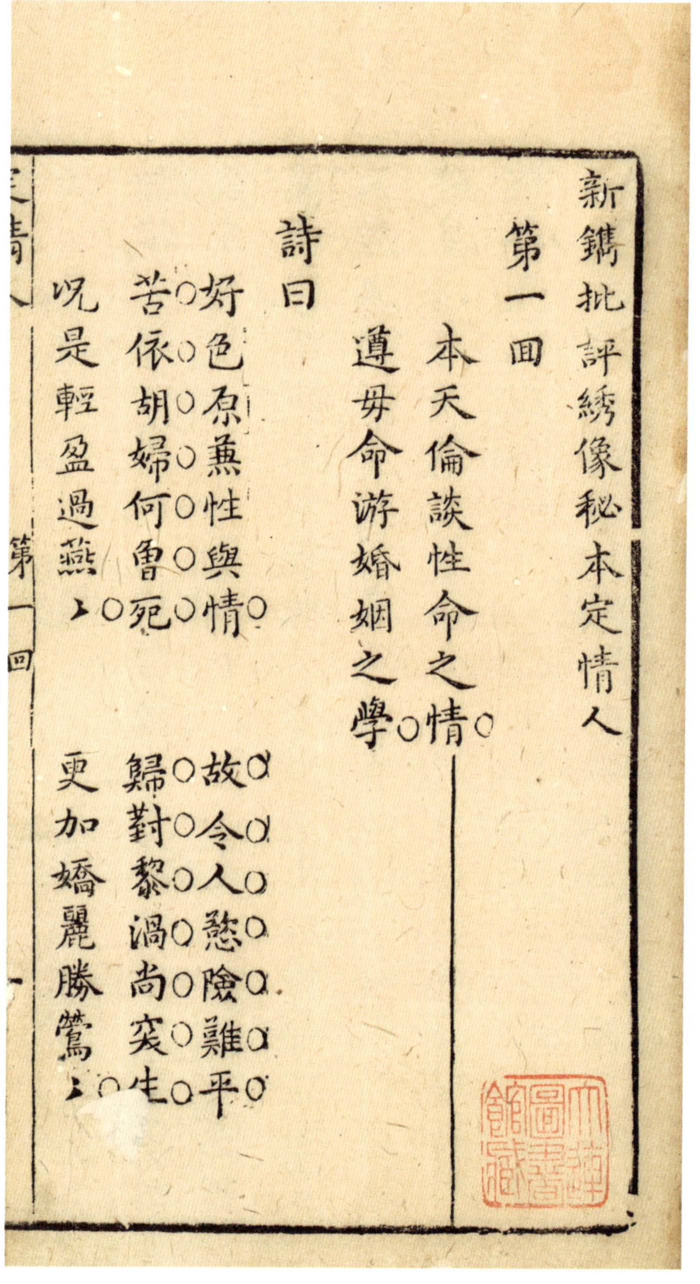
新鐫批評繡像秘本定情人

第一回

本天倫談性命之情。

遵毋命游婚姻之學。

詩曰

好色原兼性與情。故令人慾險難平。

苦依胡婦何鲁死。歸對黎渦尚突生。

况是輕盈過燕燕。更加嬌麗勝鶯鶯。

新编赛花铃小说 十六回

题（清）白云道人编本

清康熙刻本

八册

大连图书馆藏

国家珍贵古籍名录09603号

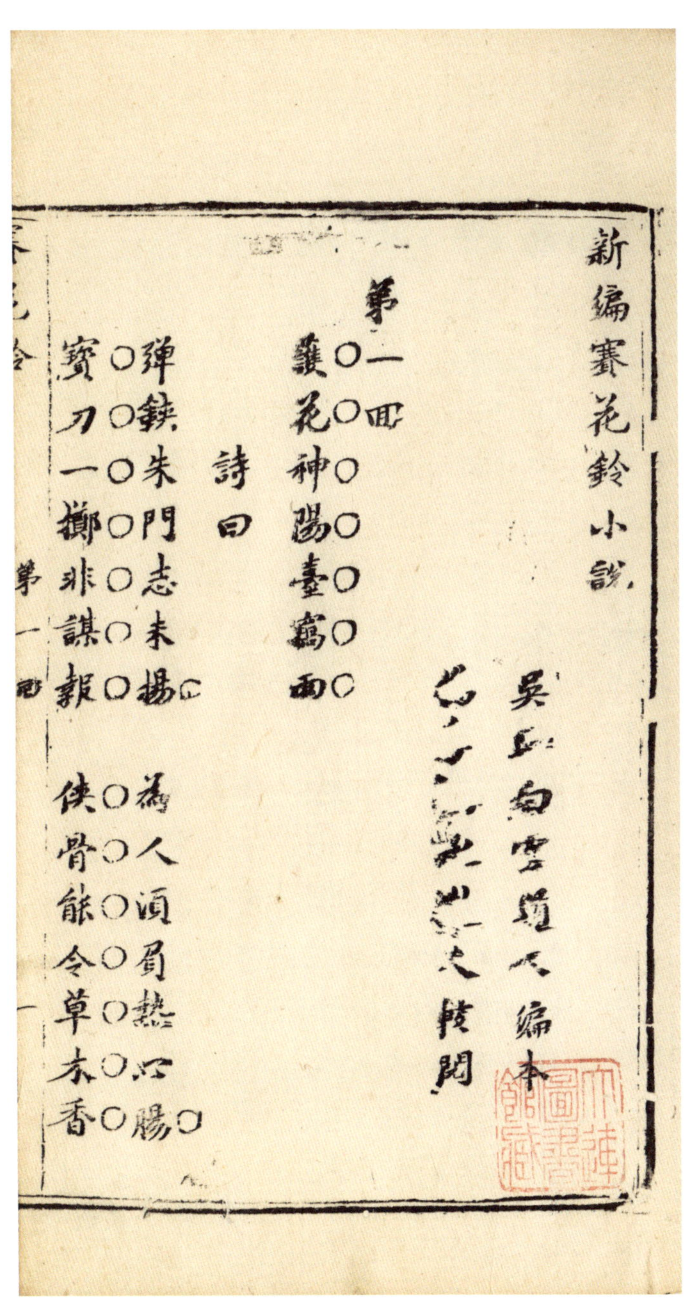

新編賽花鈴小說

吳山白雲道人編本

第一回

詩曰

彈鋏朱門志未揚

寶刀一擲非謀報

爲人須有熱心腸

俠骨能令草木香

白云道人，生平事迹无考。

书叙苏州才子红文畹与女子方素云有婚姻之约，历经劫难团圆的故事。书中诗词霏霏，诵之恍入万花谷中，并见花神逞技，是该书艺术构思上一大特色，也是题书名为《赛花铃》之原因。

此书为初刻本。书中插图四叶，为黄顺吉所刻。钤“奚从斋藏书”阳文方印。

快心编

初集五卷十回二集五卷十回三集六卷十二回

题（清）天花才子编辑

（清）四桥居士评点

清课花书屋刻本

十六册

辽宁省图书馆藏

国家珍贵古籍名录 09604 号

十六册

大连图书馆藏

国家珍贵古籍名录 09605 号

天花才子，生平事迹无考。

本书成于清顺治末或康熙间，为清代早期著名的白话小说。书中围绕着石、柳、凌、张四姓青年人的恋情故事，对清初的社会生活，展开了广泛的、多层次的描写。此书对当时流行的才子佳人小说在情节结构上的窠臼提出了批评，体现了作品的超越意识。

清课花书屋刻本是该书的最早版本。

快心編初集卷之一

天花才子編輯

四橋居士評點

第一回

凌羽化旅中嘱子　石佩珩深院報讐

詩曰

豪傑安論富與貧　一番磨鍊一番新

丹陽市上吹簫客　就是吳邦柱石臣

這四句詩是全篇意旨，講那英雄豪傑隨地而生，不論富貴貧賤之家，若自能振拔，定轉貧爲富，轉賤爲貴。其原處

快心編　第一回

情梦柝

四卷二十回

题（清）安阳酒民撰

（清）灌菊散人评

清康熙啸花轩刻本

四册

大连图书馆藏

国家珍贵古籍名录09606号

情夢柝卷之一

第一回

觀勝會遊憩梵宫　看嬌娃奔馳城市

詞曰韶光易老莫辜負眼前花鳥從來人筭何時了把古評今感慨知多少○貪財好色常顛倒試看天報如膽禍却教守拙偏酬巧拈出新編蒲砌生春草　右調寄醉落魂

這首詞是說萬事不由人計較一生都是命安排誰不願玉食錦衣嬌妻美妾那曉得總出娘胎苦樂窮通已經註定不容人矯揉造作惟君子能造命惟積德可廻天比如一棵樹培植得好自然根枝茂盛開花結菓生種不絕若做宋人揠苗非徒無益反加害

情夢柝　卷一　第一回　一

安阳酒民，生平事迹无考。

是书写明崇祯时期胡楚卿与沈若素的爱情故事。书名《情梦柝》，取“大梦一场被柝声唤醒”之意，熔才子佳人与劝善戒恶于一炉，在一定程度上反映了当时的世情风貌。

此书在清代有多种版本流传，清道光年间曾收编为《怡园五种》之一，咸丰年间芥子园刊本曾改名《三巧缘》，但都不及康熙啸花轩刻本刊刻精良。

遼寧文化記憶

少数民族文字古籍

日讲易经解义

十八卷

（清）牛钮等撰

清康熙二十二年（1683）内府刻本

满文

十三册

大连图书馆藏

国家珍贵古籍名录06800号

十八册

辽宁省图书馆藏

国家珍贵古籍名录06801号

牛钮（1648—1686），字枢臣，赫舍哩氏，满洲正白旗人。清康熙九年（1670）进士。累官至内阁学士兼礼部侍郎。

“日讲”是“经筵”制度的发展与补充。清圣祖玄烨以讲明学理为先务，令儒臣日日为其进讲经史文学，并令儒臣把讲官进讲四书五经的释文纂辑刊刻成书，供全国生员学习。《日讲易经解义》便是其中之一。卷一至卷十四为上、下经，卷十五至卷十七为系辞，卷十八为说卦传、序卦传、杂卦传。

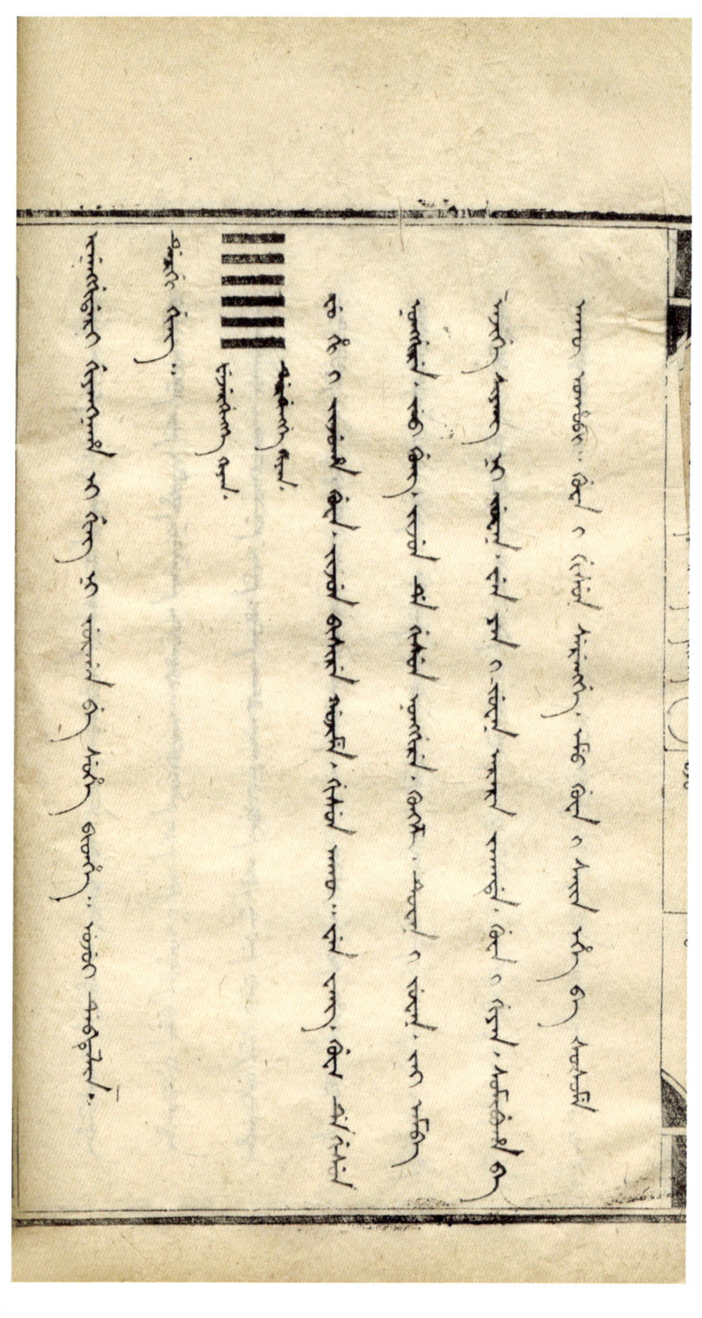

日讲书经解义

十三卷

（清）库勒纳等撰

清康熙十九年（1680）内府刻本

满文

十三册

大连图书馆藏

国家珍贵古籍名录06798号

十三册

辽宁省图书馆藏

国家珍贵古籍名录06799号

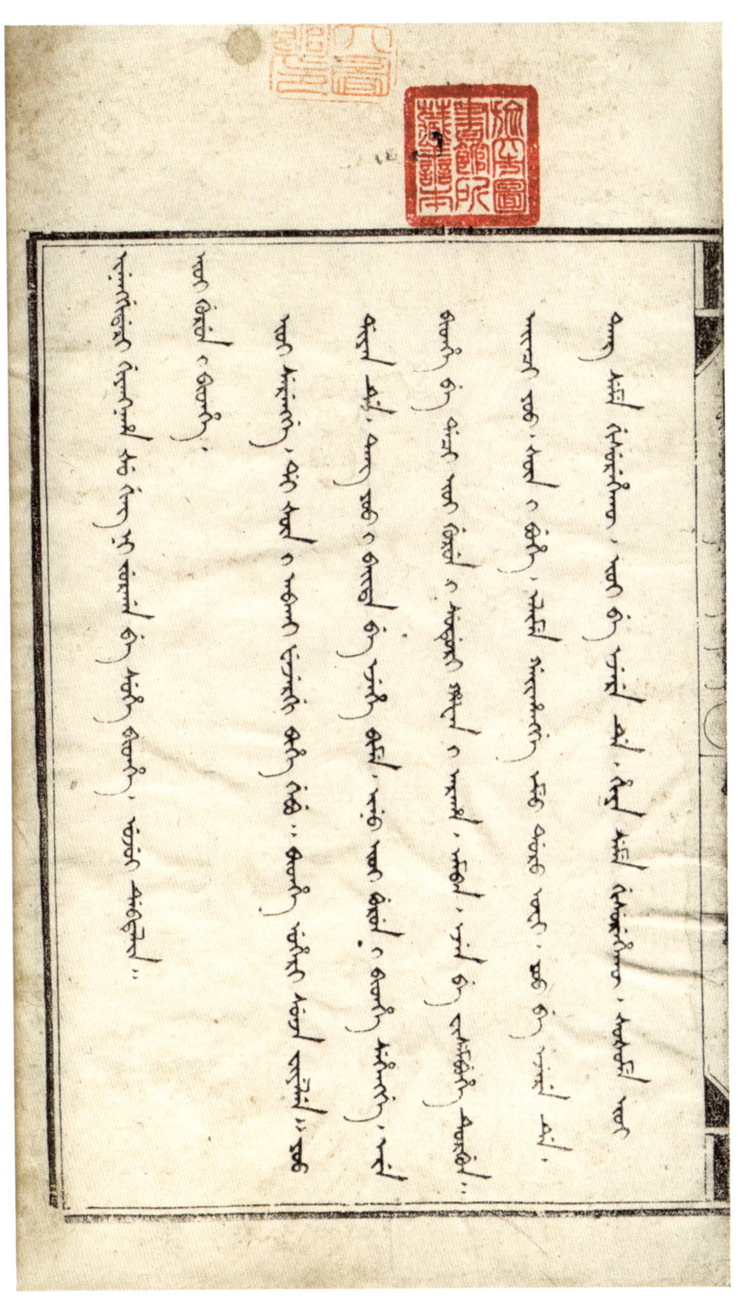

库勒纳（？—1708），满洲镶蓝旗人。历官翰林院掌院学士、礼部尚书、吏部尚书、户部尚书等职。

《日讲书经解义》是对汉宋以来诸家关于《尚书》的学说荟萃折中，进行逐节训讲，并作为日讲的教材颁布天下。释义侧重于引申治国安邦、驭服人心的道理。

诗经 二十卷

清顺治十一年（1654）刻本
满文
十册
辽宁省图书馆藏
国家珍贵古籍名录06785号
十册
大连图书馆藏
国家珍贵古籍名录06786号

《诗经》是我国文学史上最早的诗歌总集，又称《诗三百》。西汉时始称《诗经》。分风、雅、颂三大部分，相传由孔子删定。

清顺治十一年（1654）刻本是满文《诗经》的早期译本，尚存老满文风韵。

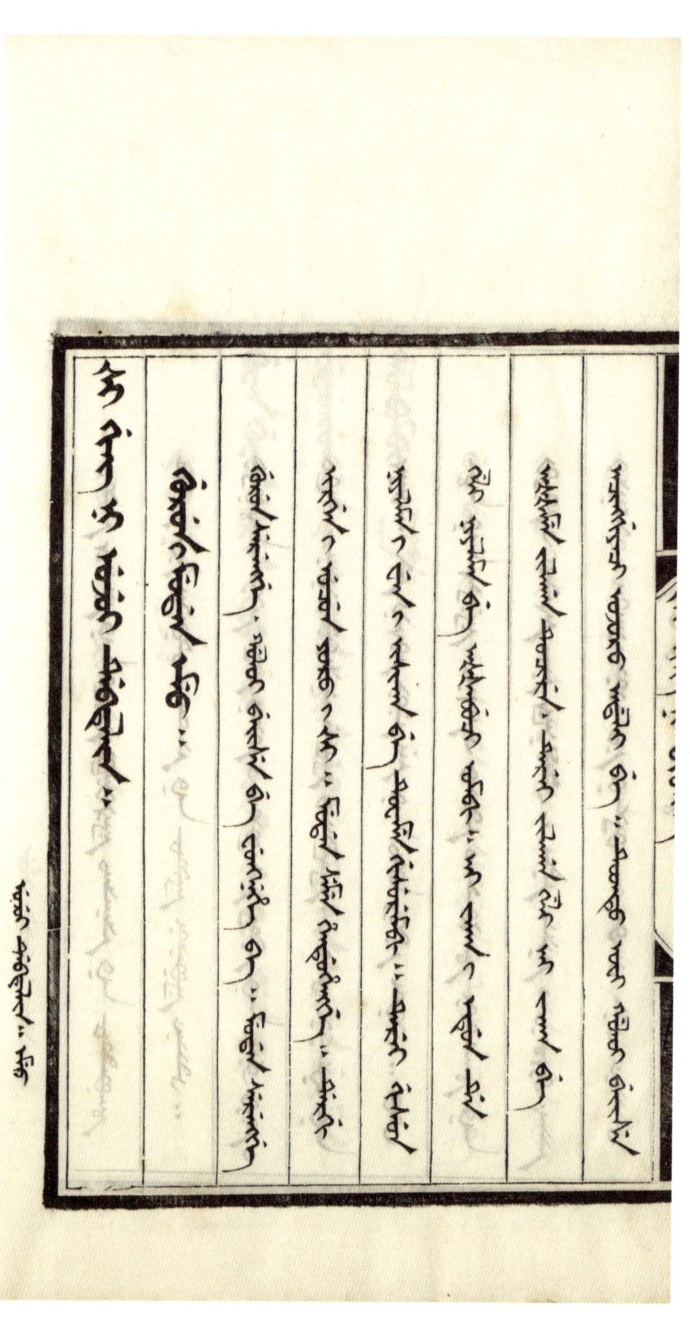

日讲四书解义

二十六卷

（清）喇沙里等撰

清康熙十六年（1677）内府刻本

满文

二十六册

大连图书馆藏

国家珍贵古籍名录06796号

二十六册

辽宁省图书馆藏

国家珍贵古籍名录06797号

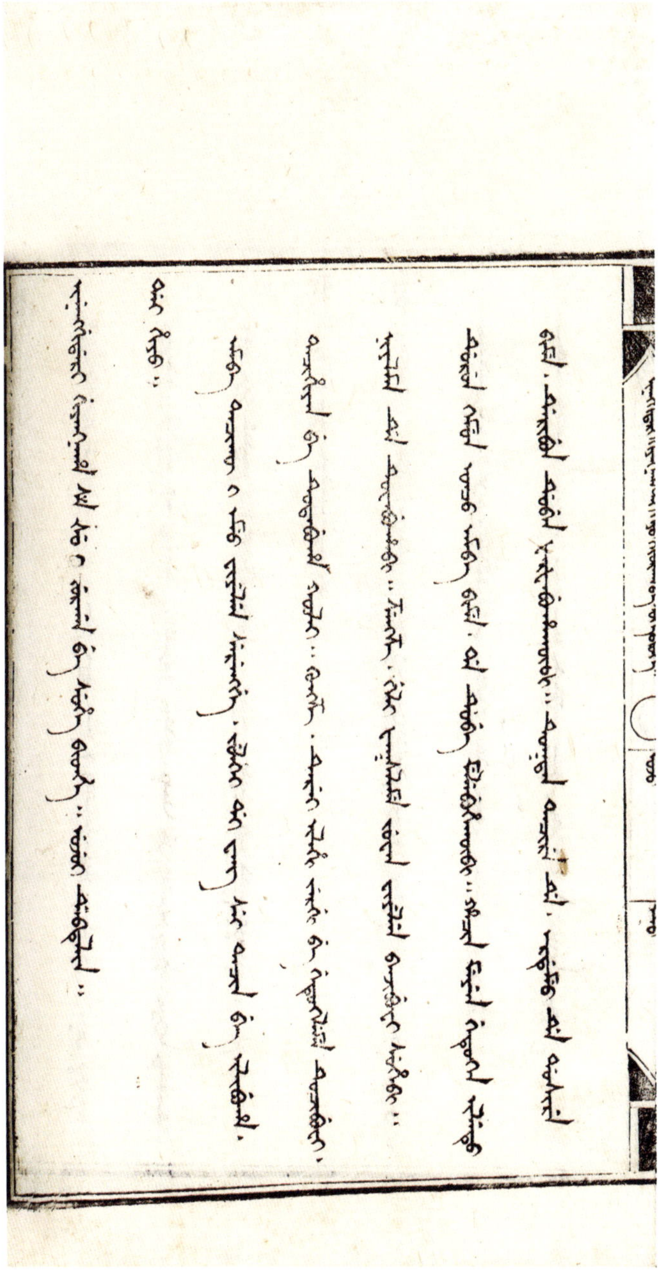

喇沙里（生卒年不详），满洲人。曾任日讲起居注官、翰林院掌院学士、礼部侍郎。卒谥文敏。

此书是根据日讲经解和经筵讲义整理而成。卷一为《大学》，卷二至卷三为《中庸》，卷四至卷十二为《论语》，卷十三至卷十六为《孟子》。讲解方式为逐段训讲。清康熙年间由儒臣喇沙里、陈廷敬等奉敕编刊。

孝经集注

不分卷

（清）世宗胤禛撰

清雍正五年（1727）内府刻本

满文

一册

大连图书馆藏

国家珍贵古籍名录06826号

《孝经》南宋以后被列为“十三经”之一，清世宗胤禛认为前代对《孝经》的注解或肤浅或芜杂，不足以阐天经地义之理，故指派儒臣简汰存精，亲自斧藻群言，仿《论语集注》形式纂辑，逐篇讲释。注文连同经文近万字。

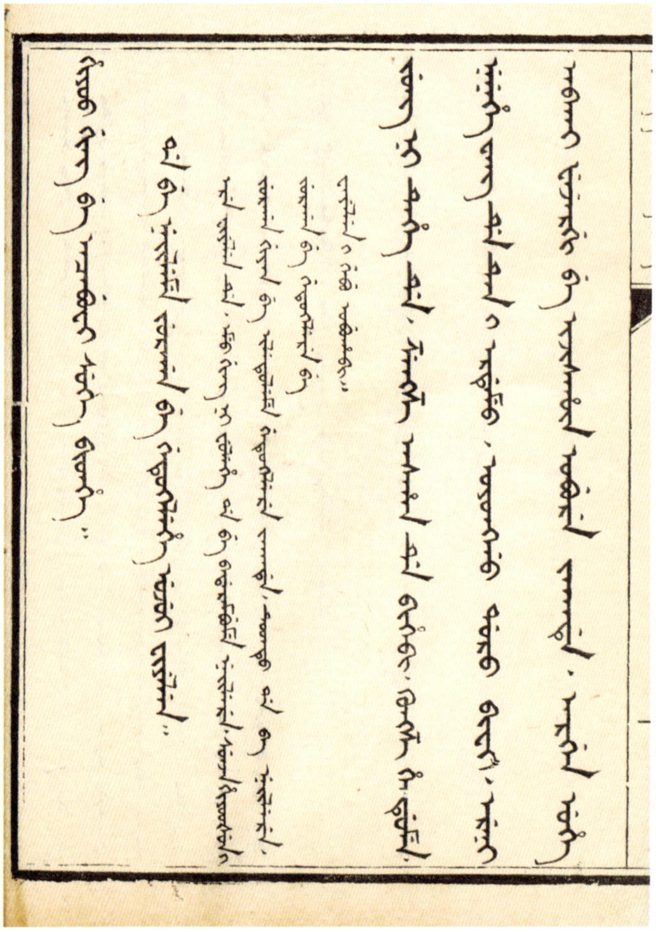

大清全书

十四卷

（清）沈启亮辑

清康熙二十二年（1683）宛羽斋刻本

满汉合璧

十三册

辽宁省图书馆藏

国家珍贵古籍名录06802号

沈启亮（生卒年不详），字弘照，清娄东（今江苏太仓）人。

该书是清代第一部大型满汉文对照词书。全书仿照汉文《字汇》，收录一万两千多个满文词语，按照满文十二个字头顺序排列。每个满文字头、单词、词组下均有汉文释义，或有满汉互译的例词或例句。

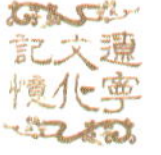

同文汇集全书

四卷联珠集一卷

（清）刘顺 桑格辑

清康熙三十二年（1693）尚德堂刻本

满汉合璧

四册

大连图书馆藏

国家珍贵古籍名录06808号

刘顺（生卒年不详），字正亭，广宁（今属辽宁北镇）人。清雍正五年（1727）武进士。累官至安西提督。卒谥壮靖。

桑格（？—1699），喜塔拉氏，满洲正白旗人。历一等侍卫、护军统领等职。

《同文汇集全书》是清早期的满汉合璧词典，成书早于敕修的《御制清文鉴》，是清入关以来刊印成册最早的满汉合璧词典之一。

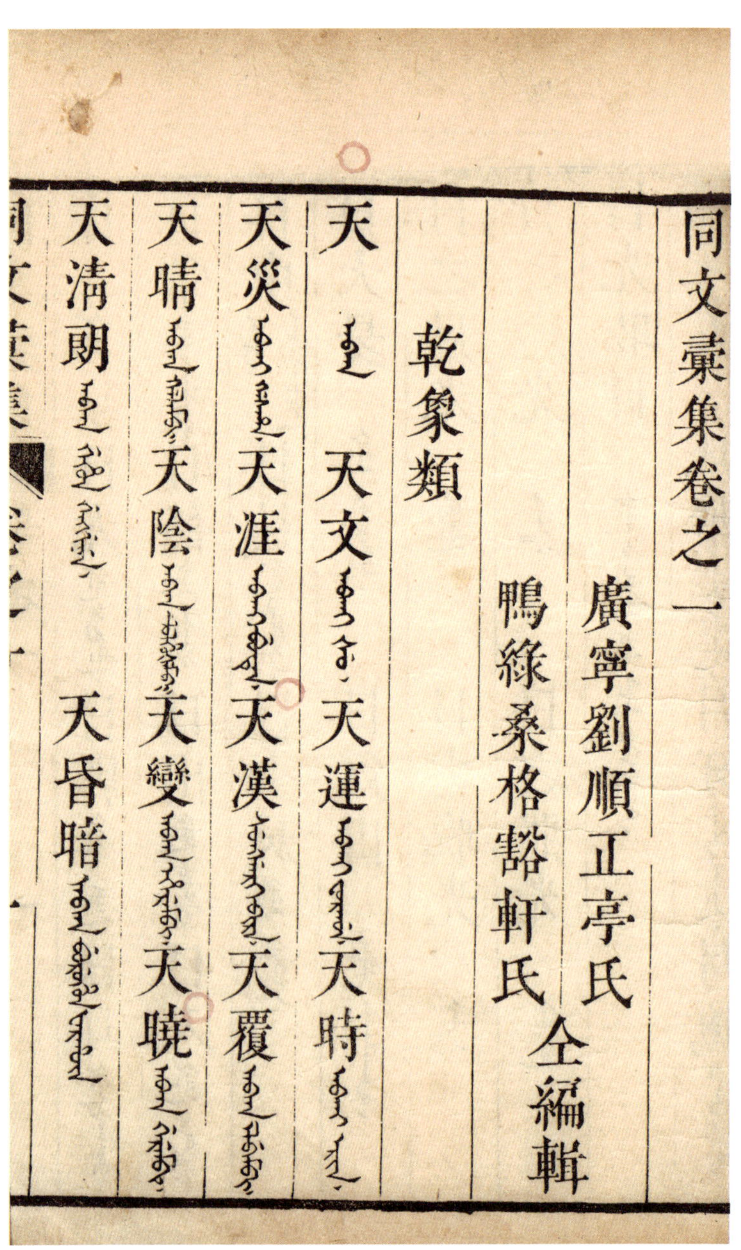
同文彙集卷之一

廣寧劉順正亭氏

鴨綠桑格豁軒氏 仝編輯

乾象類

天 天文 天運 天時

天災 天涯 天漢 天覆

天晴 天陰 天變 天曉

天清朗 天昏暗

广汇全书 四卷

联珠集一卷

（清）刘顺 桑格辑

清康熙四十一年（1702）金陵听松楼刻本

满汉合璧

四册

大连图书馆藏

国家珍贵古籍名录06809号

一册（无联珠集）

辽宁省图书馆藏

国家珍贵古籍名录06810号

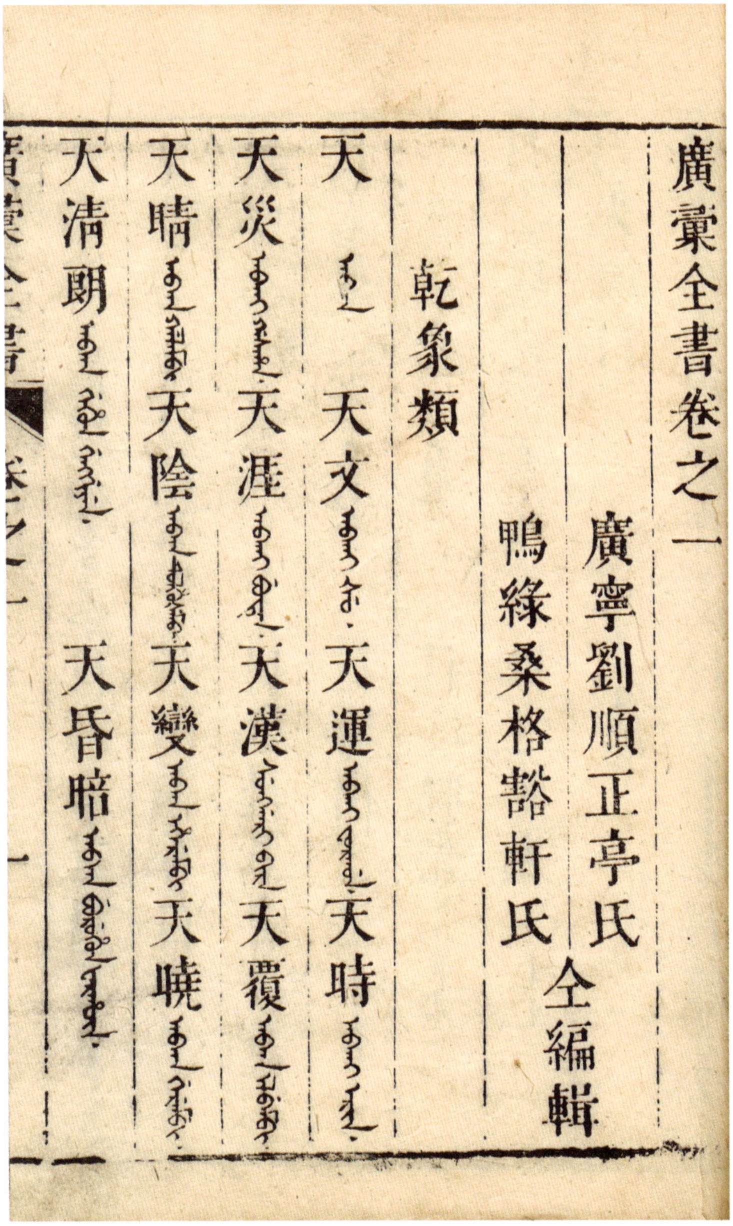
廣彙全書卷之一
廣寧劉順正亭氏
鴨綠桑格豁軒氏 全編輯
乾象類
天 天文 天運 天時
天災 天涯 天漢 天霞
天晴 天陰 天變 天曉
天清朗 天昏暗
廣彙全書 卷之一 一

是书是清早期的满汉合璧词典，康熙三十二年（1693）刊行。康熙四十一年（1702）由刘顺、桑格增删、校勘，金陵听松楼刊刻。是书收录词语大多为日常使用词汇。

满汉类书

三十二卷

（清）桑额辑

清康熙四十五年（1706）天绘阁书坊刻本

满汉合璧

八册

辽宁省图书馆藏

国家珍贵古籍名录06812号

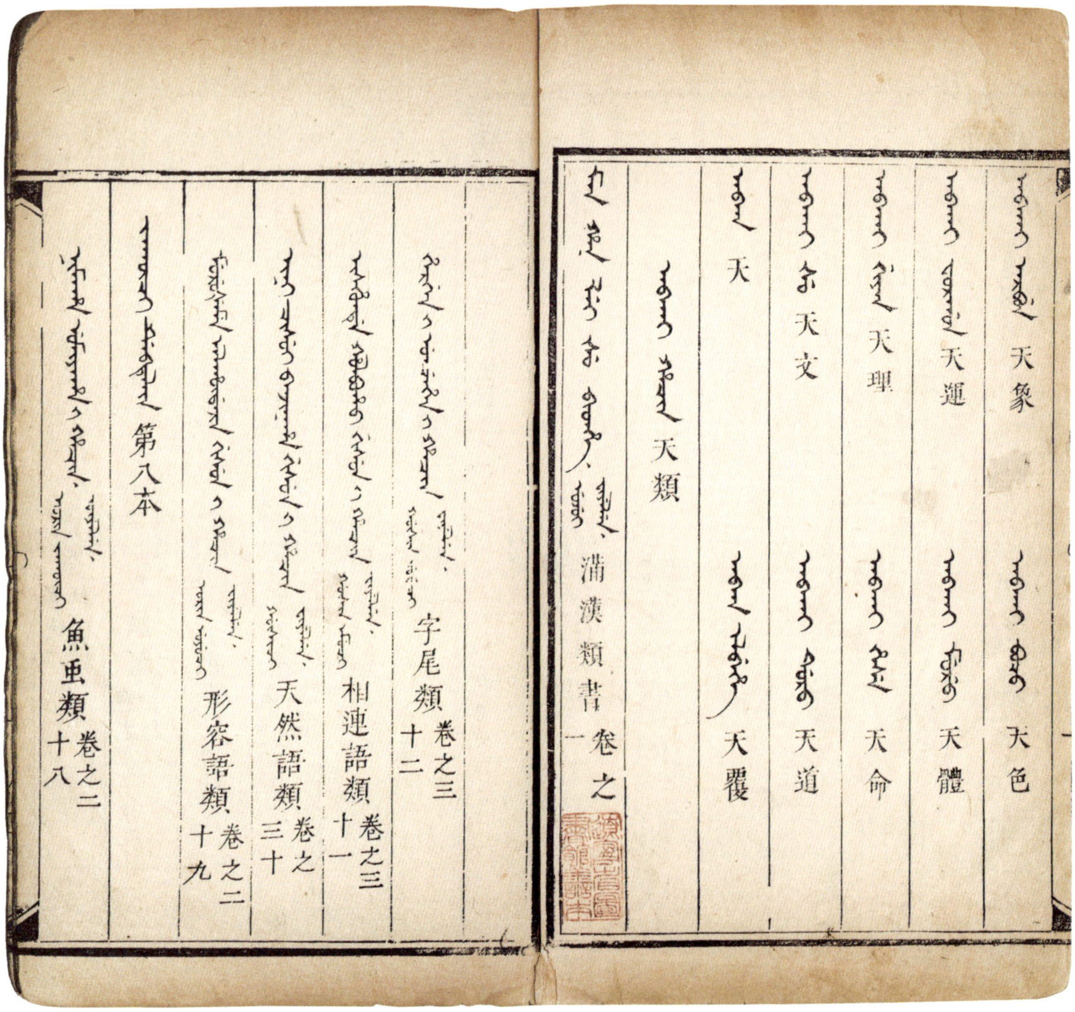

桑额（？—1686），汉军镶蓝旗，李国翰第三子。康熙时曾历任宁夏总兵等职。

是书系一部分类词汇集，采择于经史或咨询于老成。分天类、岁时类、地类、人伦类、职官类、身体类等，计三十二类，按类分三十二卷，以类统率词语。

御制清文鉴

二十卷

（清）圣祖玄烨敕撰

清康熙四十七年（1708）内府刻本

满文

十册

辽宁省图书馆藏

国家珍贵古籍名录06813号

二十一册

大连图书馆藏

国家珍贵古籍名录06814号

《清文鉴》是清初官修的满汉分类词典。康熙十二年（1673）开始编纂，康熙四十七年（1708）刊行。全书共有二百八十类，一万二千多条词汇。至乾隆末年，经过多次重修，增加了多种文字释文，最后形成《五体清文鉴》。是书为《清文鉴》最早的版本。

资治通鉴纲目

一百一十一卷

（清）和素译

清康熙三十年（1691）武英殿刻本

满文

四十八册

辽宁省图书馆藏

国家珍贵古籍名录06806号

九十五册

大连图书馆藏

国家珍贵古籍名录06807号

和素（1652—1718），字存斋、纯德，完颜氏。累官至内阁侍读学士。

宋朱熹撰《资治通鉴纲目》，此后元金履祥撰《资治通鉴前编》、明商辂撰《续资治通鉴纲目》，明末刻书家多把三家之书合刻，清和素将三家合刻之书译为满文，即为是书。分正编五十九卷、前编二十五卷、续编二十七卷。

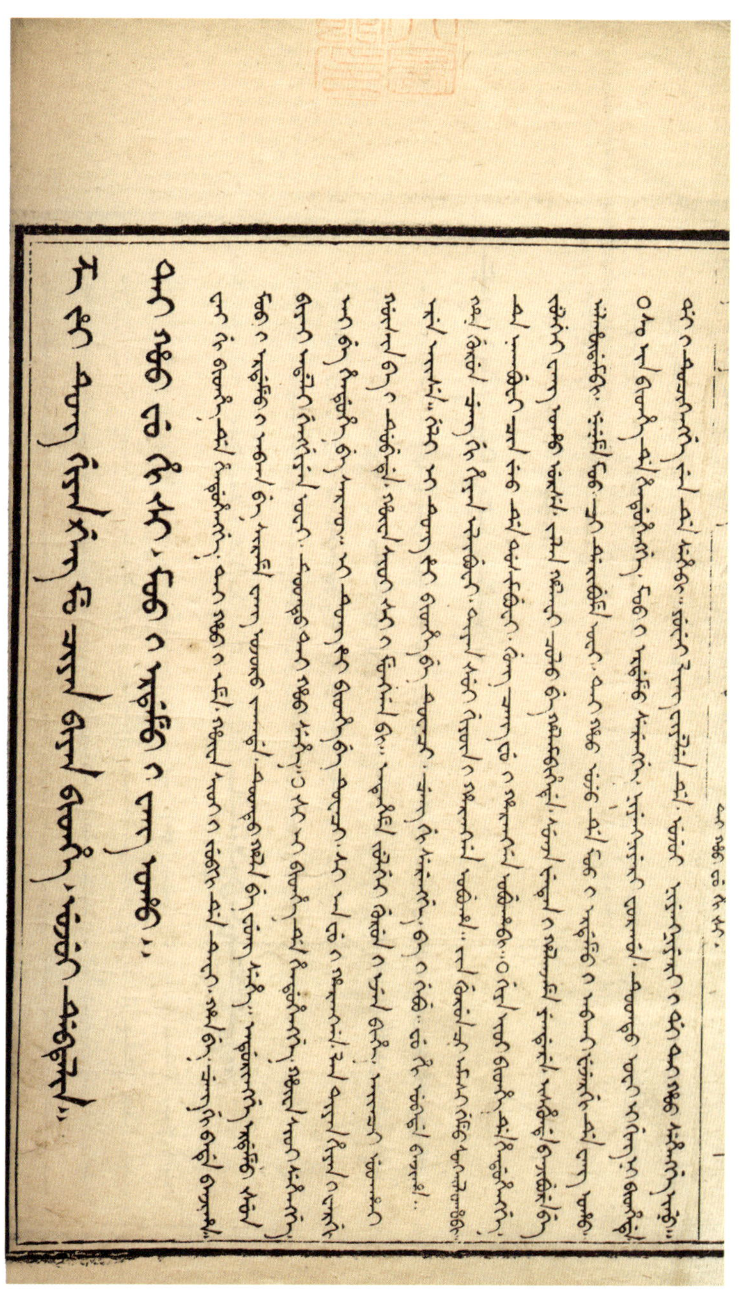

太祖大破明师于萨尔浒山之战书事 一卷

（清）高宗弘历撰
清嘉庆武英殿刻本
满汉合璧
一册
辽宁省图书馆藏

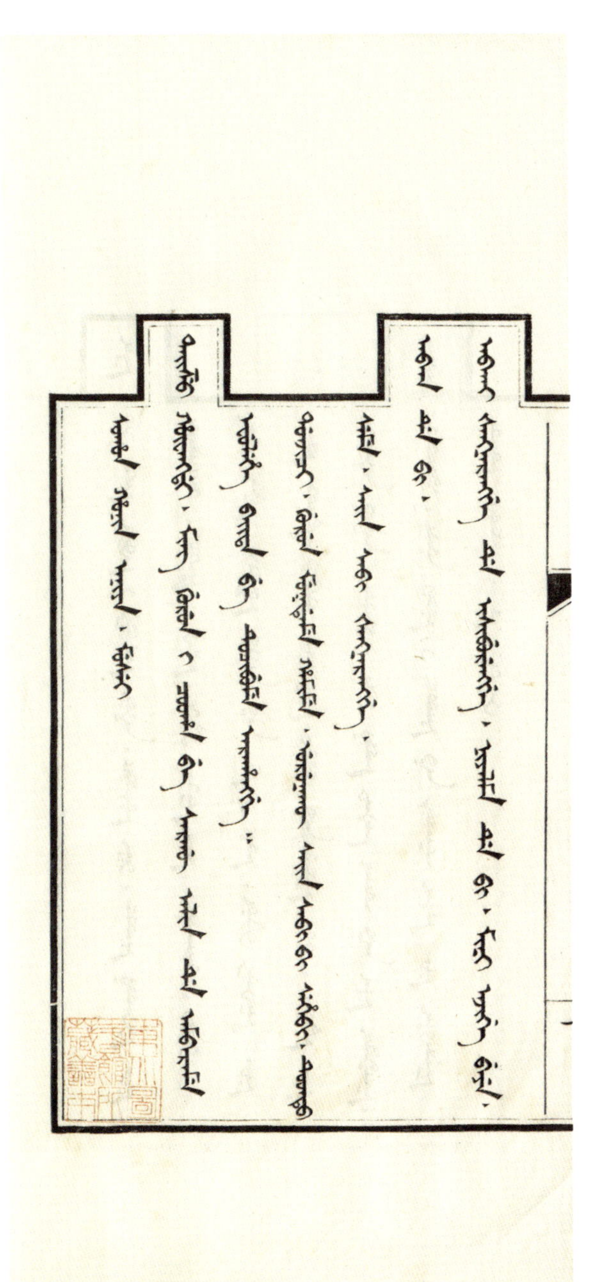

明万历四十七年（1619）三月，清太祖努尔哈赤在萨尔浒山（今辽宁抚顺东）及其附近地区，击败二十万明军，取得大捷。此役是关系到后金与明兴亡的关键一仗，为清廷述其祖宗武功所乐道。为了表达景敬之心，清高宗弘历根据实录撰写此文，概述此次战役情景。嘉庆时武英殿用满汉两种文字刊刻。

太宗大破明师于松山之战书事 一卷

（清）仁宗颙琰撰

清嘉庆武英殿刻本

满汉合璧

一册

辽宁省图书馆藏

明崇祯十四年（清太宗崇德六年，1641），清军与明军在松山（今辽宁凌海市南）、锦州一带进行了一次大决战，取得大捷。此战奠定了清兵入关的基础。清仁宗颙琰感其事，效其父高宗弘历撰《太祖大破明师于萨尔浒山之战书事》一文，概述此次战役情景。清嘉庆年间武英殿用满汉两种文字刊刻。

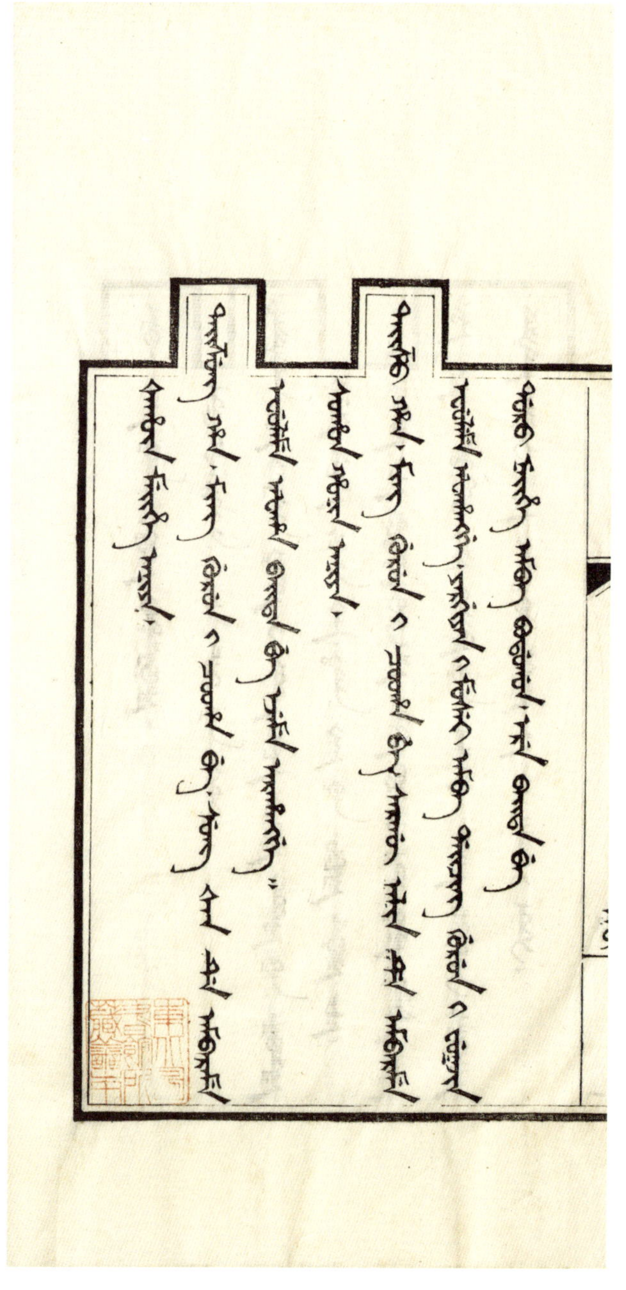

亲征平定朔漠方略 四十八卷

（清）温达等纂修

清康熙四十八年（1709）内府刻本

满文

五十册

辽宁省图书馆藏

国家珍贵古籍名录06817号

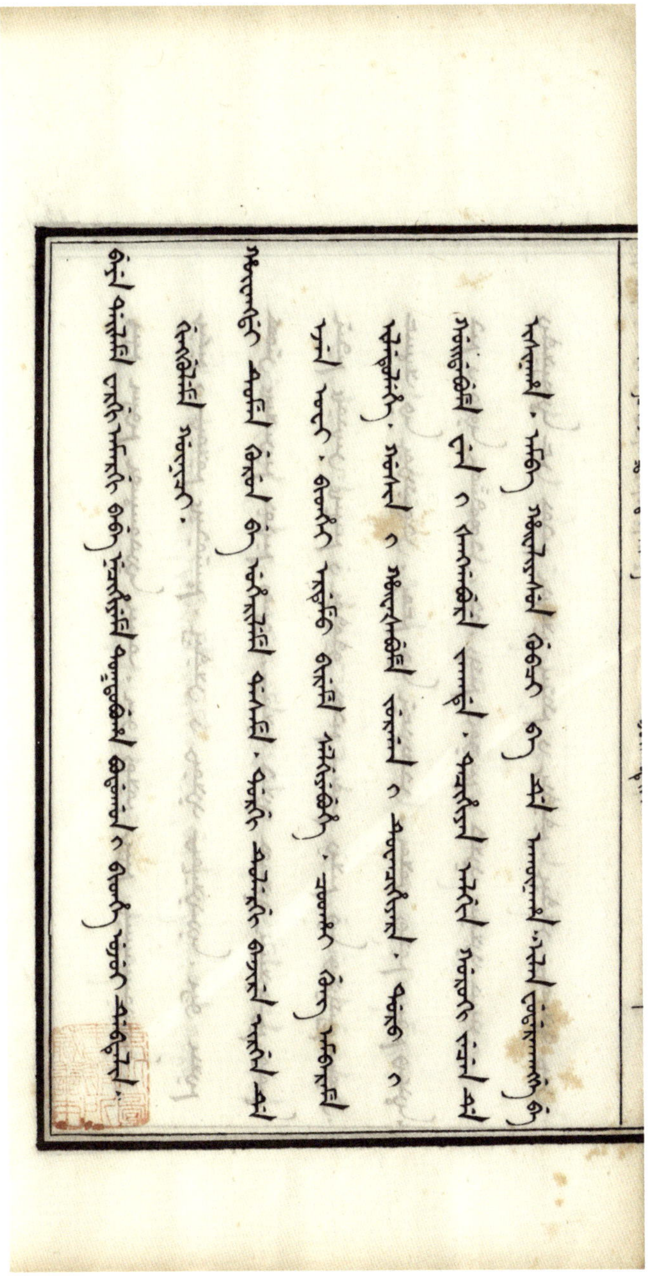

温达（？—1716），满洲镶黄旗人。累官至吏部尚书兼文华殿大学士。

是书为纪事本末体史书，以年、月、日为参，记清圣祖玄烨三次亲征平定噶尔丹叛乱事及清廷与准噶尔、喀尔喀的关系。

御制人臣儆心录 不分卷

（清）世祖福临撰
清顺治十二年（1655）内府刻本
满文
一册
辽宁省图书馆藏
国家珍贵古籍名录06790号

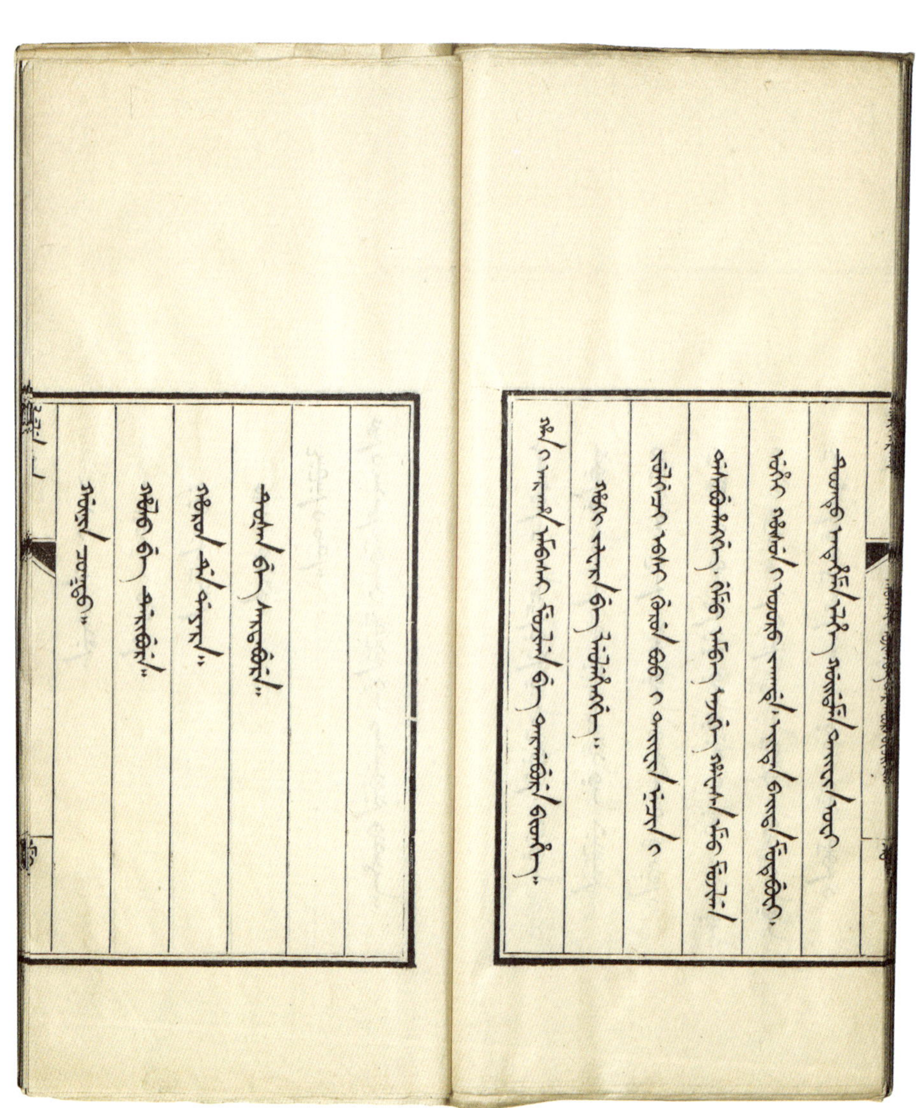

清顺治八年（1651）福临亲政以后，有感于臣僚之弊，遂撰写此书，意在规囿廷臣，使其忠君、秉公、正身，以维护清朝统治。凡八篇：《植党论》、《好名论》、《营私论》、《徇私论》、《骄志论》、《作伪论》、《附势论》、《旷官论》。

御制资政要览

三卷

（清）世祖福临撰

清顺治十二年（1655）内府刻本

满文

四册

大连图书馆藏

国家珍贵古籍名录06791号

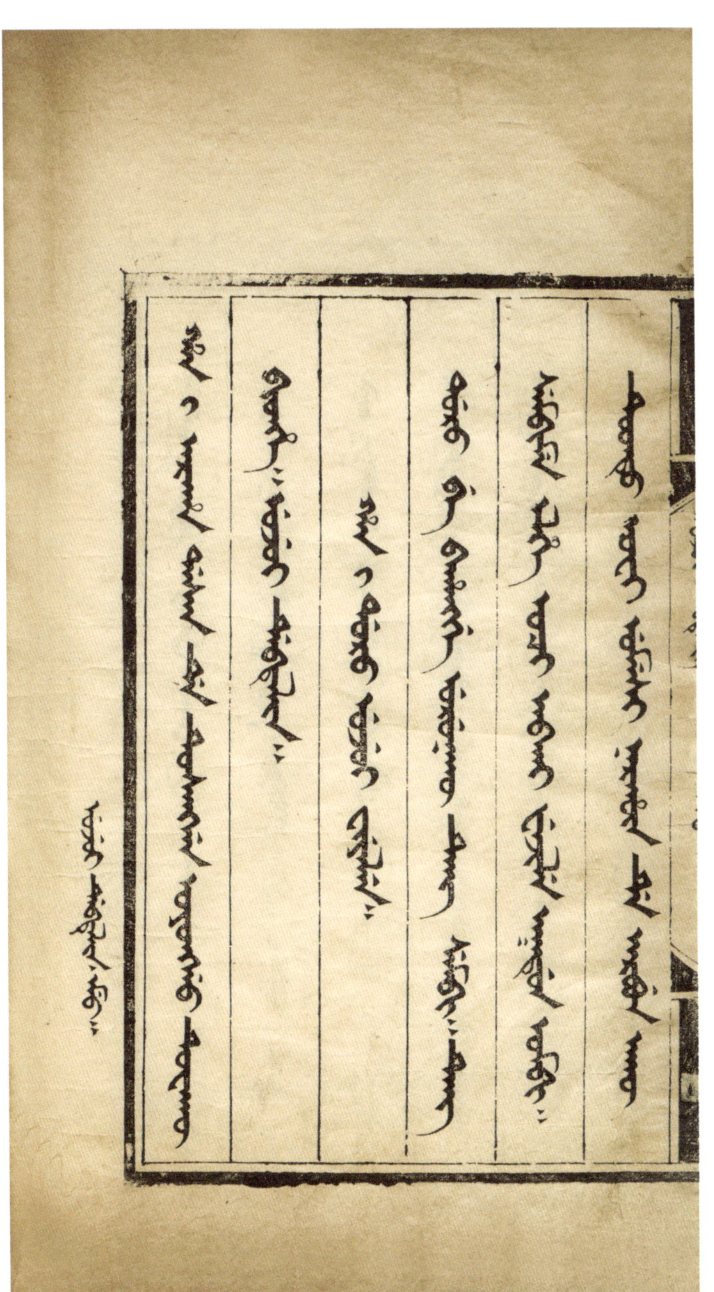

《御制资政要览》成书于清顺治十二年（1655），由清世祖福临从历代经史著作中辑录有关政事的论说，并亲自作笺注而成。体裁仿周、秦诸子，大旨阐明修身齐家之道，用以劝勉百官，敦崇世教，治国保邦。

朱子节要

十四卷

（宋）朱熹撰
（明）高攀龙辑
清康熙十四年（1675）北平朱之弼刻本
满汉合璧
五册
辽宁省图书馆藏
国家珍贵古籍名录06795号
五册
大连图书馆藏
国家珍贵古籍名录09763号

高攀龙（1562—1626），初字云从，更字存之，别号景逸，无锡（今江苏无锡）人。明万历十七年（1589）进士。因疏论辅臣王锡爵，谪官广东揭阳县典史。著有《高子遗书》等。

是书节录朱熹主要学说，仿其《近思录》体例编辑而成。分论道体、论学、致和、存养、克治、家道、出处、治体、治法、居官处事、教人之法、警诫改过、辨别异端、总论圣贤十四卷。

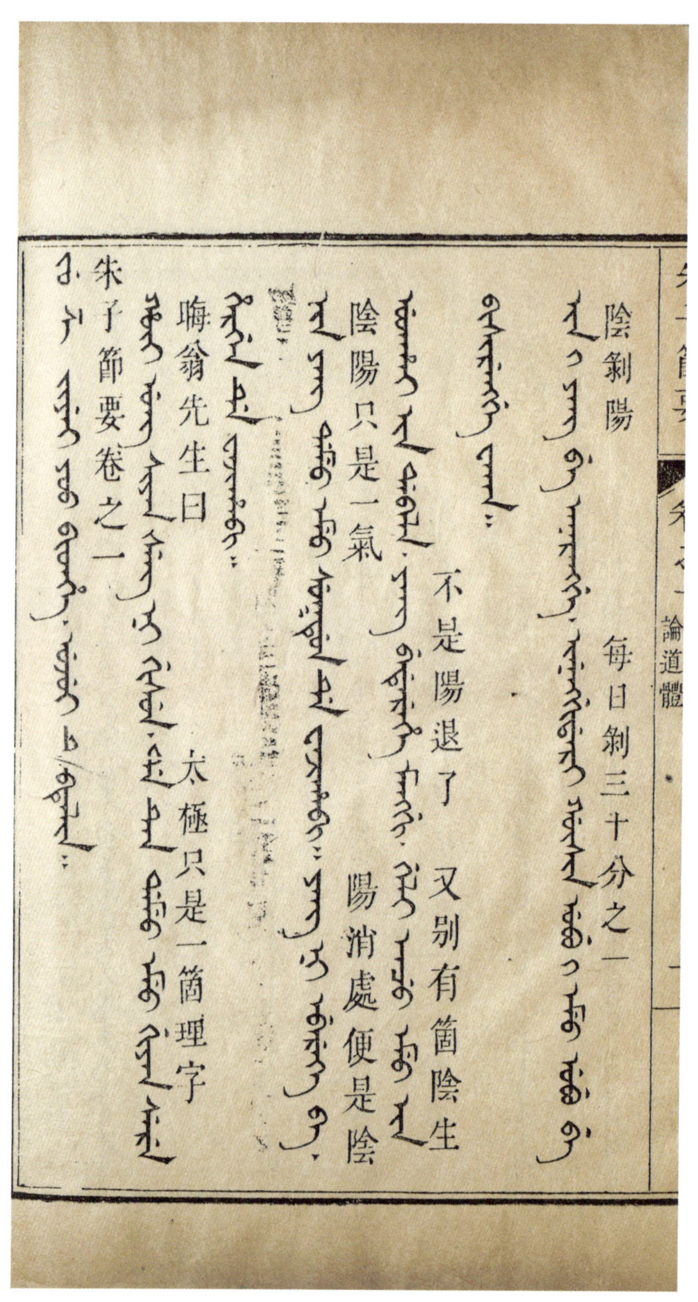

大学衍义

四十三卷

（宋）真德秀撰

（清）福达礼等译

清康熙十一年（1672）内府刻本

满文

三十六册

辽宁省图书馆藏

国家珍贵古籍名录06794号

十九册

大连图书馆藏

国家珍贵古籍名录09762号

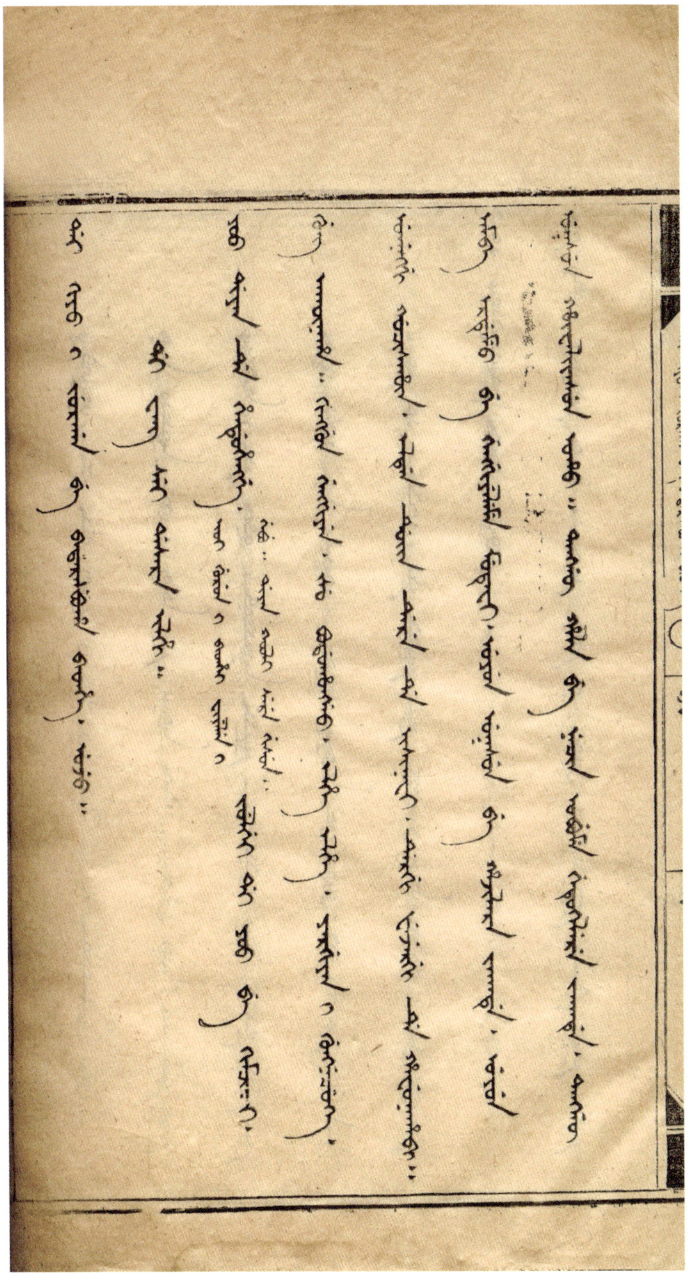

福达礼（生卒年不详），康熙时官礼部侍郎。

《大学衍义》书成后，被后世标为“帝王之学”，清代将其译成满文供王公大臣学习，即为此书。

醒世要言

不分卷

（明）吕坤撰

（清）和素摘译

清康熙四十三年（1704）刻本

满文

一册

辽宁省图书馆藏

国家珍贵古籍名录06811号

吕坤（1536—1618），字叔简，一字心吾或新吾，宁陵（今河南宁陵）人。明万历二年（1574）进士。历任户部郎中，刑部左、右侍郎。著有《呻吟语》、《去伪斋文集》。

是书为和素选择翻译吕氏《小儿语》，并附吕氏所辑《劝善歌》一篇。多采用满文旧语，只刻满文，未缀汉字，以教初学。

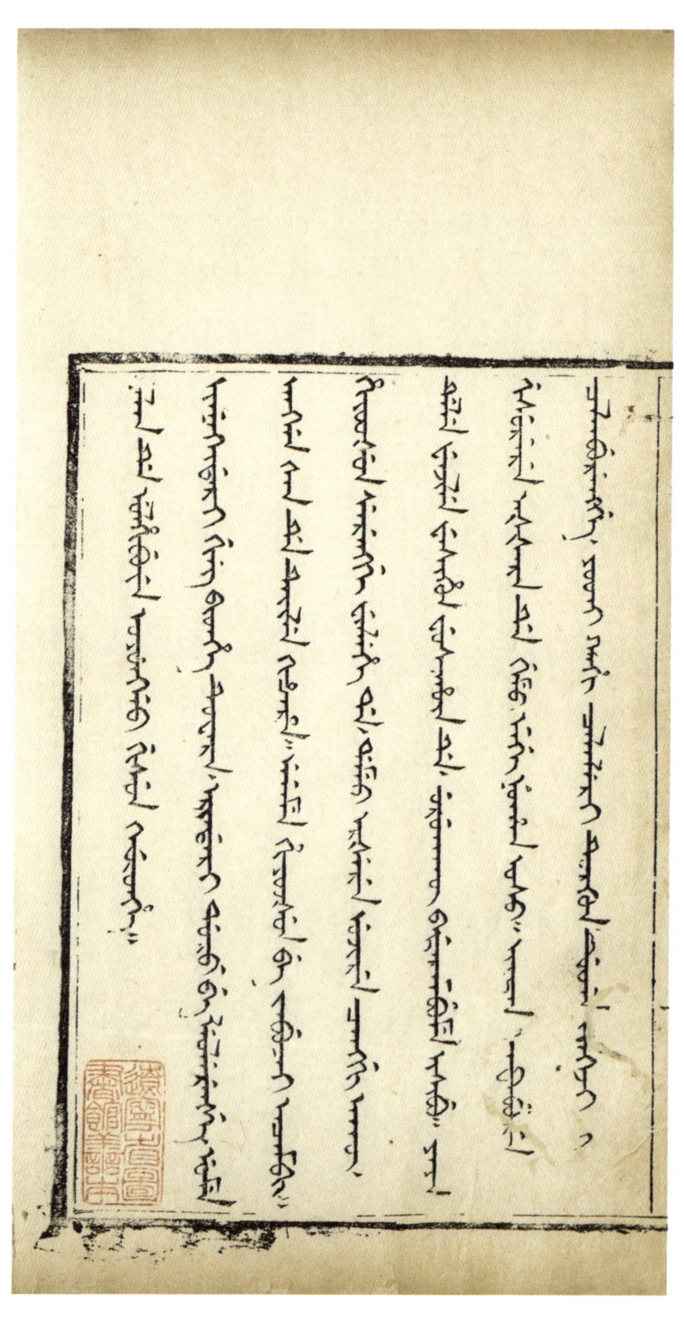

御制劝善要言

不分卷

（清）世祖福临撰

清顺治十二年（1655）内府刻本

满文

一册

辽宁省图书馆藏

国家珍贵古籍名录06788号

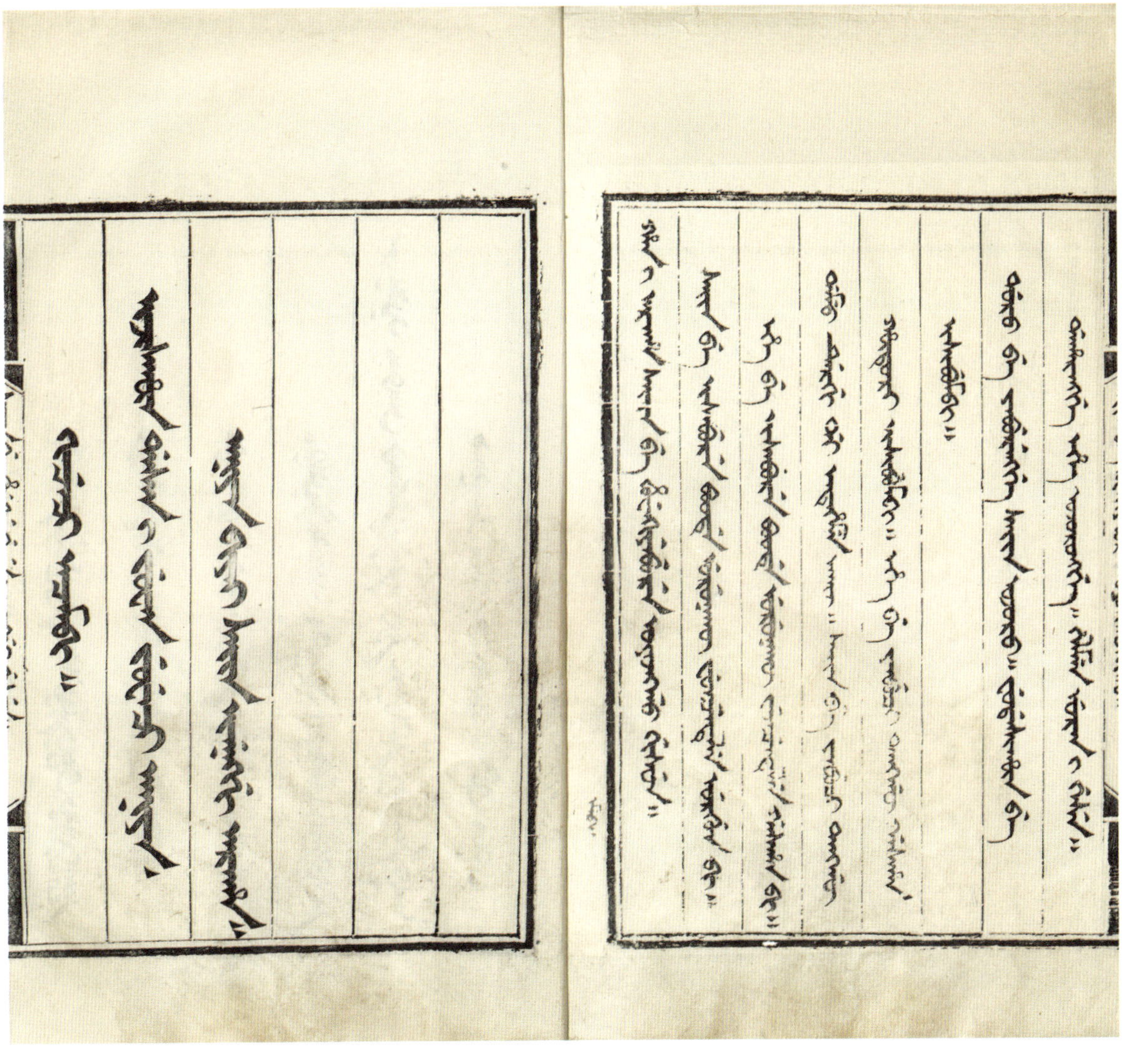

是书为清世祖福临辑录儒家经典著作论“善”之言，并论述“知命顺天”、“先义后利”，劝人向善、行善，道出一个封建统治者皇帝对“善”的认识。

内则衍义

十六卷

（清）世祖福临撰

清顺治十三年（1656）内府刻本

满文

八册

辽宁省图书馆藏

国家珍贵古籍名录06792号

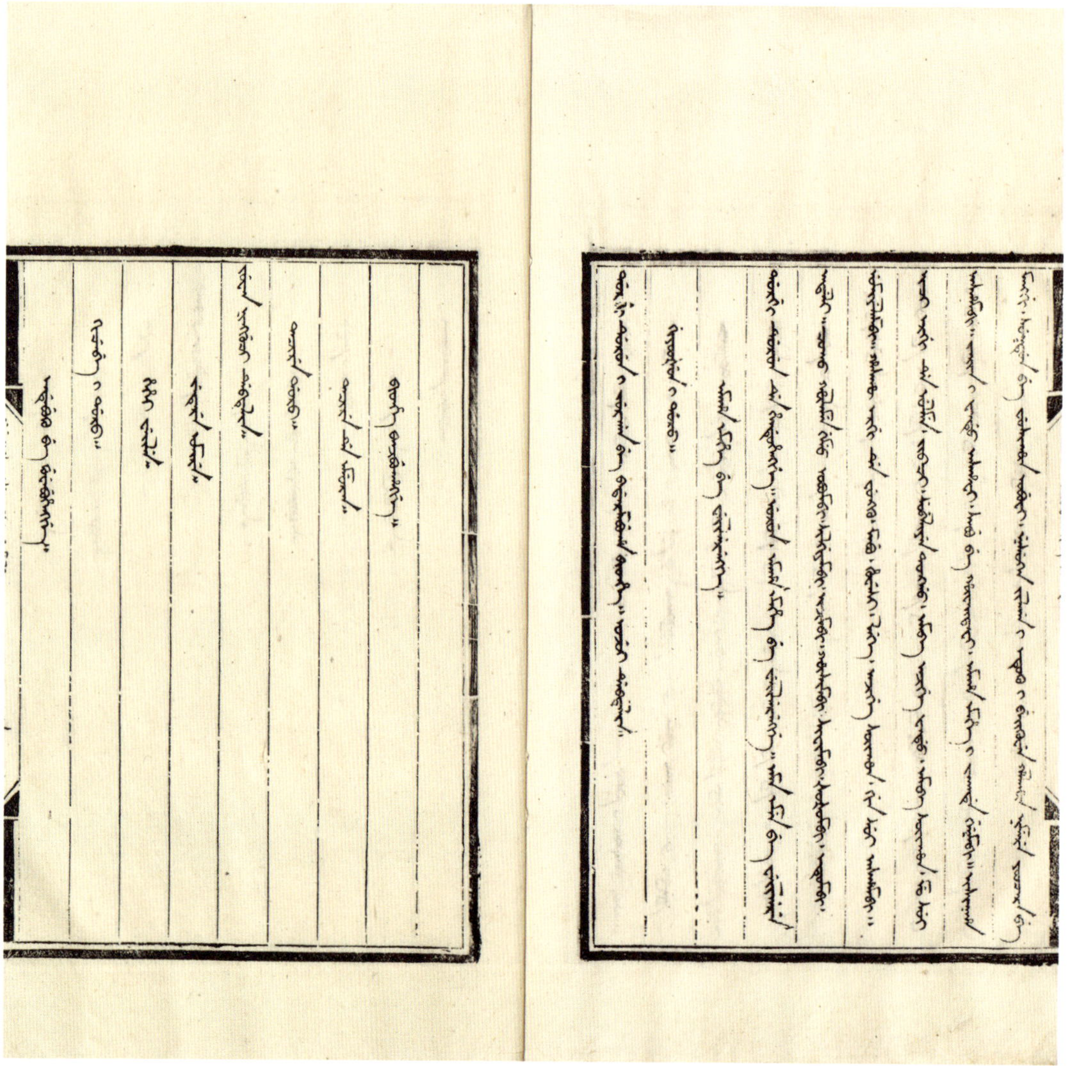

是书以《礼记·内则》为蓝本，辅以经史各书为佐证进行推广阐微。分孝之道、敬之道、教之道、礼之道、让之道、慈之道、勤之道、学之道八纲，下设三十二子目。

百二老人语录

八卷

（清）松筠辑
（清）富俊译
清写本
满汉合璧
八册
辽宁省图书馆藏
国家珍贵古籍名录06832号

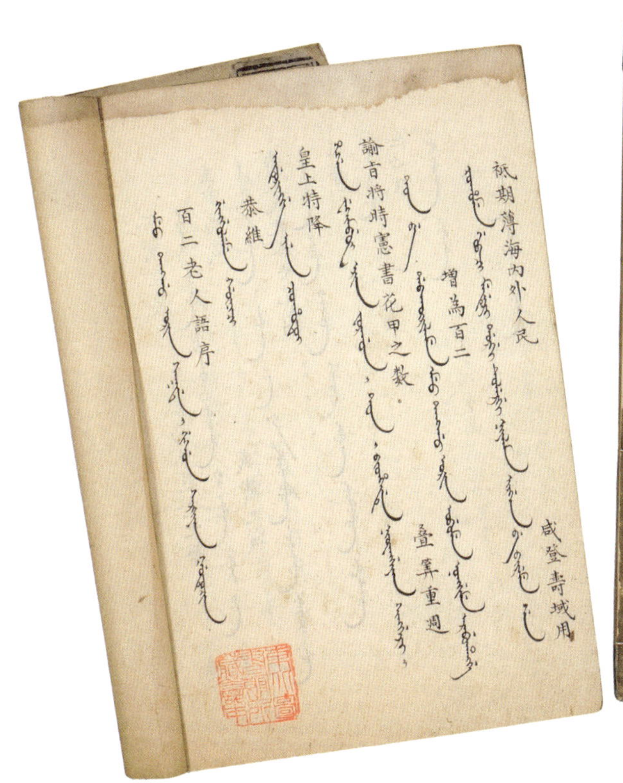

松筠（1752—1835），号湘浦，一说晚号百二老人，玛拉特氏。仕清乾隆、嘉庆、道光三朝，累官至尚书。卒赠太子太保。谥号文清。著有《绥服纪略》、《西招纪行诗》等。

是书搜集了一百二十则满洲旧语，分开国事、陵寝地方、上谕、圣道佛教论、敬礼事、慎刑事、旗员事、外官事、驻防事、外藩事、用兵事、自行奋勉论、师教事、训教妻子事、家计事、忠孝论、勤学论、古事等方面来记载。

药师琉璃光七佛本愿功德经

（唐）释义净译

清乾隆泥金写本

存五十六页

辽宁省博物馆藏

国家珍贵古籍名录06651号

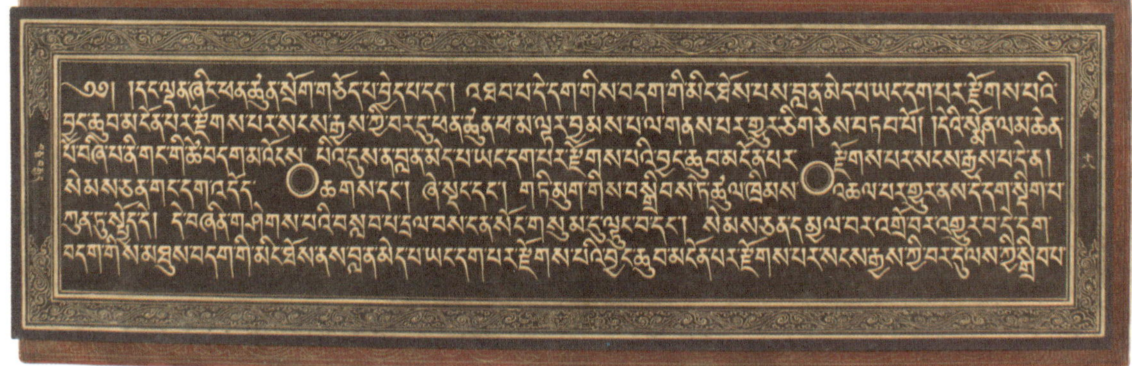

义净（635—713），俗姓张，名文明，唐齐州（今山东济南）人。中国古代佛教四大译经家之一。译有《金光明最胜王经》、《孔雀王经》、《佛为胜光天子说王法经》等。

《药师琉璃光七佛本愿功德经》是唐中宗神龙三年（707）义净于佛光寺奉诏所译。书分上下二卷。本书阐释《药师经》经义，揭示修持《药师经》法，对于资生延寿，提高人们的生命力、生活力，开发智能，进行生理、心理治疗具有很好的作用。

御制摩诃般若波罗蜜多心经

清雍正元年（1723）刻本
经折装
藏满蒙汉合璧
一册
大连图书馆藏
国家珍贵古籍名录09856号

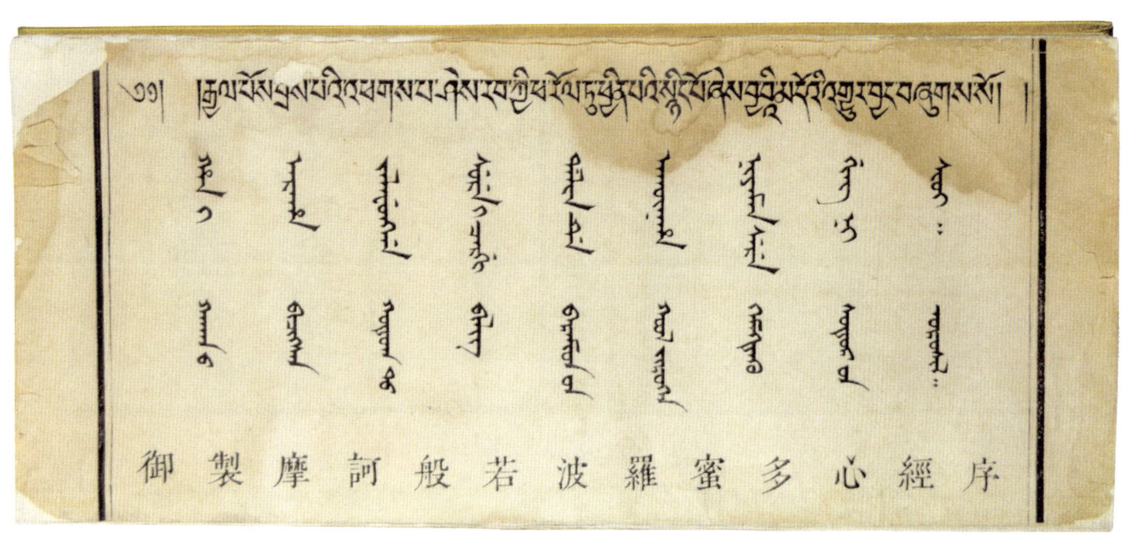

《摩诃般若波罗蜜多心经》，又称《般若波罗蜜多心经》，简称《般若心经》、《心经》。

卷前清雍正元年（1723）御制序云："我圣祖仁皇帝得西藏书本《心经》，……圣祖曾命儒臣校勘，未付剞劂，特雕版以广其传。"正文以藏、满、蒙、汉的顺序行文。

古文渊鉴
六十四卷

（清）圣祖玄烨选
（清）徐乾学等编注
清康熙二十四年（1685）内府刻本
满文
六十四册
大连图书馆藏
国家珍贵古籍名录06803号
三十六册
辽宁省图书馆藏
国家珍贵古籍名录06804号

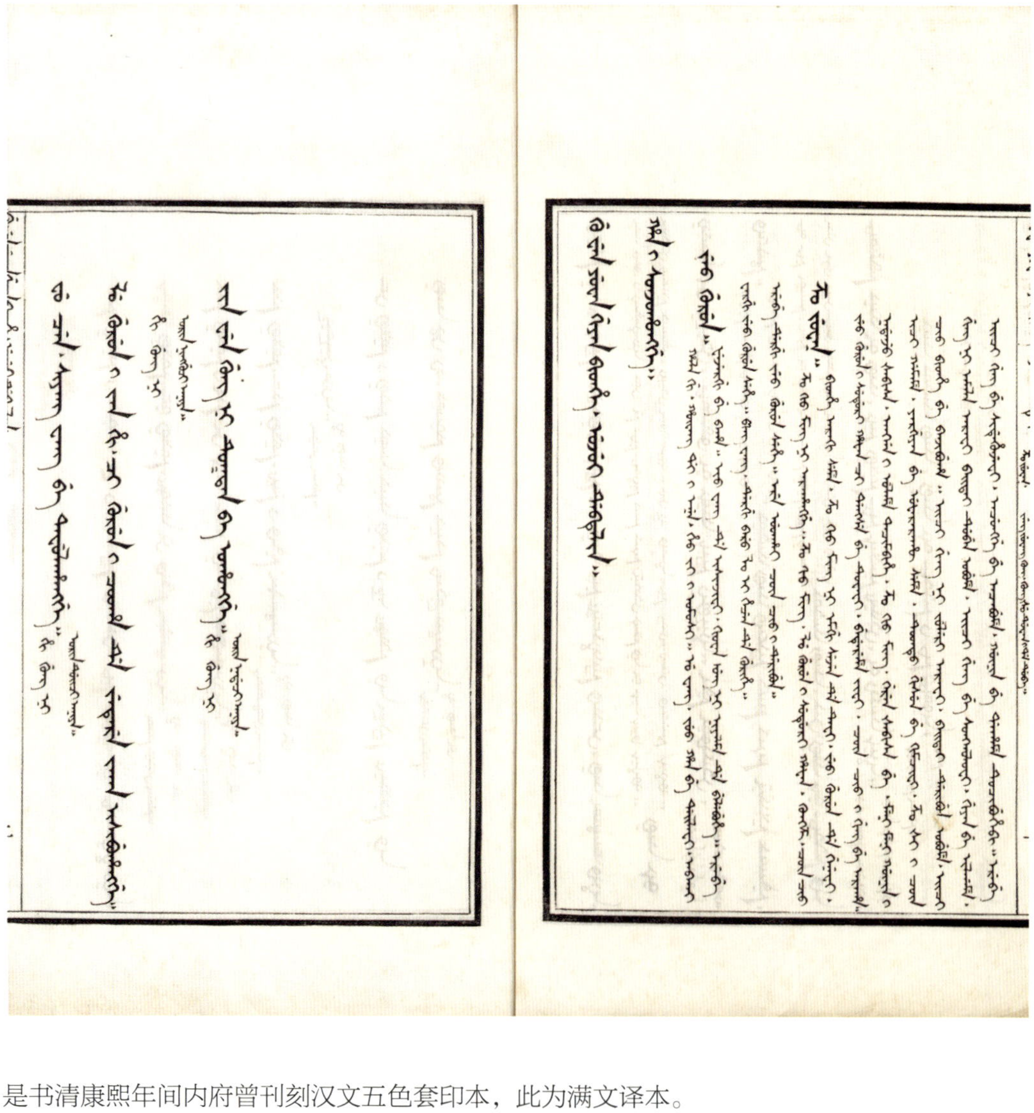

是书清康熙年间内府曾刊刻汉文五色套印本，此为满文译本。

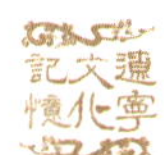

寿诗 不分卷

（清）世祖福临撰
清顺治十三年（1656）内府刻本
满汉合璧
二册
辽宁省图书馆藏
国家珍贵古籍名录06793号

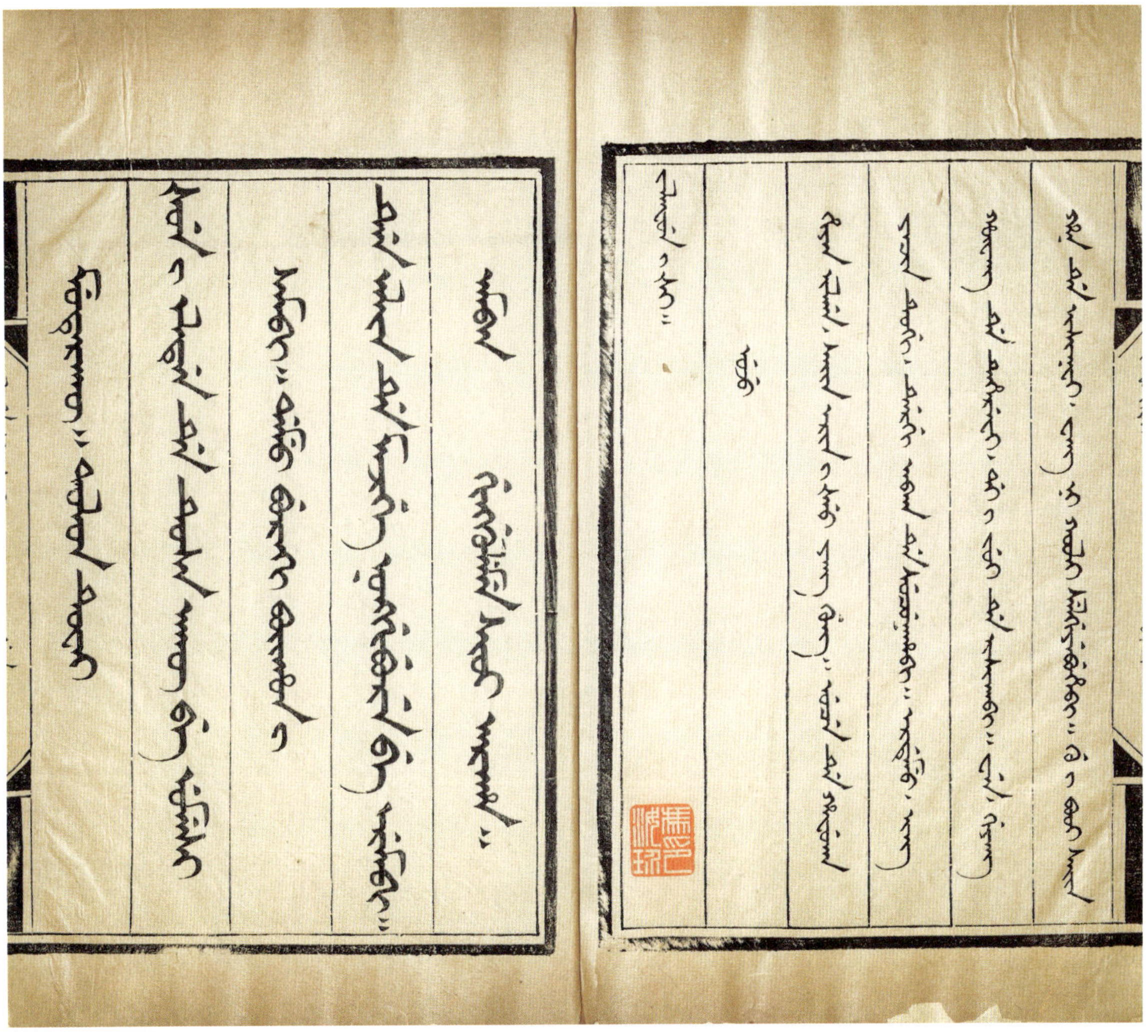

是书为清世祖福临撰写的三十首祝寿诗，祝贺其母后博尔济吉特氏诞辰，颂扬其教养之恩。

范忠贞公文集

四卷

（清）范承谟撰

清康熙四十七年（1708）内府刻本

满文

四册

辽宁省图书馆藏

国家珍贵古籍名录06815号

范承谟（1624—1676），字觐公，号螺山，别号蒙谷，汉军镶黄旗人。范文程次子。清顺治九年（1652）进士。累官至福建总督。卒谥忠贞。著有《吾庐存稿》、《画壁集》等。

是书内容包括范忠贞公传、谕祭文、御制碑文、奏议、存稿等。该书与汉文本不同卷数，无序无跋，有目录，书末镌“康熙四十七年戊子闰三月初一被人可怜之子托尔泰两广盐课衙门监录”。

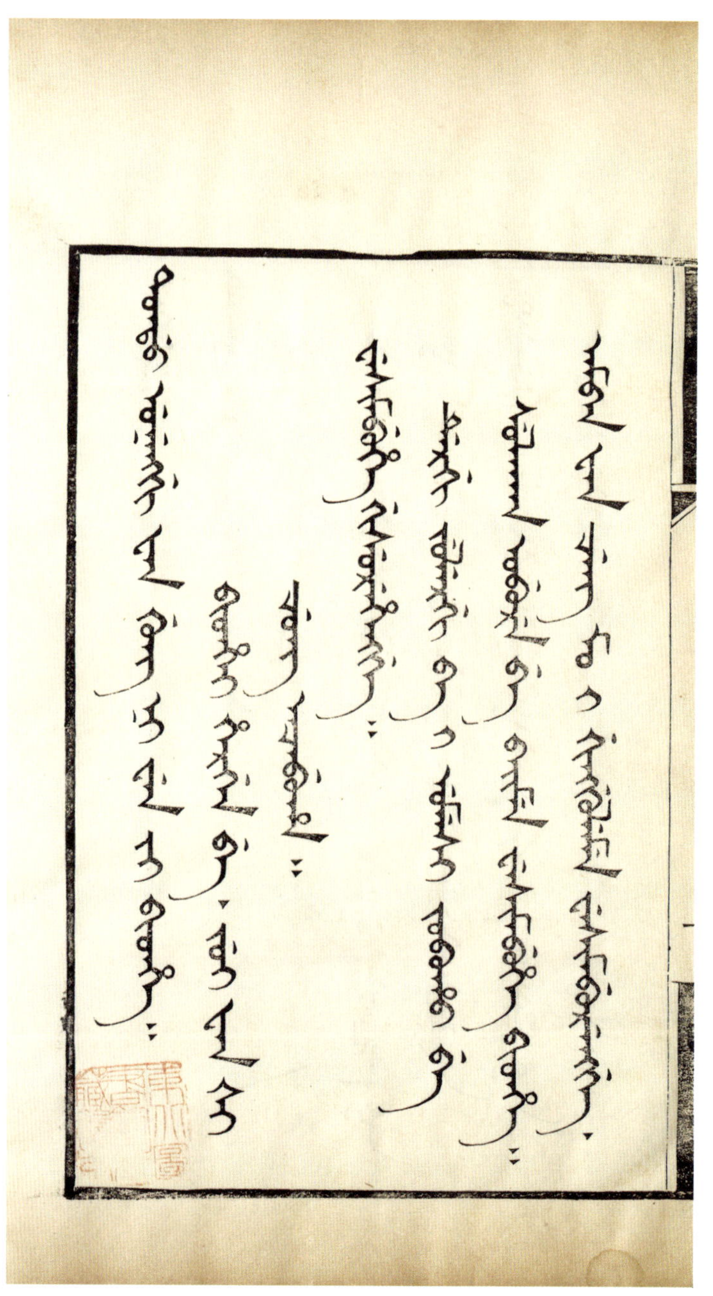

御制避暑山庄诗 二卷

（清）圣祖玄烨撰
（清）揆叙等注释
（清）沈嵛绘图
清康熙五十一年（1712）内府刻本
满文
二册
辽宁省图书馆藏
国家珍贵古籍名录06819号

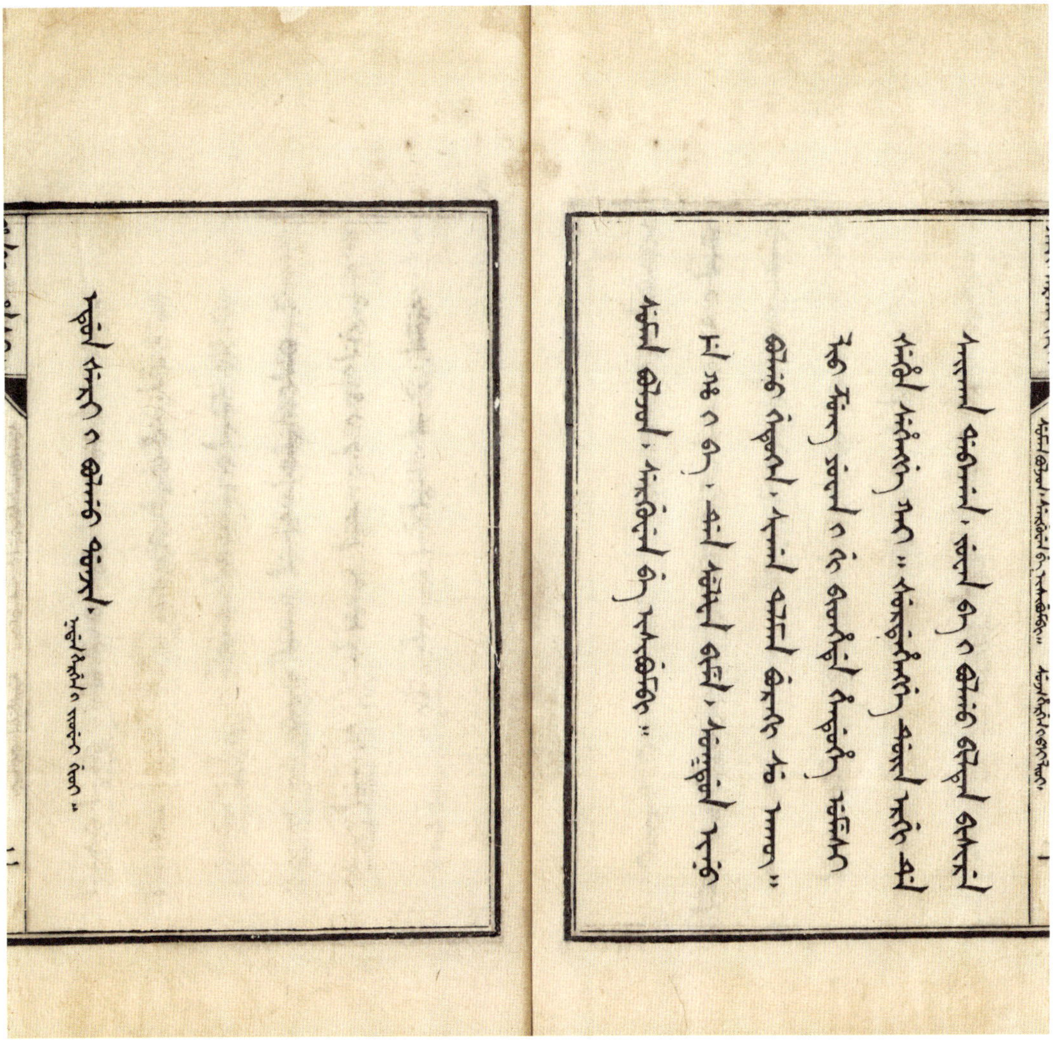

是书为清康熙皇帝从避暑山庄中选出三十六景，每景作诗一首，并命揆叙等儒臣为其诗逐句注释。每诗后附一图，由沈嵛绘制。图绘精工，版面雅洁，布局缜密，线条刚劲流畅，诗情画意，相得益彰，为清初版画之代表作。

御制盛京赋 三十二卷

（清）高宗弘历撰
清乾隆内府抄本
满汉合璧
四十二册
存二十一卷
辽宁省图书馆藏
国家珍贵古籍名录02366号

《盛京赋》是乾隆八年（1743）清高宗弘历东巡盛京（今沈阳）所作赋。此赋含序、赋、颂三部分。清乾隆十三年（1748）高宗皇帝因为制玺刻印满文篆体不备，指授儒臣傅恒、汪由敦等广搜文献，整理历代古汉字篆体，创制满、汉篆文各三十二体，镌刻成书。每种篆体各书满汉文《盛京赋》，以成三十二卷。

是书为恭呈御览之稿本，残存二十一体满汉篆字。书中保留有若干篆文校改签条，篆书名称与刻本也略有差异。

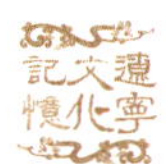

三国演义

二十四卷

（明）罗贯中撰

（清）祁充格等译

清顺治七年（1650）内府刻本

满文

二十四册

大连图书馆藏

国家珍贵古籍名录06782号

二十四册

辽宁省图书馆藏

国家珍贵古籍名录06783号

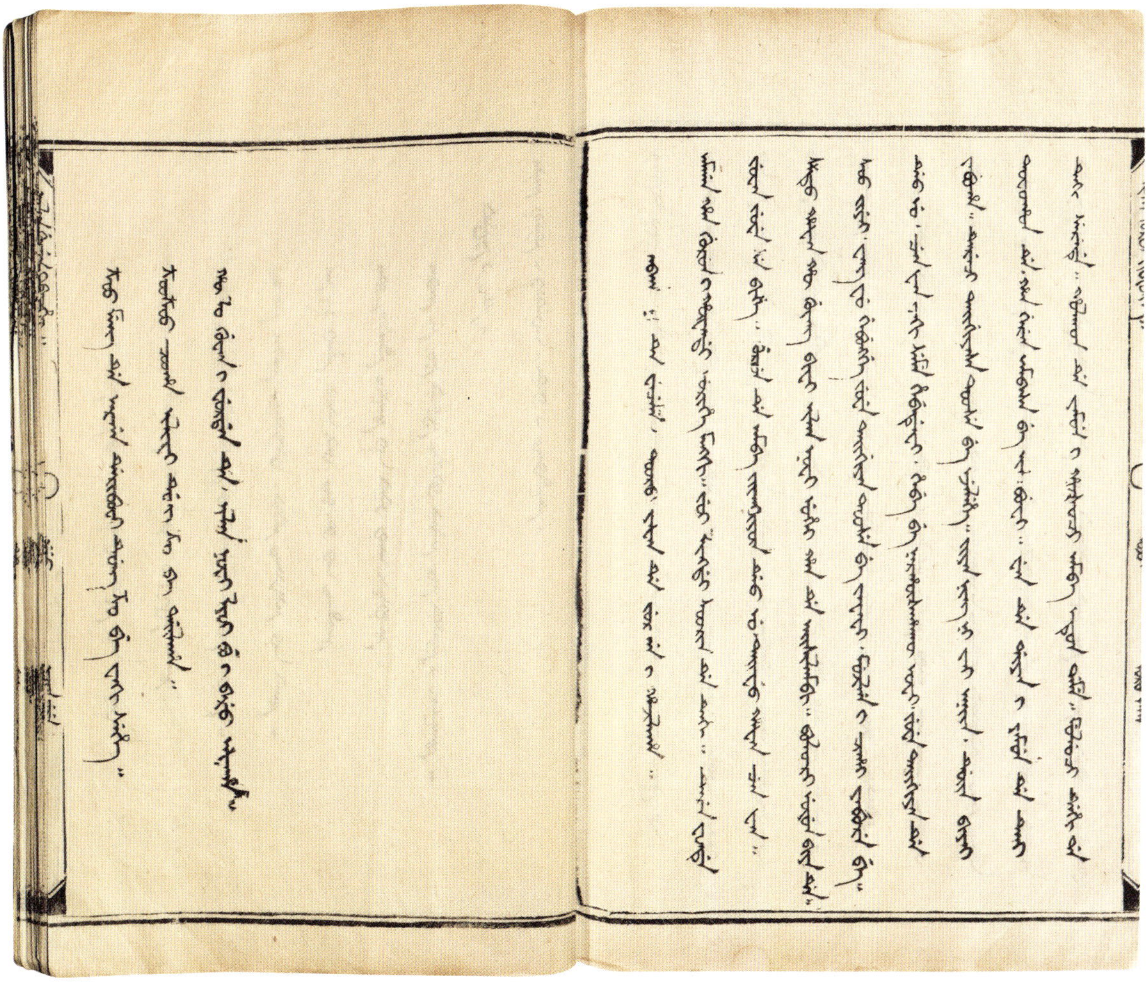

罗贯中（约1330—约1400），名本，字贯中，号湖海散人，山西太原人。著《赵太祖龙虎风云会》、《忠正孝子连环谏》等。

祁充格（？—1651），乌苏氏，满洲镶白旗人。累官至弘文院大学士。《明史》和《太宗实录》总裁官之一。

《三国演义》深受满族人的重视与喜爱。早在关外时，达海就曾经翻译过。该书是祁充格奉摄政王多尔衮之谕旨，组织一批文官进行满文翻译、校对，由内府刻印而成。

满汉西厢记

四卷

（元）王实甫撰

清康熙四十九年（1710）刻本

满汉合璧

四册

辽宁省图书馆藏

国家珍贵古籍名录06818号

四册

大连图书馆藏

国家珍贵古籍名录09779号

王实甫，一说名德信，大都（今北京）人。元代杂剧作家。生平事迹不详。

该书译自汉文《西厢记》唱本，是《西厢记》第一部满文译本。共十六出，即惊艳、借厢、酬韵、闹斋、惊寺、请宴、赖婚、琴心、前候、闹简、赖简、后候、酬简、拷艳、哭宴、惊梦。

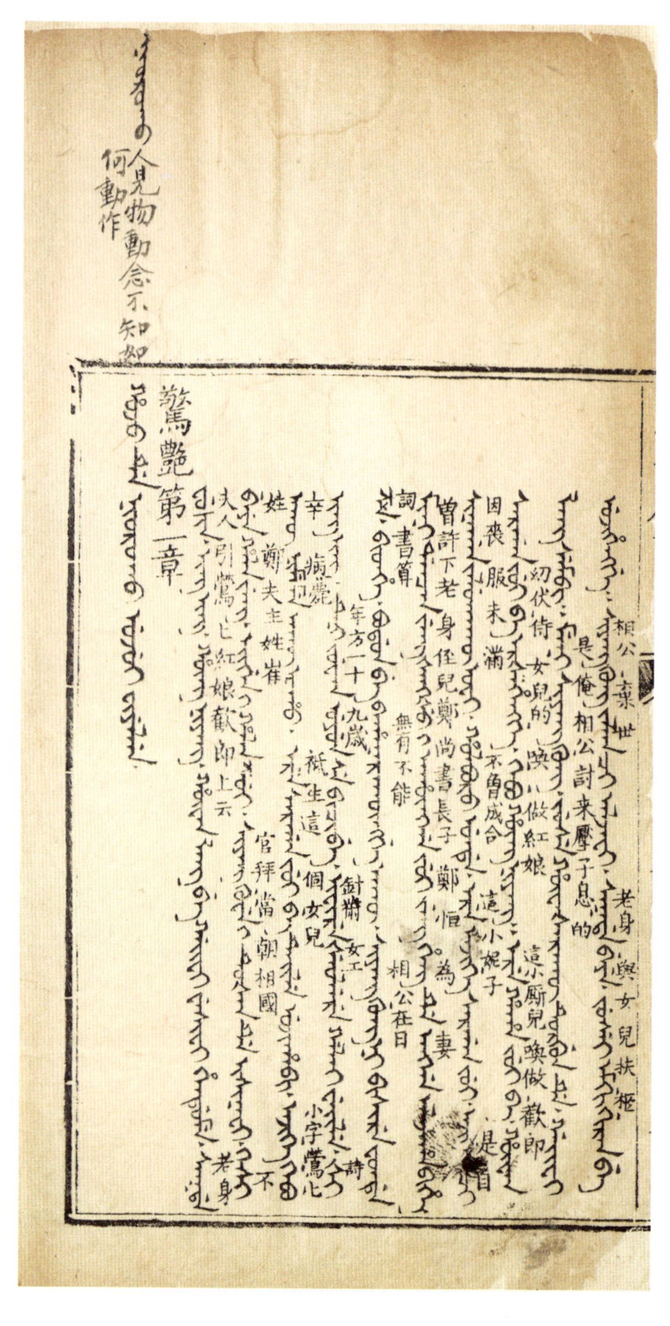

遼寧文化記憶

附录

辽宁省古籍收藏单位简介

辽宁省图书馆

辽宁省图书馆现藏古籍61万余册（件），其中善本6200余部12万余册（件）。藏品包括宋、元版珍本近百部；刻印精良的明代闵凌刻套印本百余种；可与北京故宫博物院齐名，居全国之冠的清殿版书；包括蒲松龄手稿《聊斋志异》在内的众多稀世稿、抄本；罗振玉旧藏及近2000部朝、日版本等。有296部珍贵古籍入选《国家珍贵古籍名录》，有1048部珍贵古籍入选《辽宁省珍贵古籍名录》。2008年，被国务院命名为首批“全国古籍重点保护单位”；2010年，被命名为“国家级古籍修复中心”；2014年，入选“国家古籍保护中心人才培养基地”和“国家级古籍修复技艺传习所”试点单位。

西園翰墨林
東壁圖書府

遼寧文化記憶

沈阳市图书馆

沈阳市图书馆创立于1908年，最初名为奉天省城图书馆，是我国最早建立的省市级公共图书馆之一。馆藏古籍多为建馆之初接收的原提学使衙门的“原资料之书”。最早源于1902年奉天将军曾祺创办的盛京省学堂，1904年停办后交给当时的学务公所，这部分图书构成了沈阳市图书馆最早的藏书体系。

沈阳市图书馆现藏有古籍7568种90687册，其中善本133部3038册。所藏古籍最早刻本为明隆庆六年（1572）的《杜工部诗通》，除此之外，尚有明刻本《唐类函》、《大慈恩寺三藏法师传》、《唐诗品汇》、《大学衍义》等，有清内府所刻圣祖玄烨、世宗胤禛、高宗弘历、仁宗颙琰、宣宗旻宁及穆宗载淳等御制诗文集。馆藏清末民初吴廷燮写本《明实录》是国内尚存的唯一一部较完整的写本明代史料长编，为沈阳市图书馆的镇馆之宝。馆藏汇刻丛书丰富，占三分之一以上，还藏有部分古代日本和朝鲜版汉籍。另有光绪末年修纂的稿本辽、吉、黑三省各县的乡土志，计149部。

沈阳市图书馆已有1部珍贵古籍入选《国家珍贵古籍名录》，29部珍贵古籍入选《辽宁省珍贵古籍

名录》。2010年，被国务院命名为第三批“全国古籍重点保护单位”，同年，被辽宁省人民政府命名为首批“辽宁省古籍重点保护单位”。

大连图书馆

大连图书馆创设于1907年，迭经中国长春铁路公司中央图书馆、旅大市图书馆。以庋藏明清小说、方志等名世，现存古籍约一万五千种二十多万册，其中稀世善本二千余种二万八千册。古籍版本形态多样，有线装书、舆图、碑帖拓片、文书档案等。

史料价值巨大的珍贵古籍比比皆是，如明建文年间内府刻本《皇明典礼》，记载了明初皇家宗室礼仪规范；孤本方志文献，如《[正德］姑苏志》、《[嘉靖］秦安志》等，因独特的版本价值入选首批《国家珍贵古籍名录》。大连图书馆又是国内外收藏明清小说最丰富的图书馆之一，插图精美、版本珍稀，有明清刻本、明清抄本、和刻本、日本抄本以及满文和满汉合璧的刻本、抄本，多为珍

本；比较著名的有明刻本《警世阴阳梦》、清初刻本《后水浒传》、日本抄本《珍珠舶》、满文抄本《金瓶梅》（题名为《世态炎凉》）等。古籍中还有丰富的满、蒙、藏、维等民族文献。

满文与满汉合璧题本的清代内务府档案二千余件，其中包含有曹雪芹之父曹頫骚扰驿站获罪结案的档案。

大连图书馆藏明清舆图五千余幅，如图文并茂的《琼郡地舆全图》等，历代碑刻拓本二千余件。

大连图书馆古籍保护工作成绩卓著，2008年成为国家首批“全国古籍重点保护单位”，至今已有128部珍贵古籍入选《国家珍贵古籍名录》，有507部入选《辽宁省珍贵古籍名录》。

鞍山市图书馆

鞍山市图书馆前身为满铁鞍山图书馆，始建于1919年。1948年更名为鞍山市图书馆并正式开馆。现馆舍于1989年启用，是国家一级图书馆。

鞍山市图书馆现藏古籍文献2428种26355册，其中善本20种358册。以民国时期出版的古籍为主，也有少量明、清版本古籍。其中明万历二年（1574）崔孔昕刻万历六年（1578）徐成位重修本《六臣注文选六十卷》、明末刻本《唐文粹一百卷目录一卷》、明末毛氏汲古阁刻张氏诗礼堂印本《陆放翁全集六种一百五十七卷》入选第一批《辽宁省珍贵古籍名录》。明天启五年（1625）花斋刻本《春秋繁露十七卷》入选第二批《辽宁省珍贵古籍名录》。

抚顺市图书馆

抚顺市图书馆始建于1952年11月5日，当时馆名为“抚顺市人民图书馆”，馆舍面积1100平方米。经过60余年的发展变化，抚顺市图书馆始现已建设成为一个数字化、现代化、综合性的图书馆。新馆于2014年4月投入使用，座落于浑河北岸，与政府比邻，建筑面积15000平方米。

抚顺市图书馆现存古籍2000多种，近40000册，库房面积300平方米。古籍大部分都是清至民国时期的刻本、影印本、石印本，其中市级善本56种、省级珍本7种。在古籍保护方面馆领导非常重视，几年来先后购置了密集架80节（20列）、专业吸尘器1台、立式空调1台、空气净化器2台，既起到防尘作用又便于保护和专人管理，还定期投放檀香片和防虫防鼠药。抚顺市图书馆的古籍保护工作基本达到了国家标准，库房满足了“恒温恒湿”等要求。

丹东市图书馆

丹东市图书馆前身是安东县立图书馆，始建于1908年。1984年1月新馆正式对外开放。

丹东市图书馆现藏古籍3225种31613册（件）。其中善本50种1117册（件）。此外藏有清拓片350余张，《龙门二十品》、《岳飞书前出师表》等为特色藏品。

2010年6月，丹东市图书馆有7部古籍入选第一批《辽宁省珍贵古籍名录》，分别是：明万历二十一年（1593）刻本《呻吟语六卷》、明万历三十四年（1606）茅维刻本《东坡先生全集七十五卷》、明凤笙阁刻朱墨套印本《选赋六卷》、明刻清怀德堂印本《牡丹亭还魂记二卷》、清康熙二十七年（1688）刻本《石湖居士诗集三十四卷》、清雍正内府刻本《悦心集四卷》、清康熙五十二年（1713）内府刻朱墨套印本《御选唐诗三十二卷目录三卷》。

2012年，丹东市图书馆所藏明万历三十七年（1609）屠氏兰晖堂刻本《十六国春秋一百卷》、清乾隆五十年（1785）冰丝馆刻本《玉茗堂还魂记二卷》、清雍正十一年（1733）果亲王府刻本《古文约选不分卷》等10种古籍入选第二批《辽宁省珍贵古籍名录》。

锦州市图书馆

锦州市图书馆的前身为辽西省立图书馆，1948年11月在辽北四平市筹建，1949年5月迁至锦州市，1950年开馆，1955年辽西、辽东两省合并后改名为锦州市图书馆。

锦州市图书馆现存古籍900余部10000余册（件），是辽西地区古籍藏量最多、古籍保存相对完好的图书馆。

该馆古籍藏品中有三分之一为1912年之前行世，64部古籍善本中有17部为清乾隆之前版本，其中元刻本《资治通鉴》（存第66卷）、明刻本《元包经传》入选《国家珍贵古籍名录》，清康熙内府刻五色套印本《古文渊鉴》等32部珍贵古籍入选《辽宁省珍贵古籍名录》。

阜新市图书馆

阜新市图书馆是综合性公共图书馆，始建于1955年8月1日，1983年11月迁址阜新市解放大街1号，2012年9月迁入阜新市细河区人民大街甲120号，建筑面积11000平方米，以其宏伟的风格和独特的造型成为阜新市的标志性建筑。

阜新市图书馆现藏古籍9871册（件），其中善本284册（件），藏有清刻本、拓本、石印本、铅印本等古籍，均是清末出版，以线装书为主，其中拓本经折装《天香楼藏帖》，墨色清雅，为清版之精者；《秦淮八艳图咏》一卷，为清代叶衍兰绘图，清代张景祁填词，记录“秦淮八艳”作品及画像，均为该馆代表性藏品。

阜新市图书馆是阜新市唯一一家藏有古籍的单位，以其文献价值高、版本稀有被各级政府高度重视。该馆正在积极申报《辽宁省珍贵古籍名录》和“辽宁省古籍重点保护单位”。

辽阳市图书馆

辽阳市图书馆前身可追溯到清光绪三十三年（1907）创办的辽阳州立劝学所和民国十七年（1928）建立的满铁辽阳图书馆。1956年5月20日，正式成立辽阳市图书馆。1984年5月迁入位于科普公园南侧的馆址。馆舍建筑面积5177平方米，馆名由薄一波题写。

辽阳市图书馆藏现有古籍1万余册，其中善本118册。明崇祯十二年（1639）葛鼎刻本《汉书》、明天启刻本《后汉书》、清雍正五年（1727）内府刻本《子史精华》等11部珍贵古籍入选《辽宁省珍贵古籍名录》。

铁岭县图书馆

铁岭县图书馆是在原民国、伪满、国民党统治时期创办的数家“图书馆”资源合并的基础上发展而来。现馆藏图书5.6万余册，其中古籍679函3621册。

辽宁省博物馆

辽宁省博物馆于1949年成立，是新中国第一座博物馆。原馆舍为奉系军阀热河都统汤玉麟官邸，九一八事变后，伪满政府在此设立“国立博物馆奉天分馆”。1948年11月2日，成立东北博物馆，于1949年7月7日开放。

辽宁省博物馆藏古籍来源主要是原文化部文物局、原东北图书馆拨交，个人赠送及购买所得。现藏古籍近2万册（件），善本古籍近6千册

（件）。特色藏品包括元明版书籍、明清版佛经等。代表性藏品有元刻本《通志》、《朱文公校昌黎先生集》、《东莱标注颍滨先生文集》、《楞严经》，明刻本《妙法莲华经》、《金刚经》等，清刻本《读礼通考》、《朱子家礼》、《大清龙藏》等。现有8部珍贵古籍入选《国家珍贵古籍名录》，15部古籍入选《辽宁省珍贵古籍名录》。2013年被命名为“全国古籍重点保护单位”。

沈阳故宫博物院

沈阳故宫博物院是中国宫廷历史艺术博物馆，始建于1926年，原称东三省博物馆。日伪政权时期曾改称奉天故宫博物馆。抗日战争胜利后，成立国立沈阳故宫博物院，1955年，命名为沈阳故宫博物馆，1986年8月5日，定名沈阳故宫博物院。

沈阳故宫博物院现藏古籍429种8162册（件），其中善本20种600册（件）。其代表性藏品为汉郑玄注《礼记》，明冯善编集《家礼集说》，清梁诗正等编纂《西清古鉴》等。特别是《礼记》（存卷十四），为宋刻袖珍本，卷内有“嘉庆御览之宝”、“天禄继鉴”藏书印。该院现有3部珍贵古籍入选《国家珍贵古籍名录》，9部珍贵古籍入选《辽宁省珍贵古籍名录》。

旅顺博物馆

旅顺博物馆是大连市属的历史艺术类博物馆，始建于1917年，先后经历了沙俄筑基、日本建馆、前苏联接管及中国政府管理四个不同管理阶段。

旅顺博物馆现藏古籍20000余册，善本3000余册。内容包括佛教典籍、社会文书、线装善本、清宫档案、名人手札、碑帖等。来源渠道较为广泛，有政府拨交、罗振玉旧藏、日本大谷光瑞“探险品”以及民间征集等，多数古籍流传有序，保存良好，为版本学的研究提供了可靠依据。

旅顺博物馆古籍藏品中相当部分的古代写本来自于日本大谷光瑞的“收集品”，其中一部分为佛经残片，共26000余片，均来自于新疆吐鲁番地区，时代自西晋、南北朝至隋唐均有收藏。馆内现存九件敦煌藏经洞保存的经卷也是大谷光瑞的“收集品”，这部分佛教经典及断片都得到整理，部分已经出版。

旅顺博物馆藏清宫档案及古籍善本主要为罗振玉的旧藏，具有重要的史料价值。此外，该馆还收藏大量珍贵的唐宋时期的碑帖拓片，如明拓东汉延熹元年的《汉郎中郑固碑》、明拓唐贞观二十年唐太宗的《晋祠铭》等，这些拓片真实记录了汉、唐、宋等时期的著名碑文，为中国历代法书的研究提供了珍贵的资料。目前该馆已有19部珍贵古籍入选《国家珍贵古籍名录》，43部珍贵古籍入选《辽宁省珍贵古籍名录》。

辽宁省档案馆

辽宁省档案馆是中国省级综合性档案馆。1954年8月成立时称东北区临时档案保管处，1956年改为国家档案局沈阳管理处。1958年10月改为辽宁省档案馆。馆址在沈阳市北陵大街。

辽宁省档案馆现藏古籍1200余部10905册（件），其中善本1100余部。馆藏古籍绝大多数是清代官修史籍的精写本，装帧华丽，书写精美，版本独特，流传稀少，堪称精品。有146部珍贵古籍入选《辽宁省珍贵古籍名录》。2012年被辽宁省政府命名为“辽宁省古籍重点保护单位”。

辽宁大学图书馆

辽宁大学图书馆始建于1948年，由原东北财经学院图书馆、沈阳师范学院图书馆、沈阳俄文专科学校图书馆合并组建而成。现有馆舍总面积41869平方米，由崇山校区、蒲河校区和辽阳武圣校区三个分馆组成，其中崇山校区图书馆建筑面积18470 平方米，蒲河校区图书馆建筑面积19000平方米。2002年被命名为"联合国托存图书馆"，2006年被教育部选定为《中华再造善本》受赠馆。先后参与CALIS"高校古籍联合目录"、"高校古文献资源库"项目建设。

辽宁大学图书馆现藏古籍7000余种16万册，其中善本500余种5000余册，包括明彩绘抄本、明内府刻本、明清抄本、明清刻套印本、清武英殿刻本、活字本、稿本、校本等，保存较为完好。此

外还收藏有清代奏折、地契以及曾国藩书信等特色藏品。入选《中国古籍善本书目》150余种2500余册，其中孤本7种68册。馆藏古籍藏书来源主要是三馆合并藏书，现已形成以清代为重点，上承明代、下迄民国的古籍藏书特色，是辽沈地区清史及满族文化研究的文献资源基地之一，受到国内外学者的重视。

辽宁大学图书馆所藏古籍，主要以明清为重点、清代地方古籍为特色，其中已有11部珍贵古籍入选《国家珍贵古籍名录》，59部珍贵古籍入选《辽宁省珍贵古籍名录》。2009年辽宁大学图书馆被省文化厅命名为“辽宁省古籍重点保护单位”，2010年被国务院命名为第三批“全国古籍重点保护单位”。

中国医科大学图书馆

中国医科大学图书馆馆藏古籍多数来源于伪满时期的满洲医科大学，1945年国民党政府接管满洲医科大学，更名为国立沈阳医学院，1948年国立沈阳医学院由东北人民政府卫生部接管，1949年6月并入中国医科大学，满洲医科大学留下的众多中医古籍遂归属中国医科大学。

中国医科大学图书馆现藏古籍778部7040册（件），其中善本88部716册（件）。

中国医科大学图书馆所藏古籍大部分为中医古籍，在中医版本学考证、明清中医古籍研究中具有重要的研究和参考价值，其中年代最早的元大德四年（1301）《大德重校圣济总录》，为该书存世最早版本；《本草集要》、《普济方》、《食物本草》是中医本草和方剂学上的经典著作；明赵开美刻本《仲景全书》，目前存世仅5部，经专家考证本馆所藏为修刻本，在文字准确性及中医伤寒论内容研究方面优于初刻本；另外《黄帝内经素问灵枢》、《脉经》、《本草纲目》等善本古籍均在中医研究及版本学方面有重要的研究价值。

已有5部珍贵古籍入选《国家珍贵古籍名录》，48部珍贵古籍入选《辽宁省珍贵古籍名录》。

辽宁中医药大学图书馆

辽宁中医药大学图书馆始建于1958年，现有古籍线装图书3287函18468册，其中善本古籍646册。中医中药方面古籍数量约占全部古籍数量的80%。目前该馆共有12部古籍入选《辽宁省珍贵古籍名录》，如《心印绀珠经二卷》、《脏腑证治图说人镜经八卷》、《黄帝内经素问二十四卷》、《新刊黄帝内经灵枢二十四卷》、《疡科选粹八卷》、《针灸大成十卷》、《赤水玄珠三十卷》等。这些古籍成为该馆中医古籍的优秀代表，在中医药教学科研等领域发挥着重要的作用。

沈阳音乐学院图书馆

沈阳音乐学院图书馆是一所小型专业性图书馆，始建于1948年，1999年迁入现址，建筑面积3700平方米。

图书馆现有藏书20余万册（件）。古籍库藏有古籍1342种2130函11406册，经、史、子、集、丛五大部类均有涉及，其中经部59种、史部147种、子部121种、集部520种、丛部495种。库中音乐、戏曲类文献相对较丰富，现统计有549种，内容涉及音乐史、乐学、律学、乐制、乐器、乐谱、音韵、唱本、评论等诸多方面。

从装帧形式来看，绝大部分为线装，少量为经折装，主要集中在戏曲剧本和器乐曲谱集；按版本分类有刻本、活字本、写本、影印本等，其中影印本主要为类书和丛书，刻本年代为明、清、民国时期；按刻书机构性质划分，官刻本、家刻本和坊刻本三类俱备，其中以官刻武英殿聚珍版居多；从版本品类上看，多为通行本，亦有少量善本和珍本。

1978年经辽宁省图书馆专家鉴定的“明本3函26册，清本29函168册”已作善本收藏。馆藏《重修正文对音捷要真传琴谱大全十卷》入选首批《辽宁省珍贵古籍名录》。

鲁迅美术学院图书馆

鲁迅美术学院图书馆是鲁迅美术学院的教辅单位，其前身是始建于1938年的延安鲁迅艺术学院图书室，1958年随鲁迅美术学院的正式更名而称鲁迅美术学院图书馆。

鲁迅美术学院图书馆收藏古籍约411种7400册（件）。其中善本93种1300余册（件）。明清版画是其古籍特色。馆藏古籍藏书来源有延安鲁艺图书室的遗留，也有1953年至1958年东北美专时期的多方购买及个人捐赠。现藏古籍中有明隆庆元年（1567）胡维新、戚继光刻本《文苑英华一千卷》、明正德二年（1507）刻本《韵语阳秋二十卷》、明嘉靖七年（1528）刻本《至大重修宣和博古图录三十卷》、明崇祯十五年（1643）黄国琦刻本《册府元龟一千卷目录十卷》、汲古阁刻《中州乐府不分卷中州集十卷附卷首一卷》等明代刻本19种，有清康熙时期内府刻本《万寿盛典初集一百二十卷》、《皇舆表十六卷》等清代刻本、钤拓本72种。有1部珍贵古籍入选《国家珍贵古籍名录》，19部珍贵古籍入选《辽宁省珍贵古籍名录》。

辽宁师范大学图书馆

辽宁师范大学图书馆现藏古籍912种6719册（件），其中善本195种1457册（件）。藏书来源主要有三方面：一是徐宗元先生的藏书；二是辽宁师范大学成立前大连工学院、大连工业俄文专科学校等并校时接收的古籍；三是本校图书馆采购的古籍。

辽宁师范大学图书馆古籍以明清版本为主，代表性藏品有明嘉靖刻本《六家文选六十卷》、清福建侯官林春祺福田书海铜活字本《音学五书十三卷》、明万历刻四库进呈本《吕氏家塾读诗记三十二卷》、清初毛氏汲古阁刻本《说文解字十五卷》、清康熙内府刻朱墨套印本《御选唐诗三十二卷》、清同治刻叶德辉跋《古韵通说二十卷》、清乾隆武英殿聚珍本《考古质疑六卷》、清康熙扬州诗局刻本《御定历代赋汇》、清康熙内府刻本《御选历代诗余一百二十卷》、罗振玉稿本《徐俟斋先生年谱不分卷》等。现有9部珍贵古籍入选《辽宁省珍贵古籍名录》。

沈阳师范大学图书馆

沈阳师范大学图书馆现藏古籍5万余册（件），其中善本90种1993册（件），形成了以清代文献为重点，上起明代下迄民国的藏书特色。有2部珍贵古籍入选《国家珍贵古籍名录》，有47部珍贵古籍入选《辽宁省珍贵古籍名录》。2012年，被省政府命名为“辽宁省古籍重点保护单位”。

中国刑事警察学院图书馆

中国刑事警察学院图书馆现藏古籍46种947册（件）。主要包括清代后期的各类刻本、影印本及石印本。其代表性古籍主要有清康熙蒋陈锡刻本《臣鉴录二十卷》，清嘉庆十三年（1808）兰陵孙氏影元刻本《故唐律疏议三十卷》，清道光二十三年（1843）江都钟淮三色套印本《补注洗冤集录集证四卷作吏要言一卷》；清道光二十四年（1844）刻四

色套印本《重刊补注洗冤集录集证六卷》等。以上4部古籍精品均已入选《辽宁省珍贵古籍名录》。

沈阳大学图书馆

沈阳大学图书馆现藏古籍554部1.2万册（件），其中善本13部，有3部珍贵古籍入选《辽宁省珍贵古籍名录》。分别是明天启元年（1621）文盛堂刻本《东坡诗选》、清乾隆十一年（1746）樊榭山房刻本《宋诗纪事》和清乾隆三十八年（1773）朱氏椒华吟舫刻本《说文解字》。

鞍山师范学院图书馆

鞍山师范学院图书馆现藏古籍251种3364册（件）。年代较早者为清康熙五十二年（1713）刻《御纂朱子全书六十六卷》。

凌海市萧军纪念馆

凌海市萧军纪念馆建于1986年，始称“萧军资料室”，是全国第一个在世作家资料室；萧军去世后改称萧军纪念馆。

凌海市萧军纪念馆多年来侧重于萧军生前捐赠的古籍的收藏、整理与研究，力求为国家古籍书库和古籍使用、流通及研究做出相应贡献。该馆现有古籍450部，其中清刻本240余部，清石印本50余部，抄本8部，以及部分影印本等。内容包括兵书、家谱、杂录等。全部为萧军生前赠予。

铁岭市周恩来同志少年读书旧址纪念馆

银冈书院始建于清顺治十五年（1658），1978年铁岭地委对银冈书院旧址进行维修，辟为“周恩来少年读书旧址纪念馆”，1979年对外开放，1990年李鹏题写馆名，为辽宁省文物保护单位和爱国主义教育示范基地。该馆现存清光绪年间铅印本《钦定古今图书集成》共计243函1311册。

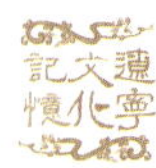

书名索引

E

F

G

H

J

K

R

S

T

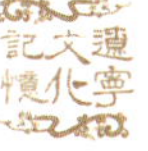

W

X

Y

Z

后　记

辽宁地区历史悠久，文化昌繁，不仅拥有众多的名胜古迹，更珍藏了卷帙浩繁的文化典籍。这些典籍收藏于省内各公共图书馆、高等院校图书馆、档案馆、科研和文博单位以及一些寺庙、道观之中，并以质量较高、特色鲜明而为海内外学人和图书馆界所瞩目。

为进一步展示辽宁地域文化特色和全省文化事业发展的成就，辽宁省文化厅决定编纂出版辽宁文化记忆系列丛书。《辽宁文化记忆：珍贵古籍》作为分卷，汇集入选《国家珍贵古籍名录》的485部珍贵古籍和40部体现辽宁地方特色，具有较高历史文物性、学术资料性和艺术代表性的古籍，其整理出版对于弘扬中华民族优秀传统文化，充分发挥古籍文献在建设文化强省中的重要作用，增强全省人民的文化凝聚力和自豪感，具有重要意义。

《辽宁文化记忆：珍贵古籍》分上下两册，正文由汉文古籍和少数民族文字古籍两部分组成。所收录古籍的版本年代从西晋至清，书品上佳。其中：

魏晋南北朝隋唐五代时期写本6部。如西晋元康六年（296）写本《诸佛要集经》，该经写本为目前仅存的18行经文和4行经后题记的残片，虽然仅存12件残片，却是现存最早有明确纪年的纸本文献。后周显德五年（958）敦煌写本《六祖坛经》，是唯一一部由中国人撰写的被尊崇为“经”的佛教典籍，一度被认为早已亡佚，直至2009年旅顺博物馆开展古籍普查时，才在该馆书画库普通古籍中被发现，

该书是现存五个敦煌本《坛经》中文字脱漏最少、错误最少的传本。

宋元版古籍79部。这部分古籍纸墨精美，写刻俱佳，许多为海内孤本。其中宋绍兴二十二年（1152）临安府荣六郎刻本《抱朴子内篇》是目前仅存的宋刻本，该书卷末5行75字的刻书牌记被认为是一部《东京梦华录》，成为中国书史上的重要文献资料；宋刻本《韵补》是第一部研究汉字古代读音的著作，初刻初印，书品完好，堪称稀世之珍；宋淳熙八年（1181）刻本《扬子法言》是“五臣注本”现存最早的刻本，墨色莹洁，初刻精印，为南宋刻书之上品，因为填补了历来“台州本”的空缺，为海内所仅存，入选全国古籍普查重大发现。

明清佳刻或名家抄校稿本400部。如明建文年间内府刻本《皇明典礼》，全书仅90页，却镌刻有70余位刻工姓名，而且建文时期所刻书籍流传极少，此本也为国内孤本。明刻朱墨套印本《明珠记》，其版画构图精美，令人叹为观止。蒲松龄稿本《聊斋志异》更是有着特殊的文物价值和资料价值，为海内外孤本，辽图“镇馆之宝”，在国内外影响很大。40部少数民族语言文字古籍中，清顺治七年（1650）内府刻满文本《三国演义》是该书的最早译本；清乾隆内府抄满汉合璧三十二体《御制盛京赋》在现存各版本中艺术价值最显著，被誉为“世界艺术殿堂中的奇葩”。

除上述485部珍贵古籍外，另收入40部体现地方特色，具有较高历史文物性、学术资料性和艺术代表性的古籍，以彰显辽宁地域文化的传统魅力。如清嘉庆写本《镶黄旗满洲钮祜禄氏弘毅公家谱》，为清代开国五大臣之一的额亦都的家谱，清嘉庆武英殿刻本《太祖皇帝大破明师于萨尔浒之战书事》，是研究清前史的重要史料。

附录由辽宁省古籍收藏单位简介和书名索引两部分组成，进一步提升了本书的

实用性，也使本书的内容更加饱满。

在本书的编纂过程中得到了全省各古籍收藏单位和专家学者的鼎力支持。辽宁省图书馆、沈阳市图书馆、大连图书馆、锦州市图书馆、辽宁省博物馆、沈阳故宫博物院、旅顺博物馆、辽宁大学图书馆、中国医科大学图书馆、沈阳师范大学图书馆和鲁迅美术学院图书馆等古籍收藏单位为本书提供资料，撰写提要。辽宁人民出版社对本书的出版提出了宝贵的建议，保证了编撰工作顺利进行。

时间仓促，书中不妥或谬误之处在所难免，恳请专家和读者不吝指正。

编　者

2014年10月